Cemetery Records of Worcester County, Maryland

Ruth T. Dryden

HERITAGE BOOKS
2008

HERITAGE BOOKS
AN IMPRINT OF HERITAGE BOOKS, INC.

Books, CDs, and more—Worldwide

For our listing of thousands of titles see our website at
www.HeritageBooks.com

Published 2008 by
HERITAGE BOOKS, INC.
Publishing Division
100 Railroad Ave. #104
Westminster, Maryland 21157

Copyright © 1989 Ruth T. Dryden

All rights reserved. No part of this book may be reproduced or transmitted in any form or by any means, electronic or mechanical, including photocopying, recording or by any information storage and retrieval system without written permission from the author, except for the inclusion of brief quotations in a review.

International Standard Book Numbers
Paperbound: 978-1-58549-768-3
Clothbound: 978-0-7884-7611-2

CREDITS

This is NOT a complete list of all the cemeteries and plots in Worcester County. Many people participated in the acculumation of these records. This an important work since cemetaries are prone to vandaism and decay. Even today many tombstones cannot be read and time will destroy many others. Warning, some dates are questionable due to wear since the number 8 is often mistaken for a 3, etc. I tried to be accurate.

Sources and Contributors were -

Mr. and Mrs. Elmer Brittingham of Pocomoke City Maryland who contributed those around and in the City of Pocomoke.

Mary Beth Long, Lewis Long and Vanessa Long

Carolyn Jones of Pocomoke

Donna S. Clark and Judy T. Howard

Daughters of the American Revolution, records.

LDS films

Mrs. Grace Atkinson Morris of Princess Anne Md.

Mary Frances Carey of New Church Virginia

ABREVIATIONS USED

s/o = son of
d/o = daughter of
w/o = wife of
h/o = husband of
wid/o = widow of
Grm/o = grandmother of

INDEX OF CEMETERIES & PLOTS

Wo-1   Friendship Church Cemetery, Meadowbridge Road and West Post Office Road.(1979)

Wo-2   Portersville Section of the Methodist Church Cemetery Stockton.(1973)

Wo-3   Gunby United Presbyterian Church Cemetery, Stockton, Maryland

Wo-4   Nassawango Cemetery, on Pennewell Road.

Wo-5   Nazareth Church Cemetery, in Pocomoke Forrest near the Old Iron Furnace. (1978)

Wo-6   Nelson Cemetery, Castle Hill Rd. on s/s Route 113 from Pocomoke City to Snow Hill.(1980)

Wo-7   Wonnell Cemetery, in woods on farm of Hammond Pusey, Atkinsons Dist.(1983)

Wo-8   McAllen Graveyard, near Friendship Church, in the woods (1983)

Wo-9   Small Cemetery plot on left side of the road entering Stockton Md. on the Pocomoke River.(1980)

Wo-10 Mason tombstone on Stockton, Greenbackville Road in (1980)

Wo-11 Merrill Cemetery, on Russel White property off Cedar Hill Road behind the farmhouse in edge of woods.

Wo-12 Merrill Family graveyard, on Cedar Hall Farms. Hickory Point Rd. Vickerman Property.(1980)

Wo-13 Cemetery on Cedar Hall Road on Wilson Sturgis property.(1980)

Wo-14 Cemetery on Russell White property off Cedar Hall Road in the woods.(1980)

Wo-15 Cemetery on Hillman Road, Everet Holland's property.

Wo-16 Jones plot on Mack Ward Farm, Stockton Md.(1980)

Wo-17 Jones plot, Onley Road, Girdletree, Maryland(1980)

Wo-18 Dukes plot, Dukes Road, Girdletree Maryland(1980)

Wo-19 Pilchard plot, Bird Hill Road 1/2 mile off Stockton Road Stockton Md.(1980)

Wo-20 Pardice plot on Holly Swamp Rd. near the VOR Station (1980)

Wo-21 Pruitt plot in Field on Ward Road near Stockton, Md.

Pocomoke

Wo-48- Johnson Cemetery on Big Mill Rd,near Pocomoke,Md.

Wo-49 Boston plot on Bishop Road,in a field near Pocomoke, Md.

Wo-50 Collins Tombstone on south side of Little Mill Rd,2 miles from Stockton

Wo-51 Fooks Cemetery on Greenbriar Swamp Road off Old Furnace Road, on the East Side 100 feet from the road.

Wo-52 Plot on Route 113,north of Pocomoke 5.4 miles on west side of the Highway,north of Johnson Neck Road, under a tree

Wo-53 Goodwill M.E. Cemetery,Goodwill,Md,near Pocomoke

Wo-54 Cemetery across from Goodwill M.E.Cemetery, Goodwill Md.

Wo-55 Beverly Manor,Pocomoke City,Md.

Wo-56 Remson Church Cemetery,Pocomoke City,Md.

Wo-57 Cemetery on Sheephouse Road, east of Boston Schoolhouse Road.

Wo-58 First Baptist Church,By-Pass old 113 Snow Hill Road, Pocomoke City Md.

Wo-59 Pitts Creek Baptist Church Cemetery near Cedar Hall,Pocomoke

WO-60 Pitts Creek Presbyterian Church Cemetery Pocomoke City,Md.

Wo-61 Bethany United Methodist Church cemetary. Pocomoke City,Md.

Wo-62 St.Mary's Episcopal Church Cemetery. Pocomoke City Md.

Wo-63 Salem Methodist Church Cemetery. Clarke Ave,Pocomoke City,Md.

Wo-64 Blades Cemetery 1/2 mile East of Bishopville, Md.

Wo-65 Buckingham Presbyterian Church Cemetery, Berlin Md.(1925)

Wo-66 Evergreen Cemetery 1 mile s/e of Berlin Md.(1925)

Wo-67 St.Pauls Protestant Episcopal Churchyard, Berlin Md.(1925)

Wo-68 Coffin Plot on Dr.Zed Henry's Farm, 4 miles s/e of Berlin on Sinepuxent Neck

WO-69 Bishopville Maryland, New Cemetery opened 1890

Wo-70 Old Cemetery in a field on east edge of Bishopville on north side of the St.Martins River (aka Levin D.Collins graveyard)

Wo-71 First Baptist Church Cem. Girdletree (aka Sandy Hill)1933

Wo-72 M.E. Church Cemetery, Girdletree

Wo-73 Methodist Protestant Church Cemetery, Girdletree -1933

Wo-74 Trinity Gardens Cemetery in Newark

Wo-75 Cemetery on Harry Ellis land opposite M.E.Cemetery at Girdletree

Wo-76 Libertytown, Riverside Cemetery 1 1/2 miles, north of town

Wo-77 Plot on Smith Farm 1 mile north of Liberytown

Wo-78 Townsend Cemetery at Libertytown

Wo-79 Newark Md. Cemetery(Queponco)

Wo-80 Cemetery on Poplar Ridge near Newark

Wo-81 Purnell Cemetery on Poplar Ridge near Newark Md.

Wo-82 Morris Cemetery 1 1/2 miles w/o of Newark, south side of Slag Road

Wo-83 Cemetery on Sheephouse Road near Pocomoke Md.

Wo-84 All Hallows Protestant Epis.Church cematary, Snow Hill Md.

Wo-85 Sinepuxent Presbyterian Churchyard, Berlin Md.

Wo-86 Makemie Memorial Prestyterian Churchyard, Snow Hill

Wo-87 Methodist Episcopal Cemetery. Snow Hill, Md.

Wo-88 Bates Memorial Methodist Protestant Cemetery, Snow Hill, Md.

Wo-89 Timmonstown Cemetery 5 miles west of Berlin, Md.

Wo-90 Powell Cemetery 1/2 mile south of Whaleyville, Md.

Wo-91 Whaley Cemetery, in the west part of Whaleyville, Md.

Wo-92 Whaleyville Cemetery. West side of town

Wo-93 Zion M. E. Church (St.Martins Church)near Bishopville, Md.

Wo-94 Mt. Zion Protestant Church, on road from Fruitland to Friendshp Church

Wo-95 Mt Olive Methodist Protestant Church

Wo-96 Lewis Gravyard, northside of Shavrox Church Road

Wo-97 Ebenezer Methodist Church Cemetery 1 1/4 miles south of the Delaware border.

Wo-98 Uriah Fooks graveyard 1 1/2 mile from Nasango Church between Salisbury and Snow Hill.

Wo-99 Fooks plot on Old Stage Coach Road near Mt. Olive Church on road from Snow Hill to Salisbury

Wo-100 Morris, Pollitt Cemetery 3 1/2 miles from Friendshp Church just past St. Lukes.

Wo-101 Olivet Christian Church Cemetery

Wo-102 Cary Graves in the forest near Olivet Church between Stevens Road and Greenbriar Road.

Wo-103 Pusey, Maddux plot in woods near Friendship Church

Wo-104 Dukes plot near Whiteburg

Wo-105 Hollands Church at Sand Road and Whiteburg Road

Wo-106 Carey Cemetery on Snow Hill Road at Pocomoke Forest above Millville Road.

Wo-107 St. Martins Episcipal Church 5 miles north of Berlin

Wo-108 Bounds plot in a field at Denston Dam Road and Whiteburg Road

Wo-109 Coulbourn Cemetery, 2 miles from Mt Olive Church near Wango Road.

Wo-110 Boston Family graveyard at Pitts Creek, near Pocomoke

Wo-111 Carey plot on Roger Richardson farm in field near Olivet Church

Wo-112 Richardson Family Plot, on road to Snow Hill in fields on Roger L. Richardson Farm

Wo-113 Brown Graveyard, Meadow Bridge Road, Perry Harvey Farm

Wo-114 St. Lukes (Smullen Cemetery)

Name	Birth	Death	Location
ADAMS, A. Granville	1880	1934	Wo-63
ADAMS, Albert LeRoy	1927	1970	Wo-63
ADAMS, Alexander H.	1845	1920	Wo-58
ADAMS, Carlylile H.	none	none	Wo-58
ADAMS, Columbus	1865	1938	Wo-63
ADAMS, Edward J.	1901	none	Wo-58
ADAMS, Elizabeth H.	1859	1933	Wo-58
ADAMS, Emma L.	1897	1947	Wo-58
ADAMS, George W.	1871	1975	Wo-63
ADAMS, Grace C.	1897	none	Wo-58
ADAMS, Granville Q. (Dr.)	none	1958	Wo-63
ADAMS, Henrietta w/o R.B.	8 Aug 1869	17 Aug 1924	Wo-67
ADAMS, Horace S.	1897	1961	Wo-60
ADAMS, Levin	1898	1951	Wo-63
ADAMS, Mary Louise	none	none	Wo-58
ADAMS, Nancy Quinn	1886	none	Wo-63
ADAMS, Nellie Lee w/o Horace S.	14 Nov 1901	26 Nov 1919	Wo-60
ADAMS, Rebecca	1878	1952	Wo-63
ADAMS, Rejinald J.	1910	1967	Wo-58
ADAMS, Robert S.	1873	1935	Wo-63
ADAMS, Robley P.	10 Oct 1886	13 Apr 1894	Wo-86
ADAMS, Russell S.	7 Mar 1920	27 Apr 1933	Wo-86
ADAMS, Sallie	1851	1935	Wo-63
ADAMS, Stanley E.	1904	1971	Wo-58
ADAMS, Vercie Young	1903	1973	Wo-58
ADKINS, Amanda S. d/o Edward B.	24 Dec 1883	29 Feb 1884	Wo-92
ADKINS, Claude M.	13 Jun 1897	23 Jun 1926	Wo-88
ADKINS, David J.	14 Jul 1854	7 Apr 1908	Wo-65
ADKINS, Druscilla F	12 Jun 1869	31 Jan 1928	Wo-88
ADKINS, Edith	1912	1913	Wo-114
ADKINS, Edward B.	24 Oct 1832	24 May 1883	Wo-92
ADKINS, Gordon	1876	1935	Wo-63
ADKINS, Ida Belle d/o John B.W.	6 Apr 1877	7 Jul 1894	Wo-95
ADKINS, Infant d/o E. F.	22 Apr 1904	22 Apr 1904	Wo-95
ADKINS, John B. W.	22 Feb 1840	6 Aug 1916	Wo-94
ADKINS, John M.	27 Nov 1833	12 Nov 1880	Wo-79
ADKINS, Julia A. w/o W. S.	(d.age70yr)	8 Oct 1902	Wo-66
ADKINS, King L.	2 Oct 1866	15 Feb 1820	Wo-94
ADKINS, Laura A. Bailey w/o J.M.	12 Mar 1843	28 Jul 1914	Wo-79
ADKINS, Laura G.	1880	1965	Wo-63
ADKINS, Lloyd C.	1900	1907	Wo-63
ADKINS, Louise Ellis	6 Feb 1905	17 Apr 1976	Wo-40
ADKINS, Mary Jane Timmons w/o John B.	(d.age33yr)	30 Oct 1885	Wo-95
ADKINS, Mattie d/o E.F. & M.E.	9 Dec 1906	20 Dec 1906	Wo-95
ADKINS, Maurice H.	1901	1905	Wo-63
ADKINS, Minnie d/o D.J.& Adelia	1881	1889	Wo-65
ADKINS, Nancy Ellen	19 Feb 1851	13 Feb 1903	Wo-94
ADKINS, Nannie Brittingham w/o C.	8 Jan 1868	27 May 1888	Wo-66
ADKINS, Rebecca J.	8 Feb 1899	12 Jul 1900	Wo-95
ADKINS, Richard s/o E.F.& Jane R.	1936	1941	Wo-58
ADKINS, Robert S.	14 Mar 1880	6 Jan 1911	Wo-65
ADKINS, S. W.	12 Jul 1839	4 Oct 1915	Wo-79
ADKINS, W. Frank	8 Feb 1879	27 Apr 1930	Wo-94
AGNEW, Denard A.	10 Aug 1842	16 Jun 1910	Wo-87
AGNEW, Julia C.	(d.age80yr)	29 Sep 1933	Wo-86

Name	Birth	Death	Plot
AGNEW, Robert E.	8 Feb 1848	12 Sep 1855	Wo-86
AGNEW, Walter R. s/o M. E.& Annie	5 Jul 1903	12 Dec 1908	Wo-87
AIKEN, Lulu Richardson	18 Feb 1883	10 Nov 1905	Wo-87
AKERLY, Edward	1892	1950	Wo-37
ALDERMAN, Marietta Veasey	24 Dec 1850	24 Dec 1877	Wo-62
ALEXANDER, Gilliam B.	1889	1976	Wo-60
ALLEN, Cora E.	1860	1904	Wo-62
ALLEN, Esther A.	none	none	Wo-62
ALLEN, Hester A. w/o J.H.	none	11 Aug 1895	Wo-62
ALLEN, John W.	4 Jul 1859	13 Aug 1912	Wo-62
ALLEN, William Henry s/o Robert	11 Apr 1862	13 Aug 1865	Wo-62
ALLEN, William P.	1903	1903	Wo-62
AMES, Dundon Truitt s/o M.D.	27 Apr 1924	8 Apr 1927	Wo-72
ANDERSON, Alberta D.	19 Apr 1806	8 Jun 1941	Wo-96
ANDERSON, Fannie E. Johnson w/o S.	5 Jan 1831	16 Aug 1893	Wo-65
ANDERSON, Hannah Hosack	1868	1909	Wo-60
ANDERSON, Henrietta w/o William	(d.age71yr)	10 Jun 1876	Wo-61
ANDERSON, James	27 Mar 1796	25 Nov 1877	Wo-65
ANDERSON, James S.	4 Jul 1834	24 Jul 1851	Wo-88
ANDERSON, John	(d.age55yr)	31 Aug 1850	Wo-88
ANDERSON, John Andrew	1812	1901	Wo-60
ANDERSON, Lavinia L.	27 Jan 1856	11 Oct 1919	Wo-69
ANDERSON, Mary M.	(d.age89yr)	7 Oct 1881	Wo-65
ANDERSON, Robert Lee s/o Henry	2 May 1893	21 Sep 1893	Wo-65
ANDERSON, Stephen	none	14 Apr 1887	Wo-107
ANDERSON, Stephen J.	13 Jun 1829	14 Apr 1887	Wo-65
ANDERTON, Elmer L.	1880	1946	Wo-61
ANDRESSI, Eugene	1906	none	Wo-58
ANDRESSI, Olympia Rosa	1903	1971	Wo-58
ANDREWS, Mannie A. (with Ardis)	1892	1965	Wo-58
ANGELO, Vault no name	none	none	Wo-58
ARBUCKLE, Rebecca A. w/o Joseph	1 Jul 1840	6 Dec 1919	Wo-63
ARDIS, Ada P.	1887	1970	Wo-56
ARDIS, Amanda C. w/o John H.	(d.age45yr)	29 Jun 1878	Wo-61
ARDIS, Ardis	none	1907	Wo-58
ARDIS, Blanche	1896	1972	Wo-58
ARDIS, C. P.	26 Jun 1846	1901	Wo-58
ARDIS, Carrie L.	1894	1978	Wo-58
ARDIS, Charles J.	1896	none	Wo-63
ARDIS, Charlotte E.	1903	1965	Wo-58
ARDIS, Clara S. (Brittingham)	1869	1962	Wo-58
ARDIS, Edward T.	(d.age57yr)	5 Sep 1889	Wo-63
ARDIS, Ella M.	1890	1970	Wo-63
ARDIS, Elton D.	1887	1966	Wo-58
ARDIS, H. Edward	24 Jan 1853	4 Oct 1929	Wo-58
ARDIS, Harriett E. w/o Edward	(d.age37yr)	24 Jun 1874	Wo-63
ARDIS, Harriett N. w/o C. P.	1 Dec 1853	10 Jul 1928	Wo-58
ARDIS, Hattie F.	1864	1949	Wo-58
ARDIS, James E.	1894	1961	Wo-58
ARDIS, Marion L.	1886	1973	Wo-56
ARDIS, Marvin	none	1908	Wo-58
ARDIS, Mary E.	1871	1968	Wo-58
ARDIS, Sanders	1855	1932	Wo-56
ARDIS, Sarah W.	1861	1938	Wo-56
ARDIS, William J.	1862	1918	Wo-58

Name	Birth	Death	Location
ARDIS, William s/o W.D.& E.	7 Mar 1918	2 Jul 1919	Wo-58
ASHBURN, Quince	1874	1945	Wo-60
ASHBURN, Reba D.	1880	1945	Wo-60
ATKINS, Anna d/o Thomas R.& Mary	9 Jul 1872	7 Jan 1880	Wo-66
ATKINS, Thomas R.	14 May 1830	31 May 1883	Wo-66
ATKINSON, Anna Louise	1866	1867	Wo-61
ATKINSON, Annie B.	1874	1956	Wo-63
ATKINSON, Charles M.	1872	1931	Wo-63
ATKINSON, Comfort E. w/o Levin	(d.age67yr)	11 Dec 1881	Wo-61
ATKINSON, Denard B. s/o Walter S.	17 Jan 1910	14 Aug 1910	Wo-60
ATKINSON, Dorothy E.	1885	1942	Wo-60
ATKINSON, Edgar W.	1897	none	Wo-63
ATKINSON, Ella P.	1863	1938	Wo-60
ATKINSON, Francis W. w/o Edgar W.	12 Dec 1901	26 Nov 1925	Wo-58
ATKINSON, Frank H.	1890	1949	Wo-88
ATKINSON, Gertrude A.	1880	1962	Wo-60
ATKINSON, Gordon T. (Dr.)	1846	1942	Wo-61
ATKINSON, Helen M.	1901	none	Wo-63
ATKINSON, James W.	1900	1937	Wo-88
ATKINSON, Julia I.	1855	1934	Wo-61
ATKINSON, Kathleen T.	1908	1949	Wo-63
ATKINSON, Levin	(d.age69yr)	10 Oct 1877	Wo-61
ATKINSON, Luther M.	1892	1966	Wo-88
ATKINSON, Marion H.	12 Jul 1884	17 Mar 1918	Wo-60
ATKINSON, Mary J.	1892	1965	Wo-88
ATKINSON, Mary M.	1843	1858	Wo-61
ATKINSON, Robert H.	23 Dec 1833	6 Jun 1881	Wo-87
ATKINSON, Sallie	1869	1869	Wo-61
ATKINSON, Sallie A. Quinn	1842	1969	Wo-61
ATKINSON, Sarah E.	20 Jan 1867	29 Mar 1916	Wo-88
ATKINSON, Walter S.	1878	1942	Wo-60
ATKINSON, Winnie Carey	1901	1925	Wo-58
AVERY, Evie M. s/o Walter I	20 May 1887	27 Mar 1893	Wo-94
AVERY, Margaret E. w/o Walter I.	15 Jun 1848	12 Sep 1920	Wo-94
AVERY, Walter I.	(d.age70yr)	11 May 1923	Wo-94
AYDELOTTE, Annie	1885	1979	Wo-60
AYDELOTTE, Bettie G.	1922	1941	Wo-60
AYDELOTTE, Cyra Ellen	1888	1952	Wo-60
AYDELOTTE, Drusila w/o John W.	5 Oct 1824	15 Aug 1912	Wo-56
AYDELOTTE, Elizabeth B.	1892	1979	Wo-60
AYDELOTTE, Ellen Frances w/o William	20 Oct 1828	7 Apr 1901	Wo-60
AYDELOTTE, Emerson s/o John & D.	14 Mar 1855	17 Apr 1879	Wo-56
AYDELOTTE, Emory	1 Mar 1882	6 Jan 1919	Wo-05
AYDELOTTE, Ethel Paradee	1892	1935	Wo-56
AYDELOTTE, Fred T.	1887	1954	Wo-60
AYDELOTTE, George F.	1918	1941	Wo-60
AYDELOTTE, John Lee	1862	1942	Wo-60
AYDELOTTE, John S.(Dr.)s/o Wm.James & Ellen	1842	1929	Wo-86
AYDELOTTE, John W.	27 Aug 1821	10 Jun 1901	Wo-56
AYDELOTTE, John Wesley	1939	1939	Wo-58
AYDELOTTE, Libbie Boston	1868	1940	Wo-60
AYDELOTTE, Louise	5 Mar 1893	1 Apr 1896	Wo-66
AYDELOTTE, Maurice Leon	1892	1979	Wo-56
AYDELOTTE, Olevia M.	1859	1943	Wo-56
AYDELOTTE, Otho Thomas	1891	1974	Wo-56

Name	Birth	Death	Location
AYDELOTTE, S. T.	12 Sep 1857	17 Jun 1916	Wo-66
AYDELOTTE, Scarborough & John, parents of Wm.J.		none	Wo-28
AYDELOTTE, Shirley J.	1938	1941	Wo-60
AYDELOTTE, Thomas J.	1854	1932	Wo-56
AYDELOTTE, William James	30 Oct 1815	20 Feb 1897	Wo-60
AYDELOTTE, William James s/o John	3 May 1883	15 Dec 1904	Wo-87
AYDELOTTE, William James s/o Wm.J.	(d.age 4mo)	10 Jul 1863	Wo-60
AYRES, Arlanta A. w/o John J.	7 Feb 1850	25 Jan 1915	Wo-67
AYRES, Elizabeth K. w/o Henry R.	5 Apr 1827	15 Sep 1904	Wo-65
AYRES, Ella P.	(d.age72yr)	22 May 1927	Wo-72
AYRES, Henry R.	12 Nov 1817	14 Mar 1908	Wo-65
AYRES, James H. s/o Isaac & Mollie	22 Sep 1809	5 Jan 1888	Wo-67
AYRES, John J. s/o John J. H. & Mary	30 Oct 1834	25 Sep 1929	Wo-67
AYRES, Lambert P. Sr.	1 Aug 1782	28 Mar 1856	Wo-65
AYRES, Lambert Purnell	7 Feb 1858	2 Sep 1907	Wo-65
AYRES, Mary A. d/o Lambert P.	24 Dec 1814	4 Oct 1892	Wo-65
AYRES, Mary Ann E. Dirickson w/o J.	9 Nov 1813	13 Mar 1893	Wo-67
AYRES, Mary Hooper d/o Henry R.	9 Nov 1866	7 Oct 1868	Wo-65
AYRES, Nancy d/o Henry R.	17 Dec 1863	1 Oct 1868	Wo-65
AYRES, None husband of Ella P.	(d.age73yr)	27 Nov 1914	Wo-72
AYRES, T. Wilson	1929	1978	Wo-58
AYRES, Willie P. s/o Henry R.	9 Mar 1868	10 Oct 1868	Wo-65
BACON, Alice V.	1867	1951	Wo-58
BAGWELL, John A.	1895	1948	Wo-61
BAILEY, Albert M. s/o Littleton	18 Apr 1826	5 Oct 1901	Wo-87
BAILEY, Beatus	29 Sep 1914	29 Sep 1914	Wo-62
BAILEY, Elmer D.	5 Feb 1875	none	Wo-86
BAILEY, Elva Mae	16 Feb 1923	8 Sep 1978	Wo-41
BAILEY, Emma Tyndall	1872	1915	Wo-58
BAILEY, Eva d/o George W.	27 Oct 1877	22 Oct 1898	Wo-62
BAILEY, Frank P.	1854	1934	Wo-88
BAILEY, George s/o Elias	2 Nov 1846	2 Aug 1893	Wo-62
BAILEY, H. H.	28 Jun 1855	31 Aug 1926	Wo-86
BAILEY, James W.	1899	1956	Wo-63
BAILEY, Jane A. wife of Elmer D.	13 Apr 1876	20 Aug 1929	Wo-86
BAILEY, Jennie	1832	1935	Wo-86
BAILEY, John Silas s/o George W.	1 Dec 1871	31 Oct 1881	Wo-62
BAILEY, Lottie M.	1905	none	Wo-63
BAILEY, Maggie d/o George W.	28 Mar 1880	26 Jun 1886	Wo-62
BAILEY, Martha J. w/o Robert W.	4 Apr 1838	16 Sep 1822	Wo-87
BAILEY, Mary A. w/o Frank P.	1860	none	Wo-88
BAILEY, Mary E. Dryden w/o H.H.	15 May 1864	2 Oct 1893	Wo-87
BAILEY, Mary E. w/o Albert M.	19 Sep 1840	7 May 1895	Wo-86
BAILEY, Minnie J.	none	1868	Wo-62
BAILEY, Ralph D. s/o Elmer	18 Nov 1897	29 Aug 1898	Wo-87
BAILEY, Robert W.	6 Jan 1828	26 Sep 1878	Wo-87
BAILEY, Sarah Mills w/o George W.	14 Jul 1847	9 Aug 1895	Wo-62
BAILEY, Thomas K. s/o George W.	none	none	Wo-62
BAILEY, Wallace Paxton (Pvt.USA. WWII)	1919	1978	Wo-41
BAILEY, William A. s/o Elmer D.	8 Mar 1903	19 May 1903	Wo-87
BAILEY, William J.	1823	1876	Wo-62
BAILEY, William Jefferson	1861	1864	Wo-62
BAKER, Alice K.	18 Mar 1914	none	Wo-97
BAKER, Angie w/o Seth	23 Jun 1867	30 Dec 1899	Wo-97
BAKER, Annie d/o Isaac	30 Oct 1807	9 Jan 1899	Wo-92

Name	Birth	Death	Location
BAKER, Catherine w/o Solomon	4 Jan 1813	10 Aug 1894	Wo-65
BAKER, Cecil V.	1907	1953	Wo-58
BAKER, Charles	26 Jan 1915	17 Dec 1969	Wo-97
BAKER, Charles C.	1866	1923	Wo-61
BAKER, Charles M.	5 May 1846	6 Jun 1924	Wo-66
BAKER, Charlotte W. w/o William C.	11 Apr 1820	31 Jul 1895	Wo-66
BAKER, Daniel Walter	11 Mar 1877	25 Dec 1918	Wo-69
BAKER, Della K.	1879	none	Wo-97
BAKER, Edward	1907	1928	Wo-97
BAKER, Elijah J. s/o Samuel J.	27 Mar 1876	25 Jul 1902	Wo-93
BAKER, Emory s/o Daniel W.	(d.age 4mo)	25 Aug 1908	Wo-69
BAKER, Ezekiel	1840	1925	Wo-61
BAKER, Florence B. d/o Robert	(d.age 1yr)	30 Jul 1877	Wo-92
BAKER, Freddie H.	24 Aug 1880	3 Feb 1902	Wo-92
BAKER, Hazel d/o M.L. & D. J.	29 Apr 1920	10 Feb 1923	Wo-66
BAKER, Herman S.	16 Aug 1892	28 Dec 1918	Wo-66
BAKER, Ida G.	18 Aug 1876	18 Nov 1918	Wo-93
BAKER, Ida May	23 Apr 1870	6 Aug 1904	Wo-92
BAKER, Isabella Ellen w/o William	20 Jan 1841	8 Jul 1900	Wo-87
BAKER, J. Orlie	9 Apr 1882	18 Jan 1907	Wo-92
BAKER, James	1904	1942	Wo-97
BAKER, James P.	29 Dec 1852	16 Jan 1916	Wo-97
BAKER, James R.	4 Apr 1854	30 Sep 1883	Wo-92
BAKER, Jane Donaway	5 Jun 1846	17 Jan 1834	Wo-96
BAKER, John Reynolds (WW II)	1919	1973	Wo-58
BAKER, Joseph C.	1904	1970	Wo-61
BAKER, Joshua	8 Nov 1804	23 Dec 1883	Wo-92
BAKER, Leven A. s/o J. P. & M. A.	26 May 1883	16 Nov 1889	Wo-97
BAKER, Lillian T.	1907	1976	Wo-61
BAKER, Maggie A. w/o James P.	20 Nov 1854	20 Apr 1926	Wo-97
BAKER, Mary E.	1877	1951	Wo-61
BAKER, Mary L.	1840	1919	Wo-61
BAKER, Mary M.	6 Apr 1848	6 Apr 1895	Wo-66
BAKER, Minnie d/o Josiah J.	2 Aug 1874	13 Dec 1889	Wo-92
BAKER, Nancy C. w/o Robert J.	2 May 1838	27 Dec 1912	Wo-66
BAKER, Outtie M. d/o Seth & Angie	20 Jun 1889	10 Apr 1905	Wo-97
BAKER, Pearcy A. w/o Daniel W.	(d.age 26yr)	18 Jun 1908	Wo-69
BAKER, Robert J.	17 Mar 1835	4 Apr 1909	Wo-66
BAKER, Rosa Ellen d/o James P.	1 Feb 1878	17 Oct 1882	Wo-97
BAKER, Rufus Mitchell	24 May 1840	22 Feb 1914	Wo-96
BAKER, Sabra E.	1 Aug 1817	13 Mar 1874	Wo-92
BAKER, Samuel J.	18 Jul 1828	11 Oct 1905	Wo-93
BAKER, Samuel J.	22 Aug 1845	26 Mar 1924	Wo-65
BAKER, Solomon s/o Jonathan	18 Apr 1805	31 Jul 1891	Wo-65
BAKER, Sylvanus P.	1878	1943	Wo-97
BAKER, Sylvanus T. s/o Parker & H.	29 Mar 1858	27 Apr 1880	Wo-97
BAKER, William B.	17 Nov 1838	11 Jun 1901	Wo-87
BAKER, William E.	13 Oct 1853	30 Sep 1915	Wo-66
BAKER, William J. A. s/o James & Marg.	15 Sep 1874	2 May 1875	Wo-97
BAKER, Yancey R. L. s/o James R.	(d.age 1yr)	11 Sep 1897	Wo-92
BALL, Alice C.	1860	1932	Wo-60
BALL, Brooks P.	1926	1926	Wo-58
BALL, Cecile P.	1900	none	Wo-58
BALL, Charles C.	24 Sep 1864	14 Apr 1944	Wo-1
BALL, Elizabeth	1815	1895	Wo-60

Name	Birth	Death	Location
BALL, Elizabeth A. w/o William I.	10 Oct 1844	12 Aug 1888	Wo-1
BALL, G. Gladstone	24 May 1897	28 Sep 1970	Wo-93
BALL, J. Delmar	1894	1900	Wo-60
BALL, James D.	1855	1921	Wo-60
BALL, James H.	1810	1878	Wo-60
BALL, John W.	1851	1886	Wo-60
BALL, L. Hambden	1858	1921	Wo-60
BALL, Lottie E.	1897	1940	Wo-93
BALL, Mary R.	1873	1966	Wo-61
BALL, Mattie	25 Sep 1902	7 Sep 1983	Wo-93
BALL, Mollie E. Dixon w/o L. H.	(d.age 24yr)	1887	Wo-60
BALL, Polly	(d.age 79yr)	3 Jun 1887	Wo-58
BALL, Spencer D. (Capt.)	1870	1947	Wo-61
BALL, Stanley H.	1894	1965	Wo-58
BALL, William I.	4 Mar 1843	15 Apr 1922	Wo-1
BALLARD, Orley (Pete) bro.of Neva Carlson	1894	1971	Wo-2
BALLARD, Sarah M. w/o Thomas	9 Nov 1870	11 Jun 1927	Wo-2
BALLARD, Thomas B.	7 Sep 1863	28 Apr 1933	Wo-2
BALLARD, William R. W.	22 Mar 1802	10 Aug 1923	Wo-84
BANKS, Alma V.	1905	none	Wo-93
BANKS, Jeanette	1902	1972	Wo-93
BANKS, Robert R.	1895	none	Wo-93
BANKS, Walter J.	1901	1959	Wo-93
BARKLEY, William B. s/o James M.	(d.age 10yr)	14 Jul 1879	Wo-93
BARNES, Adial Parker	10 Sep 1848	23 Dec 1913	Wo-63
BARNES, Alfred T.	1842	1920	Wo-63
BARNES, Anne K.	1884	1935	Wo-61
BARNES, C. F.	1850	1921	Wo-63
BARNES, C. F.	9 Jun 1860	9 Jun 1921	Wo-63
BARNES, C. Woodland	1872	1930	Wo-63
BARNES, Elizabeth M. J.	5 Feb 1809	19 Jan 1886	Wo-87
BARNES, Ellen L.	1850	1935	Wo-60
BARNES, Esmeralda C.	1891	1929	Wo-63
BARNES, George L.	1863	1930	Wo-72
BARNES, Gordon C.	1905	1945	Wo-58
BARNES, Isabel H.	13 May 1912	none	Wo-3
BARNES, James E.	1873	1945	Wo-3
BARNES, James U.	31 Mar 1874	25 Mar 1912	Wo-61
BARNES, Lena F.	1901	1957	Wo-63
BARNES, Leonard D.	1900	1961	Wo-63
BARNES, Lewis Morris s/o Henry	1867	1867	Wo-62
BARNES, Linwood F.	16 Aug 1907	8 Sep 1962	Wo-3
BARNES, Mary E.	1873	1965	Wo-3
BARNES, Mary E.	11 Dec 1842	2 Oct 1863	Wo-87
BARNES, Maurice S.	1881	1961	Wo-63
BARNES, Sandy	1864	1977	Wo-63
BARNES, Sarah Evelyn	1850	1928	Wo-63
BARNES, Wheatley D.	24 Aug 1819	28 May 1882	Wo-87
BARRETT, Elwood M.	1896	1924	Wo-63
BARRETT, Millie M.	1866	1950	Wo-63
BARRETT, Peter M.	1866	1923	Wo-63
BARRICK, Ethel J.	27 May 1890	21 Apr 1954	Wo-41
BARTLETT, Frank H. s/o F.H.& S.E.	23 Sep 1896	23 Nov 1896	Wo-66
BARTLETT, Sarah E. w/o Franklin H.	18 Oct 1873	22 Mar 1899	Wo-66
BARTON, H. Elmer	1877	1951	Wo-63

Name	Birth	Death	Plot
BARTON, James	1854	1978	Wo-41
BARTON, Mary Myrtie	1890	none	Wo-63
BASSETT, Alfred	6 Mar 1857	13 May 1914	Wo-66
BASSETT, Isaac T.	17 Aug 1846	8 Jun 1920	Wo-66
BATES, Edward Bayley s/o L.W.& E.M.	23 Apr 1846	9 May 1889	Wo-4
BATES, Eliza M. d/o H.Bayley w/o L.W.	29 Sep 1818	8 Jun 1893	Wo-4
BATES, Emma P. w/o Edward (d.Baltimore)	none	5 May 1880	Wo-4
BATES, Laurence Webster (Rev)	10 Nov 1819	17 Jan 1901	Wo-4
BATES, Laurence Webster s/o Edward	7 Oct 1877	28 Jun 1878	Wo-4
BAUMANN, Elizabeth	1858	none	Wo-88
BAUMANN, Louis Prof.	1849	1929	Wo-88
BAYLEY, Edward T.	17 Apr 1820	24 Jan 1845	Wo-4
BAYLEY, Elizabeth w/o Hambleton	5 Feb 1790	11 May 1846	Wo-4
BAYLEY, Hambleton	29 Sep 1786	2 May 1834	Wo-4
BAYLIS, Elizabeth w/o William R.	10 Dec 1832	30 Mar 1912	Wo-40
BAYLIS, Frank S.	9 Mar 1876	27 Jun 1903	Wo-40
BAYLIS, John W.	1870	1952	Wo-56
BAYLIS, Marcus E.	1897	1972	Wo-3
BAYLIS, Margaret E. w/o William R.	6 Oct 1835	2 Aug 1893	Wo-40
BAYLIS, Margaret J.	1905	none	Wo-3
BAYLIS, Susan F.	1867	1946	Wo-56
BAYLIS, William J. s/o Norman	1941	1949	Wo-56
BAYLIS, William R.	23 May 1841	17 Apr 1928	Wo-40
BAYLY, Bernice W.	1907	1944	Wo-60
BAYNUM, Jane R. w/o Rev.R. K. M.	14 Mar 1830	22 Oct 1907	Wo-65
BAYNUM, Rufus K. M. (Rev)	13 Nov 1819	26 Jun 1873	Wo-65
BEACHBOARD, Emmaline C. w/o James M.	25 Sep 1837	28 Jan 1906	Wo-87
BEACHBOARD, James E.	(d.age 75yr)	17 Apr 1934	Wo-86
BEACHBOARD, James M.	14 Jun 1835	12 Mar 1917	Wo-87
BEASLEY, A. Maude	1884	1970	Wo-58
BEASLEY, George	26 Jan 1865	2 Aug 1920	Wo-63
BEASLEY, J. Douglas	1878	1944	Wo-58
BEATHARD, James P. s/o J.W. & L.F.	13 Mar 1893	26 Sep 1894	Wo-95
BEATHARD, Lillie F. w/o John W.	12 Jan 1871	12 Dec 1905	Wo-95
BEATHARD, William F. s/o J. W.	13 Nov 1894	29 Jul 1895	Wo-95
BEAUCHAMP, Alice (with Mason)	1873	1951	Wo-63
BEAUCHAMP, Asbury P.	1865	1947	Wo-61
BEAUCHAMP, Charles P.	1890	1961	Wo-63
BEAUCHAMP, Clara W. d/o George W.	1887	1918	Wo-63
BEAUCHAMP, Francis W.	1912	none	Wo-62
BEAUCHAMP, George L. Jr.	3 Sep 1824	15 Jul 1980	Wo-101
BEAUCHAMP, George L.Sr.	1900	1957	Wo-63
BEAUCHAMP, George W.	1857	1936	Wo-63
BEAUCHAMP, Gussie E.	1882	1946	Wo-61
BEAUCHAMP, Herbert C. (WW I)	1895	1964	Wo-58
BEAUCHAMP, Hilda Mae	1928	1939	Wo-63
BEAUCHAMP, Infant s/o Peter & R.B.	1880	1880	Wo-92
BEAUCHAMP, Irene C.	1873	1950	Wo-62
BEAUCHAMP, Johnnie J. s/o J.D.	30 Oct 1908	17 Jan 1911	Wo-87
BEAUCHAMP, Julia E. d/o John W.	(d.age 7yr)	17 Mar 1907	Wo-87
BEAUCHAMP, Laura	1855	1925	Wo-61
BEAUCHAMP, Lee T. (WW II)	1926	1979	Wo-58
BEAUCHAMP, Mary Ellen	1900	none	Wo-63
BEAUCHAMP, Mollie M.	1904	1953	Wo-58
BEAUCHAMP, Rebecca M.	1870	1946	Wo-63

Name	Birth	Death	Location
BEAUCHAMP, Susan D.	9 Oct 1800	23 Sep 1885	Wo-87
BEAUCHAMP, Tabitha G. w/o G.W.		1864	1944	Wo-37
BEAUCHAMP, Warren s/o Peter	13 Dec 1895	28 Jun 1896	Wo-92
BEAUCHAMP, William S.	12 Aug 1851	28 Nov 1904	Wo-69
BEAUCHAMP, William W.	1876	1943	Wo-62
BEAUCHAMP, William W.	1908	1973	Wo-62
BELCHER, Norma Lou	1928	1951	Wo-37
BELL, Andrew T.	1915	1957	Wo-60
BELL, Elizabeth G.	(d.age 9mo)	24 Aug 1837	Wo-84
BELL, Emily E.	1919	none	Wo-58
BELL, Emory E. MD	1874	1929	Wo-86
BELL, George A.	1866	1924	Wo-63
BELL, Henry	(d.age 57yr)	31 Oct 1829	Wo-67
BELL, Henry Taylor	14 Dec 1863	4 Feb 1819	Wo-65
BELL, James R.	24 Nov 1816	14 Jul 1854	Wo-86
BELL, Kate A. Dunton w/o T.M.	11 Mar 1867	27 Feb 1892	Wo-62
BELL, Lillie Murray	23 Mar 1867	17 May 1914	Wo-65
BELL, Louise	1900	1906	Wo-63
BELL, Lutie W.	1897	1974	Wo-60
BELL, Maria S. w/o James R.	none	none	Wo-86
BELL, Marie N.	19 Nov 1922	none	Wo-101
BELL, Mary E.	1868	1945	Wo-63
BELL, Mary E.	(d.age 84yr)	3 Apr 1920	Wo-72
BELL, Polly	(d.age 78yr)	3 Jun 1887	Wo-58
BELL, Ralph W.	1918	1953	Wo-58
BELL, Rose M.	1870	none	Wo-86
BELL, Sarah A. w/o Thomas M.	(d.age 45yr)	26 Mar 1887	Wo-62
BELL, Susan J. w/o T.M.	15 Oct 1848	29 Nov 1911	Wo-61
BELL, Vaughn C. WWll	2 Aug 1919	5 May 1976	Wo-101
BENDON, Martin L.	1903	1931	Wo-63
BENNETT, Anna B. w/o John E.	18 May 1861	3 Mar 1926	Wo-72
BENNETT, Arthur J.	1853	1919	Wo-40
BENNETT, Bettie H. w/o Charles	28 Jun 1874	12 Nov 1961	Wo-3
BENNETT, Carrie P.	1893	none	Wo-3
BENNETT, Celesta C.	1856	1901	Wo-40
BENNETT, Charles W.	29 May 1872	11 May 1945	Wo-3
BENNETT, Charlotte E.	23 Feb 1851	3 Jul 1922	Wo-58
BENNETT, Charlotte Y.	none	none	Wo-61
BENNETT, Havilah	1871	1953	Wo-60
BENNETT, John E.	1 Sep 1854	12 Sep 1916	Wo-72
BENNETT, John E. s/o John E.	12 Oct 1897	10 Feb 1898	Wo-72
BENNETT, Laurell Webb	15 Oct 1889	14 Apr 1968	Wo-101
BENNETT, Lawrence A.	1885	1965	Wo-3
BENNETT, Mary A.	21 Sep 1831	26 Feb 1917	Wo-87
BENNETT, Peter J.	28 Oct 1822	27 Oct 1912	Wo-87
BENNETT, William E.	1845	1939	Wo-58
BENNETT, William J.	1864	1933	Wo-60
BENNETT, William L.	1899	1977	Wo-61
BENNUM, H. O.	14 Mar 1865	8 Oct 1921	Wo-40
BENNUM, Harry Francis (WW II USN)	26 Jan 1908	16 Apr 1976	Wo-40
BENNUM, Infant s/o Dr. C.H. & Ida	none	none	Wo-72
BENSON, A. Sewell	1854	1936	Wo-63
BENSON, Addie F. w/o Levin W.	1878	1954	Wo-59
BENSON, Alfred H.	27 Aug 1818	26 Sep 1900	Wo-58
BENSON, Catherine	1869	1921	Wo-58

BENSON, Cecilia Hargis w/o Edward H.	18 May 1855	8 Aug 1894	Wo-60
BENSON, Edgar W.		1892	none	Wo-58
BENSON, Edward H.	8 Oct 1856	5 Oct 1906	Wo-60
BENSON, Edward R.	28 Jul 1827	2 Jan 1872	Wo-60
BENSON, Elias		1905	1964	Wo-58
BENSON, Emma B. w/o Littleton		1887	1930	Wo-59
BENSON, Emma J. d/o Littleton		none	none	Wo-59
BENSON, Emma K.		1891	1973	Wo-61
BENSON, George Alfred		1855	1918	Wo-58
BENSON, Levin W.		1844	1923	Wo-59
BENSON, Littleton F.		1880	1938	Wo-59
BENSON, Mary Jane		1899	1977	Wo-58
BENSON, Minnie H.		none	none	Wo-58
BENSON, Priscilla A. w/o Samuel	16 Feb 1830	5 Aug 1890	Wo-86
BENSON, Rulith Bancliff s/o William	18 Feb 1898	10 Oct 1918	Wo-93
BENSON, Sallie A. w/o William F.		1851	1928	Wo-59
BENSON, Samuel (Capt.)	25 Jul 1825	23 May 1894	Wo-86
BENSON, Samuel D. s/o L. W.	(d.age 4yr)	1866	Wo-60
BENSON, Samuel L.	20 Jun 1817	3 Mar 1864	Wo-60
BENSON, Susan	1 Sep 1827	17 Dec 1873	Wo-87
BENSON, William Francis		1846	1927	Wo-59
BENSON, William Stanford		1912	1928	Wo-61
BERRY, John Ernest s/o Dr.C.H. & Mary	1866	1933	Wo-86
BERRY, Maude J.		1893	1967	Wo-62
BESSON, Jacob		1881	1969	Wo-3
BESSON, James B.	26 Dec 1847	26 Dec 1923	Wo-3
BESSON, John J. s/o Jacob & Sarah C.	10 Dec 1854	5 Nov 1914	Wo-3
BESSON, Lucille T. w/o Jacob		1889	1970	Wo-3
BESSON, Rebecca C. Berkshire w/o James	29 May 1849	13 Jan 1921	Wo-3
BETHARD, George L.	21 Jan 1881	23 May 1928	Wo-76
BETHARD, Lena d/o B.H.& Ella V.	30 Nov 1897	8 Jun 1898	Wo-53
BETHARD, Samuel P. s/o B.H.& Ellen	11 Apr 1901	2 Sep 1901	Wo-53
BETHARDS, Isaac W. s/o William & Mary	24 Apr 1852	19 Apr 1914	Wo-66
BETHARDS, Littleton	27 Aug 1954	28 Jan 1896	Wo-76
BETHARDS, Martha E.	19 Mar 1906	1 Dec 1967	Wo-101
BETHARDS, Mary Ann w/o William	28 Apr 1836	22 Apr 1918	Wo-66
BETHARDS, Renia w/o Littleton	16 Sep 1854	18 Jul 1878	Wo-76
BETHARDS, William	19 Jan 1830	11 May 1885	Wo-66
BETSWORTH, Elmo s/o William & Cornelia	(d.age15yr)	9 Dec 1883	Wo-62
BETSWORTH, J. H.	(d.age 64yr)	31 Jul 1872	Wo-62
BETTS, Charles Leonard	18 Aug 1874	21 Oct 1955	Wo-114
BETTS, Martha Ann	3 Feb 1876	26 Mar 1940	Wo-114
BEVANS, Addie A.		1872	1936	Wo-61
BEVANS, Annie E.		1855	1939	Wo-60
BEVANS, Archie E.		1906	1971	Wo-58
BEVANS, Edward O. s/o Rowland & Pris.	12 Nov 1822	6 Sep 1836	Wo-32
BEVANS, Emma		none	1900	Wo-61
BEVANS, Frank		1871	1923	Wo-61
BEVANS, George E.	11 Apr 1853	23 Dec 1908	Wo-60
BEVANS, Grace L.		none	1891	Wo-61
BEVANS, Henrietta Bates w/o John	1 Jun 1840	25 Apr 1885	Wo-61
BEVANS, Iverta		1905	1973	Wo-61
BEVANS, J. S.	20 Mar 1820	24 Dec 1843	Wo-32
BEVANS, James E. s/o John Edward	1 Sep 1898	5 Feb 1899	Wo-61
BEVANS, John E.		1900	1930	Wo-61

Name	Birth	Death	Cem
BEVANS, John S.	Dec 1806	Feb 1888	Wo-4
BEVANS, John S.	21 Oct 1835	29 Apr 1904	Wo-61
BEVANS, John W.	1875	1945	Wo-58
BEVANS, Joshua R.	8 Dec 1834	5 Dec 1907	Wo-61
BEVANS, Littleton David s/o J.S.	30 Apr 1870	12 Aug 1870	Wo-61
BEVANS, Lucille d/o George S.	12 Aug 1902	22 Jun 1912	Wo-88
BEVANS, Mae P.	1871	1931	Wo-61
BEVANS, Margaret M. w/o Roland	26 Oct 1830	23 Feb 1896	Wo-61
BEVANS, Martha w/o Joshua R.	20 Jul 1831	19 Sep 1908	Wo-61
BEVANS, Mary A. W. d/o Theodore	Nov 1864	Feb 1876	Wo-4
BEVANS, Mary C.H. d/o Rowland &Priscilla	none	none	Wo-32
BEVANS, Matilda C. w/o Roland	3 Nov 1820	14 Feb 1876	Wo-61
BEVANS, Priscilla w/o Rowland	(d.age32yr)	23 Apr 1823	Wo-32
BEVANS, Roland E.	15 Feb 1815	15 Jan 1905	Wo-61
BEVANS, Roland F.	1837	1920	Wo-61
BEVANS, Roland F. F.	1907	1964	Wo-61
BEVANS, Sallie C.	8 May 1840	9 Oct 1911	Wo-61
BEVANS, Sarah A. w/o John S.	Mar 1811	Jul 1902	Wo-4
BEVANS, Theodore T. P.	Jan 1833	Mar 1874	Wo-4
BEVANS, William C.	16 Aug 1875	1 Sep 1876	Wo-61
BEVANS, William H.	Sep 1830	Jul 1905	Wo-4
BEW, Charles T.	30 May 1817	22 Sep 1862	Wo-86
BIGGER, Emma	28 Aug 1867	none	Wo-67
BIGGER, Thomas	6 Dec 1862	23 Jul 1933	Wo-67
BIRCH, Charles W.	11 Sep 1857	25 Feb 1924	Wo-66
BIRCH, Curtis J.	1 Nov 1859	25 Dec 1824	Wo-87
BIRCH, Daniel J.	14 Nov 1861	15 Mar 1884	Wo-66
BIRCH, Elizabeth w/o James W.	6 Mar 1831	12 Mar 1911	Wo-66
BIRCH, Ida Virginia	15 May 1866	30 Oct 1873	Wo-107
BIRCH, Isabel E.	1913	1935	Wo-37
BIRCH, James H.	3 May 1852	13 May 1924	Wo-66
BIRCH, James L. s/o James W.	16 Feb 1873	31 Jul 1899	Wo-66
BIRCH, James V.	(d.age78yr)	27 Oct 1876	Wo-107
BIRCH, James W.	8 Jan 1832	23 Nov 1899	Wo-66
BIRCH, Mary Catharine w/o Curtis	(d.age41yr)	22 Aug 1920	Wo-87
BIRCH, Rebecca W.	18 Sep 1880	27 Jun 1921	Wo-66
BIRCH, Sarah E. w/o James H.	26 Sep 1850	29 Jan 1899	Wo-66
BIRCH, Susie E. w/o William T.	29 Aug 1864	14 Jun 1922	Wo-87
BIRCH, William J.	1871	1942	Wo-37
BIRCH, William T.	14 Mar 1858	13 Jan 1895	Wo-87
BISHOP, Ann C. w/o John	5 Sep 1828	5 Mar 1864	Wo-86
BISHOP, Aralanta R.	29 Jun 1860	11 Mar 1861	Wo-86
BISHOP, Arthur s/o Dr.George W.	3 May 1879	22 Oct 1879	Wo-84
BISHOP, Carrie King	22 Oct 1860	14 Dec 1909	Wo-69
BISHOP, Casanna	3 Dec 1852	3 Oct 1857	Wo-86
BISHOP, Charles	4 Feb 1857	none	Wo-69
BISHOP, Charles W.	28 Mar 1815	25 Sep 1895	Wo-87
BISHOP, Claude Pitts	17 Jun 1866	7 Apr 1912	Wo-65
BISHOP, Cora A. w/o Geo.d/o M.Lindsey	9 Jan 1840	2 Jan 1862	Wo-38
BISHOP, Dolly	12 Apr 1781	4 Oct 1842	Wo-87
BISHOP, Edna B. w/o S. James	1890	1957	Wo-59
BISHOP, Ella Anna	27 Sep 1857	6 May 1861	Wo-86
BISHOP, Ellen w/o Dr.George W.	5 Dec 1842	8 Sep 1887	Wo-84
BISHOP, Emma F. d/o William J.	1873	1877	Wo-59
BISHOP, Emma F. w/o William J.	9 Dec 1851	3 Jul 1874	Wo-59

Name	Birth	Death	Location
BISHOP, Ethel, d/o William J.	1880	1881	Wo-59
BISHOP, Frances E.	1893	1946	Wo-59
BISHOP, Frank A.	1885	1961	Wo-59
BISHOP, George	(d.age 77yr)	25 Dec 1878	Wo-84
BISHOP, George	28 Mar 1793	15 May 1880	Wo-88
BISHOP, George F. s/o Charles W.	11 Dec 1859	2 Dec 1881	Wo-87
BISHOP, George J. D. s/o George	(d.age 6mo)	20 Aug 1850	Wo-84
BISHOP, George W. (Dr.)	9 Jun 1826	6 Mar 1903	Wo-84
BISHOP, George s/o Benjamin	(d.age 18yr)	10 Jun 1827	Wo-86
BISHOP, Harry S. s/o William J.	18 Sep 1877	5 Jun 1952	Wo-59
BISHOP, James Bayard	23 Jan 1822	23 Mar 1849	Wo-87
BISHOP, James S.	(d.age 4yr)	19 Aug 1817	Wo-86
BISHOP, Laura J. w/o William W.	1857	1942	Wo-59
BISHOP, Lola Belle Moore w/o Wm. R.	16 Jul 1879	21 Mar 1926	Wo-86
BISHOP, Louisa C. w/o George	(d.age 54yr)	25 Dec 1860	Wo-84
BISHOP, Louisa Grace d/o George W.	22 Jul 1860	3 Aug 1860	Wo-38
BISHOP, Mary F. w/o Charles W.	5 Apr 1824	7 Feb 1915	Wo-87
BISHOP, Mary J. Bowen w/o John	none	27 Jan 1915	Wo-87
BISHOP, Raymond O. (WW I)	2 Juh 1889	14 Apr 1964	Wo-59
BISHOP, Rose M. d/o William J.	1876	1876	Wo-59
BISHOP, Ruth L. d/o William W.	1897	1898	Wo-59
BISHOP, S. James	1882	1973	Wo-59
BISHOP, William J.	5 Jan 1849	4 Mar 1908	Wo-59
BISHOP, William Lindsey s/o George	15 Dec 1861	29 Mar 1862	Wo-38
BISHOP, William M.	(d.age 37yr)	29 Oct 1893	Wo-97
BISHOP, William W.	1872	1951	Wo-59
BISHOP, Woodrow W. s/o S. James	14 Dec 1917	28 Apr 1920	Wo-59
BISHOP, Zipporah	30 Oct 1801	22 Jul 1884	Wo-88
BLACKSTONE, Delia K.	1884	1946	Wo-93
BLADES, Alice C.	1860	1945	Wo-58
BLADES, Alonzo L.	1870	1937	Wo-58
BLADES, Anna E.	1876	1964	Wo-58
BLADES, Annie M. Bowen w/o Erastus	1851	1934	Wo-86
BLADES, Annie R. Bowen w/o Erastus M.	none	30 Jan 1929	Wo-87
BLADES, Arintha J. w/o Saunders	22 Feb 1847	3 Feb 1928	Wo-53
BLADES, Arthur L.	1891	1975	Wo-53
BLADES, Bessie Mae w/o Howard	1910	1961	Wo-53
BLADES, Clarence U. (WWI)	1 Aug 1889	28 Aug 1967	Wo-37
BLADES, Clarence W.	1855	1940	Wo-53
BLADES, David J.	5 Sep 1875	6 Apr 1944	Wo-53
BLADES, Delores Nelson	none	none	Wo-58
BLADES, Edward A.	1867	1927	Wo-53
BLADES, Ella V.	1875	1963	Wo-53
BLADES, Ellen	9 Jul 1843	30 Dec 1922	Wo-72
BLADES, Elnora V.	1869	1917	Wo-53
BLADES, Emma C.	1859	1939	Wo-61
BLADES, Erastus M.	27 May 1830	7 Dec 1890	Wo-86
BLADES, Frances M.	5 Apr 1885	28 Dec 1974	Wo-37
BLADES, George S.	31 Oct 1811	14 Aug 1893	Wo-61
BLADES, George T.	1867	1948	Wo-61
BLADES, Handy	26 Nov 1830	22 May 1901	Wo-58
BLADES, Ida Outten	1854	1939	Wo-61
BLADES, James	14 Mar 1856	23 Aug 1918	Wo-69
BLADES, Jane E. A. D. w/o Stephen J.	11 Oct 1831	23 Jan 1857	Wo-35
BLADES, John H.	1861	1928	Wo-61

Name	Birth	Death	Location
BLADES, John W.	25 Aug 1823	11 Mar 1900	Wo-61
BLADES, Lola M.	1866	1960	Wo-61
BLADES, Margaret A.	7 Nov 1851	1 Nov 1900	Wo-69
BLADES, Margaret M.	9 Aug 1886	1 Dec 1888	Wo-69
BLADES, Marie R.	1903	none	Wo-53
BLADES, Marjorie Outten	1 Aug 1906	2 May 1932	Wo-56
BLADES, Mary E. w/o Stephen J.	4 Sep 1840	11 Dec 1922	Wo-61
BLADES, Mary J.	1828	1901	Wo-61
BLADES, Mary K.	9 Aug 1886	22 Nov 1888	Wo-69
BLADES, Maude C.	1888	1972	Wo-61
BLADES, Mervin Lee	1910	1968	Wo-58
BLADES, Millard F.	1 Mar 1853	14 Jul 1926	Wo-53
BLADES, Minnie V.	1872	1934	Wo-61
BLADES, Ocea F.	1874	1955	Wo-53
BLADES, Oscar C.	1897	1930	Wo-53
BLADES, Rachel G.	30 Apr 1794	18 Jan 1864	Wo-61
BLADES, S. James	1837	1930	Wo-86
BLADES, Samuel W.	1856	1938	Wo-53
BLADES, Saunders W.	19 Nov 1846	2 Mar 1918	Wo-53
BLADES, Stephen J.	2 Mar 1825	5 Sep 1870	Wo-61
BLADES, Thomas H. s/o Thomas H.	Jun 1861	5 Jun 1884	Wo-87
BLADES, William T.	7 Mar 1839	12 Aug 1901	Wo-72
BLADES, William W.	1856	1942	Wo-53
BLADES, Wilmir Addison s/o Stephen J.	none	9 Dec 1856	Wo-35
BLADES, Zadok F.	1844	1918	Wo-61
BLAINE, Ann Grace	1896	1934	Wo-60
BLAINE, Beulah M.	1869	1940	Wo-60
BLAINE, Edward Irvin Jr.	1900	1957	Wo-60
BLAINE, Edwin Irvin	1862	1926	Wo-60
BLAINE, Ida N. w/o John H.	11 Jul 1853	27 Apr 1899	Wo-63
BLAINE, James P.	1894	1946	Wo-60
BLAINE, John H.	5 Dec 1856	18 May 1914	Wo-63
BLAINE, Samuel Peirson s/o Thomas	11 Nov 1864	22 Dec 1875	Wo-63
BLAINE, Sarah G. w/o Thomas J.	10 Nov 1826	31 Dec 1892	Wo-63
BLAINE, Thomas J.	21 Apr 1822	18 Jul 1883	Wo-63
BLAINE, Willie T. s/o James P.	12 Jan 1889	20 Jan 1892	Wo-60
BLAKELEY, Dorothy F.	1914	1976	Wo-42
BLEOOVICS, Alexander	7 Mar 1861	3 May 1922	Wo-66
BODIE, Hester A.	2 Mar 1851	3 Jul 1927	Wo-97
BODLEY, Archie C.	27 Sep 1892	4 Jul 1917	Wo-66
BODLEY, Eliza M. w/o Leonard	22 Mar 1869	5 Feb 1902	Wo-66
BODLEY, Elizabeth	1827	1907	Wo-97
BODLEY, Emory McDowell s/o John	20 Apr 1909	9 Oct 1909	Wo-69
BODLEY, John W.	1857	1923	Wo-69
BODLEY, Lizzie A.	16 Oct 1882	28 Jan 1905	Wo-69
BODLEY, Mamie L. d/o John W.	12 Aug 1889	18 Jan 1906	Wo-69
BODLEY, William W.	1817	1898	Wo-97
BOECKNER, Margaret Vincent	(d.age 49yr)	1 Mar 1935	Wo-86
BOEHM, L. Edward	Jan 1843	Jun 1907	Wo-84
BOHN, Ella F.	none	16 Mar 1923	Wo-62
BOLEN, Jane T.	1902	1949	Wo-101
BOLEN, John WWI	17 Apr 1895	19 Sep 1962	Wo-101
BOLEN, Rebecca J.	1871	1931	Wo-101
BOLEN, Tanay H.	1904	1970	Wo-101
BONNEVILLE, Amelia P.	1845	1924	Wo-63

Name	Birth	Death	Location
BONNEVILLE, Benjamin E.	10 Apr 1849	17 Aug 1923	Wo-58
BONNEVILLE, Bertha Lee d/o John E.	19 Nov 1884	25 Aug 1901	Wo-86
BONNEVILLE, Bruce s/o J.W.	5 Sep 1893	22 Nov 1899	Wo-61
BONNEVILLE, Elizabeth Jane	1869	1945	Wo-63
BONNEVILLE, Elizabeth C. w/o Tubman F.	13 Feb 1839	17 May 1900	Wo-62
BONNEVILLE, F. Lee	1864	1935	Wo-62
BONNEVILLE, Florence Collins	3 Oct 1871	3 May 1912	Wo-72
BONNEVILLE, Frederick L.	1873	1958	Wo-62
BONNEVILLE, G. W.	18 Aug 1851	9 Feb 1930	Wo-53
BONNEVILLE, Georgia Maude	4 Aug 1875	5 Mar 1890	Wo-63
BONNEVILLE, Hattie Elizabeth	1864	1944	Wo-63
BONNEVILLE, Henry C.	1 Nov 1869	2 Nov 1869	Wo-62
BONNEVILLE, Henry Thomas	1855	1941	Wo-63
BONNEVILLE, Jane Ellen	1868	1953	Wo-63
BONNEVILLE, John E.	12 Mar 1850	13 Jun 1929	Wo-86
BONNEVILLE, Lena May d/o T.F.	4 May 1878	22 Nov 1881	Wo-62
BONNEVILLE, Lennie A.	1876	1954	Wo-53
BONNEVILLE, Lulu May d/o Wm. B. L.	13 Oct 1890	5 Feb 1901	Wo-87
BONNEVILLE, Mary E. w/o Benjamin E.	21 Aug 1854	18 Nov 1922	Wo-58
BONNEVILLE, Mary E. w/o G.W.	4 Aug 1846	16 Dec 1941	Wo-53
BONNEVILLE, Mary E. wo Benjamin E.	21 Aug 1854	18 Nov 1922	Wo-58
BONNEVILLE, Nancy B.	1882	1962	Wo-62
BONNEVILLE, Oliver	none	none	Wo-63
BONNEVILLE, Ralph s/o John E. & Esther	6 Oct 1899	4 Aug 1901	Wo-86
BONNEVILLE, Ruby Estelle	1900	1936	Wo-63
BONNEVILLE, Ruby Estelle	1924	1935	Wo-63
BONNEVILLE, S. Earle	1871	1942	Wo-62
BONNEVILLE, Tubman Francis	26 Jul 1827	25 Apr 1907	Wo-62
BONNEVILLE, Victor Thomas	none	none	Wo-63
BONNEVILLE, William C.	1842	1929	Wo-63
BONNEVILLE, William I.	8 Jan 1863	2 Feb 1863	Wo-62
BONNEVILLE, William P.	1865	1925	Wo-63
BONNEVILLE, William T.	8 Jan 1867	15 Mar 1916	Wo-62
BONNEVILLE, William T.	8 Jan 1867	15 Mar 1918	Wo-62
BONNEVILLE, Willie s/o J.W.	27 May 1884	4 Nov 1885	Wo-61
BOOKER, Laura Schoolfield	14 Feb 1874	14 Aug 1899	Wo-63
BOOLE, Harriett A.	1902	none	Wo-58
BOOLE, Willis E.	1900	1978	Wo-58
BORROUGHS, Dorothy Va. d/o Augustus	1919	1926	Wo-60
BOSTON, Alice C. M. w/o William E.	1853	19 Aug 1878	Wo-65
BOSTON, Annie V. w/o Joseph P.	30 Sep 1870	10 Dec 1900	Wo-110
BOSTON, Bernice V.	1897	1977	Wo-60
BOSTON, Charles H. s/o J.J.	4 Aug 1854	4 Jul 1872	Wo-79
BOSTON, Cora Mason	1898	1974	Wo-58
BOSTON, Dale	7 Dec 1898	8 Nov 1873	Wo-65
BOSTON, Daniel	10 Feb 1791	21 Feb 1865	Wo-58
BOSTON, Dorsey F.	1898	1971	Wo-61
BOSTON, Elizabeth	11 Jul 1807	8 Feb 1895	Wo-58
BOSTON, Elsie M.	19 Feb 1907	22 Oct 1957	Wo-65
BOSTON, Emma M. w/o Samuel J.	3 Oct 1836	5 Jul 1868	Wo-49
BOSTON, Enatia w/o Daniel	14 Apr 1799	11 Jun 1864	Wo-58
BOSTON, Esau	1784	1869	Wo-58
BOSTON, Guy Elwood	17 Sep 1888	9 Sep 1966	Wo-65
BOSTON, Harriett w/o William T.	(d.age54yr)	18 Nov 1881	Wo-79
BOSTON, Henry Curtis	1808	1844	Wo-58

Name	Birth	Death	Cemetery
BOSTON, Henry E. s/o J.J.	18 Mar 1868	18 Jul 1872	Wo-79
BOSTON, Isaac	(d.age 84yr)	18 Apr 1888	Wo-79
BOSTON, Jacob	May 1782	27 Apr 1858	Wo-110
BOSTON, James E.	16 Aug 1852	11 Mar 1918	Wo-63
BOSTON, Janie E.	1868	1944	Wo-60
BOSTON, Jean Ker d/o Guy E.	12 Feb 1916	26 Mar 1981	Wo-65
BOSTON, Jemima M.	21 Jan 1887	19 Sep 1977	Wo-65
BOSTON, John J.	1861	1916	Wo-60
BOSTON, John J.	1894	none	Wo-60
BOSTON, Joseph P.	1866	1942	Wo-60
BOSTON, Joseph Ralph	1896	1973	Wo-58
BOSTON, Josiah J.	16 Nov 1827	22 May 1900	Wo-79
BOSTON, Leah Ellen P.	10 Nov 1840	9 Jun 1928	Wo-110
BOSTON, Mary A. w/o Rev. Solomon C.	26 Oct 1822	15 Apr 1869	Wo-58
BOSTON, Mary K. Mumford	2 Nov 1891	14 Feb 1977	Wo-65
BOSTON, Maurice W.	1891	1959	Wo-63
BOSTON, Minnie E. d/o J.J.	27 Apr 1873	27 May 1878	Wo-79
BOSTON, Miranda W. (Redden)	1 Nov 1868	6 May 1902	Wo-53
BOSTON, Nancy w/o Jacob	1 Jan 1788	2 Feb 1805	Wo-110
BOSTON, Nona W.	1891	1973	Wo-63
BOSTON, Polly Ball	(d.age 79yr)	1887	Wo-58
BOSTON, Rachel Jane w/o Josiah	24 Jan 1835	5 Jun 1899	Wo-79
BOSTON, Raymond T.	188?	1953	Wo-60
BOSTON, Richard	1926	1926	Wo-60
BOSTON, Sadie P.	1875	1957	Wo-60
BOSTON, Sallie Ann	1838	1866	Wo-58
BOSTON, Sally w/o Jacob	1797	20 Jan 1878	Wo-110
BOSTON, Samuel	1815	1870	Wo-58
BOSTON, Samuel J. s/o John & Mollie	13 Oct 1831	19 Feb 1881	Wo-49
BOSTON, Sarah Ann d/o William T.	8 Dec 1870	30 Jul 1871	Wo-110
BOSTON, Solomon Charles (Rev.)	23 Aug 1820	15 Jun 1887	Wo-58
BOSTON, Susan F.	7 Jan 1858	18 Aug 1922	Wo-63
BOSTON, Tony Sport	1932	1950	Wo-63
BOSTON, William Elton	3 Mar 1853	10 Jun 1918	Wo-65
BOSTON, William J.	15 Dec 1863	10 Jun 1917	Wo-53
BOSTON, William T.	16 Nov 1824	10 Apr 1922	Wo-79
BOSTON, William Thomas	15 Sep 1840	12 Oct 1928	Wo-110
BOSTON, Zella L. Lambden	1900	none	Wo-61
BOSTON, Zenie C.	28 May 1845	3 Jan 1914	Wo-79
BOUNDS, Alice	10 Aug 1873	16 May 1934	Wo-101
BOUNDS, Alice Riggin w/o George A.	6 Jun 1873	20 Nov 1948	Wo-88
BOUNDS, Almira F. w/o W.F.L.	22 Aug 1866	11 Aug 1892	Wo-1
BOUNDS, Artley P. s/o Bernard	20 Feb 1903	6 Jun 1952	Wo-101
BOUNDS, C. Robert	1952	26 Apr 1986	Wo-101
BOUNDS, Clarence P.	1909	1973	Wo-101
BOUNDS, Clarence P.	(d.age 64yr)	Oct 1973	Wo-101
BOUNDS, Crawford	19 Mar 1858	28 Jun 1926	Wo-67
BOUNDS, Edward Henry	12 Jan 1863	4 Oct 1917	Wo-87
BOUNDS, Edward P.	18 Jul 1837	14 Feb 1904	Wo-1
BOUNDS, Eleanora Puzey w/o Jones	25 Aug 1798	3 Mar 1887	Wo-1
BOUNDS, Elizabeth F. w/o W.J.	1839	1918	Wo-8
BOUNDS, Elizabeth H.	20 May 1800	none	Wo-108
BOUNDS, Elizabeth S. w/o William	1839	1918	Wo-108
BOUNDS, Emily A. w/o Edward P.	6 May 1840	9 Feb 1912	Wo-1
BOUNDS, G. Roy s/o Edward H.	19 Jan 1887	24 Jan 1891	Wo-88

Name	Birth	Death	Location
BOUNDS, George Anderson s/o James	3 Mar 1873	30 Nov 1960	Wo-88
BOUNDS, Henry G.	17 Aug 1917	6 Sep 1917	Wo-88
BOUNDS, Hubert O. WW11	22 Nov 1900	17 Dec 1977	Wo-101
BOUNDS, Infant s/o T.G. & Nannie	none	none	Wo-1
BOUNDS, J. Larry s/o George Himes	21 Nov 1952	Jul 1982	Wo-74
BOUNDS, James A.	23 Sep 1830	25 Mar 1919	Wo-8
BOUNDS, James Larry s/o George H.	21 Nov 1952	Jul 1982	Wo-74
BOUNDS, John James	10 Sep 1829	10 Jul 1873	Wo-101
BOUNDS, John Milton	25 Jun 1903	May 1986	Wo-74
BOUNDS, Jones	2 Jul 1800	24 Apr 1889	Wo-1
BOUNDS, Maggie N. w/o Ota F.	13 Mar 1870	26 Jul 1932	Wo-101
BOUNDS, Mamie w/o Jones	(d.age41yr)	29 Dec 1837	Wo-8
BOUNDS, Mary Selena	1881	1970	Wo-61
BOUNDS, Michael A. s/o George H.	4 Nov 1862	11 Jul 1982	Wo-74
BOUNDS, Michael Archer s/o George H.	4 Nov 1962	11 Jul 1982	Wo-74
BOUNDS, Myrtle V. w/o Clarence	1916	none	Wo-101
BOUNDS, Nannie d/o E.P.	2 Feb 1866	12 Aug 1885	Wo-1
BOUNDS, Ota Francis	12 Mar 1867	26 Jan 1920	Wo-101
BOUNDS, Preston William w/o Wm. J.	24 Aug 1904	Dec 1984	Wo-88
BOUNDS, Raymond s/o E.G.& Nannie	1 Feb 1890	9 May 1899	Wo-1
BOUNDS, Sally Elizabeth	19 Oct 1836	2 Aug 1837	Wo-108
BOUNDS, Sarah Ellen	3 Sep 1823	9 Jan 1829	Wo-108
BOUNDS, Stephen	13 Apr 1797	12 Sep 1849	Wo-108
BOUNDS, Susan E.	6 Mar 1829	4 Jan 1899	Wo-8
BOUNDS, Tricy Eleanor	10 Oct 1836	16 Apr 1924	Wo-101
BOUNDS, W. J.	19 Nov 1833	17 Nov 1902	Wo-8
BOUNDS, Warren	7 Feb 1864	15 Jul 1937	Wo-101
BOUNDS, William Ernest	1876	1967	Wo-61
BOUNDS, William Ernest Jr.	1905	1972	Wo-61
BOUNDS, William J.	19 Nov 1833	19 Nov 1902	Wo-108
BOWDEN, Alfred P.	1902	1972	Wo-41
BOWDEN, Ray Clarke	1877	1954	Wo-61
BOWDEN, Winnie M.	1906	none	Wo-41
BOWEN, Andasia Catherine d/o William	22 May 1872	30 Nov 1922	Wo-65
BOWEN, Andasia I.	28 Aug 1788	31 May 1864	Wo-65
BOWEN, Ann M. w/o Isaac	(d.age75yr)	Dec 1895	Wo-87
BOWEN, Annie Eliza Hayward w/o Edward.	27 Sep 1824	9 Sep 1864	Wo-84
BOWEN, Annie Mariah w/o Ed. Hill	(d.age72yr)	28 Jan 1926	Wo-87
BOWEN, Annie d/o Ara P.	(d.age 2yr)	22 Aug 1873	Wo-79
BOWEN, Baby s/o Gordon	24 Jul 1918	30 Jul 1918	Wo-88
BOWEN, Birtie w/o Elijah T.	(d.age30yr)	21 Jan 1882	Wo-79
BOWEN, Caroline Bolton	1896	1966	Wo-60
BOWEN, Catherine G. w/o R.J.	19 Mar 1832	9 Dec 1910	Wo-79
BOWEN, Charles L.	30 Jun 1921	18 Dec 1888	Wo-79
BOWEN, Charlotte A. d/o Robert F.	31 May 1825	28 Feb 1861	Wo-65
BOWEN, Charlotte Ellen w/o William	22 Mar 1843	25 May 1910	Wo-79
BOWEN, Charlotte w/o Littleton	15 Aug 1798	28 Jan 1855	Wo-67
BOWEN, Clarence H.	14 Aug 1883	17 Apr 1902	Wo-73
BOWEN, Cornelia & Georgie & Irving	none	none	Wo-67
BOWEN, Dayton H. s/o Thomas P.	21 Apr 1876	24 Aug 1885	Wo-73
BOWEN, Edgar s/o Elijah T.	(d.age23yr)	2 Aug 1897	Wo-79
BOWEN, Edward Farrell	1895	1950	Wo-60
BOWEN, Edward H.	(d.age30yr)	17 Jul 1848	Wo-84
BOWEN, Edward Hayward s/o Edward H.	27 May 1846	4 Feb 1849	Wo-84
BOWEN, Edwin P.	1926	1928	Wo-58

Name	Birth	Death	Location
BOWEN, Edwin P.	26 Dec 1926	21 May 1928	Wo-73
BOWEN, Eleanor L.	1892	1909	Wo-65
BOWEN, Elijah Thompson	25 Jan 1845	23 Jan 1910	Wo-79
BOWEN, Elizabeth D.	1853	1926	Wo-88
BOWEN, Emma W. w/o Thomas P.	29 Jun 1854	29 Jun 1932	Wo-73
BOWEN, George E.	(d.age61yr)	1 Apr 1885	Wo-107
BOWEN, Georgianna d/o G.E.& Anne	27 Feb 1851	31 Jan 1854	Wo-67
BOWEN, Gilbert L.	8 Mar 1812	9 Mar 1905	Wo-65
BOWEN, Glenwood R.	15 Aug 1892	28 Jun 1923	Wo-73
BOWEN, Harry Wilmer s/o Harry W.	6 Feb 1902	10 Apr 1905	Wo-79
BOWEN, Henry F. M.D.	17 Feb 1813	15 Jun 1883	Wo-65
BOWEN, Isaac	(d.age75yr)	5 Oct 1897	Wo-87
BOWEN, James E. (Capt. died at sea)	(d.age56yr)	c. 1910	Wo-79
BOWEN, James Tennant	18 Sep 1843	3 Mar 1906	Wo-66
BOWEN, John T.	12 Aug 1833	25 Feb 1919	Wo-85
BOWEN, Laura Anne	9 Sep 1845	5 Mar 1921	Wo-66
BOWEN, Leah C.	1858	1933	Wo-94
BOWEN, Lillie Jones w/o James E.	(d.age59yr)	1 Jan 1919	Wo-79
BOWEN, Littleton	14 Nov 1792	24 Nov 1864	Wo-67
BOWEN, Lottie W. d/o Sydney W.	(d.age 8yr)	1 Feb 1866	Wo-67
BOWEN, Luther	(d.age16da)	2 Aug 1873	Wo-79
BOWEN, Margaret Jane d/o G.E.	8 May 1853	18 Sep 1860	Wo-67
BOWEN, Margaret Lucas	1877	1961	Wo-61
BOWEN, Martha Franklin w/o Zadock	20 Sep 1815	12 Aug 1897	Wo-65
BOWEN, Mary Eddie d/o William T.	22 Jan 1862	16 Mar 1866	Wo-65
BOWEN, Mary Ellen d/o Ara P.	(d.age10yr)	29 Jul 1882	Wo-79
BOWEN, Mary James w/o Parker	(d.age46yr)	none	Wo-79
BOWEN, Mary M.	(d.age47yr)	16 May 1936	Wo-88
BOWEN, Moses	17 Mar 1810	11 Jun 1889	Wo-87
BOWEN, Parker	(d.age79yr)	23 Sep 1876	Wo-79
BOWEN, Robert F.	13 May 1798	23 Sep 1871	Wo-65
BOWEN, Robert J.	1 Aug 1828	9 Feb 1869	Wo-79
BOWEN, Robert J. MD s/o Robert F.	27 Apr 1827	12 Dec 1914	Wo-65
BOWEN, Ruth Jones	1899	1942	Wo-58
BOWEN, S. Thomas Jr.	16 Mar 1886	1 Nov 1918	Wo-79
BOWEN, Sallie A. w/o Parker	31 Jan 1814	21 Oct 1907	Wo-79
BOWEN, Sallie L.	none	none	Wo-79
BOWEN, Samuel C.	1889	1955	Wo-58
BOWEN, Samuel J.	1929	1936	Wo-58
BOWEN, Sarah E. w/o Kendall J.	13 Aug 1861	28 Jun 1919	Wo-87
BOWEN, Sarah M.	22 Jan 1840	28 Jan 1919	Wo-85
BOWEN, Sarah w/o Moses	20 Jun 1811	21 Sep 1887	Wo-87
BOWEN, Sidney A.	23 Oct 1853	27 Feb 1917	Wo-65
BOWEN, Sydney W.	8 Sep 1828	5 Oct 1866	Wo-67
BOWEN, Thomas P.	6 Jan 1846	14 Feb 1912	Wo-73
BOWEN, W. L. P. (Rev.)	none	none	Wo-79
BOWEN, William	6 Apr 1835	1 Nov 1909	Wo-79
BOWEN, William F.	1900	1901	Wo-65
BOWEN, William Fleming s/o William	10 Aug 1868	19 Nov 1899	Wo-65
BOWEN, William S.	1878	1931	Wo-61
BOWEN, William s/o Peter & Rhoda	13 Oct 1818	23 Oct 1881	Wo-56
BOWHANNON, Charlotte S.	27 Nov 1807	1 Mar 1894	Wo-6
BOWLAND, Ann W.	28 Aug 1823	5 Mar 1911	Wo-62
BOWLAND, Esther	8 Dec 1859	13 Apr 1915	Wo-62
BOWLAND, Evelyn H.	1851	1925	Wo-62

Name	Birth	Death	Location
BOWLAND, Levin E. P.	1853	1934	Wo-62
BOWLAND, Lillie Evans	1872	1924	Wo-62
BOWLAND, William A.	1871	1929	Wo-62
BOYD, Hettie w/o Robert	17 Jan 1797	9 Sep 1848	Wo-65
BOYD, Robert	25 May 1783	3 Jul 1864	Wo-65
BOYER, Francis MD	none	none	Wo-84
BOYER, Mary	(d.age 28yr)	1823	Wo-84
BOYLE, Ann	(d.age 91yr)	9 Jul 1878	Wo-84
BRADFORD, Alice Elizabeth d/o D.H.	8 Aug 1905	15 Jan 1906	Wo-87
BRADFORD, David J.	1876	1929	Wo-88
BRADFORD, John E.	(d.age 1 yr)	16 May 1936	Wo-88
BRADFORD, John Handy	14 Apr 1843	20 Mar 1915	Wo-76
BRADFORD, Mary M. w/o Avery	(d.age 94yr)	5 Jul 1912	Wo-66
BRADFORD, Mary W. w/o Noah H.	7 Jan 1877	23 Sep 1907	Wo-66
BRADFORD, Rachel Ann w/o John H.	none	none	Wo-76
BRADFORD, William	none	none	Wo-94
BRADFORD, William Jester	19 Feb 1889	18 Mar 1926	Wo-76
BRADLEY, Laura P. w/o Atlas	22 Apr 1882	12 Feb 1944	Wo-53
BRANDON, Ellen M.	1889	1965	Wo-3
BRANDON, W. Clair	1880	1934	Wo-3
BRANFORD, Charles W. (Rev.)	1892	1962	Wo-61
BRANFORD, Ruth W.	1893	none	Wo-61
BRANNER, Maybelle Davis	1900	1942	Wo-60
BRANT, Mark s/o Roger & Letti	16 Dec 1969	26 Sep 1982	Wo-101
BRASURE, Littleton D.	17 Feb 1836	9 Apr 1913	Wo-97
BRASURE, Mary w/o Littleton D.	20 Jan 1839	22 Dec 1897	Wo-97
BRATTEN, Augusta K. w/o George T.	1 Jan 1835	26 Dec 1904	Wo-87
BRATTEN, Augusta d/o George T.	3 Jun 1859	13 Aug 1860	Wo-87
BRATTEN, Edgar H.	14 Dec 1889	10 Jan 1929	Wo-87
BRATTEN, Frank P.	1884	1945	Wo-63
BRATTEN, George T.	21 May 1826	16 Oct 1884	Wo-87
BRATTEN, George T. s/o George T.	26 Jan 1852	16 Sep 1893	Wo-87
BRATTEN, George W.	1864	1935	Wo-3
BRATTEN, Hattie V. d/o I.T.& Mary	(d.age 1yr)	3 Oct 1870	Wo-65
BRATTEN, James M.	28 Mar 1830	19 Aug 1896	Wo-65
BRATTEN, James M. s/o James M.& H.A.	(d.age 13yr)	12 Aug 1873	Wo-65
BRATTEN, Joseph M. Sr.	1854	1933	Wo-87
BRATTEN, Justis M.	10 Sep 1787	20 Apr 1864	Wo-87
BRATTEN, Leah W.	6 Jun 1809	8 Sep 1860	Wo-87
BRATTEN, M. Pearl	1891	1953	Wo-63
BRATTEN, Mae M.	1894	1941	Wo-63
BRATTEN, Maria B. w/o Noah	(d.age 62yr)	2 Sep 1883	Wo-63
BRATTEN, Mary A. w/o William H.	12 Jan 1832	22 Dec 1922	Wo-3
BRATTEN, Mary E. d/o James M.	16 Feb 1867	21 Feb 1900	Wo-65
BRATTEN, Mary J. w/o I. T.	none	18 Sep 1870	Wo-65
BRATTEN, Phillip T.	14 Jan 1862	20 Aug 1911	Wo-3
BRATTEN, Priscilla Hudson w/o William	14 Oct 1842	18 Apr 1902	Wo-87
BRATTEN, Sallie M.	1883	none	Wo-63
BRATTEN, William Coard	7 Jun 1835	21 Nov 1919	Wo-87
BRATTEN, William F.	1853	1938	Wo-63
BRATTEN, William H.	11 Aug 1826	21 Oct 1905	Wo-3
BREDELL, Ann Collier w/o Isaac	25 Dec 1790	1 May 1817	Wo-65
BREDELL, Catherine A. d/o Isaac	9 Sep 1809	23 Oct 1830	Wo-65
BREDELL, Frances Mrs.	22 Dec 1785	9 Nov 1847	Wo-65
BREESEM, Jeanette d/o J.M. Dryden	28 Jul 1872	9 Mar 1916	Wo-86

Name	Birth	Death	Location
BREVARD, James F.	6 Jun 1816	13 Mar 1861	Wo-67
BREVARD, John F.	1 Nov 1818	30 Sep 1834	Wo-67
BREWER, Edward S.	4 Dec 1896	5 Feb 1945	Wo-1
BREWER, Elsie E.	5 Jul 1903	29 Nov 1944	Wo-1
BREWER, Ida J.	1868	1920	Wo-1
BREWER, Samuel	1850	1932	Wo-1
BREWER, William G.	1880	1964	Wo-1
BRICKENHOUSE, Alma C. Jones w/o J.A.	1886	1925	Wo-63
BRICKENHOUSE, Ruth	1908	1925	Wo-63
BRIDDELL, Jennie J. w/o William F.	(d.age 63yr)	27 Jan 1927	Wo-1
BRIDDELL, M. Maye d/o William F.	11 Nov 1893	25 Feb 1921	Wo-1
BRIDDELL, Mary Priscilla w/o William	16 Nov 1838	4 Jan 1900	Wo-87
BRIDDELL, William F.	(d.age 45yr)	14 Jul 1903	Wo-1
BRIDDELL, William H. s/o Joshua	21 Jan 1836	29 Jul 1879	Wo-87
BRIMER, Alice Ruth	1892	1960	Wo-63
BRIMER, Baby	none	1955	Wo-61
BRIMER, Carlton J.	1911	1975	Wo-61
BRIMER, Charles S.	1876	1955	Wo-63
BRIMER, Francis Clay (LCDR USN)	3 Jan 1897	5 Dec 1972	Wo-3
BRIMER, Henry C.	1868	1948	Wo-61
BRIMER, John	1874	1960	Wo-37
BRIMER, Laura	1880	1960	Wo-37
BRIMER, Levi J.	12 Oct 1839	5 Feb 1908	Wo-87
BRIMER, Levi J. s/o Levi J.	7 Oct 1862	7 Feb 1914	Wo-87
BRIMER, Lora W.	1897	1972	Wo-41
BRIMER, Mae H.	1883	1969	Wo-61
BRIMER, Melvin E.	1905	1973	Wo-63
BRIMER, Nancy C.	1839	1934	Wo-87
BRIMER, Rachel A.	2 Oct 1842	16 Sep 1920	Wo-87
BRIMER, Stella M.	1898	1978	Wo-41
BRIMER, Viola E.	1888	1968	Wo-63
BRIMER, William E. (Capt.)	1837	1921	Wo-87
BRINKLEY, Ada W. d/o J.B. Horsey	10 Nov 1832	25 May 1875	Wo-60
BRITTINGHAM, Albert J.	1842	1910	Wo-66
BRITTINGHAM, Alice M.	1862	1920	Wo-63
BRITTINGHAM, Amelia E. w/o G. W.	1874	1916	Wo-66
BRITTINGHAM, Anna L. w/o E.T.	24 Sep 1883	21 Mar 1916	Wo-66
BRITTINGHAM, Annie K. d/o Ephraim	22 Jul 1872	17 Jun 1907	Wo-79
BRITTINGHAM, Aretha J. w/o W.W.	none	none	Wo-59
BRITTINGHAM, Arthur W.	1892	1980	Wo-58
BRITTINGHAM, Bertie M.	1892	1979	Wo-56
BRITTINGHAM, Bessie W.	1882	1963	Wo-63
BRITTINGHAM, C. C.	1864	1941	Wo-58
BRITTINGHAM, Charles H.	1852	1924	Wo-66
BRITTINGHAM, Charles L.	1865	1941	Wo-53
BRITTINGHAM, Charles W.	1870	1908	Wo-63
BRITTINGHAM, Charles W.	25 Dec 1850	25 Jul 1922	Wo-66
BRITTINGHAM, Charlotte P.	17 Aug 1830	3 Feb 1918	Wo-72
BRITTINGHAM, Clayton G.	1890	1965	Wo-56
BRITTINGHAM, Clifton M.	1900	1962	Wo-63
BRITTINGHAM, Cookman F. s/o Wm. J.S.	1 May 1865	23 Sep 1890	Wo-105
BRITTINGHAM, Daisey D.	1873	1933	Wo-63
BRITTINGHAM, Edna F.	1890	1973	Wo-58
BRITTINGHAM, Edna M.	1902	1974	Wo-63
BRITTINGHAM, Edward Alonzo	1880	1940	Wo-63

Name	Birth	Death	Location
BRITTINGHAM, Edward J.	1862	1946	Wo-59
BRITTINGHAM, Edward J. C.	1864	1942	Wo-58
BRITTINGHAM, Edward J. C.	14 Aug 1828	21 Aug 1891	Wo-59
BRITTINGHAM, Edward T.	9 Feb 1837	28 Feb 1902	Wo-58
BRITTINGHAM, Elijah E.	1854	1938	Wo-53
BRITTINGHAM, Elijah L.	1890	1939	Wo-53
BRITTINGHAM, Elizabeth A.	1847	1923	Wo-66
BRITTINGHAM, Elizabeth w/o E.J.	17 May 1830	8 May 1915	Wo-89
BRITTINGHAM, Emma R.	1867	1953	Wo-53
BRITTINGHAM, Ephraim D.	9 Nov 1831	28 Apr 1907	Wo-79
BRITTINGHAM, Ethel L. w/o Arthur W.		1888	1964	Wo-58
BRITTINGHAM, Eva J. w/o I.J.D.	14 Jan 1868	15 Sep 1890	Wo-66
BRITTINGHAM, Fannie L.	11 Oct 1872	15 Sep 1875	Wo-58
BRITTINGHAM, Florence D. d/o Edward J.	3 Feb 1862	5 Aug 1888	Wo-49
BRITTINGHAM, George F.	1876	1955	Wo-2
BRITTINGHAM, George H.	8 Jan 1850	5 Jan 1868	Wo-72
BRITTINGHAM, Gertrude A.	1893	1920	Wo-63
BRITTINGHAM, Girtie M.	26 Apr 1872	4 Jun 1899	Wo-79
BRITTINGHAM, Gordy	1874	1950	Wo-1
BRITTINGHAM, Granville N.	1927	1950	Wo-63
BRITTINGHAM, Grover C.	1884	1962	Wo-58
BRITTINGHAM, Grover C.	1912	1954	Wo-56
BRITTINGHAM, Grover G. s/o E.E.& S.A.	14 Jan 1885	26 Apr 1912	Wo-53
BRITTINGHAM, Harold Mac	1905	1970	Wo-63
BRITTINGHAM, Harriet (with Lindsey)	(d.age 45yr)	20 Aug 1844	Wo-23
BRITTINGHAM, Harry W.	1874	1941	Wo-59
BRITTINGHAM, Hattie Mason	1882	1936	Wo-63
BRITTINGHAM, Henrietta J.	1895	none	Wo-2
BRITTINGHAM, Hetty Isabel w/o N.	15 Feb 1849	11 Jun 1913	Wo-76
BRITTINGHAM, Ida E. (with Outten)	1876	1970	Wo-61
BRITTINGHAM, Ira K.	1882	1972	Wo-63
BRITTINGHAM, Irene F.	1869	1939	Wo-63
BRITTINGHAM, J. Henry s/o Elijah	26 Mar 1860	9 Jul 1891	Wo-54
BRITTINGHAM, James M.	1865	1945	Wo-63
BRITTINGHAM, John E.	(d.age 79yr)	24 Nov 1909	Wo-22
BRITTINGHAM, John Edwin	1909	1973	Wo-58
BRITTINGHAM, John M.	1850	1914	Wo-63
BRITTINGHAM, John M.	1877	1938	Wo-53
BRITTINGHAM, Julia A.	29 Nov 1847	29 Jul 1921	Wo-66
BRITTINGHAM, Katherine L. w/o Edward J.	1860	1946	Wo-59
BRITTINGHAM, L. M. B	none	none	Wo-58
BRITTINGHAM, Larry O. s/o Elijah	3 Mar 1882	1 Dec 1892	Wo-53
BRITTINGHAM, Leah D.	(d.age 80yr)	17 Jun 1901	Wo-66
BRITTINGHAM, Leonard	1903	1956	Wo-58
BRITTINGHAM, Libby M.	1871	1924	Wo-63
BRITTINGHAM, Lillian	1916	none	Wo-58
BRITTINGHAM, Lola E.	1868	1936	Wo-58
BRITTINGHAM, Lotta w/o Edward M.	22 Feb 1887	20 Jul 1926	Wo-72
BRITTINGHAM, Louis F. s/o Louis. L.& H.	none	none	Wo-2
BRITTINGHAM, Louis L.	1892	1967	Wo-2
BRITTINGHAM, Louisa M. (Ardis)	7 Jun 1840	16 Jan 1892	Wo-58
BRITTINGHAM, Luther S. (WW II)	16 Mar 1905	10 Jan 1961	Wo-53
BRITTINGHAM, Margaret	1923	none	Wo-58
BRITTINGHAM, Margaret C. w/o Edward	1863	1957	Wo-58
BRITTINGHAM, Margaret F.	none	none	Wo-58

Name	Birth	Death	Ref
BRITTINGHAM, Mariah	26 Oct 1815	9 Aug 1872	Wo-107
BRITTINGHAM, Marietta B.	1899	none	Wo-53
BRITTINGHAM, Marion C.	1885	1965	Wo-58
BRITTINGHAM, Marion T.	1 Jan 1869	23 Nov 1894	Wo-58
BRITTINGHAM, Martha A.	1903	1965	Wo-53
BRITTINGHAM, Mary A. Taylor w/o Peter	23 Oct 1815	9 Aug 1872	Wo-67
BRITTINGHAM, Mary A. w/o John E.	19 Apr 1846	17 Jan 1921	Wo-22
BRITTINGHAM, Mary A. w/o Mathias	(d.age85yr)	27 Mar 1912	Wo-66
BRITTINGHAM, Mary C. w/o Minos C.	1 Feb 1863	13 May 1921	Wo-76
BRITTINGHAM, Mary E.	1855	1925	Wo-66
BRITTINGHAM, Mary E.	26 Mar 1860	9 Jul 1891	Wo-54
BRITTINGHAM, Mary E. w/o Elijah	(d.age62yr)	23 Aug 1887	Wo-54
BRITTINGHAM, Mary J. w/o Edward	7 Dec 1840	10 Dec 1927	Wo-59
BRITTINGHAM, Mary L. d/o Levin	(d.age11mo)	21 Sep 1908	Wo-88
BRITTINGHAM, Mary V.	1849	1914	Wo-63
BRITTINGHAM, Mary d/o E. Thomas	2 Feb 1866	13 Sep 1889	Wo-58
BRITTINGHAM, Mattie (vault)	(d.age70yr)	none	Wo-2
BRITTINGHAM, Maud	5 Dec 1876	3 Aug 1886	Wo-66
BRITTINGHAM, Minnie L. w/o George W.	28 Feb 1870	12 Feb 1904	Wo-66
BRITTINGHAM, N. Brydant s/o M.F.& Julie H.	1945	1945	Wo-63
BRITTINGHAM, Nancy M.	1887	1972	Wo-97
BRITTINGHAM, Nellie M.	1888	1947	Wo-58
BRITTINGHAM, Norman (vault)	(d.age92yr)	none	Wo-2
BRITTINGHAM, Norman E. s/o George	16 Sep 1883	11 Oct 1890	Wo-61
BRITTINGHAM, Norwood A.	1899	none	Wo-53
BRITTINGHAM, Olivia A.	1909	1946	Wo-63
BRITTINGHAM, Orville G. (WW II)	1925	1946	Wo-63
BRITTINGHAM, Paul Linwood	1930	1951	Wo-63
BRITTINGHAM, Peter	27 Sep 1801	11 Apr 1857	Wo-67
BRITTINGHAM, Peter E.	1873	1895	Wo-66
BRITTINGHAM, Peter Taylor	1888	1974	Wo-53
BRITTINGHAM, Ralph	none	Feb 1984	Wo-58
BRITTINGHAM, Robert G. s/o George R.	11 Oct 1885	29 Jan 1890	Wo-61
BRITTINGHAM, Robert Norwood (WW II)	29 Apr 1926	19 Aug 1968	Wo-53
BRITTINGHAM, Rome (WW I)	1898	1974	Wo-58
BRITTINGHAM, Royal R.	1872	1927	Wo-63
BRITTINGHAM, Sally Ann	1853	1932	Wo-53
BRITTINGHAM, Samuel P.	17 Nov 1841	13 Feb 1922	Wo-66
BRITTINGHAM, Sarah R. w/o H.C.	14 Aug 1879	23 Aug 1909	Wo-1
BRITTINGHAM, Thomas H.	1862	1956	Wo-63
BRITTINGHAM, Vaughn James s/o Lemuel	27 May 1892	18 Nov 1893	Wo-72
BRITTINGHAM, Viola A.	1899	1958	Wo-63
BRITTINGHAM, Virginia L. w/o Harry W.	1889	1971	Wo-59
BRITTINGHAM, W. W.	7 Oct 1848	14 May 1906	Wo-59
BRITTINGHAM, Walter W.	1916	1971	Wo-58
BRITTINGHAM, Willard s/o R.E. & Lottie	1924	1927	Wo-63
BRITTINGHAM, William Henry	1851	1940	Wo-63
BRITTINGHAM, William M.	1 Jan 1868	16 Oct 1895	Wo-59
BRITTINGHAM, William M. s/o Wm. J.S.	7 Oct 1849	5 Sep 1893	Wo-105
BRITTINGHAM, Wolsey B.	1888	1952	Wo-97
BRITTTINGHAM, Hester Virginia	1859	1927	Wo-63
BROADWATER, Amanda P. w/o L. J.M.P.	10 Sep 1817	5 Sep 1856	Wo-86
BROADWATER, Emma Hargis w/o Thomas	23 Apr 1848	16 Nov 1874	Wo-60
BROADWATER, Henry S.	1892	1941	Wo-60
BROADWATER, L. J. M. P.	(d.age61yr)	1 Sep 1869	Wo-60

Name	Birth	Death	Location
BROADWATER, Leonard	1923	1933	Wo-61
BROADWATER, Thomas B. s/o David	1 Jun 1847	8 Mar 1923	Wo-60
BROADWATER, Victoria S. w/o Henry S.	24 Dec 1892	6 Apr 1941	Wo-60
BROADWATER, Walton s/o Thomas	12 Oct 1874	27 Nov 1875	Wo-60
BROMBLEY, Larry W. WWll	7 May 1901	19 Apr 1968	Wo-101
BROMLEY, A. Stewart	1869	1928	Wo-40
BROMLEY, Aline Holland	1894	1971	Wo-40
BROMLEY, Annie C.	28 Jun 1884	23 Aug 1939	Wo-40
BROMLEY, Arthur Conner	1891	1965	Wo-40
BROMLEY, Bessie F.	1895	1941	Wo-63
BROMLEY, Calvin D.	1887	1972	Wo-63
BROMLEY, Charles W.	1860	1927	Wo-87
BROMLEY, Charlotte A. Tarr w/o G.	1876	1925	Wo-73
BROMLEY, Clayton N.	1889	1939	Wo-63
BROMLEY, Elizabeth Chatham w/o John	14 Aug 1835	4 Jan 1901	Wo-87
BROMLEY, Eva B.	1869	1928	Wo-63
BROMLEY, Harvey L.	1896	1944	Wo-63
BROMLEY, Herbert F.	1903	1962	Wo-101
BROMLEY, Ida L.	1875	1956	Wo-40
BROMLEY, J. T.	6 Oct 1863	19 Jun 1928	Wo-40
BROMLEY, John	8 Jun 1830	4 Feb 1894	Wo-87
BROMLEY, John N.	1866	1939	Wo-63
BROMLEY, Lucille E.	1898	1918	Wo-87
BROMLEY, Luther F.	1906	1936	Wo-88
BROMLEY, Myrtle	1897	1969	Wo-63
BROMLEY, Nora Elizabeth w/o J.T.	15 Aug 1870	9 Nov 1916	Wo-40
BROMLEY, Norman E.	1924	1977	Wo-63
BROMLEY, Weldon C.	1921	1945	Wo-63
BROUGHTON, Alice Bowland w/o William T.	1851	1928	Wo-62
BROUGHTON, Cerinda d/o James	1835	1887	Wo-62
BROUGHTON, Henrietta w/o James	4 Dec 1836	30 May 1876	Wo-62
BROUGHTON, James	10 Dec 1825	22 Feb 1907	Wo-62
BROUGHTON, Mercer Crockett s/o Uushur	14 Aug 1889	16 Sep 1890	Wo-62
BROUGHTON, Nellie May d/o William T.	2 Nov 1871	11 Sep 1872	Wo-62
BROUGHTON, Upshur K.	2 Jul 1863	15 Jul 1890	Wo-62
BROUGHTON, William Thomas	28 Aug 1840	12 Nov 1901	Wo-62
BROWN, Alice G.	1895	1899	Wo-93
BROWN, Annie Benson	14 Nov 1896	27 Nov 1969	Wo-41
BROWN, Annie E.	1876	1960	Wo-41
BROWN, Charles E.	1911	none	Wo-41
BROWN, Charles L.	2 Mar 1886	22 Nov 1964	Wo-1
BROWN, Charlie E.	1874	1942	Wo-41
BROWN, Clinton M. (Jim)	1902	1978	Wo-41
BROWN, Clyde W.	1902	15 Mar 1981	Wo-114
BROWN, Cynthia E. d/o C.E.& Hilda	22 Nov 1942	13 Aug 1943	Wo-41
BROWN, Elijah W.	15 Dec 1862	16 Jun 1925	Wo-114
BROWN, Elizabeth	5 Jan 1788	5 May 1862	Wo-61
BROWN, Elizabeth E.	1869	1945	Wo-93
BROWN, Elizabeth E. w/o Marcellus	12 Aug 1827	(d.age 44yr)	Wo-113
BROWN, Elsie Tarr	1905	none	Wo-41
BROWN, Emma	1921	1979	Wo-58
BROWN, Eva H.	1913	none	Wo-93
BROWN, Francis P.	1859	1932	Wo-93
BROWN, George E.	1905	none	Wo-41
BROWN, George Thomas	26 Jan 1919	13 Mar 1919	Wo-41

Name	Birth	Death	Location
BROWN, George W.	none	none	Wo-93
BROWN, George W.	20 Sep 1839	28 Jul 1913	Wo-40
BROWN, George W.	29 Aug 1861	23 Mar 1940	Wo-2
BROWN, Gertrude O.	1898	1898	Wo-93
BROWN, Harry L.	17 Feb 1882	28 Dec 1912	Wo-69
BROWN, Harry W.	1883	1960	Wo-101
BROWN, Hilda T.	1913	none	Wo-41
BROWN, J. Russel	1910	1972	Wo-93
BROWN, Laura w/o Lewis E.	9 Feb 1854	1 Apr 1921	Wo-113
BROWN, Lewis E.	24 Aug 1845	15 Nov 1916	Wo-113
BROWN, Lewis S.	16 Feb 1915	28 Oct 1915	Wo-41
BROWN, Lola E.	1908	none	Wo-41
BROWN, Marcellus	4 May 1822	9 Feb 1898	Wo-113
BROWN, Margaret J. w/o George W.	Jan 1844	21 Jan 1913	Wo-40
BROWN, Mary W. (w/o Josiah)	6 Jan 1821	6 May 1897	Wo-1
BROWN, Minne	7 Dec 1874	22 May 1940	Wo-2
BROWN, Paul R.	1898	1959	Wo-101
BROWN, Rebecca Ann w/o William D.	9 Jul 1830	1905	Wo-114
BROWN, Roger Allen (U.S.Coast Guard)	13 Jul 1934	13 Mar 1978	Wo-41
BROWN, Sarah W.	7 Sep 1871	24 May 1936	Wo-41
BROWN, Senora B.	3 Feb 1872	26 Feb 1957	Wo-114
BROWN, Susan R. w/o Marcellus	10 Mar 1818	21 Apr 1891	Wo-113
BROWN, Virgil D. (Brownie)	1902	1969	Wo-41
BROWN, William D.	30 Dec 1830	1 Mar 1906	Wo-114
BROWN, William Kerbin s/o H. L.	29 Sep 1907	10 Jun 1908	Wo-69
BROWN, William T.	8 Jul 1866	24 Jul 1931	Wo-41
BROWN, William Thomas Jr.	7 Nov 1888	9 Oct 1959	Wo-41
BRUFF, Hetty d/o James M.& Sarah	7 Feb 1820	18 Feb 1898	Wo-67
BRUFF, Sally A.	3 Nov 1791	13 Feb 1868	Wo-67
BRUFF, Zipporah S. P.	(d.age 74yr)	15 Apr 1891	Wo-67
BRUMBLEY, Elizabeth P. w/o George J.	2 Jul 1807	13 Jan 1898	Wo-40
BRUMLEY, Gregory A.	1954	1969	Wo-101
BRUMLEY, Joseph Edward	(d.age 61yr)	12 Jan 1972	Wo-101
BRUMLEY, Norman J.	(d.age 77yr)	20 Apr 1983	Wo-101
BRUMLEY, Thomas	1881	1932	Wo-101
BRUMLEY, William	1894	1964	Wo-101
BRUMLEY, William J.	1952	1969	Wo-101
BRUMMEL, Nettie L. w/o V.S.	30 Dec 1879	7 Jan 1917	Wo-87
BRYAN, Maria d/o John Patterson	(d.age 22yr)	26 Mar 1800	Wo-86
BULL, Donna,	1877	1943	Wo-58
BULL, Frank W.	1878	1964	Wo-58
BULL, Garland D.	1897	1977	Wo-58
BULL, John H.	1873	1954	Wo-58
BULL, Vivian M.	1905	none	Wo-58
BULLEN, Elizabeth d/o William T.	2 May 1883	6 Jul 1883	Wo-62
BULLEN, Elma	6 Oct 1875	17 Jul 1901	Wo-62
BULLEN, Eugene s/o William T.	(d.age 1mo)	16 Aug 1855	Wo-62
BULLEN, Helen d/o William T.	29 Jun 1878	22 Aug 1893	Wo-62
BULLEN, James F. s/o William T.	7 Apr 1871	2 May 1876	Wo-62
BULLEN, Mary A.	28 Feb 1868	12 May 1906	Wo-62
BULLEN, Otho s/o William T.	9 Oct 1873	15 Oct 1873	Wo-62
BULLEN, S. C.	1842	1917	Wo-62
BULLEN, Sarah	1842	1917	Wo-62
BULLEN, William H. s/o William T.	9 May 1866	15 May 1866	Wo-62
BULLEN, William T.	20 Apr 1838	12 Dec 1885	Wo-62

Name	Birth	Death	Location
BUNDICK, Annie C.	1894	1977	Wo-41
BUNDICK, John W.	1877	1955	Wo-61
BUNDICK, Richard	4 Oct 1848	27 Apr 1914	Wo-62
BUNDICK, Samuel E.	1894	1968	Wo-41
BUNDICK, Virginia Lee	1881	1965	Wo-61
BUNDICK, William H. Tull	1875	1963	Wo-58
BUNN, Blanche Reid	1906	1947	Wo-56
BUNN, Infant s/o P.B.& Blanche Reid	8 Nov 1932	8 Nov 1932	Wo-56
BUNN, Mary N.	1909	none	Wo-58
BUNN, Pettigrew B.	1904	1976	Wo-58
BUNTING, A. Cook	9 Jan 1885	none	Wo-69
BUNTING, Ara L.	15 Apr 1888	13 May 1920	Wo-69
BUNTING, Bessie Howard	1896	1973	WO-60
BUNTING, Charlotte E.	none	none	Wo-69
BUNTING, Cornelius	1878	1955	WO-61
BUNTING, Daisey C. d/o Joshua	20 Dec 1885	16 Jul 1904	Wo-69
BUNTING, Drucellia w/o Joseph	18 Jan 1879	none	Wo-97
BUNTING, Ebe W.	4 May 1895	10 mar 1918	Wo-69
BUNTING, Elisha	14 Mar 1875	20 Jul 1902	Wo-93
BUNTING, Ernest W. s/o S.J.& G.A.	25 Nov 1886	3 Jul 1888	Wo-53
BUNTING, Ethel D.	1 Aug 1896	3 Jun 1920	Wo-69
BUNTING, Eugenia F. d/o John W.	29 Oct 1877	28 Aug 1890	Wo-69
BUNTING, Geneva A.	1864	none	Wo-53
BUNTING, George Edward	1880	1963	Wo-58
BUNTING, George Hale s/o Clayton	1 Jul 1920	15 Apr 1922	Wo-69
BUNTING, George S.	1889	1978	Wo-63
BUNTING, George W.	15 Jan 1864	30 Apr 1928	Wo-97
BUNTING, Harney L.	8 Aug 1889	12 Jun 1917	Wo-69
BUNTING, Harry E. s/o M.& A.	2 Jan 1890	29 Nov 1903	Wo-69
BUNTING, Harry F.	6 Jan 1914	19 Jan 1942	Wo-97
BUNTING, Helen T.	1908	1917	Wo-69
BUNTING, Infant s/o J.H.& A.L.	20 Apr 1919	27 Apr 1919	Wo-69
BUNTING, James L.	22 Dec 1838	12 Mar 1905	Wo-97
BUNTING, James Russell s/o L.	13 Mar 1924	13 Apr 1920	Wo-66
BUNTING, Jennie L. w/o Lemuel W.	19 Sep 1843	18 Jul 1909	Wo-69
BUNTING, John W.	26 Sep 1848	22 Mar 1905	Wo-69
BUNTING, Joseph	2 Feb 1869	2 Jun 1941	Wo-97
BUNTING, Lemuel W. H.	27 Dec 1846	4 Apr 1914	Wo-69
BUNTING, Madelyne	none	none	Wo-63
BUNTING, Martha E.	10 Jul 1885	20 Feb 1915	Wo-69
BUNTING, Mary Mason	1882	none	Wo-58
BUNTING, Merill	26 Jul 1851	4 Feb 1922	Wo-69
BUNTING, Nancy	1 Jan 1840	28 Feb 1924	Wo-97
BUNTING, Nancy E.	12 Dec 1880	20 Nov 1944	Wo-97
BUNTING, Preston A. s/o A.C.	6 Dec 1910	10 Jul 1911	Wo-69
BUNTING, Samuel C.	(d.age 37yr)	2 Feb 1903	Wo-69
BUNTING, Sylvester J.	1853	1909	Wo-53
BUNTING, William C.	1896	1960	Wo-60
BUNTING, William E.	27 Sep 1872	27 Jul 1906	Wo-69
BURBAGE, Ada Sharpley	1885	1967	Wo-3
BURBAGE, Archie Dial d/o Isaac	19 May 1885	7 Dec 1897	Wo-65
BURBAGE, C. Mervin	1906	1961	Wo-3
BURBAGE, Clarence	1880	1942	Wo-3
BURBAGE, Eliza A.	(d.age 83yr)	10 Jul 1891	Wo-87
BURBAGE, Georgiana English w/o J.	20 Jan 1865	1 Jul 1900	Wo-65

Name	Birth	Death	Location
BURBAGE, H. Clay	25 May 1889	none	Wo-87
BURBAGE, H. Louise David w/o John	22 Oct 1877	13 May 1917	Wo-65
BURBAGE, Henry B.	1864	1910	Wo-3
BURBAGE, Isaac W.	7 Jul 1836	2 May 1907	Wo-65
BURBAGE, James S.	9 Oct 1841	20 Jan 1902	Wo-65
BURBAGE, John	(d.age 47yr)	6 Sep 1924	Wo-87
BURBAGE, John H.	1841	1896	Wo-39
BURBAGE, John H.	(d.age 57yr)	11 Mar 1903	Wo-84
BURBAGE, John Handy II	1875	1938	Wo-3
BURBAGE, Laula Catherine d/o Isaac W.	17 Aug 1878	3 Mar 1880	Wo-65
BURBAGE, Martha Isabel	20 Dec 1845	3 Feb 1912	Wo-86
BURBAGE, Mary A.	10 Jan 1846	14 Mar 1922	Wo-65
BURBAGE, Mary Ann	1883	1964	Wo-3
BURBAGE, Mary d/o William H.	21 Feb 1888	5 Mar 1906	Wo-79
BURBAGE, Minnie	21 Sep 1890	4 May 1931	Wo-87
BURBAGE, Nancy P.	1842	1928	Wo-3
BURBAGE, Narcissa E. w/o William H.	1 Jun 1850	20 Oct 1915	Wo-79
BURBAGE, Samuel W.	1892	1958	Wo-53
BURBAGE, Susan C. w/o Emory H.	2 Sep 1843	1 Feb 1881	Wo-77
BURBAGE, Thelma P.	1909	none	Wo-53
BURK, Edmund PHD	6 Jun 1873	17 Apr 1925	Wo-67
BURKE, Levin Talbert	1909	1971	Wo-101
BURKE, Louis J.	1905	1981	Wo-101
BURKE, Mary K.	1882	1938	Wo-101
BURKE, Mary L.	1877	1957	Wo-58
BURKE, Orlena B.	1910	14 Aug 1985	Wo-101
BURKE, Pearl w/o Levin T.	1899	29 Jun 1984	Wo-101
BURKE, Robert E. (WW II)	1919	1973	Wo-58
BURROUGHS, Annie w/o James P.	1831	1896	Wo-86
BURROWS, James Purnell s/o Samuel	20 Jun 1824	20 Oct 1911	Wo-86
BURTON, Carl W. s/o A.A. & E.A.	3 Apr 1879	14 Oct 1882	Wo-63
BURTON, Caroline	1865	1928	Wo-63
BURTON, Harry S.	1912	1977	Wo-63
BURTON, Laura M. w/o Oscar T.	23 Mar 1889	31 Oct 1913	Wo-53
BURTON, Lorie A.	1888	1961	Wo-63
BURTON, Marcie L.	1885	1952	Wo-63
BURTON, Oscar R.	1886	1973	Wo-63
BURTON, William N.	1855	1928	Wo-63
BUTLER, Annie Ritchie	1872	1958	Wo-61
BUTLER, Bertie	1907	17 Jul 1981	Wo-42
BUTLER, C. Merrill	1895	1970	Wo-58
BUTLER, Charles F.	1868	1926	Wo-61
BUTLER, Charlie P. s/o John F.	17 Aug 1883	13 Mar 1883	Wo-61
BUTLER, Clarence A.	1885	1963	Wo-42
BUTLER, Cora w/o J. Wesley (with Ennis)	1869	1943	Wo-58
BUTLER, Daniel B. s/o J.W.	27 Feb 1888	23 Jan 1913	Wo-58
BUTLER, Danzel B. s/o James W.Cora A.	27 Feb 1888	23 Jun 1913	Wo-58
BUTLER, Dora M.	1888	1976	Wo-42
BUTLER, Edwin T.	2 May 1864	25 Apr 1895	Wo-93
BUTLER, Elizabeth H.	8 Mar 1827	15 Dec 1916	Wo-105
BUTLER, Florence V.	1889	1916	Wo-42
BUTLER, Frances	29 Jan 1867	29 Nov 1892	Wo-93
BUTLER, Fred Francis	1886	1922	Wo-42
BUTLER, Glen F.	1871	1948	Wo-101
BUTLER, Ida Bitzer	1882	1955	Wo-42

Name	Birth	Death	Plot
BUTLER, James W.	(d.age 75yr)	17 Jun 1933	Wo-58
BUTLER, John F.	9 Jun 1849	27 May 1894	Wo-61
BUTLER, John H.	12 Jan 1827	5 Jul 1893	Wo-105
BUTLER, Leah Francis w/o Lorenzo	12 Oct 1857	11 Sep 1914	Wo-4
BUTLER, Lorenzo W.	16 Jun 1857	16 Dec 1921	Wo-4
BUTLER, Mabel L.	1904	none	Wo-58
BUTLER, Marah B. w/o N.	(d.age 62yr)	1883	Wo-63
BUTLER, Martha E. w/o Glen F.	1895	none	Wo-101
BUTLER, Mary C.	1910	1940	Wo-58
BUTLER, Maurice Allen	1896	1975	Wo-61
BUTLER, Orville D. WW11	20 Sep 1918	25 Nov 1961	Wo-101
BUTLER, Rufus A.	1855	1915	Wo-42
BUTLER, Sarah A.	1865	1942	Wo-42
BUTLER, W. Marion	1889	1965	Wo-58
BUTLER, William Henry	1874	1950	Wo-61
BYRD, Alonzo D.	1872	1948	Wo-58
BYRD, Bertha L. d/o C.J.& R.J.	14 Oct 1884	9 May 1907	Wo-53
BYRD, Brauddus F.	1904	1960	Wo-58
BYRD, Carolyn	1885	1926	Wo-61
BYRD, Charles T.	1869	1950	Wo-58
BYRD, Colwell P.	26 Jan 1829	6 Dec 1914	Wo-58
BYRD, Edward T.	20 Mar 1872	30 Apr 1899	Wo-61
BYRD, Elizabeth A.	1853	1930	Wo-61
BYRD, Elizabeth A. w/o Colwell P.	(d.age 61yr)	23 Mar 1885	Wo-58
BYRD, Elizabeth C.	1866	1908	Wo-60
BYRD, Elizabeth Paradee	5 Sep 1821	27 Sep 1889	Wo-61
BYRD, Elizabeth w/o F.W.	17 Mar 1866	13 May 1908	Wo-60
BYRD, F. W.	1859	1933	Wo-60
BYRD, George P.	1892	1971	Wo-63
BYRD, George T.	28 Jan 1851	3 Sep 1921	Wo-63
BYRD, John A.	1875	1949	Wo-61
BYRD, Leonard Nathan	1965	1965	Wo-63
BYRD, Lola T.	1910	none	Wo-58
BYRD, M. Florence	1876	1932	Wo-58
BYRD, Mamie L.	1875	1960	Wo-58
BYRD, Margaret S.	13 Mar 1882	2 Apr 1922	Wo-61
BYRD, Mary S. w/o Colwell P.	(d.age 36yr)	18 Jun 1887	Wo-58
BYRD, Myrtle M.	1902	none	Wo-63
BYRD, Rebecca A. J.	24 Dec 1861	1931	Wo-63
BYRD, Rolyn L.	none	1912	Wo-60
BYRD, Susan	(d.age 78yr)	14 Apr 1882	Wo-107
BYRD, Thomas T.	1852	1935	Wo-61
BYRD, William T.	1913	1969	Wo-58
CAIN, Malissa M.	28 Mar 1899	14 Jan 1940	Wo-96
CALHOUN, Hetty S. w/o E. P.	6 Dec 1886	6 Apr 1913	Wo-67
CALLAHAN, Ana Griffin	1883	1959	Wo-37
CALLAHAN, D. Curtis	19 Nov 1872	19 Apr 1916	Wo-37
CALLAHAN, Elizabeth J. w/o John	19 Mar 1833	18 Jul 1911	Wo-37
CALLAHAN, Ella M. w/o Henry W.	1867	1942	Wo-62
CALLAHAN, Henry W.	1860	1929	Wo-62
CALLAHAN, John H.	1891	1963	Wo-62
CALLAHAN, John H.	27 Apr 1836	2 Jul 1910	Wo-37
CALLAHAN, L. Griffin	1896	1967	Wo-62
CALLAHAN, Louise E. d/o Henry W.	20 Dec 1888	7 Oct 1918	Wo-62
CALLAHAN, Mark C.	1894	1978	Wo-62

Name	Birth	Death	Plot
CALLAHAN, Mary E. d/o Henry W.	12 Sep 1892	3 Sep 1893	Wo-62
CALLAHAN, Roberta M.	1899	1973	Wo-62
CALLAHAN, Ruth Parks	1897	1962	Wo-62
CALLAHAN, T. Wolford s/o D.C.& Anna	3 Jan 1913	15 Jul 1914	Wo-37
CALLOWAY, Paul Warren s/o Morton	22 Aug 1920	23 Sep 1920	Wo-69
CAMP, Carl C.	1908	1979	Wo-58
CAMP, Doris M.	1908	1976	Wo-58
CAMPBELL, Ann Eliza d/o Alexander	17 Nov 1852	22 Oct 1883	Wo-65
CAMPBELL, Ann T.	18 Jul 1832	21 Jun 1905	Wo-69
CAMPBELL, Edna d/o J.B.& R.E.	23 Sep 1885	21 Jan 1916	Wo-69
CAMPBELL, Elsie Ray d/o J.B.	10 Jun 1894	20 Apr 1895	Wo-69
CAMPBELL, Isaac C.	28 Dec 1829	none	Wo-69
CAMPBELL, L. Bruce	1899	none	Wo-58
CAMPBELL, Mary A. w/o Isaac C.	18 Jul 1835	29 Mar 1915	Wo-69
CAMPBELL, Mary E. McPhail w/o James R.	18 Nov 1849	5 Apr 1925	Wo-86
CAMPBELL, Sarah E.	4 Jul 1856	28 Nov 1925	Wo-93
CAMPBELL, Sarah L.	1898	1978	Wo-58
CANNON, Elizabeth w/o Gibson	(d.age 75yr)	31 Mar 1891	Wo-62
CANNON, Elsie Ward	1881	1942	Wo-3
CANNON, Evelyn B.	1935	1936	Wo-3
CANNON, Gibson	(d.age 51yr)	23 Jul 1879	Wo-62
CANNON, H. Rebecca	1909	1939	Wo-3
CANNON, Louise Hayman	1910	none	Wo-3
CANNON, Maria E. w/o Isaac B.	27 Feb 1851	28 Aug 1870	Wo-61
CANNON, Mary F.	1934	1943	Wo-3
CANNON, Mary Virginia	none	none	Wo-62
CANNON, T. Franklin Jr.	1908	1978	Wo-3
CANNON, William Burton s/o Isaac	22 Oct 1869	24 Aug 1870	Wo-61
CANTWELL, Eudora W.	1865	1953	Wo-1
CANTWELL, John H.	25 Oct 1814	16 Nov 1900	Wo-1
CANTWELL, John U.	1859	1936	Wo-1
CANTWELL, Nica w/o John H.	8 Sep 1818	28 Nov 1906	Wo-1
CAPPER, Kate Holcombe w/o Charles	16 Feb 1866	22 May 1894	Wo-84
CAREY, Albert Charles	14 Jun 1871	28 Oct 1901	Wo-67
CAREY, Albert James s/o Albert C.	25 May 1896	20 Jul 1896	Wo-67
CAREY, Alberta Fassitt d/o Joshua	(d.age 1yr)	11 Oct 1869	Wo-65
CAREY, Annie E. B. d/o James B.	(d.age 7yr)	10 Jan 1869	Wo-67
CAREY, Annie S.	25 May 1860	6 Jan 1902	Wo-38
CAREY, Annie W.	1858	1951	Wo-63
CAREY, Catherine F. d/o John F.	1 Apr 1923	2 Aug 1924	Wo-106
CAREY, Clarance Ing s/o Levin	9 Jul 1888	2 Jul 1899	Wo-1
CAREY, Claude J. s/o Joshua M.	12 Feb 1877	3 Oct 1904	Wo-66
CAREY, Clayton T.	1923	1940	Wo-53
CAREY, David Edward s/o J.M.	(d.age 3yr)	none	Wo-87
CAREY, Edward James Capt.	24 Apr 1870	10 Nov 1931	Wo-67
CAREY, Eliza Powell	12 Nov 1835	1 May 1893	Wo-66
CAREY, Elizabeth Ann w/o Josiah	8 Jan 1854	25 Nov 1920	Wo-101
CAREY, Elizabeth M. w/o Joshua E.	14 Dec 1834	18 Dec 1911	Wo-65
CAREY, Emma B. Smullen w/o Wm. F.	24 Mar 1892	21 Oct 1968	Wo-106
CAREY, Georgia T.	1892	1954	Wo-63
CAREY, Grover	1906	1977	Wo-53
CAREY, Harriet J. w/o John O.	27 Oct 1840	14 Feb 1903	Wo-94
CAREY, Henrietta Townsend	none	none	Wo-102
CAREY, Henry	1886	1957	Wo-2
CAREY, Hettie w/o Solomon	17 Jan 1799	31 Dec 1870	Wo-67

Name	Birth	Death	Location
CAREY, Ida B.		1878	1919	Wo-88
CAREY, James M.	25 Mar 1913	12 Jan 1977	Wo-106
CAREY, James s/o E. B.& Cornelia	(d.age 7yr)	28 May 1875	Wo-67
CAREY, John		1907	1975	Wo-53
CAREY, John S.	2 Feb 1848	21 Jul 1924	Wo-106
CAREY, John Sidney WWII	13 Sep 1918	8 Nov 1982	Wo-106
CAREY, John Sidney Jr.	22 Jan 1947	28 Aug 1983	Wo-106
CAREY, Joseph W.		1860	1935	Wo-2
CAREY, Joshua E.	19 Feb 1831	2 Nov 1909	Wo-65
CAREY, Josiah H. (no stone left)		1827	1895	Wo-102
CAREY, Josiah J.		1833	1893	Wo-69
CAREY, Josiah Lee		1864	1941	Wo-58
CAREY, Julia A. w/o John	27 Oct 1840	28 Mar 1878	Wo-65
CAREY, Julia Ellen d/o Joshua E.	(d.age 2yr)	7 Sep 1869	Wo-65
CAREY, Lillie		1891	none	Wo-2
CAREY, Lizzie d/o James B.	(d.age 6yr)	8 Jan 1869	Wo-67
CAREY, Louisa d/o James B.	(d.age1mo)	11 Aug 1857	Wo-67
CAREY, Manzella H. C. w/o S. P.	(d.age65yrs)	1917	Wo-60
CAREY, Martha Ellen		1865	1936	Wo-58
CAREY, Mary F.	2 Oct 1853	2 Oct 1932	Wo-106
CAREY, Minnie Porter		1898	1970	Wo-41
CAREY, Neddie s/o James B.& Sallie	(d.age 1yr)	12 Sep 1859	Wo-67
CAREY, Norma Lee	none	May 1938	Wo-106
CAREY, O. Pittman		1898	1955	Wo-58
CAREY, Olive Nelson		1890	1925	Wo-63
CAREY, Priscilla Shockley w/o Josiah	none	none	Wo-102
CAREY, Richard Carey	none	12 Dec 1939	Wo-106
CAREY, S. P.		1853	1923	Wo-60
CAREY, S. P.	18 Aug 1853	25 Jun 1923	Wo-60
CAREY, Sallie M. w/o James B.	3 Dec 1836	2 May 1873	Wo-67
CAREY, Sally M.		1857	1916	Wo-2
CAREY, Samuel M.		1856	1931	Wo-63
CAREY, Sarah Jane		1884	1959	Wo-53
CAREY, Sidney H.		1929	1960	Wo-58
CAREY, Solomon	1 Sep 1800	20 Mar 1882	Wo-67
CAREY, Solomon	(d.age82yr)	Mar 1882	Wo-107
CAREY, Stephen S.	8 Oct 1856	24 Feb 1922	Wo-69
CAREY, Susan M.		1834	1923	Wo-69
CAREY, Ulysses W.		1872	none	Wo-88
CAREY, William Cathell		1805	none	Wo-102
CAREY, William F.	18 Jun 1882	18 Jun 1951	Wo-106
CAREY, William Lee s/o of Elijah & C.		1861	1933	Wo-67
CARLSON, Albert E.		1886	1968	Wo-2
CARLSON, Neva L. (Ballard)		1898	none	Wo-2
CARMEAN, Annie Grace d/o G.W.	8 Feb 1890	9 Jul 1891	Wo-88
CARMEAN, Benjamin	11 Sep 1815	29 Jun 1899	Wo-88
CARMEAN, Benjamin H. s/o E.A.	27 Nov 1896	7 Oct 1918	Wo-88
CARMEAN, Betty V. w/o Homer	27 May 1905	1 Sep 1974	Wo-101
CARMEAN, Bruce E.	(d.age63yr)	12 Mar 1933	Wo-88
CARMEAN, Edward S.	8 Apr 1883	22 Dec 1974	Wo-101
CARMEAN, Elijah A.	14 Jul 1847	12 Mar 1928	Wo-88
CARMEAN, Fannie A. w/o Jesse F.	22 Dec 1845	21 Feb 1919	Wo-88
CARMEAN, Harvey N.	(d.age 9mo)	Jan 1937	Wo-101
CARMEAN, Homer S.	5 May 1905	20 Oct 1968	Wo-101
CARMEAN, India Ellen		1871	1954	Wo-101

Name	Birth	Death	Location
CARMEAN, Mariah E. w/o Elijah A.	9 Oct 1852	27 Feb 1931	Wo-88
CARMEAN, Minus	4 Jun 1855	31 Jul 1889	Wo-88
CARMEAN, Priscilla A. w/o Willard S.	1854	1930	Wo-88
CARMEAN, Priscilla Ann w/o Benjamin	(d.age72yr)	28 May 1896	Wo-88
CARMEAN, Ralph K.	(d.age51yr)	11 Aug 1933	Wo-88
CARMEAN, Willard S.	1852	1934	Wo-88
CARMEAN, William C.	1881	1987	Wo-101
CARRUTHERS, Henrietta Dixon w/o W.	7 Jul 1847	14 Feb 1923	Wo-79
CARSLEY, Rosa F. Schoolfield w/o Samuel	2 Sep 1832	26 Feb 1910	Wo-58
CARSLEY, Samuel W. H.	12 Jan 1832	26 Mar 1910	Wo-58
CARSLEY, William S.	1861	1939	Wo-58
CARTER, Ada T.	1874	1970	Wo-38
CARTER, Annie Brittingham Denston	1865	1952	Wo-63
CARTER, Elizabeth J. w/o John C.	(d.age67yr)	14 Jul 1880	Wo-105
CARTER, Elizabeth P.	1844	1911	Wo-103
CARTER, Eloise d/o Stephen & Gertrude	none	7 Sep 1903	Wo-1
CARTER, Elwood C.	1902	1928	Wo-88
CARTER, Emma F.	1870	1941	Wo-101
CARTER, Eva B.	none	1865	Wo-58
CARTER, John P.	1842	1900	Wo-103
CARTER, John W.	1869	1961	Wo-101
CARTER, Lela J.	1885	1971	Wo-63
CARTER, Mary B. Moser	1866	1958	Wo-58
CARTER, Otho R.	22 Feb 1892	31 May 1915	Wo-38
CARTER, Otis C. (Cleve)	1884	1972	Wo-63
CARTER, William F.	1867	1955	Wo-38
CARVER, Cecie B. w/o J.C.	24 Sep 1866	7 Feb 1918	Wo-59
CARY, Betty	1900	1902	Wo-101
CARY, James	none	May 1873	Wo-107
CASPER, Adam J.	12 Oct 1841	25 Nov 1919	Wo-66
CASPER, Harriet E.	31 Mar 1850	5 Aug 1918	Wo-66
CATHELL, Mary J. w/o James E.	1810	29 Aug 1882	Wo-63
CATLIN, Cattie M.	10 Jun 1861	1 Mar 1937	Wo-93
CATLIN, I. Spence	3 May 1850	19 Sep 1922	Wo-93
CAULDER, Mary	25 Dec 1824	25 Dec 1892	Wo-84
CAUSEY, Agnes	1882	1972	Wo-114
CAUSEY, Ernest H. s/o Robert L.	17 Sep 1898	21 Mar 1899	Wo-86
CAUSEY, Esther w/o Dr. L.	13 Sep 1809	11 Aug 1889	Wo-87
CAUSEY, Hilton J.	none	none	Wo-61
CAUSEY, Irvin P.	1888	1957	Wo-114
CAUSEY, John H.	1883	1967	Wo-61
CAUSEY, Josephus H.	20 Jan 1834	21 Jun 1899	Wo-86
CAUSEY, L. (Dr.)	15 Apr 1808	27 Jun 1885	Wo-87
CAUSEY, Levin P.	(d.age54yr)	12 Aug 1896	Wo-87
CAUSEY, Lillie H.	1882	1972	Wo-61
CAUSEY, Margaret Powell w/o E.F.	7 Jul 1832	30 Nov 1910	Wo-61
CAUSEY, Mary A. d/o L. & Esther	22 Jul 1833	11 Aug 1889	Wo-87
CAUSEY, Priscilla E.	1839	1930	Wo-87
CAUSEY, Samuel T.	31 Dec 1850	25 Mar 1934	Wo-87
CAVENDER, Elizabeth Staton w/o Martin	10 Sep 1845	27 Nov 1906	Wo-67
CAVENDER, Martin V. B.	27 Oct 1838	8 Dec 1903	Wo-67
CERESINE, Mabel Etlay d/o Antonio	20 Feb 1914	3 Mar 1914	Wo-79
CHADBOURNE, E. Mason	1836	1921	Wo-61
CHAIRES, Solomon T.	1903	1970	Wo-37
CHAMBERLAIN, Lloyd	1924	1979	Wo-60

Name		Birth	Death	Loc
CHANDLER, John T.		1848	1892	Wo-87
CHANDLER, Martha F.		1847	1931	Wo-87
CHAPMAN, John W.		7 Sep 1856	18 Oct 1922	Wo-40
CHAPMAN, Lulu w/o S.W.		27 May 1881	4 Nov 1905	Wo-40
CHAPMAN, Mary S. w/o William P.		27 Jul 1836	2 Sep 1905	Wo-40
CHAPMAN, William P.		13 Oct 1828	8 Oct 1904	Wo-40
CHATHAM, Ara		25 Jun 1806	28 Mar 1895	Wo-79
CHATHAM, Clarence C.	WWII	13 Jul 1889	15 Nov 1969	Wo-101
CHATHAM, Dixie Lee		1939	1940	Wo-101
CHATHAM, Eva A.		1859	1927	Wo-63
CHATHAM, Francis M.		1841	1912	Wo-79
CHATHAM, Henrietta C.		1891	1964	Wo-63
CHATHAM, Herman		(d.age 73yr)	20 Nov 1958	Wo-101
CHATHAM, John B.		19 Jul 1819	7 Mar 1896	Wo-95
CHATHAM, Josephine d/o J.H.		7 Jan 1891	10 Aug 1891	Wo-63
CHATHAM, Josiah H.		28 Jul 1838	24 Aug 1920	Wo-63
CHATHAM, Laura A. d/o Josephus & D.		(d.age 2yr)	2 Dec 1868	Wo-95
CHATHAM, Marilee & Elizabeth Marie		1941	1941	Wo-101
CHATHAM, Milton		none	none	Wo-101
CHATHAM, Narsissa w/o John B.		25 Oct 1818	1 Aug 1904	Wo-95
CHATHAM, Sally		1924	16 Jun 1983	Wo-101
CHATHAM, Woody	WW1	2 May 1891	23 Apr 1955	Wo-101
CHERRIX, Albert		15 Apr 1835	29 Jan 1906	Wo-88
CHERRIX, Bernice M.		1906	none	Wo-41
CHERRIX, Charles F.		10 Apr 1873	17 Jul 1916	Wo-88
CHERRIX, Clifton E. s/o Chas.F.		25 Feb 1910	23 Mar 1911	Wo-88
CHERRIX, Ernest D.		(d.age 44yr)	18 Jun 1935	Wo-88
CHERRIX, Harry S.		1885	1928	Wo-88
CHERRIX, Homer J. s/o Charles F.		3 Mar 1902	3 Aug 1903	Wo-88
CHERRIX, Infant of Charles F.		12 Jul 1916	12 Aug 1916	Wo-88
CHERRIX, Infant of Charles F.		12 Jul 1916	24 Jul 1916	Wo-88
CHERRIX, John E. (Shug)		1892	none	Wo-2
CHERRIX, John P.		1861	1956	Wo-40
CHERRIX, Jonny F. s/o John P.& Sarah		10 Jun 1884	7 Dec 1892	Wo-40
CHERRIX, Louis S.		1911	1968	Wo-53
CHERRIX, Louise F.		1879	1957	Wo-40
CHERRIX, Major W.		1902	1974	Wo-41
CHERRIX, Marion Mason		1909	1936	Wo-88
CHERRIX, Mary A. w/o Zadok		none	none	Wo-88
CHERRIX, Mary H. mother		none	none	Wo-88
CHERRIX, Milton A. s/o Charles F.		30 Apr 1904	7 Apr 1905	Wo-88
CHERRIX, Myrtle P.		1915	1974	Wo-53
CHERRIX, Paul W.		(d.age 52yr)	21 Oct 1936	Wo-88
CHERRIX, Ruth D.		1905	none	Wo-2
CHERRIX, Sarah M.		1862	1901	Wo-40
CHERRIX, Vernice E. w/o John P.		27 Oct 1895	18 Jun 1897	Wo-40
CHERRIX, Zadok H.		1859	1926	Wo-88
CHESSER, Abbott		2 Nov 1858	16 Nov 1919	Wo-87
CHESSER, Emma F. Taylor w/o Abbott		11 Nov 1861	none	Wo-87
CHILD, Alfred		24 Jun 1854	7 Dec 1923	Wo-62
CHILD, Annete w/o Alfred		28 Mar 1853	19 Sep 1885	Wo-40
CHILD, Ernest s/o Alfred & Annette		1882	1882	Wo-40
CHILD, Godfrey (Capt.)		1894	1977	Wo-60
CHILD, Jennie		1855	1929	Wo-62
CHILD, Louise Byrd		1899	1975	Wo-60

Name	Birth	Death	Location
CHRISTIANSEN, Hans J.	1883	1968	Wo-58
CLAPPER, Maude L. (with Conant)	1876	1956	Wo-58
CLARK, Alice L. w/o B. F.	12 Oct 1862	18 Apr 1890	Wo-4
CLARK, Mary E. w/o Robert F.	1863	1930	Wo-87
CLARK, Minnie M. Townsend w/o Charles A.	1879	1924	Wo-87
CLARK, Robert F.	(d.age 72yr)	13 Apr 1935	Wo-87
CLARK, Verona E.	31 May 1902	1 Sep 1926	Wo-87
CLARK, William J.	1860	none	Wo-87
CLARKE, Alexander	1834	1911	Wo-87
CLARKE, Alice M.	1881	1896	Wo-60
CLARKE, Allen U.	(d.age 34yr)	25 Dec 1887	Wo-63
CLARKE, Amarette Jane	(d.age 68yr)	1904	Wo-60
CLARKE, Bertha Lloyd	1867	1953	Wo-62
CLARKE, Bertie d/o John H.	none	none	Wo-63
CLARKE, Edward H.	1845	1896	Wo-61
CLARKE, Edward Julius	1860	1952	Wo-62
CLARKE, Elizabeth	1828	1918	Wo-60
CLARKE, George s/o John H.	none	none	Wo-63
CLARKE, Hariett A.	1844	1894	Wo-63
CLARKE, James S.	16 Oct 1869	24 Dec 1869	Wo-63
CLARKE, John H.	1891	1959	Wo-61
CLARKE, John H.	(d.age 60yr)	15 May 1888	Wo-63
CLARKE, Kate C. d/o E.H. & M.E.	25 Jun 1873	30 Nov 1875	Wo-61
CLARKE, Littleton	(d.age 37yr)	1866	Wo-60
CLARKE, Littleton H.	16 Jun 1867	19 Aug 1870	Wo-63
CLARKE, Littleton Thomas	1866	1937	Wo-60
CLARKE, Margaret C.	1868	1945	Wo-60
CLARKE, Marietta E.	1845	1930	Wo-61
CLARKE, Marion T. Lynn s/o Marion	24 Jan 1895	17 Jul 1896	Wo-63
CLARKE, Mary A.	(d.age 31yr)	16 Nov 1862	Wo-63
CLARKE, Minnie Mills w/o Marion	22 Jul 1866	29 Sep 1914	Wo-61
CLARKE, Ruth Young	none	1980	Wo-61
CLARKE, William C. B.	6 Jan 1851	19 Mar 1869	Wo-62
CLARKE, William H.	1877	1954	Wo-61
CLARKE, William J. S.	1823	1893	Wo-60
CLARVOE, Harriett H. D. w/o John	(d.age 60yr)	10 Apr 1862	Wo-63
CLARVOE, Julius A. C.	1830	1849	Wo-63
CLARY, Blanche Childs Bowie	1876	1949	Wo-62
CLARY, Hugh V.	1892	1960	Wo-62
CLAYVELL, Drucilla M. w/o Littleton	22 Jun 1809	12 Apr 1876	Wo-61
CLAYVELL, Littleton	11 Sep 1806	22 Nov 1872	Wo-61
CLAYVILLE, Annie Jane d/o George C.	31 May 1865	11 Jan 1913	Wo-87
CLAYVILLE, Arabella w/o William Sr.	16 Sep 1799	29 Jul 1880	Wo-88
CLAYVILLE, Arra J.	29 Jun 1833	9 Feb 1890	Wo-88
CLAYVILLE, Caroline P.	16 Mar 1831	28 Jul 1850	Wo-88
CLAYVILLE, Charles Wesley	31 Jul 1827	9 Apr 1898	Wo-86
CLAYVILLE, Clara M.	Oct 1885	19 Jul 1887	Wo-3
CLAYVILLE, Druscilla	1948	1914	Wo-87
CLAYVILLE, Edward D.	1828	1907	Wo-3
CLAYVILLE, Effie Lee d/o Henry	22 Apr 1874	5 Aig 1874	Wo-87
CLAYVILLE, Eleanora E. d/o Henry	4 Aug 1865	9 Nov 1868	Wo-87
CLAYVILLE, Eli	1 Sep 1796	17 Feb 1863	Wo-87
CLAYVILLE, Elizabeth R.	19 Aug 1826	15 Sep 1850	Wo-88
CLAYVILLE, Emeline Smith w/o Charles	14 Nov 1834	24 Jan 1927	Wo-86
CLAYVILLE, George C.	17 Jan 1841	7 Jun 1922	Wo-87

Name	Birth	Death	Plot
CLAYVILLE,Henry J.	1833	1920	Wo-87
CLAYVILLE,Infant d/o H.J.& Mary	30 Jan 1867	30 Jan 1867	Wo-87
CLAYVILLE,James Henry s/o W.H.	28 Sep 1907	26 Jul 1908	Wo-87
CLAYVILLE,Mary E. w/o Henry J.	6 Oct 1837	4 Aug 1891	Wo-87
CLAYVILLE,Mary Emma w/o George	24 Nov 1844	27 May 1901	Wo-87
CLAYVILLE,Mary Thomas	10 Aug 1863	13 Jun 1864	Wo-87
CLAYVILLE,Mary w/o Eli	5 Jun 1801	20 Aug 1880	Wo-87
CLAYVILLE,Mary w/o James	24 Dec 1807	5 Jan 1897	Wo-87
CLAYVILLE,Mary w/o Thomas	24 Dec 1807	5 Jan 1897	Wo-87
CLAYVILLE,Minnie B. d/o Henry J.	4 Jul 1877	18 Jul 1877	Wo-87
CLAYVILLE,Sallie w/o William	30 Sep 1844	28 Mar 1924	Wo-87
CLAYVILLE,Sallie L.	1840	1925	Wo-3
CLAYVILLE,William	1 Nov 1828	4 Aug 1881	Wo-87
CLAYVILLE,William P. s/o Henry	20 Oct 1869	20 Dec 1869	Wo-87
CLAYVILLE,William R. s/o Thomas	20 Oct 1869	29 Dec 1869	Wo-87
CLAYVILLE,William Sr.	18 Dec 1799	11 Apr 1860	Wo-88
CLEMENT,William P.	1870	1942	Wo-62
CLIFTON,Leon	1883	1953	Wo-3
CLIFTON,Nan E.	1885	1946	Wo-3
CLOGG,Elizabeth J.	25 Mar 1825	31 Aug 1899	Wo-63
CLOGG,George s/o James S.	28 Aug 1894	31 Aug 1894	Wo-62
CLOGG,J. Milton	1888	1931	Wo-61
CLOGG,James L.	15 Mar 1815	1 Feb 1891	Wo-63
CLOGG,James S.	1856	1928	Wo-62
CLOGG,James S.s/o James S.	(d.age 7da)	1 Jan 1887	Wo-62
CLOGG,Jennie A.	1855	1937	Wo-62
CLOGG,John L. s/o James L.	(d.age17yr)	21 Jun 1879	Wo-63
CLOGG,Mary G.	1850	1914	Wo-63
CLOGG,Nellie E. w/o James	9 Aug 1865	22 Sep 1899	Wo-62
CLOGG,Nellie d/o James S.	29 Oct 1891	21 Apr 1893	Wo-62
CLOGG,Sallie C.	1848	1929	Wo-63
CLOGG,Sidney B. s/o W. H.	1884	1884	Wo-62
CLOGG,Thomas J.	1863	1895	Wo-63
CLOGG,William Henry (Captain)	13 Aug 1853	10 Jul 1908	Wo-62
CLUFF,Alicia Darnell	none	none	Wo-62
CLUFF,Annie	1863	1935	Wo-62
CLUFF,Annie B.	1867	1917	Wo-62
CLUFF,Belle	1871	1943	Wo-62
CLUFF,Clara L.	1863	1927	Wo-62
CLUFF,Edward W.	1861	1915	Wo-62
CLUFF,Francis Powell	1902	1969	Wo-62
CLUFF,Harry	1885	none	Wo-62
CLUFF,Irene Broughton w/o Robert	13 Aug 1837	7 Jan 1904	Wo-62
CLUFF,John	14 Feb 1875	2 Mar 1909	Wo-62
CLUFF,Margaret	1875	1955	Wo-62
CLUFF,Mary E.	1878	1965	Wo-62
CLUFF,Mattie C. w/o Harry	27 Nov 1867	23 Oct 1905	Wo-62
CLUFF,Norman W. s/o Harry	15 Oct 1898	27 Feb 1901	Wo-62
CLUFF,Robert H.	1894	none	Wo-61
CLUFF,Robert L.	1868	1945	Wo-62
CLUFF,Robert William	5 Nov 1830	12 Feb 1905	Wo-62
CLUFF,Sarah	1858	1930	Wo-62
CLUFF,Virginia B.	1894	1968	Wo-61
CLUFF,William Edward	11 Jan 1867	2 May 1915	Wo-86
COARD,Comfort w/o John R.	27 Jun 1789	4 Aug 1878	Wo-65

Name	Birth	Death	Location
COARD, Edwin Campbell	11 Jan 1844	3 Jul 1859	Wo-65
COARD, Esther M. w/o William B.	24 Jun 1812	13 May 1879	Wo-65
COARD, John R. Sr.	5 Apr 1788	9 Jun 1856	Wo-65
COARD, William	23 May 1816	27 Jul 1878	Wo-65
COCHRANE, Bessie F.	none	none	Wo-61
COCHRANE, George A.	1910	1937	Wo-61
COFFIN, Alfred P.	25 Jun 1851	28 Apr 1923	Wo-67
COFFIN, Amanda w/o Isaac G.	28 Jul 1826	3 Dec 1897	Wo-66
COFFIN, C. F.	12 Jan 1854	22 Nov 1920	Wo-66
COFFIN, David F.	2 Jun 1825	22 Mar 1884	Wo-66
COFFIN, E. Lester	1900	none	Wo-58
COFFIN, Elizabeth G.	5 Jan 1858	26 May 1924	Wo-67
COFFIN, Harry A. s/o A.M.& L.K.	26 Oct 1889	11 Jun 1903	Wo-66
COFFIN, Isaac G.	(d.age 70yr)	14 May 1892	Wo-66
COFFIN, J. J.	26 Aug 1828	25 Apr 1908	Wo-66
COFFIN, Joel G.	26 Feb 1818	22 Feb 189?	Wo-66
COFFIN, Lemuel B.	26 Aug 1864	26 Jan 1899	Wo-66
COFFIN, Margaret J.	14 Feb 1853	30 Jun 1920	Wo-97
COFFIN, Maria W.	31 Jul 1830	13 Oct 1897	Wo-66
COFFIN, Metra E.	1900	1965	Wo-58
COFFIN, Ruth Lee w/o Clinton T.	18 Mar 1896	17 Apr 1914	Wo-66
COFFIN, Thomas Hicks s/o Isaac G.	(d.age 8yr)	21 May 1870	Wo-68
COFFIN, William P.	22 Aug 1850	29 Jan 1922	Wo-97
COLBOURN, Clara Bell d/o William H.	4 Aug 1865	5 Aug 1885	Wo-1
COLBOURN, Elijah	(d.age 76yr)	26 Sep 1853	Wo-109
COLBOURN, William H.	9 Mar 1799	9 Aug 1850	Wo-109
COLBURN, Charles H.	8 Aug 1849	3 Apr 1906	Wo-61
COLBURN, E. C. T.	none	none	Wo-61
COLBURN, E. P. C.	none	none	Wo-61
COLEBOURN, Bessie H.	1887	1970	Wo-2
COLEBOURN, Hillary C.	1886	1966	Wo-2
COLEBURN, Charles H.	1882	1949	Wo-53
COLEBURN, Edward H.	1858	1930	Wo-2
COLEBURN, Ella G.	1878	1936	Wo-53
COLEBURN, Emma H.	1856	1938	Wo-2
COLEMAN, Henry A.	4 Jan 1850	8 Jan 1925	Wo-66
COLEMAN, Sarah A. w/o Henry A.	28 Sep 1846	28 Jul 1923	Wo-66
COLHOUN, Eliza Jane w/o Rev.John	(d.age 24yr)	22 Oct 1856	Wo-84
COLHOUN, John s/o John B.	12 Jun 1856	4 Nov 1856	Wo-84
COLHOUN, Lizzie May d/o Rev.John B.	24 Oct 1853	30 Jul 1854	Wo-84
COLLIER, Charlie L.	24 Apr 1841	10 Apr 1912	Wo-66
COLLIER, Ellen S. w/o Charles L.	1 Oct 1848	20 Nov 1901	Wo-66
COLLINS, Abisha E.	1851	1923	Wo-91
COLLINS, Amanda W. w/o Charley	3 Jul 1873	5 May 1905	Wo-53
COLLINS, Amelia W. w/o George Elmer	31 Aug 1852	20 Jan 1878	Wo-87
COLLINS, Annie D.	22 Oct 1878	12 Mar 1913	Wo-70
COLLINS, Catherine E. w/o John C.	26 Feb 1856	none	Wo-69
COLLINS, Catherine Selby w/o Elisha	14 May 1837	26 Aug 1886	Wo-69
COLLINS, Charles	(d.age 60yr)	6 May 1882	Wo-66
COLLINS, Charles Alvin s/o Charles	(d.age 6mo)	5 Jul 1861	Wo-66
COLLINS, Charles Cleveland	26 Oct 1890	17 Jan 1941	Wo-53
COLLINS, Charles P.	24 Oct 1824	27 Aug 1894	Wo-87
COLLINS, Charlie Jefferson s/o J.	7 Oct 1851	10 Sep 1868	Wo-87
COLLINS, Charlotte A.	1820	1893	Wo-69
COLLINS, Collie J. s/o Levin J.	20 Nov 1909	22 Jul 1911	Wo-69

Name	Birth	Death	Ref
COLLINS, Cordelia M. H. Dennis	6 May 1832	3 Jan 1893	Wo-84
COLLINS, Cornelia	1854	1949	Wo-56
COLLINS, Denward W.	26 Sep 1867	28 Mar 1911	Wo-66
COLLINS, Eba W.	1847	1930	Wo-56
COLLINS, Edith Blanche	14 Aug 1899	14 Aug 1899	Wo-53
COLLINS, Edith w/o Sewell T.	1852	1921	Wo-86
COLLINS, Edward J.	13 Dec 1834	13 Feb 1900	Wo-69
COLLINS, Elisha E.	(d.age 46yr)	12 Jul 1901	Wo-70
COLLINS, Elisha M.	1814	1868	Wo-69
COLLINS, Elisha M.	18 Jul 1833	29 Mar 1908	Wo-69
COLLINS, Elizabeth w/o Levin T.	(d.age 68yr)	26 Nov 1884	Wo-70
COLLINS, Fannie Garrett	16 Oct 1846	11 Aug 1870	Wo-84
COLLINS, Frank Allen s/o O.K. & Virg.	(d.age 7mo)	7 Mar 1817	Wo-107
COLLINS, G. Layton	1915	1916	Wo-58
COLLINS, George E.	(d.age 24yr)	14 Oct 1875	Wo-87
COLLINS, George T.	1901	1934	Wo-63
COLLINS, George T.	(d.age 76yr)	2 Aug 1916	Wo-63
COLLINS, Hazel L.	1914	none	Wo-58
COLLINS, Hetty Ann Mumford w/o Levin	26 Mar 1862	4 Jun 1886	Wo-70
COLLINS, Hetty L. w/o James H.	17 Jul 1824	16 May 1919	Wo-61
COLLINS, Infant	28 Apr 1881		Wo-69
COLLINS, Infant d/o Geo E. & Amelia	none	none	Wo-87
COLLINS, J. Eugene	22 Aug 1845	18 May 1862	Wo-84
COLLINS, James B.	14 Mar 1819	17 Sep 1868	Wo-87
COLLINS, James H.	(d.age 73yr)	7 Mar 1882	Wo-61
COLLINS, James H.	19 Aug 1838	20 Aug 1907	Wo-40
COLLINS, James Henry	20 Jun 1805	29 Apr 1886	Wo-50
COLLINS, Jane w/o Joshua J.	1 Oct 1833	none	Wo-69
COLLINS, Jennie W. d/o James B.	(d.age 19yr)	6 Sep 1876	Wo-87
COLLINS, John C.	25 Jul 1850	20 Jan 1912	Wo-69
COLLINS, John H. s/o James B.	23 Apr 1846	10 May 1913	Wo-84
COLLINS, Joshua J.	2 Nov 1829	4 Feb 1903	Wo-69
COLLINS, Josiah	24 Jan 1814	20 Jul 1896	Wo-86
COLLINS, Katherine Arnold d/o J.	8 Aug 1899	23 Feb 1900	Wo-84
COLLINS, Laura E.	24 Feb 1873	1 Mar 1935	Wo-40
COLLINS, Leah Eleanor w/o James H.	5 Feb 1851	9 Mar 1923	Wo-40
COLLINS, Leah w/o Stephen B.	4 Feb 1801	11 Jun 1880	Wo-65
COLLINS, Lemuel H. Dr.	29 Aug 1847	21 Apr 1925	Wo-86
COLLINS, Lemuel P.	25 Feb 1817	1 Jul 1868	Wo-86
COLLINS, Leona M.	29 Mar 1878	22 Jun 1972	Wo-40
COLLINS, Levin	17 Jul 1833	14 Mar 1915	Wo-66
COLLINS, Levin D.	9 Jun 1808	15 Mar 1879	Wo-70
COLLINS, Levin D.	23 Feb 1868	25 Jul 1870	Wo-69
COLLINS, Levin W.	15 Feb 1825	16 Apr 1896	Wo-69
COLLINS, Lillie A. d/o Charles	(d.age 4yr)	25 Feb 1870	Wo-66
COLLINS, Maggie L.	19 Dec 1871	11 Feb 1872	Wo-63
COLLINS, Margaret A.	1847	1933	Wo-63
COLLINS, Margaret Ann d/o J.J.	9 Jun 1897	29 Jul 1898	Wo-84
COLLINS, Margaret Dale Timmons	3 Jan 1822	19 Apr 1909	Wo-87
COLLINS, Mary Ann Simpson w/o Josiah	19 May 1816	6 Apr 1870	Wo-86
COLLINS, Mary E.	30 Jun 1842	9 May 1917	Wo-69
COLLINS, Mary Elizabeth w/o Thomas	(d.age 71yr)	7 May 1894	Wo-86
COLLINS, Mary Jane d/o Lemuel P.	20 Oct 1851	7 Oct 1906	Wo-86
COLLINS, Mary M. w/o L. W.	10 Mar 1829	28 Jul 1900	Wo-69
COLLINS, Nellie Godfrey d/o Charles	(d.age 25yr)	11 Oct 1895	Wo-66

```
COLLINS,Rada M. d/o A.R.& A.K.         6 Jul 1901      11 Mar 1912    Wo-65
COLLINS,Rittie Mrs.                    (d.age80yr)     20 Feb 1876    Wo-107
COLLINS,Robert L.                              1909           none    Wo-58
COLLINS,Rosanna J. w/o Charles P.     14 Aug 1821      24 Dec 1894    Wo-87
COLLINS,Ruth                                   1894           1935    Wo-58
COLLINS,Sallie A. w/o S.J.                     1883           1900    Wo-63
COLLINS,Sallie E. Purnell w/o L.      22 Nov 1827      24 Feb 1907    Wo-86
COLLINS,Sampson S.                    26 Dec 1866       1 Nov 1896    Wo-69
COLLINS,Sarah J. d/o G.T.& S.E.                none     9 Mar 1867    Wo-15
COLLINS,Sewell T.                              1849            19--   Wo-86
COLLINS,Sewell T.                      3 Apr 1824      28 Apr 1858    Wo-65
COLLINS,Stephen B.                    23 Nov 1803      22 Dec 1874    Wo-65
COLLINS,Theodore S.                   27 Jun 1834      15 Mar 1874    Wo-65
COLLINS,Thomas A.                              1839           1911    Wo-63
COLLINS,Thomas E.                      1 Apr 1878      20 Sep 1881    Wo-69
COLLINS,Thomas H.                      6 Jun 1848      30 Sep 1919    Wo-84
COLLINS,Thomas H.                     14 Jul 1811      15 Mar 1873    Wo-86
COLLINS,Victoria S. d/o Elisha        (d.age23yr)      17 Jun 1883    Wo-69
COLLINS,William J.                    23 Jul 1873      17 Jan 1916    Wo-66
COLLINS,William J.                    25 Jan 1819      25 Mar 1908    Wo-92
COLLINS,William J. P. son of Josiah   19 May 1850      19 Sep 1869    Wo-86
COLONA,Annie B.                                1842           1932    Wo-40
COLONA,Charles P.                              1874           1949    Wo-40
COLONA,Clarence J.                             1877           1918.   Wo-40
COLONA,Elijah F. s/o John H.& Betty   26 Oct 1861      13 Nov 1935    Wo-2
COLONA,Elsie P.                                1903           none    Wo-58
COLONA,Estee P. s/o James E.          28 Jul 1873      12 Dec 1904    Wo-53
COLONA,Henry W.                                1858           1937    Wo-63
COLONA,James E.                        4 Sep 1848      28 Jul 1916    Wo-53
COLONA,John W.                         2 Aug 1797      15 Jan 1861    Wo-9
COLONA,Letcher L.                              1895           1962    Wo-58
COLONA,Lilly A.                                1868           1945    Wo-63
COLONA,Mary S. w/o James E.           21 Feb 1852      21 Dec 1916    Wo-53
COLONA,Robert W.                               1837           1920    Wo-40
COLONA,Susanah W. w/o John W.         13 Sep 1805      12 Jan 1865    Wo-9
CONANT,Hilda O.                                none           none    Wo-58
CONANT,Leroy E. (WW I)                         1897           1971    Wo-58
CONAWAY,Albert W.                              1917           1980    Wo-58
CONAWAY,Cora H.                                1862           1930    Wo-73
CONAWAY,Grace H.                               1920           1978    Wo-58
CONAWAY,Helen B.                               1906           1967    Wo-58
CONAWAY,Henry                                  1865           1942    Wo-58
CONAWAY,James H.                      20 Sep 1864       8 Apr 1922    Wo-73
CONAWAY,John H.                                1904           1978    Wo-58
CONAWAY,Mary E.                                1877           1956    Wo-58
CONAWAY,Rosey                         25 Sep 1841      13 Nov 1897    Wo-3
CONAWAY,William C.                             1852           none    Wo-73
CONKLIN,Annette D.                             1881           none    Wo-40
CONKLIN,Esther J.                              1874           1968    Wo-40
CONKLIN,George H.                              1871           1951    Wo-2
CONKLIN,George W.                     15 May 1836      17 Oct 1887    Wo-40
CONKLIN,Josephine w/o George W.       18 Mar 1837      13 Apr 1909    Wo-40
CONKLIN,Lillie C.                              1879           1960    Wo-2
CONLEY,Edward M.                               1865           1947    Wo-5
CONLEY,Georgie w/o Edward M.                   1892           1965    Wo-5
```

Name	Birth	Death	Plot
CONNAWAY, Ann Thomas Quillen w/o Henry	none	3 Sep 1931	Wo-67
CONNAWAY, Henry Clay	28 Feb 1844	11 Jul 1903	Wo-67
CONNAWAY, Mary J.	1845	1926	Wo-58
CONNAWAY, William H.	21 Jul 1840	6 Aug 1918	Wo-58
CONNER, Elizabeth W.	27 Jan 1830	26 Mar 1917	Wo-87
CONNER, Gertrude d/o John J.	5 Aug 1899	24 Feb 1901	Wo-72
CONNER, Hettie E.	8 Dec 1866	none	Wo-72
CONNER, Isaac B.	12 Mar 1822	19 Feb 1912	Wo-87
CONNER, John & Elizabeth & Levin	none	none	Wo-60
CONNER, John B. s/o Levin H.	15 Oct 1861	22 Jul 1887	Wo-60
CONNER, John J.	(d.age 87yr)	21 Feb 1932	Wo-72
CONNER, Levin H. s/o J. W.	5 Mar 1836	5 Jun 1890	Wo-60
CONNER, Levin T.	1809	1930	Wo-60
CONNER, Lulu d/o John J.	15 Sep 1890	2 Mar 1891	Wo-72
CONNER, Lydia & Sarah	none	none	Wo-60
CONNER, Mamie A.	1881	1954	Wo-58
CONNER, Margaret & Mary & Amanda	none	none	Wo-60
CONNER, Mary J.	1858	1885	Wo-72
CONNER, Nathan S.	1879	1948	Wo-58
CONNER, Sarah E. w/o Levin H.	23 Mar 1839	16 Mar 1885	Wo-60
CONNER, Willard s/o John J.	10 Oct 1898	11 Oct 1898	Wo-72
CONWAY, Ida P.	1886	1953	Wo-58
CONWAY, Sidney T.	1882	1965	Wo-58
CONWELL, Russell s/o R.F. & Cora Powell	7 Jan 1898	16 Aug 1898	Wo-40
COOPER, Infant d/o Handy	16 Nov 1894	23 Dec 1894	Wo-92
COOPER, Harvey	1882	1955	Wo-1
COOPER, Jack R. (with Fred Parsons)	1914	1971	Wo-58
COOPER, John	15 Feb 1885	none	Wo-66
COOPER, Mary H.	1859	1921	Wo-92
COOPER, Sarah w/o John	1898	none	Wo-66
COPLIN, John	(d.age 36yr)	13 Nov 1783	Wo-80
COPPER, Emma W.	1872	1970	Wo-63
COPPER, Laura S.	1908	1908	Wo-63
COPPER, Robert W.	1870	1953	Wo-63
COPPER, Robert W. Jr.	1902	1933	Wo-63
CORBETT, Bertie F.	1884	1945	Wo-62
CORBETT, William A.	1882	1932	Wo-62
CORBIN, Eliza w/o R.I.	15 Jan 1825	7 Jul 1862	Wo-38
CORBIN, Harriett Aydelotte w/o Levin	18 Apr 1832	3 Nov 1854	Wo-57
CORBIN, Hilda B.	1896	none	Wo-63
CORBIN, John W.	8 Oct 1837	20 Mar 1931	Wo-71
CORBIN, Maria w/o John	16 Feb 1812	16 May 1868	Wo-61
CORBIN, Spencer D.	1890	1978	Wo-63
CORDRY, Cecille Chapman w/o George	2 Dec 1882	18 Oct 1920	Wo-87
CORDRY, Charles W.	none	none	Wo-87
CORDRY, Florrie Vincent w/o Charles	11 Mar 1873	23 Jul 1905	Wo-87
CORDRY, Infant d/o C.W. & F.V.	(d.age 3mo)	none	Wo-87
CORDRY, Mary P.	24 Dec 1839	9 May 1927	Wo-87
CORDRY, Nellie Hearne d/o G.H.	3 Jul 1813	16 Oct 1922	Wo-87
CORDRY, Robert P.	26 May 1905	15 May 1920	Wo-87
CORDRY, W. D.	30 Apr 1835	28 Nov 1911	Wo-87
CORDRY, Wilfred s/o William D. Jr.	(d.age 9mo)	23 Dec 1904	Wo-87
COREY, John Capt.	19 Jan 1877	none	Wo-67
COREY, Sallie w/o John	1 Nov 1884	22 Jan 1933	Wo-67
COSTEN, Addie L.	1875	1970	Wo-60

Name	Born	Died	Location
COSTEN, Clara Powell	1869	1946	Wo-63
COSTEN, Edward S. s/o Edward S.	(d.age 76yr)	Mar 1974	Wo-88
COSTEN, Eleanor	1869	1870	Wo-60
COSTEN, Elizabeth C.	1885	1960	Wo-60
COSTEN, Isaac (MD)	1832	1931	Wo-60
COSTEN, Margaret W. d/o Wm.& Mary	(d.age 38yr)	6 Jul 1879	Wo-60
COSTEN, Mary H.	1872	1957	Wo-60
COSTEN, Mary W. d/o William	(d.age 70yr)	17 Aug 1872	Wo-60
COSTEN, Olivia A.	1842	1941	Wo-60
COSTEN, Olivia C.	1883	1977	Wo-60
COSTEN, William	1796	1882	Wo-60
COSTEN, William A.	24 May 1874	27 Jun 1907	Wo-60
COSTEN, William Thomas	1893	1968	Wo-60
COSTON, Annie d/o Henry T.& Mary	7 Oct 1847	28 Mar 1919	Wo-56
COSTON, Edward W. s/o Henry T.	29 Feb 1856	26 Mar 1935	Wo-56
COSTON, Lizzie B. w/o E. S.	3 Jan 1862	28 Apr 1919	Wo-61
COSTON, Mary Ann w/o William M.	12 Aug 1832	23 Jul 1914	Wo-61
COSTON, Maurice W.	1868	1949	Wo-61
COSTON, William Brice	24 Oct 1867	4 Jun 1913	Wo-61
COTTINGHAM, Annie E.	1854	1924	Wo-87
COTTINGHAM, Elizabeth w/o Jonathan	1 Mar 1782	30 Dec 1869	Wo-84
COTTINGHAM, Elizabeth w/o Josiah	(d.age 63yr)	19 Jan 1890	Wo-87
COTTINGHAM, Elizabeth w/o P.D.	(d.age 63yr)	19 Jan 1890	Wo-87
COTTINGHAM, James s/o Jonathan	1 Oct 1816	9 Jan 1894	Wo-73
COTTINGHAM, John	1867	1927	Wo-88
COTTINGHAM, Jonathan	13 Apr 1777	4 Jan 1856	Wo-84
COTTINGHAM, Josiah A. T. s/o Jonah	27 Oct 1834	1 Dec 1870	Wo-87
COTTINGHAM, Matilda J.	6 Sep 1833	8 May 1912	Wo-73
COTTINGHAM, Peter D.	18 Aug 1821	5 Oct 1897	Wo-87
COTTINGHAM, Thomas	24 Feb 1836	31 Aug 1876	Wo-86
COTTINGHAM, Virginia W. w/o John	1872	none	Wo-88
COTTMAN, Elizabeth A. w/o William	16 May 1838	5 Mar 1917	Wo-84
COTTMAN, Mollie Ann d/o William	4 Nov 1865	20 Aug 1882	Wo-84
COTTMAN, Thomas B.	1863	1932	Wo-40
COTTMAN, William	2 Jun 1828	29 Sep 1908	Wo-84
COTTMAN, William Smith Bishop	20 Nov 1798	14 Aug 1857	Wo-84
COULBOURN, Annie Elizabeth d/o P.J.	22 May 1910	4 Nov 1910	Wo-95
COULBOURN, Annie Marie d/o Golds.	25 Mar 1905	1 Nov 1905	Wo-87
COULBOURN, Charlotte J.d/o P.C.& M.E.	4 Nov 1879	12 Nov 1879	Wo-94
COULBOURN, Durand C. s/o George W.	16 Feb 1867	27 Nov 1871	Wo-94
COULBOURN, Elizabeth	(d.age 79yr)	11 Feb 1884	Wo-84
COULBOURN, Ella C. d/o Andrew J.	11 Jul 1909	18 Jul 1911	Wo-66
COULBOURN, Ella L.	24 Sep 1871	9 Sep 1905	Wo-87
COULBOURN, George W.	14 May 1843	10 Jun 1923	Wo-87
COULBOURN, John J.	(d.age 77yr)	15 Nov 1874	Wo-94
COULBOURN, John J. s/o J.J. & P.	12 Jan 1840	9 Mar 1870	Wo-94
COULBOURN, Lloyd R. d.France	28 Feb 1896	27 May 1918	Wo-114
COULBOURN, Margaret Louise	19 Feb 1893	2 Jul 1918	Wo-66
COULBOURN, Mary	28 Mar 1847	22 Apr 1896	Wo-87
COULBOURN, Mary E. d/o Goldsborough	2 Jul 1902	18 Jul 1903	Wo-87
COULBOURN, Orlando K. s/o George W.	12 Oct 1874	28 oct 1875	Wo-94
COULBOURN, Priscilla w/o John J.	26 Apr 1801	23 Apr 1891	Wo-94
COULBOURN, Rhoda w/o Samson	1 Aug 1812	15 Mar 1883	Wo-79
COULBOURN, Samson	6 Dec 1806	2 Apr 1870	Wo-79
COULBOURN, Sarah Louise d/o P. J.	18 Mar 1913	1 Jun 1918	Wo-95

Name	Birth	Death	Location
COULBOURN, Sarah P.	9 Apr 1855	1 Aug 1888	Wo-95
COULBOURN, Thomas F.	22 Sep 1851	5 Apr 1884	Wo-79
COULBOURNE, Annie H. (Nan)	1890	1977	Wo-61
COULBOURNE, Charles E. Sr.	1864	1951	Wo-2
COULBOURNE, George William	1897	1960	Wo-2
COULBOURNE, Harry E.	1893	1970	Wo-61
COULBOURNE, Mary E.	1950	1964	Wo-63
COULBOURNE, Mary Jane	1868	1907	Wo-2
COULBOURNE, Myrtle K.	1915	1964	Wo-63
COULBOURNE, Valera Reber	1898	none	Wo-2
COULBOURNE, Zellah M.	1880	1969	Wo-2
COUNCILL, C. H.	18 Oct 1826	18 Feb 1894	Wo-58
COUNCILL, Charles P.	1861	1945	Wo-58
COUNCILL, R. Crawford s/o J.G. & Sarah (d.age18mo)		11 Oct 1869	Wo-58
COUNCILL, Sarah A. w/o Joseph G.	9 Jul 1822	29 Aug 1869	Wo-58
COVINGTON, Amelia Franklin w/o Isaac	1 Dec 1801	3 Aug 1863	Wo-67
COVINGTON, Arthur s/o George W.& S.B.	none	none	Wo-84
COVINGTON, Edgar S. s/o E. E.	22 Aug 1873	6 Nov 1876	Wo-63
COVINGTON, George W. (Rev.)	2 Sep 1811	26 Dec 1885	Wo-63
COVINGTON, George W. s/o Isaac	12 Sep 1838	6 Apr 1911	Wo-84
COVINGTON, Isaac	25 Oct 1801	20 Feb 1845	Wo-67
COVINGTON, Leah R. w/o George	23 Aug 1822	12 Jan 1892	Wo-63
COVINGTON, Martha W.	(d.age25yr)	13 Jun 1880	Wo-63
COVINGTON, Mary Merrill	1897	none	Wo-63
COVINGTON, Samuel	10 May 1888	2 Sep 1924	Wo-87
COVINGTON, Wiliam Wallace	1892	1973	Wo-63
COWGER, Jessie Lee	1867	1939	Wo-60
COWGER, Vernon Kerr	1871	1951	Wo-60
COX, Albert Binns	1875	1960	Wo-58
COX, Effie Strickland	16 Mar 1869	4 Oct 1952	Wo-37
COX, Florence Powell	1875	1955	Wo-58
COX, Joseph B.	22 Nov 1824	29 Nov 1861	Wo-88
CRAMMER, Abraham W.	9 May 1829	26 Jun 1918	Wo-58
CRAMMER, Amelia A. F. w/o A.W.	(d.age37yr)	27 Jan 1872	Wo-58
CRAMMER, Delilah	1858	1858	Wo-58
CRAMMER, Florence Minnie	11 Feb 1865	29 Jul 1870	Wo-58
CRAMMER, Sarah Francis w/o Abraham W.	28 Mar 1850	11 Apr 1917	Wo-58
CRAMMER, William Newton	10 May 1858	30 Aug 1858	Wo-58
CRAMPFIELD, Walter	25 Dec 1901	13 Dec 1913	Wo-66
CRANFIELD, Benjamin s/o James M.	23 Oct 1878	28 Nov 1903	Wo-95
CRANFIELD, Lavinia d/o James M. & Leah	1 Jan 1874	21 Jan 1910	Wo-95
CRANFIELD, Leah A.	(d.age83yr)	18 Jun 1928	Wo-95
CREATH, Janet Blades	1908	1977	Wo-61
CRISP, Clara d/o W.E.& M.J.	4 Mar 1865	7 Aug 1865	Wo-62
CRISP, George s/o J.N. & S.E.	4 Aug 1901	5 Oct 1918	Wo-105
CRISP, Willie J. s/o W.E. & M.J.	4 Dec 1861	4 Aug 1863	Wo-62
CRISP, Woolford s/o J.N. & S.E.	29 May 1918	7 Aug 1920	Wo-105
CROASDALE, Annie Deputy	1873	1960	Wo-63
CROASDALE, John DD (Rev.)	18 Jul 1818	11 Mar 1878	Wo-62
CROASDALE, John s/o R.L.& Ann Abbott	1816	1816	Wo-62
CROCKETT, Stuart A. s/o T.A.	3 Sep 1909	20 Jun 1910	Wo-61
CROCKETT, Anne A.	1874	1926	Wo-61
CROCKETT, Cecile P.	1893	none	Wo-61
CROCKETT, Charles W.	1894	1954	Wo-61
CROCKETT, Charles W.	4 Jun 1854	7 Aug 1907	Wo-61

Name	Birth	Death	Location
CROCKETT, D. Jesse	1850	1910	Wo-61
CROCKETT, Ellen	1932	1936	Wo-61
CROCKETT, Emma Godwin	1858	1918	Wo-60
CROCKETT, Fitzgerald DD.	1899	1961	Wo-60
CROCKETT, Florence P.	1867	1958	Wo-61
CROCKETT, Ida Belle	1890	1916	Wo-61
CROCKETT, J. Shiles	1858	1929	Wo-60
CROCKETT, James McGrath	1886	1949	Wo-61
CROCKETT, Lillian Riley	1900	1944	Wo-60
CROCKETT, Lillian S.	1897	1963	Wo-61
CROCKETT, Margaret D.	1892	1973	Wo-60
CROCKETT, Mary Ellen	1866	1936	Wo-61
CROCKETT, Merwyn R.	1894	1931	Wo-61
CROCKETT, Mildred G. d/o T.A.	21 Dec 1898	17 Nov 1904	Wo-61
CROCKETT, Ora Elizabeth Brown w/o Samuel	1874	1907	Wo-61
CROCKETT, Sadie E. w/o Charles W.	26 Feb 1860	20 May 1882	Wo-61
CROCKETT, Samuel M.	1864	1922	Wo-61
CROCKETT, T. Asbury	7 May 1849	26 Jun 1914	Wo-61
CROCKETT, Willie Lucas	1879	1961	Wo-61
CROPPER, Amanda E. d/o Turner	14 Jan 1910	29 Jun 1911	Wo-66
CROPPER, Annie w/o James H.	24 Feb 1876	30 Aug 1908	Wo-66
CROPPER, Archie T.	11 Mar 1877	16 Aug 1912	Wo-65
CROPPER, Calvin T. s/o T.J.& S.M.	28 Sep 1886	12 Aug 1908	Wo-65
CROPPER, Cealia w/o Robins G.	(d.age19yr)	11 Aug 1891	Wo-69
CROPPER, Charles W.	(d.age55yr)	29 Jul 1904	Wo-69
CROPPER, Comfort	11 Jun 1828	4 May 1904	Wo-69
CROPPER, David J.	11 Aug 1866	29 Dec 1922	Wo-69
CROPPER, Edith A. w/o James B.R.	1857	1892	Wo-87
CROPPER, Elizabeth w/o Capt. James	29 May 1806	14 Feb 1876	Wo-87
CROPPER, Emma E. w/o Richard E.	28 Apr 1834	28 Mar 1907	Wo-66
CROPPER, Freda d/o Levin E.S.	16 Jul 1905	7 Feb 1906	Wo-69
CROPPER, George W.	15 Jun 1854	28 Sep 1903	Wo-66
CROPPER, Hester W. w/o Charles H.	19 Jan 1834	3 May 1905	Wo-66
CROPPER, James B. R.	1841	1884	Wo-87
CROPPER, John E. s/o Richard E.	26 May 1860	7 Feb 1901	Wo-66
CROPPER, Josiah A.T. s/o Jonah	27 Oct 1834	1 Dec 1870	Wo-87
CROPPER, Martha A.	30 Aug 1850	7 Mar 1915	Wo-61
CROPPER, Mary C. d/o Wm.M.& Comfort	12 May 1858	12 Jun 1887	Wo-69
CROPPER, Naoma d/o G.P.& A.L.	20 Jun 1916	8 Jul 1917	Wo-69
CROPPER, Robins G.	16 Oct 1863	16 Oct 1913	Wo-69
CROPPER, Sadie A. w/o G.S.	3 Oct 1877	13 Jul 1906	Wo-69
CROPPER, Samuel R.	1865	1924	Wo-66
CROPPER, Stephen Gibbs s/o T.F.	1 Jun 1920	20 Jan 1922	Wo-66
CROPPER, William M.	11 Sep 1814	19 Jul 1905	Wo-69
CROSLEY, Everard O. s/o J.W.& Lora	3 Sep 1901	29 May 1912	Wo-62
CROSS, Edwin O.	21 Aug 1919	17 Sep 1971	Wo-63
CROSS, Margaret F.	2 Dec 1919	none	Wo-63
CROWLEY, Allen H.	1903	1973	Wo-41
CROWLEY, Elijah S.	1867	1938	Wo-41
CROWLEY, Margaret w/o Samuel	19 Aug 1842	14 Feb 1904	Wo-41
CROWLEY, Martha P.	1907	none	Wo-41
CROWLEY, Samuel J.	13 Mar 1841	16 Nov 1921	Wo-41
CROWSON, Minnie P. (with Mason)	27 Dec 1882	7 Jul 1964	Wo-63
CULLEN, Louise S. (with Schoolfield)	1894	1973	Wo-60
CULLIN, Sarah Ann	30 Oct 1828	28 Sep 1907	Wo-87

Name	Birth	Death	Loc
CULP, Robert L.	1903	1972	Wo-58
CULP, Susie E.	1890	1970	Wo-58
CULVER, Altheia F.	1919	1957	Wo-58
CULVER, Cassie B.	1903	none	Wo-58
CULVER, Dora (with Brittingham)	1876	1973	Wo-63
CULVER, George A.	8 Apr 1849	3 Apr 1927	Wo-1
CULVER, Goldie Thompson	none	none	Wo-63
CULVER, L. Adeline w/o George A.	5 Jul 1842	27 Mar 1913	Wo-1
CULVER, LeRoy	1902	1970	Wo-63
CULVER, Margie	none	none	Wo-63
CULVER, Marion J.	1901	none	Wo-58
CULVER, Mary A.	28 Oct 1916	25 Dec 1938	Wo-58
CULVER, Mary Ann d/o George A.& L.A.	24 Oct 1870	13 Jul 1913	Wo-1
CULVER, Roger J.	25 Jul 1914	none	Wo-1
CUMBER, Charles E.	1854	1933	Wo-59
CUMBER, Rosalie C. w/o Charles	1871	1947	Wo-59
CUMBERLAND, Joseph E. (WW II)	1913	1975	Wo-58
CUMBERLAND, Mary Ann	1954	1970	Wo-58
CURTIS, Hortense E.	(d.age 37yr)	6 Feb 1876	Wo-62
CURTIS, Margie	1848	1908	Wo-62
CURTIS, Mary A.	1845	1915	Wo-62
CURTIS, Mary W.	none	23 May 1881	Wo-62
CURTIS, Mary W. (Mrs.)	none	23 May 1881	Wo-62
CUSICH, Albert H.	1904	1973	Wo-63
CUSTIS, Bertha Scott	1873	1933	Wo-62
CUSTIS, Boward	1919	1962	Wo-60
CUSTIS, Harry Jackson Jr.	1921	1967	Wo-58
CUSTIS, Irving Whitfield Sr.	1894	1968	Wo-58
CUSTIS, Mary Elizabeth	1872	1937	Wo-58
CUSTIS, Mildred Adams	1895	none	Wo-58
CUSTIS, Nellie S. Rolston	1899	1971	Wo-60
CUSTIS, Robert Lee	1865	1934	Wo-58
CUTLER, Eloise V.	10 Dec 1912	23 Jan 1979	Wo-63
CUTLER, Mary G.	23 Aug 1883	16 Jan 1967	Wo-63
CUTLER, Otho Roy	15 Aug 1881	21 May 1947	Wo-63
CUTRIGHT, Catherine H.	2 Feb 1898	none	Wo-41
CUTRIGHT, Harold D.	15 Aug 1903	25 Mar 1979	Wo-41
DAILEY, David (Rev.)	(d.age 65yr)	4 May 1856	Wo-87
DAILEY, Sarah F. w/o David	2 Aug 1795	8 Jan 1871	Wo-87
DAILEY, Saurin T. MD s/o David	(d.age 29yr)	15 Oct 1855	Wo-87
DAISEY, John V.	12 May 1863	5 Dec 1900	Wo-69
DAISEY, Lercy J. s/o J.J.& B.M.	20 Feb 1914	17 Feb 1915	Wo-69
DALE, Betsy w/o John	22 Dec 1804	18 Jun 1870	Wo-4
DALE, Charles Allison s/o John B.	10 Dec 1873	4 Aug 1897	Wo-91
DALE, Charles Showel	5 Jan 1850	16 Mar 1922	Wo-91
DALE, Clarence E. s/o Peter W.	11 Jan 1877	20 Oct 1878	Wo-92
DALE, Curtis W. s/o J.M.	(d.age 1mo)	23 Oct 1865	Wo-92
DALE, Eleanor Ballard w/o William	2 Nov 1846	21 May 1919	Wo-61
DALE, Elizabeth Bowland w/o John	(d.age 24yr)	10 Mar 1857	Wo-62
DALE, Elizabeth P.	28 Oct 1882	18 Jan 1923	Wo-92
DALE, Hetty M. d/o J.M.	(d.age 31yr)	13 Apr 1869	Wo-92
DALE, Infant child of Charles G.	18 May 1879	7 Jul 1879	Wo-61
DALE, Infant s/o Milton M.	13 Jun 1902	14 Jun 1902	Wo-92
DALE, James S.	3 Feb 1838	19 Aug 1885	Wo-92
DALE, Jennie L. w/o Peter W.	9 Dec 1847	6 Sep 1896	Wo-92

Name	Birth	Death	Plot
DALE, John	1840	1912	Wo-91
DALE, John	10 Feb 1801	30 Sep 1871	Wo-4
DALE, John M.	7 May 1831	31 Jul 1906	Wo-92
DALE, John M.	14 Mar 1790	31 Jul 1877	Wo-92
DALE, Laura V.	9 Apr 1851	29 Dec 1925	Wo-91
DALE, Martha A. w/o Rev. William	(d.age 63yr)	13 Mar 1885	Wo-61
DALE, Mary E.	4 Mar 1844	30 Dec 1912	Wo-92
DALE, Peter W.	(d.age 63yr)	3 Feb 1892	Wo-92
DALE, Richard Irwin s/o James P.	10 Oct 1901	21 Nov 1901	Wo-91
DALE, Sallie Jane d/o John M.	(d.age 1yr)	31 Mar 1864	Wo-92
DALE, Sally w/o John M.	(d.age 63yr)	16 Nov 1861	Wo-92
DALE, Thomas Wheatley s/o John	5 Nov 1877	10 Oct 1897	Wo-91
DALE, William (Rev.)	1 Jan 1822	17 Apr 1907	Wo-61
DALLAS, David Jr.	1905	1951	Wo-60
DANTINE, John Baptise (b.Belgium)	11 Nov 1864	11 Feb 1918	Wo-65
DASHIELL, Charlotte w/o James A.	(d.age 44yr)	27 Mar 1870	Wo-62
DASHIELL, Elizabeth w/o Haste W.	(d.age 67yr)	1 Sep 1862	Wo-62
DASHIELL, Francis J. H.	9 May 1845	4 Jan 1899	Wo-84
DASHIELL, Jennie Townsend	1846	1918	Wo-87
DASHIELL, Lotta Lavinia d/o Dr.E.	none	19 Sep 1898	Wo-84
DASHIELL, Mary Wilson Hargis w/o Ed.	13 Oct 1887	29 Jan 1933	Wo-86
DASKILL, Jennie Townsend	1846	1919	Wo-87
DAUGHERTY, Infant d/o James & Irene	1954	1954	Wo-58
DAUGHERTY, James H. Rev.	30 Apr 1852	11 Jul 1910	Wo-5
DAUGHERTY, Martha E. w/o James H.	3 Apr 1852	29 Dec 1937	Wo-5
DAVIDSON, Charles T. H.	17 Jul 1856	4 Apr 1915	Wo-69
DAVIDSON, Comfort w/o Levin T.	13 May 1809	12 Jul 1891	Wo-65
DAVIDSON, George W.	8 Jun 1830	11 Aug 1891	Wo-69
DAVIDSON, Jane w/o George W.	18 Jun 1832	6 Sep 1917	Wo-69
DAVIDSON, Levin T.	25 Oct 1808	4 Dec 1886	Wo-65
DAVIDSON, Sarah .E.	(d.age 6yr)	23 Sep 1858	Wo-65
DAVIDSON, Sarah E. Jarvis w/o Levin T.	27 Apr 1841	3 Nov 1870	Wo-67
DAVIS, A. Thomas	1883	1959	Wo-58
DAVIS, Allen T. s/o Thomas P.	31 Mar 1906	17 Jul 1906	Wo-2
DAVIS, Andy Cate d/o Jane & Isaac	25 May 1863	17 Nov 1889	Wo-97
DAVIS, Anna Grace	1906	1977	Wo-61
DAVIS, Annie E.	1873	1959	Wo-37
DAVIS, Annie E. d/o L. T.	1879	1901	Wo-63
DAVIS, Annie E. w/o M.C.	25 Feb 1845	29 Dec 1920	Wo-2
DAVIS, Annie K.	22 Aug 1862	2 Nov 1927	Wo-96
DAVIS, Annie S. w/o G. E.	9 Oct 1856	28 Oct 1917	Wo-84
DAVIS, Bessie A.	1883	1953	Wo-41
DAVIS, Beulah	none	none	Wo-56
DAVIS, C. Lee	13 Mar 1956	9 Oct 1958	Wo-37
DAVIS, Carl C.	1888	1967	Wo-60
DAVIS, Charles E.	1849	1931	Wo-4
DAVIS, Charles F.	1893	1979	Wo-37
DAVIS, Charles J.	2 Dec 1841	5 Dec 1902	Wo-67
DAVIS, Charley W. s/o Joshua R.	(d.age 21yr)	31 Dec 1902	Wo-69
DAVIS, Charlotte J. w/o Littleton	5 Dec 1840	13 Jul 1920	Wo-62
DAVIS, Clayton T.	1896	1966	Wo-60
DAVIS, Clinton C. s/o Thomas P.	27 Aug 1902	6 Mar 1903	Wo-2
DAVIS, Cornelia	1861	1941	Wo-62
DAVIS, Dale S.	1921	1978	Wo-61
DAVIS, David N.	10 Apr 1844	14 Apr 1891	Wo-65

Name	Birth	Death	Location
DAVIS, Dorcas A. w/o Peter C.	22 Feb 1822	17 Apr 1905	Wo-67
DAVIS, E. M. D.	none	none	Wo-61
DAVIS, Edward B.	1903	1907	Wo-60
DAVIS, Edward Henry	23 Mar 1892	26 Feb 1958	Wo-2
DAVIS, Edward S.	1864	1919	Wo-60
DAVIS, Edwin D. s/o O. P.	(d.age 1yr)	19 Jan 1899	Wo-87
DAVIS, Eleanor R.	5 Aug 1847	12 Jun 1893	Wo-67
DAVIS, Elizabeth Alice d/o J.R. & Mary	3 Apr 1907	20 Jun 1907	Wo-114
DAVIS, Elizabeth E.	1842	1884	Wo-4
DAVIS, Elizabeth K.	1860	none	Wo-87
DAVIS, Elizabeth Selby w/o Isaac J.	8 May 1816	7 Feb 1872	Wo-40
DAVIS, Elizabth E.	11 Apr 1831	8 Nov 1907	Wo-114
DAVIS, Ella B.	1878	1926	Wo-41
DAVIS, Ella G.	1851	1918	Wo-61
DAVIS, Ella M.	1859	1949	Wo-3
DAVIS, Ella M.	1871	1887	Wo-61
DAVIS, Emma C.	1893	1946	Wo-58
DAVIS, Emma E. C. w/o James	19 Dec 1827	26 Jan 1911	Wo-62
DAVIS, Emma F.	12 Mar 1880	7 Feb 1947	Wo-56
DAVIS, Emma P.	15 Mar 1833	10 Jan 1919	Wo-79
DAVIS, Erexine w/o Robert H.	14 Sep 1845	9 Dec 1899	Wo-86
DAVIS, Esther J. w/o L.T.G.	(d.age 43yr)	12 Jan 1881	Wo-61
DAVIS, Frank T. s/o Jas.K.	31 Mar 1888	10 Feb 1923	Wo-87
DAVIS, George W.	1846	1908	Wo-61
DAVIS, George W.	1867	1930	Wo-41
DAVIS, Georgia A.	1870	1950	Wo-41
DAVIS, Gertrude E. w/o John W.	(d.age 20yr)	4 Feb 1896	Wo-79
DAVIS, H. Burton	19 Aug 1854	27 Nov 1905	Wo-96
DAVIS, Harry A. s/o L.T.	1878	1901	Wo-63
DAVIS, Harry J.	1927	1932	Wo-56
DAVIS, Harry s/o M.C. & Annie	12 Dec 1889	23 Oct 1910	Wo-2
DAVIS, Henry A.	1907	1932	Wo-62
DAVIS, Henry E.	11 Oct 1841	19 Oct 1901	Wo-65
DAVIS, Henry s/o Emily WWI	3 Feb 1896	5 Oct 1918	Wo-114
DAVIS, Hester O. w/o William J.	(d.age 62yr)	5 May 1896	Wo-97
DAVIS, Hettie Miss	(d.age 72yr)	25 Nov 1882	Wo-107
DAVIS, Infant s/o Robert H.	8 Oct 1917	13 Oct 1917	Wo-87
DAVIS, Isaac A.	(d.age 84yr)	15 mar 1891	Wo-97
DAVIS, Isaac J.	1830	1930	Wo-72
DAVIS, Isaac James	1862	1936	Wo-62
DAVIS, Ishmael	1862	1940	Wo-2
DAVIS, J. Cooper s/o James B.	30 Jun 1907	23 Sep 1907	Wo-92
DAVIS, J. Simpson	30 Mar 1823	6 Aug 1918	Wo-66
DAVIS, James J.	1858	1904	Wo-3
DAVIS, James Purnell	none	none	Wo-56
DAVIS, James T.	1868	1914	Wo-114
DAVIS, Jane w/o Isaac	8 Feb 1830	12 Nov 1914	Wo-97
DAVIS, Jenny E. s/o Silas W. & Sallie	25 Aug 1865	28 Apr 1884	Wo-94
DAVIS, John E.	1868	1940	Wo-37
DAVIS, John Ishmael s/o Ishmael	29 May 1893	1 Feb 1909	Wo-2
DAVIS, John R.	1881	1951	Wo-41
DAVIS, John Richards	1873	1954	Wo-114
DAVIS, John W.	1860	1949	Wo-41
DAVIS, John W.	5 Sep 1851	19 Dec 1894	Wo-67
DAVIS, Joseph	30 Aug 1878	24 Oct 1939	Wo-56

DAVIS,Joseph A.	1879	1941	Wo-61
DAVIS,Joseph E.	1864	1897	Wo-60
DAVIS,Joseph Edward	(d.age83yr)	7 Oct 1932	Wo-94
DAVIS,Joseph James	2 Jan 1846	3 Aug 1912	Wo-4
DAVIS,Joshua H.	2 Oct 1852	23 Jan 1926	Wo-2
DAVIS,Kendal B.	none	1854	Wo-61
DAVIS,L. Martha A.	26 Mar 1836	27 May 1901	Wo-2
DAVIS,L. T. C.	(d.age54yr)	26 Jul 1884	Wo-61
DAVIS,Laura A. w/o William	1845	1921	Wo-67
DAVIS,Lilly	1885	1918	Wo-61
DAVIS,Littleton D.	15 Jan 1828	25 Sep 1914	Wo-62
DAVIS,Loda W. s/o Joshua H.	11 Jun 1886	17 Jun 1907	Wo-2
DAVIS,Lodowick F.	30 Apr 1819	2 Aug 1892	Wo-2
DAVIS,Lola M.	1893	1967	Wo-60
DAVIS,M. C. D.	none	none	Wo-61
DAVIS,Mamie V.	1881	1918	Wo-65
DAVIS,Margie d/o O.P.& Annie	(d.age 1yr)	11 Jan 1891	Wo-87
DAVIS,Marguerite Barnes	1894	1973	Wo-63
DAVIS,Mario E. s/o L.T.	1884	1888	Wo-63
DAVIS,Martha Miss	none	8 Dec 1879	Wo-107
DAVIS,Mary C. w/o L.T.	1845	1923	Wo-63
DAVIS,Mary E. w/o E. C.	1874	1906	Wo-63
DAVIS,Mary Elizabeth	1875	1912	Wo-114
DAVIS,Mary Ella	1873	1941	Wo-60
DAVIS,Mary J.	1861	1940	Wo-4
DAVIS,Mary J.	1871	1956	Wo-114
DAVIS,Mary Jane	1821	1868	Wo-61
DAVIS,Mary R. w/o Ishmael	1868	1962	Wo-2
DAVIS,Matilda	5 Jun 1819	25 Mar 1905	Wo-66
DAVIS,Millie E.	1879	1949	Wo-61
DAVIS,Miriam C.	1869	1869	Wo-61
DAVIS,Mordecai	1871	1966	Wo-2
DAVIS,Mordica C.	12 May 1849	6 Sep 1922	Wo-2
DAVIS,Nancy B.	1 Mar 1839	22 Sep 1900	Wo-65
DAVIS,Naomi S.	1897	1977	Wo-60
DAVIS,Narcissa	none	none	Wo-73
DAVIS,Orlin Q.	5 Sep 1899	3 Oct 1918	Wo-87
DAVIS,Peter C	30 Nov 1818	12 Dec 1901	Wo-67
DAVIS,Sallie A.	30 Oct 1859	10 May 1937	Wo-2
DAVIS,Samuel M. s/o L.T.	1881	1890	Wo-63
DAVIS,Samuel Sr.	1905	1973	Wo-41
DAVIS,Sarah Collins w/o Elisha	1838	1920	Wo-69
DAVIS,Sarah Dryden	1883	1933	Wo-105
DAVIS,Sarah N. w/o Clayton T.	12 May 1897	23 Aug 1977	Wo-60
DAVIS,Susan E.	15 Feb 1808	31 Jan 1884	Wo-62
DAVIS,Susan L. w/o Edward P.	29 Jul 1820	18 Dec 1910	Wo-84
DAVIS,Thomas J.	5 Feb 1844	18 Sep 1912	Wo-92
DAVIS,Turner	1850	none	Wo-87
DAVIS,Upshur	1872	1944	Wo-41
DAVIS,William A. s/o Turner	(d.age37yr)	22 Apr 1867	Wo-87
DAVIS,William H. C.	1842	1884	Wo-4
DAVIS,William J.	1861	1950	Wo-60
DAVIS,William J.	15 Oct 1847	4 Oct 1926	Wo-92
DAVIS,William P.	15 Mar 1793	29 Apr 1905	Wo-66
DAVIS,William T. s/o L.T. & M.C.	1873	1901	Wo-63

Name	Born	Died	Ref
DAVIS,William Thomas s/o Joshua	6 Mar 1880	1 Aug 1909	Wo-2
DAWSON,Ellen R.	7 Jul 1838	26 Nov 1915	Wo-87
DAWSON,S. J. (Major)	8 Jul 1842	28 Jul 1907	Wo-87
DAY,Charles S.	1841	1921	Wo-58
DAY,Mary A.	1859	1925	Wo-58
DAY,Mattie M. w/o Asher	20 Jan 1886	11 Dec 1922	Wo-69
DAY,Nadine T.	1891	none	Wo-3
DAY,Raymond D. (Rev.)	1886	1970	Wo-3
DEHUFF,Lillian G.	1895	1979	Wo-61
DEHUFF,Mark	1893	none	Wo-61
DEKAY,Elizabeth A.w/o Wm.J.S.	9 Jul 1828	31 Dec 1918	Wo-60
DEKAY,Harry	1882	1952	Wo-58
DEKAY,Henry Morris s/o Henry	(d.age 8yr)	none	Wo-60
DEKAY,William J. S.	13 Jun 1823	23 Sep 1893	Wo-60
DENNIS,A. S.	(d.age60yr)	23 Aug 1915	Wo-8
DENNIS,A.S. (Mrs.)	23 Sep 1868	25 Dec 1925	Wo-8
DENNIS,Alice S. w/o R. J.	5 Apr 1859	3 Jan 1923	Wo-76
DENNIS,Amanda E.	15 Nov 1841	1 Mar 1923	Wo-65
DENNIS,Anne H. d/o John U.	6 Sep 1818	7 Feb 1856	Wo-55
DENNIS,Anne d/o John & Marie	(d.age 6mo)	21 Jun 1827	Wo-55
DENNIS,Arinie A. d/o P.J.& A.S.	10 Nov 1880	15 Jun 1881	Wo-76
DENNIS,Arthur Emerson s/o John	21 Sep 1846	13 Sep 1851	Wo-55
DENNIS,Clyde A. s/o Rufus G.	21 Aug 1882	17 Jun 1915	Wo-72
DENNIS,Della M. d/o G.W.& E.L.	16 Feb 1906	1 May 1914	Wo-41
DENNIS,Dorace M. d/o B. H.& Emma	23 Jun 1908	25 Jul 1908	Wo-1
DENNIS,Edwin Eugene s/o John U.	5 Apr 1841	25 Jun 1899	Wo-55
DENNIS,Elizabeth	(d.age50yr)	11 may 1819	Wo-55
DENNIS,Elizabeth L. w/o John Upshur	(d.age27yr)	3 Nov 1820	Wo-55
DENNIS,Ella A.	27 Oct 1880	11 Sep 1945	Wo-41
DENNIS,Franklin G.	1892	1966	Wo-61
DENNIS,G. Herbert	19 Jun 1886	31 Mar 1912	Wo-1
DENNIS,G. Robert Jr.	1941	1949	Wo-58
DENNIS,G. W.	30 Sep 1872	31 Dec 1923	Wo-41
DENNIS,George C.	20 Jun 1940	15 Aug 1940	Wo-41
DENNIS,Harry James (USN WW I)	6 Nov 1895	21 Dec 1922	Wo-1
DENNIS,Hattie M. w/o J.E.	7 Oct 1885	25 Jun 1906	Wo-66
DENNIS,Henry T.	none	29 Apr 1819	Wo-55
DENNIS,Henry s/o Littleton	29 May 1791	31 Jan 1793	Wo-55
DENNIS,Hettie E. d/o Rufus G.	12 Oct 1879	11 Jan 1925	Wo-72
DENNIS,James	(d.age18yr)	10 Feb 1817	Wo-55
DENNIS,James	(d.age20yr)	6 Nov 1771	Wo-55
DENNIS,James	(d.age80yr)	1 Oct 1850	Wo-84
DENNIS,James R.	2 Feb 1881	30 Nov 1915	Wo-76
DENNIS,Jane w/o Johnson	2 Oct 1835	7 Apr 1905	Wo-76
DENNIS,John C.	26 Jan 1862	1 Feb 1884	Wo-66
DENNIS,John Upshur s/o Littleton	16 Apr 1793	23 Dec 1851	Wo-55
DENNIS,John V.	30 Jul 1896	11 Dec 1898	Wo-69
DENNIS,Johnson	17 Jul 1830	5 Apr 1905	Wo-76
DENNIS,Julia Ann w/o John S.	4 Jul 1807	10 Aug 1835	Wo-84
DENNIS,Katie A. w/o James H.	(d.age19yr)	27 Aug 1893	Wo-90
DENNIS,Laura J. d/o John U.& Louisa	(d.age28yr)	18 Feb 1878	Wo-55
DENNIS,Littleton	(d.age68yr)	10 Aug 1831	Wo-55
DENNIS,Littleton Esq.	(d.age46yr)	6 May 1774	Wo-55
DENNIS,Littleton Jr.	none	23 Sep 1764	Wo-55
DENNIS,Littleton Upshur	(d.age30yr)	16 Apr 1833	Wo-55

Name	Birth	Death	Location
DENNIS, Littleton s/o John Upshur	6 Nov 1816	2 Sep 1847	Wo-55
DENNIS, Littleton s/o Littleton U.	(d.age 1yr)	7 Aug 1829	Wo-55
DENNIS, Lizzie E. d/o Rufus A.	(d.age 1yr)	18 Aug 1900	Wo-92
DENNIS, Loma McRay w/o G. Herbert	30 Dec 1882	16 Mar 1922	Wo-1
DENNIS, Louisa Jane d/o John U.	26 Sep 1842	7 Oct 1846	Wo-55
DENNIS, Louisa Jane w/o John Upshur	20 Oct 1819	30 Jan 1900	Wo-55
DENNIS, M. Sarah Ann Waters w/o Litt.	none	3 Jul 1832	Wo-55
DENNIS, Marie E. w/o John Upshur	(d.age 37yr)	31 Aug 1837	Wo-55
DENNIS, Mary	13 Mar 1837	4 Jul 1906	Wo-8
DENNIS, Mary J.	2 Aug 1856	26 Jan 1891	Wo-79
DENNIS, Mildred B. d/o Phil & Annie	(d.age 8mo)	1 Jul 1909	Wo-94
DENNIS, Myra Stevenson	1888	1966	Wo-61
DENNIS, R.	6 May 1811	22 Jul 1815	Wo-55
DENNIS, Rufus F. s/o Rufus G.	18 Sep 1874	12 Aug 1895	Wo-72
DENNIS, Rufus G.	18 Sep 1838	14 Sep 1912	Wo-72
DENNIS, Sallie A. w/o Rufus G.	2 Oct 1845	15 Nov 1883	Wo-72
DENNIS, Sallie M. Bishop w/o James	24 Apr 1884	21 Aug 1889	Wo-76
DENNIS, Samuel K. s/o John	(d.age 10mo)	20 Sep 1836	Wo-55
DENNIS, Samuel K. s/o S.K.& S.H	14 Jan 1871	16 Apr 1872	Wo-55
DENNIS, Sarah Anne d/o John & Marie	(d.age 8yr)	12 Aug 1873	Wo-55
DENNIS, Sigourney A. w/o R.A.	11 Nov 1871	13 Aug 1924	Wo-92
DENNIS, Susan U. d/o John	(d.age 3yr)	22 Sep 1836	Wo-55
DENNIS, Susanna w/o Littleton	8 Jul 1733	17 Nov 1784	Wo-55
DENNIS, Washington Irving	22 Mar 1837	16 Jun 1920	Wo-65
DENNIS, William (Jack)	(d.age 80yr)	Apr 1987	Wo-66
DENNIS, William A. s/o William WWII	(d.age 73yr)	Dec 1982	Wo-74
DENNY, Elizabeth Quinn d/o William	1 Sep 1880	16 Feb 1916	Wo-63
DENSTON, Clarence B.	1894	1966	Wo-63
DENSTON, Cynthia Outten	1891	1922	Wo-63
DENSTON, Edward B.	1865	1929	Wo-101
DENSTON, Elmer J.	1891	1973	Wo-63
DENSTON, Ethel L.	1903	1978	Wo-61
DENSTON, Harrison	1887	1968	Wo-61
DENSTON, Lorie F.	1884	1978	Wo-61
DENSTON, Mary E.	1859	none	Wo-58
DENSTON, Mary M. w/o Edward B.	1870	1941	Wo-101
DENSTON, William J.	1854	1939	Wo-58
DEPUY, Elizabeth	1844	1922	Wo-114
DERRICKSON, Georgianna Ellis	14 Dec 1852	8 Jul 1888	Wo-87
DESTAFANO, Conciettia	19 Nov 1923	26 May 1924	Wo-2
DESTAFANO, Marcia E.	8 Sep 1901	none	Wo-2
DESTAFANO, Roxanna	19 Nov 1923	9 Oct 1924	Wo-2
DEVERAUX, John W. Jr. s/o John & M.	13 May 1920	17 Jul 1925	Wo-87
DEVEREAUX, Clara	1884	1885	Wo-73
DEVEREAUX, Elizabeth	6 Jan 1841	9 Feb 1912	Wo-87
DEVEREAUX, Ellen J.	1847	1885	Wo-73
DEVEREAUX, Emma Grace d/o J.J.	9 Feb 1887	30 Jan 1894	Wo-87
DEVEREAUX, Eugene H.	1866	1930	Wo-73
DEVEREAUX, Henrietta Bates Bevan	28 Nov 1840	1 Dec 1918	Wo-87
DEVEREAUX, John H.	1836	1888	Wo-73
DEVEREAUX, John H. Jr.	1883	none	Wo-73
DEVEREAUX, Joseph (Rev.)	8 Dec 1830	28 Sep 1898	Wo-87
DEVEREAUX, King Wilson s/o J.J.	28 Sep 1879	11 Oct 1913	Wo-87
DEVEREAUX, Mary A. w/o Thomas	1834	1902	Wo-86
DEVEREAUX, Susan (Mrs.)	(d.age 55yr)	5 Mar 1843	Wo-84

Name	Birth	Death	Plot
DEVEREAUX, Thomas Jr.	none	14 Oct 1905	Wo-86
DEWALL, Gabriel	27 Jul 1839	12 Feb 1918	Wo-40
DEWALL, Nancy M.	30 Mar 1847	30 Fec 1933	Wo-40
DICKEL, Ralph E. Jr. s/o R.E.	14 Jun 1936	14 Oct 1936	Wo-37
DICKERSON, Amanda C. w/o George W.	6 Mar 1856	25 Sep 1884	Wo-87
DICKERSON, Ann B. w/o Peter	(d.age 83yr)	27 Apr 1872	Wo-84
DICKERSON, Daniel H. s/o C. L. & M.D.	30 Oct 1912	13 Nov 1912	Wo-95
DICKERSON, Edward s/o James E. &	15 Oct 1881	11 Mar 1882	Wo-95
DICKERSON, Edwin George Parker	6 Aug 1832	4 Apr 1865	Wo-84
DICKERSON, Edwin McKnight s/o Edwin	24 Apr 1864	7 Feb 1865	Wo-84
DICKERSON, Ernest R.	1884	1976	Wo-63
DICKERSON, Eva C.		1891	1969	Wo-63
DICKERSON, Gorman s/o James E.	26 Nov 1890	16 Jul 1891	Wo-95
DICKERSON, Ida E. Jester w/o Wm. E.	29 Jul 1862	6 Jul 1882	Wo-73
DICKERSON, Infant d/o Charles L.	13 Aug 1916	15 Aug 1916	Wo-95
DICKERSON, Infant s/o James E.	2 Nov 1896	3 Nov 1896	Wo-95
DICKERSON, James E.	30 Jan 1852	14 Aug 1912	Wo-95
DICKERSON, James T. s/o J.D. & A.G.	8 Jul 1913	20 Oct 1924	Wo-87
DICKERSON, John (Dr.)	26 Oct 1867	28 Jun 1949	Wo-40
DICKERSON, John L.	(d.age 69yr)	23 Oct 1877	Wo-75
DICKERSON, Laura w/o Charles L.	28 Oct 1880	29 Jul 1900	Wo-95
DICKERSON, Lola E. Farlow d/o James E.	3 May 1899	7 Jun 1900	Wo-95
DICKERSON, Magie Jarman	15 Sep 1873	12 Jun 1953	Wo-40
DICKERSON, Margaret d/o Charles L.	14 Apr 1908	18 May 1909	Wo-95
DICKERSON, Margie d/o James E. & Roena	16 May 1898	8 Jan 1898	Wo-95
DICKERSON, Martha N. w/o John L	(d.age 66yr)	23 Oct 1877	Wo-75
DICKERSON, Nancy E. w/o James E.	10 Oct 1855	25 Mar 1893	Wo-95
DICKERSON, Nancy E. w/o Thomas J.	17 Apr 1863	25 Mar 1893	Wo-95
DICKERSON, Peter	8 May 1784	24 Apr 1869	Wo-84
DICKERSON, Roena F. w/o James E.	30 Dec 1865	23 Nov 1913	Wo-95
DICKERSON, Sallie E. w/o Thomas J.	11 May 1824	18 Jul 1894	Wo-40
DICKERSON, Thomas J.	17 Apr 1863	20 Sep 1897	Wo-95
DICKERSON, Thomas J.	25 Jul 1832	13 Jul 1913	Wo-40
DICKERSON, Virginia S. M. Tingle	29 Jul 1830	29 Dec 1911	Wo-84
DICKERSON, Walton J. d/o Marion D.&M.	26 Oct 1906	3 Sep 1908	Wo-95
DICKINSON, Annie d/o Dr.J.H.P.	14 Jun 1874	7 Jan 1880	Wo-60
DICKINSON, Catherine G.		1855	1944	Wo-60
DICKINSON, Charles T. H.		1862	1933	Wo-63
DICKINSON, Cynthia M. w/o Wm.S.	(d.age 27yr)	20 Oct 1863	Wo-60
DICKINSON, Cynthia Primrose	1 Mar 1893	18 Sep 1893	Wo-60
DICKINSON, Edward H. s/o Dr.J.H.P.	8 Mar 1861	11 Dec 1889	Wo-60
DICKINSON, Frank P. s/o G.T.	8 Feb 1896	30 Jul 1909	Wo-63
DICKINSON, Granville (MD)		1852	1939	Wo-60
DICKINSON, Infant d/o Wm. S.	7 Aug 1898	7 Aug 1898	Wo-60
DICKINSON, J. Edward s/o James T.	26 Jun 1837	23 May 1866	Wo-60
DICKINSON, J. H. P. (Dr) s/o James T.	(d.age 40yr)	5 Dec 1865	Wo-60
DICKINSON, James T.	(d.age 64yr)	3 Nov 1866	Wo-60
DICKINSON, John H.	26 Mar 1823	16 Feb 1878	Wo-63
DICKINSON, John J.		1841	1932	Wo-61
DICKINSON, Leah Blades		1841	1923	Wo-61
DICKINSON, Leah Ellen w/o J.H.	25 Feb 1827	21 Nov 1910	Wo-63
DICKINSON, Lizzie Savage w/o J.T.	(d.age 33yr)	10 Oct 1861	Wo-62
DICKINSON, Marcellus		1848	1928	Wo-63
DICKINSON, Mary A. w/o Merrill	(d.age 75yr)	10 Mar 1876	Wo-35
DICKINSON, Mary Ann d/o William S.	22 Mar 1894	23 Mar 1894	Wo-60

```
DICKINSON,Mary E. A.  w/o Dr.H.J.          3 Mar 1831   22 Feb 1854   Wo-60
DICKINSON,Mary Ellen                              1881         1953   Wo-61
DICKINSON,Mary Louise                             none         none   Wo-60
DICKINSON,Merrill                         (d.age47yr)   14 Dec 1853   Wo-35
DICKINSON,Nan M. w/o William S.           22 May 1860   12 Aug 1898   Wo-60
DICKINSON,Nancy w/o James T.               4 Mar 1797    1 Apr 1842   Wo-60
DICKINSON,Neva G.                          6 May 1889   17 Oct 1897   Wo-53
DICKINSON,Raymond Paul                            1880         1976   Wo-53
DICKINSON,Sarah E.                                1852         1939   Wo-63
DICKINSON,William S.                              1862         1907   Wo-60
DICKINSON,William S. w/o James T.         15 Mar 1833   31 Aug 1891   Wo-60
DILLINGHAM,Christina d/o J.J.             (d.age27yr)   24 Dec 1841   Wo-86
DILWORTH,Henry C.                                 1850         1912   Wo-65
DILWORTH,Willie H.                        29 Feb 1880   10 Jun 1880   Wo-65
DINGES,Angele Lee w/o V.K.& Christine 13 Apr 1974   13 Apr 1974   Wo-41
DINGEY,Minnie Alvira                       6 Jan 1857   26 Mar 1874   Wo-107
DINGY,Martha L. w/o Henry C.               2 Feb 1834   19 Jun 1904   Wo-67
DINGY,Oliva d/o Henry & Martha             6 Jan 1857   26 Mar 1874   Wo-67
DIRICKSON,Anne H. L.Williams w/o Edw. 29 Sep 1855    2 Dec 1932   Wo-67
DIRICKSON,Catherine R.                    24 Jul 1809   23 Mar 1880   Wo-67
DIRICKSON,Catherine R.  Mrs.              (d.age70yr)       Mar 1880   Wo-107
DIRICKSON,Cyrus W.  M.D.                          1877         1914   Wo-67
DIRICKSON,Edwin Foreman                   10 Dec 1878   15 Mar 1904   Wo-67
DIRICKSON,Edwin James  Dr.                26 Nov 1852   27 Aug 1909   Wo-67
DIRICKSON,Eliza B. C. w/o James C.         3 Feb 1844    1 Sep 1908   Wo-67
DIRICKSON,Elizabeth Covington w/o L.      20 Jul 1777    9 May 1829   Wo-67
DIRICKSON,Erle McNeeley s/o L.L.          (d.age 6mo)   26 Jun 1894   Wo-65
DIRICKSON,Henrietta W. w/o James          27 Mar 1797   13 Nov 1843   Wo-67
DIRICKSON,J. Milton s/o J.W.& Kate         8 Oct 1898    1 Aug 1899   Wo-65
DIRICKSON,James                           26 Sep 1794   19 Mar 1856   Wo-67
DIRICKSON,James Brevard                   20 Jan 1828    3 Apr 1902   Wo-67
DIRICKSON,James C.  Dr.                    9 Nov 1833    4 Jan 1907   Wo-67
DIRICKSON,John C.                         11 Nov 1798   12 Jun 1862   Wo-67
DIRICKSON,Katie W. w/o John W.            14 Mar 1870   26 Mar 1907   Wo-65
DIRICKSON,Levin S.  Col.                  17 Feb 1823   31 Aug 1894   Wo-67
DIRICKSON,Levin s/o James                  3 Dec 1771   17 Feb 1817   Wo-67
DIRICKSON,Maude C.                        18 Oct 1896   27 Oct 1919   Wo-65
DIRICKSON,Russel infant s/o Leon L.              none    9 Jul 1886   Wo-107
DIRICKSON,Russell d/o Levin               22 Jan 1886    9 Jul 1886   Wo-65
DIRICKSON,Sarah E. Foreman w/o Levin      11 Oct 1831    6 Oct 1922   Wo-67
DISHAROON,Benjamin                                1868         1946   Wo-2
DISHAROON,Bertha R.                               1878         none   Wo-3
DISHAROON,Blanche C.                              1887         1967   Wo-63
DISHAROON,Druscilla Catherine w/o L.       2 Aug 1871    5 Jun 1904   Wo-3
DISHAROON,Eleanor Hales                           1840         1911   Wo-2
DISHAROON,Eliza w/o Levin                 (d.age76yr)   24 Feb 1882   Wo-94
DISHAROON,Elizabeth A.                            1866         none   Wo-94
DISHAROON,Ellen G. w/o Marcellus T.               1857         1893   Wo-1
DISHAROON,Emory L.                                1863         1919   Wo-94
DISHAROON,Eva P. w/o Benjamin                     1883         1967   Wo-3
DISHAROON,Finnie W.                               1871         1949   Wo-63
DISHAROON,George Edwin                            1873         1942   Wo-2
DISHAROON,Gorman A.                               1891         1892   Wo-94
DISHAROON,Hetty w/o William T.            11 Aug 1836   22 Jul 1896   Wo-94
DISHAROON,John E. s/o John & Leah          1 Sep 1868   23 Sep 1900   Wo-40
```

Name	Birth	Death	Ref
DISHAROON, John W.		1887	1897	Wo-94
DISHAROON, Leah A. w/o John	13 Dec 1837	15 Jan 1909	Wo-40
DISHAROON, Lena P. d/o William T.	20 May 1872	6 Aug 1895	Wo-94
DISHAROON, Levin B.	1856	none	Wo-88
DISHAROON, Levin Thomas	1866	1947	Wo-3
DISHAROON, Levin W. s/o Benjamin	7 Sep 1903	24 Dec 1903	Wo-2
DISHAROON, Levin Wilson	25 Jan 1837	17 Dec 1909	Wo-2
DISHAROON, Marcellus T.	1855	1893	Wo-1
DISHAROON, Mary E.	1861	1920	Wo-88
DISHAROON, Ollie E.	24 Nov 1875	30 May 1920	Wo-94
DISHAROON, Roxie Brittingham w/o Ben.	22 Feb 1872	25 Dec 1903	Wo-2
DISHAROON, Sarah J. w/o Turner F.	7 Nov 1862	13 Aug 1926	Wo-2
DISHAROON, Turner F.	13 Mar 1861	22 Apr 1919	Wo-2
DISHAROON, William	1899	1899	Wo-94
DISHAROON, William Edward	(d.age 26yr)	27 Nov 1919	Wo-65
DISHAROON, William J.	31 Jul 1865	12 May 1930	Wo-40
DISHAROON, William T.	10 Jan 1826	3 Aug 1896	Wo-94
DITTO, John A.	1880	1953	Wo-58
DITTO, Katherine	1879	1944	Wo-58
DITTON, Grayson	1906	1945	Wo-58
DIX, Emily Ellen w/o Dr.L.A.	9 Aug 1842	14 Feb 1872	Wo-60
DIX, Ethel M.	1877	1957	Wo-63
DIX, India Tull	1856	1928	Wo-63
DIX, William Seymour	22 Sep 1810	30 Jul 1900	Wo-63
DIXON, Aimee W.	1886	none	Wo-61
DIXON, Annie Kate w/o James C.	11 Aug 1860	25 Sep 1892	Wo-61
DIXON, Bertha C. d/o James C.	30 Dec 1881	25 Jun 1882	Wo-61
DIXON, Delia B. w/o A.F.	1860	1886	Wo-61
DIXON, Eliza A. w/o Richard	1 Apr 1828	29 Mar 1908	Wo-61
DIXON, Harry R.	1884	1957	Wo-62
DIXON, James C.	21 Jul 1856	7 Jul 1916	Wo-61
DIXON, James D.	15 Jul 1827	1 Jun 1873	Wo-86
DIXON, John Martin	24 Apr 1813	15 Apr 1854	Wo-6
DIXON, Joshua James s/o Edwin	10 Oct 1854	3 Aug 1860	Wo-86
DIXON, Raymond A.	1885	1965	Wo-61
DIXON, Richard T.	28 Sep 1823	29 Mar 1908	Wo-61
DIXON, Walter B.	3 Mar 1889	20 Mar 1890	Wo-61
DOANE, Clark H.	29 Apr 1913	30 Apr 1971	Wo-56
DODGE, Warren Arnold s/o Maples & Mary	1883	1944	Wo-60
DONAHUE, Helen Davis	14 Apr 1900	7 May 1966	Wo-3
DONAWAY, Walter R.	1897	1960	Wo-63
DONNARD, Thomas T.	1 Oct 1784	11 Apr 1832	Wo-84
DONOWAY, Clifford s/o James P.	16 Sep 1905	9 Jan 1909	Wo-92
DONOWAY, Edward C. s/o Joseph C.	31 Oct 1886	25 Oct 1905	Wo-92
DONOWAY, Elsie K. d/o J.P.	8 Jun 1898	23 Feb 1923	Wo-92
DONOWAY, James P.	1870	1925	Wo-92
DONOWAY, Joseph C.	30 Mar 1856	5 Apr 1923	Wo-92
DONOWAY, Madge A. d/o W.J.	17 Jan 1915	27 Aug 1915	Wo-92
DONOWAY, Martha F. w/o W.J.P.	18 Dec 1842	21 Oct 1921	Wo-92
DONOWAY, Mary M.	24 Jul 1853	none	Wo-92
DONOWAY, Pauline d/o W.J.	16 Feb 1910	26 Jun 1911	Wo-92
DONOWAY, W. J. P.	6 Nov 1848	none	Wo-92
DONOWAY, William J. s/o J.C.	6 Apr 1890	26 Jul 1915	Wo-92
DOODY, Annie w/o Eugene	21 Feb 1887	12 Jun 1910	Wo-93
DORMAN, Charlie G. s/o James K.	18 Aug 1874	30 Jul 1891	Wo-87

Name	Birth	Death	Location
DORMAN, James	15 Sep 1839	7 Dec 1918	Wo-87
DORMAN, James M. s/o James K.	25 Jan 1868	29 Jun 1898	Wo-87
DORMAN, Mary E. w/o James	13 Feb 1834	1 Oct 1897	Wo-87
DORMAN, Mary H. w/o James	(d.age53yr)	24 Sep 1913	Wo-87
DORMAN, William M. w/o James M.	7 Jul 1889	10 Jan 1908	Wo-87
DOUGHERTY, Annie D. w/o Henry	21 Aug 1870	25 Jul 1871	Wo-86
DOUGHERTY, Francis Marion s/o James W.	(d.age 5yr)	1 May 1851	Wo-62
DOUGHERTY, Infant	1889	1891	Wo-62
DOUGHERTY, James Records s/o James	(d.age 4mo)	8 Dec 1889	Wo-62
DOUGHERTY, James S. s/o James W.	23 Dec 1841	15 Jan 1892	Wo-62
DOUGHERTY, John Franklin s/o Henry	31 Aug 1875	1 Apr 1877	Wo-86
DOUGHERTY, John R. s/o James W.	(d.age 2yr)	23 Jun 1844	Wo-62
DOUGHERTY, Robert s/o James W.	(d.age 2yr)	1844	Wo-62
DOUGHTY, Aaron	10 Feb 1848	9 Feb 1924	Wo-2
DOUGHTY, Abner	22 Dec 1876	15 Feb 1911	Wo-3
DOUGHTY, Annie T. d/o Thomas & Sarah	6 Nov 1885	12 Sep 1913	Wo-3
DOUGHTY, Levica C. w/o Aaron	10 Feb 1855	2 May 1903	Wo-2
DOUGHTY, Linwood	29 Apr 1901	16 Dec 1965	Wo-2
DOUGHTY, Mattie D. Lane (Lilliston)	23 Sep 1886	21 Jun 1964	Wo-3
DOUGHTY, Paul D. s/o Samuel & Mattie	20 Jul 1912	29 Aug 1973	Wo-3
DOUGHTY, Samuel T. s/o Thomas & Sarah	22 Sep 1884	19 Nov 1920	Wo-3
DOUGHTY, Sarah M. d/o Robert Mills	17 Nov 1850	14 Apr 1940	Wo-3
DOUSHA, Betty L. w/o Thomas L.	1921	none	Wo-58
DOUSHA, Thomas L.	1914	1944	Wo-58
DOWELL, Hariette M. Only w/o Richard	11 Apr 1872	3 Sep 1906	Wo-72
DOWNING, J. Harvey s/o E. P. & C. A.	(d.age 6mo)	20 Aug 1899	Wo-1
DOWNING, William Harold s/o E.P.& C.A.	(d.age 8mo)	10 Oct 1896	Wo-1
DOWNS, Catherine	6 Oct 1908	14 Mar 1918	Wo-66
DRAKE, E. B.	1863	none	Wo-67
DRUMMOND, Nevaline W.	1911	1956	Wo-63
DRYDEN, Alfred R.	1886	1959	Wo-101
DRYDEN, Allison	16 Apr 1866	25 Apr 1866	Wo-5
DRYDEN, Amanda Elizabeth d/o G. J.	31 Dec 1857	23 Feb 1946	Wo-5
DRYDEN, Amanda Elizabeth d/o Geo.J.	31 Dec 1857	23 Feb 1946	Wo-5
DRYDEN, Amanda Elizabeth w/o George J.	31 Dec 1857	23 Feb 1946	Wo-5
DRYDEN, Ann Mariah Bevans w/o S.	5 Sep 1840	13 Oct 1870	Wo-87
DRYDEN, Anne Boston	10 Dec 1819	18 Sep 1870	Wo-110
DRYDEN, Annie D.	1890	1978	Wo-61
DRYDEN, Annie E.	4 Jan 1834	24 Feb 1883	Wo-87
DRYDEN, Annie V. w/o William J.	18 Feb 1857	25 May 1925	Wo-87
DRYDEN, Austin Merwyn	1888	1949	Wo-60
DRYDEN, Benjamin T.	1886	1879	Wo-62
DRYDEN, Bertha May	1893	1944	Wo-101
DRYDEN, Birda May d/o Isaac W.	6 Oct 1879	15 Nov 1881	Wo-63
DRYDEN, Catherine E. w/o George J.	8 May 1829	14 Jun 1894	Wo-5
DRYDEN, Charles C. s/o C.C.& Mary E.	1926	1937	Wo-63
DRYDEN, Charles Early s/o George J.	5 Apr 1869	24 Mar 1939	Wo-5
DRYDEN, Charleton	1881	1972	Wo-88
DRYDEN, Charlotte H. Boston w/o John	31 Jul 1835	8 Mar 186?	Wo-110
DRYDEN, Charlton A.	(d.age90yr)	Feb 1972	Wo-88
DRYDEN, Clarence E.	1913	1979	Wo-101
DRYDEN, Clarence W.	1898	1958	Wo-61
DRYDEN, Claude	1877	1958	Wo-88
DRYDEN, Claude	1928	1965	Wo-88
DRYDEN, Clementine Cecelia w/o F.H.	25 Jun 1844	8 Dec 1883	Wo-60

Name	Birth	Death	Location
DRYDEN, Cletus E.	17 Oct 1891	3 Feb 1933	Wo-88
DRYDEN, Clifton James	1914	1980	Wo-101
DRYDEN, Cynthia Merrill w/o F.H.	30 Sep 1864	30 Mar 1902	Wo-60
DRYDEN, Della G.	1880	1965	Wo-88
DRYDEN, Edith Pusey w/o Norman M.	none	11 May 1959	Wo-88
DRYDEN, Edith Walton d/o Charles W.	(d.age18yr)	18 May 1908	Wo-87
DRYDEN, Edna Gibbons	25 Nov 1884	20 Jul 1975	Wo-39
DRYDEN, Eleanor C.	(d.age75yr)	23 Dec 1886	Wo-62
DRYDEN, Eliza J. R. w/o Isaac H.	(d.age62yr)	1 Apr 1870	Wo-62
DRYDEN, Ellenora W.	1870	1874	Wo-60
DRYDEN, Esther E.	1876	1959	Wo-62
DRYDEN, Florence D.	1879	1965	Wo-56
DRYDEN, Francis E.	17 May 1859	10 Aug 1929	Wo-88
DRYDEN, Francis Henry s/o Henry	13 May 1844	11 Mar 1908	Wo-60
DRYDEN, Frank H. s/o F.H.	13 Nov 1875	25 Aug 1876	Wo-60
DRYDEN, Fred I.	1896	1948	Wo-101
DRYDEN, George E.	1897	1970	Wo-63
DRYDEN, George E. s/o F.E.	30 Apr 1895	4 Oct 1916	Wo-88
DRYDEN, George Harris	1870	1966	Wo-62
DRYDEN, George J.	24 Jan 1830	10 Aug 1905	Wo-5
DRYDEN, George Marion	(d.age74yr)	23 May 1936	Wo-88
DRYDEN, George O.	1899	1943	Wo-41
DRYDEN, Gertrude Virginia w/o Isaac H.	1877	1924	Wo-60
DRYDEN, Gladys	1912	1976	Wo-41
DRYDEN, Goldye P.	1900	1974	Wo-63
DRYDEN, Grover H.	1888	1930	Wo-63
DRYDEN, Harold C.	1905	1923	Wo-56
DRYDEN, Helen Belle d/o R.J.	18 Sep 1891	23 Aug 1892	Wo-87
DRYDEN, Helen G.	1887	1939	Wo-60
DRYDEN, Helen Springer	1889	1959	Wo-62
DRYDEN, Henrietta w/o I.H.	25 Dec 1812	22 Mar 1895	Wo-60
DRYDEN, Henry S. M.	(d.age76yr)	25 May 1891	Wo-62
DRYDEN, Howard S.	1875	1947	Wo-60
DRYDEN, I. O.	1876	1940	Wo-63
DRYDEN, Infant d/o Charles W.	none	none	Wo-87
DRYDEN, Infant s/o Wm. & Annie	8 Aug 1914	9 Aug 1914	Wo-61
DRYDEN, Isaac H.	14 Nov 1807	18 Oct 1884	Wo-60
DRYDEN, Isaac W.	29 Nov 1857	17 Mar 1892	Wo-63
DRYDEN, Isasc W.	29 Nov 1857	1 Mar 1892	Wo-87
DRYDEN, James C. s/o J. Carlton	(d.age16yr)	Dec 1967	Wo-74
DRYDEN, James F.	1890	1958	Wo-60
DRYDEN, James W. w/o William	23 Mar 1848	7 Nov 1927	Wo-101
DRYDEN, Jeanette Presse d/o Joshua M.	28 Jul 1872	9 Mar 1916	Wo-86
DRYDEN, John H.	23 Apr 1837	6 Jun 1910	Wo-60
DRYDEN, John W.	1807	1870	Wo-62
DRYDEN, John W.	1885	1943	Wo-60
DRYDEN, Julia V. B. d/o George J.	5 May 1867	24 Aug 1892	Wo-5
DRYDEN, L. Frank	1882	1936	Wo-62
DRYDEN, L. Thomas	14 Sep 1869	4 Apr 1906	Wo-72
DRYDEN, Lacey F.	1893	1968	Wo-62
DRYDEN, Laura Mariner w/o Francis E.	17 Sep 1864	12 Feb 1956	Wo-88
DRYDEN, Leah E.	11 Jun 1834	21 Mar 1911	Wo-62
DRYDEN, Leah wid/o Thomas	(d.age78yr)	5 Sep 1839	Wo-4
DRYDEN, Lizzie	3 Apr 1858	1 Aug 1937	Wo-101
DRYDEN, Lulu May	1880	1963	Wo-60

Name	Birth	Death	Plot
DRYDEN, Maggie Marshall w/o Joshua	18 Sep 1840	11 May 1867	Wo-65
DRYDEN, Mamie L.	1906	none	Wo-62
DRYDEN, Marie L.	1910	1932	Wo-56
DRYDEN, Marlie H.	1883	1975	Wo-88
DRYDEN, Mary Ann w/o William S.	1 Jan 1846	9 Dec 1894	Wo-60
DRYDEN, Mary C. w/o John H.	28 Oct 1844	14 Feb 1907	Wo-60
DRYDEN, Mary Cannon w/o Robert	20 Nov 1837	22 Feb 1915	Wo-62
DRYDEN, Mary E.	1887	1953	Wo-62
DRYDEN, Mary E.	1890	1964	Wo-88
DRYDEN, Mary Ellen w/o Robert J.	3 Nov 1848	26 Dec 1913	Wo-88
DRYDEN, Mary Francis	1881	1967	Wo-101
DRYDEN, Mary J.	1851	1925	Wo-63
DRYDEN, Mary L.	1867	1950	Wo-62
DRYDEN, Mary w/o James W.	7 Apr 1857	15 Feb 1894	Wo-105
DRYDEN, Mattie	1909	1969	Wo-101
DRYDEN, Maude Mason	1889	1968	Wo-63
DRYDEN, Minnie L. d/o S. T. & A. E.	1 Sep 1888	7 Jan 1889	Wo-101
DRYDEN, Nancy C.	1847	1931	Wo-56
DRYDEN, Nanie Richardson w/o Joshua M.	15 Sep 1846	17 Sep 1924	Wo-86
DRYDEN, Nannie B. d/o William H.	19 Jun 1869	31 Aug 1869	Wo-60
DRYDEN, Norman M.	20 Oct 1886	15 Nov 1961	Wo-88
DRYDEN, Raymond C.	1882	1939	Wo-60
DRYDEN, Robert H.	14 Oct 1841	4 Mar 1914	Wo-63
DRYDEN, Robert J.	26 Jun 1838	24 Nov 1911	Wo-62
DRYDEN, Robert J. s/o John & F.C.	none	1931	Wo-63
DRYDEN, Robert James s/o Robert	16 May 1842	14 Feb 1923	Wo-88
DRYDEN, Robert K. s/o James W.	3 Feb 1900	10 Jan 1913	Wo-101
DRYDEN, Rosamond M.	1880	1967	Wo-62
DRYDEN, Sallie	1847	1866	Wo-62
DRYDEN, Samuel M. H.	23 Dec 1831	1 Jan 1904	Wo-87
DRYDEN, Sidney C.	4 Oct 1858	10 May 1927	Wo-101
DRYDEN, Thomas H.	6 Aug 1870	10 Aug 1929	Wo-88
DRYDEN, Vandelia	1858	1948	Wo-62
DRYDEN, William H.	1876	1961	Wo-56
DRYDEN, William H.	1879	1949	Wo-61
DRYDEN, William J.	4 May 1834	22 Nov 1900	Wo-87
DRYDEN, William J. s/o S.T.& A. E.	31 Mar 1896	9 May 1896	Wo-101
DRYDEN, William James s/o R.J.& I.M.	3 May 1903	15 Apr 1915	Wo-87
DRYDEN, William L.	1865	1931	Wo-62
DRYDEN, William S.	1840	1903	Wo-60
DRYDEN, William T.	1844	1926	Wo-56
DRYDEN, Willie E. s/o F.H.	2 Jun 1873	11 Jan 1878	Wo-60
DRYDEN, Woodrow J.	1912	1967	Wo-41
DRYDEN, Woodrow R. Jr. s/o W.R.& Alice	none	17 Apr 1964	Wo-41
DRYDEN, Woodrow s/o W.J.& Beatrice	1936	1936	Wo-53
DUBOSE, Maude	1879	1951	Wo-60
DUBOSE, Samuel Wild	1868	1926	Wo-60
DUBOSE, Wade W.	1910	1976	Wo-60
DUER, Alice w/o Edgar J.	1854	1882	Wo-62
DUER, Annie B.	1869	1916	Wo-88
DUER, Annie B.	1906	1906	Wo-88
DUER, Clara J. w/o Elijah F.	none	25 Feb 1925	Wo-62
DUER, Dorothy M.	1899	1912	Wo-88
DUER, Edgar J.	15 Mar 1853	25 Feb 1907	Wo-60
DUER, Elijah Francis	1 Feb 1855	23 Feb 1895	Wo-62

Name	Birth	Death	Plot
DUER, James	(d.age52yr)	1 Nov 1812	Wo-84
DUER, L. T. M.	(d.age57yr)	5 Apr 1886	Wo-61
DUER, Littleton Francis s/o Elijah F.	25 Dec 1877	14 Oct 1880	Wo-62
DUER, Luther F.	1898	1908	Wo-88
DUER, Matilda C.	1832	1900	Wo-61
DUER, Ruby Frances	none	1964	Wo-62
DUER, William	(d.age44yr)	1821	Wo-84
DUFFIELD, Ambrose W.	12 Dec 1828	15 May 1833	Wo-86
DUFFIELD, Benjamin	2 Apr 1822	2 Jul 1822	Wo-86
DUFFIELD, Edward	29 May 1815	30 Aug 1823	Wo-86
DUFFIELD, John P.	2 Nov 1784	2 Oct 1830	Wo-86
DUFFIELD, Sarah (Mrs.)	29 Apr 1797	28 Jul 1820	Wo-86
DUFFIELD, Zipporah Anna Bishop	13 Apr 1799	25 Apr 1857	Wo-86
DUFFY, Edna Hudson	2 Apr 1872	30 Apr 1927	Wo-87
DUFFY, Eliza A. d/o Thomas	14 Aug 1839	14 Sep 1857	Wo-87
DUFFY, Heston Z.	27 Dec 1885	25 Oct 1902	Wo-87
DUFFY, John T. s/o Joshua J.	3 Nov 1865	30 Mar 1885	Wo-87
DUFFY, Lillie S.	17 Jan 1876	24 Nov 1901	Wo-87
DUFFY, Mary E.	1 Jan 1846	22 Nov 1885	Wo-87
DUFFY, Matilda w/o Z. P.	16 Aug 1848	11 Jul 1905	Wo-87
DUFFY, Stella P.	1880	1965	Wo-101
DUFFY, William T.	7 Oct 1879	15 Nov 1915	Wo-87
DUKES, Alfred C.	12 Aug 1874	8 Apr 1905	Wo-69
DUKES, Alice Annie d/o A.B.	15 Jan 1921	6 Mar 1928	Wo-72
DUKES, Annie E. d/o Frederick J.	27 May 1864	4 Dec 1891	Wo-72
DUKES, Charley s/o E.R.& Sadie	7 Sep 1904	29 Jun 1904	Wo-73
DUKES, Frederick	13 Sep 1807	9 Jan 1858	Wo-18
DUKES, Frederick J.	25 Mar 1839	16 Feb 1911	Wo-72
DUKES, George Cookman	12 Mar 1862	30 Apr 1935	Wo-87
DUKES, Hatie Winfred Duffy w/o William	Jan 1875	8 May 1907	Wo-87
DUKES, Hattie M. d/o E.R.& Sadie	3 Mar 1889	3 Mar 1889	Wo-73
DUKES, Lillie D. d/o C.B.& Annie	1 Aug 1880	29 Dec 1889	Wo-40
DUKES, Martha C. w/o Frederick J.	1 Sep 1844	3 Mar 1913	Wo-72
DUKES, Mary Maddux w/o Robert	4 Nov 1834	12 Jan 1886	Wo-105
DUKES, Rebecca w/o John	(d.age73yr)	12 Feb 1848	Wo-40
DUKES, Robert P.	21 Jul 1807	10 May 1860	Wo-104
DUKES, Sallie Lydia w/o George C,	21 Mar 1862	none	Wo-87
DULANY, Dorothy d/o Joseph B.	2 Jan 1901	6 Aug 1902	Wo-61
DULEY, Henry	(d.age 8yr)	15 Aug 1877	Wo-107
DUNCAN, Arville J.	1900	1969	Wo-58
DUNCAN, Clinton K.	1897	1975	Wo-58
DUNCAN, Cora M. Long	1882	1959	Wo-58
DUNCAN, Daisey	1888	none	Wo-58
DUNCAN, Donald W.	1893	1975	Wo-58
DUNCAN, Doris P.	1889	1978	Wo-58
DUNCAN, Ethel L.	none	none	Wo-58
DUNCAN, Florence	1870	1959	Wo-58
DUNCAN, John L.	13 Jul 1887	10 Apr 1913	Wo-97
DUNCAN, Josiah J. B.	(d.age55yr)	7 Apr 1902	Wo-97
DUNCAN, Kittie	(d.age70yr)	13 Sep 1878	Wo-87
DUNCAN, Laura Virginia d/o L.	25 Jul 1869	8 Aug 1870	Wo-91
DUNCAN, Marion S.	1891	1978	Wo-58
DUNCAN, Martha E. Taylor	1874	1965	Wo-58
DUNCAN, Martha P.	18 May 1927	7 Mar 1897	Wo-97
DUNCAN, Rosa	1895	1948	Wo-58

Name	Birth	Death	Location
DUNCAN, Sallie A. Collins w/o S.J.	29 Jan 1883	13 Aug 1900	Wo-63
DUNCAN, William B.	1865	1963	Wo-58
DUNCAN, William J. s/o Wm. L. & Fanny	30 Aug 1891	22 Aug 1893	Wo-97
DUNCAN, William L.	1856	1933	Wo-97
DUNHAM, Francis S.	30 Nov 1812	29 Mar 1856	Wo-67
DUNHAM, Leah Ann W. w/o Francis	29 Sep 1820	12 Jul 1884	Wo-67
DUNHAM, Leah Ann Wilson Mrs.	1820	12 Jul 1884	Wo-107
DUNLAP, Arthur	12 Apr 1880	29 Sep 1895	Wo-87
DUNLAP, Bettie E.	1857	1930	Wo-87
DUNLAP, Infant d/o T.E.	27 Aug 1897	none	Wo-87
DUNLAP, Infant d/o T.E. & M.E.	25 Oct 1893	18 Nov 1895	Wo-87
DUNLAP, Mollie E. d/o T.C.	25 Oct 1893	18 Nov 1895	Wo-87
DUNLAP, Mollie E. w/o T.C.	9 Aug 1857	30 Dec 1893	Wo-87
DUNLAP, Thomas C.	1851	1932	Wo-87
DUNTON, Natale Jane	1850	1920	Wo-62
DUPTY, Martha W. w/o John H.	29 Feb 1846	25 Oct 1894	Wo-63
DURHAM, Geneva T.	1923	1955	Wo-58
DURHAM, George	1873	1941	Wo-58
DURHAM, Linwood	1923	1946	Wo-58
DURHAM, Paul P. Jr.	1955	1955	Wo-58
DURHAM, Savannah	1885	1945	Wo-58
DURHAM, William G. (Billy)	1941	1974	Wo-58
DUVALL, Madeline E.	3 Mar 1920	8 Apr 1972	Wo-101
DUVALL, Nancy S. (with Schoolfield)	1920	1976	Wo-60
DYKES, Alvin L.	30 Apr 1920	5 Mar 1926	Wo-114
DYKES, Bell A.	1892	1893	Wo-93
DYKES, Bellie M.	1872	1910	Wo-93
DYKES, Bertie R.	1893	1965	Wo-93
DYKES, Carroll G.	1909	none	Wo-114
DYKES, Cecie Movies	none	none	Wo-93
DYKES, Charles H.	1851	1931	Wo-114
DYKES, Clayton E.	9 Apr 1873	31 Dec 1956	Wo-93
DYKES, Clyde McFadden s/o Clayton E.	5 Jul 1905	none	Wo-93
DYKES, Daughter of J. L. & Bertie R.	1923	1932	Wo-93
DYKES, Doris Mae d/o Louis R. & Eva E.	11 Feb 193-	8 Jan 1949	Wo-114
DYKES, Emma E.	(d. age 44yr)	24 Mar 1955	Wo-101
DYKES, Ernest s/o William H. & Laurie	28 Nov 1870	7 Apr 1915	Wo-93
DYKES, Eva E. Hales w/o Louis R.	10 Sep 1912	Jan 1949	Wo-114
DYKES, Eva Mae	1 Jul 1908	none	Wo-114
DYKES, Francis H. s/o L. H. & Clara	7 Jan 1888	9 Sep 1922	Wo-101
DYKES, Harlan Malone	(d. age 74yr)	26 Dec 1980	Wo-93
DYKES, Henry	14 Sep 1822	9 Apr 1880	Wo-93
DYKES, James L.	1884	1950	Wo-93
DYKES, John H.	11 Jul 1854	17 Sep 1923	Wo-93
DYKES, Kathryan	1928	none	Wo-114
DYKES, Lascelle J.	1874	1939	Wo-93
DYKES, Lawrena M.	6 Nov 1913	13 Apr 1916	Wo-114
DYKES, Lloyd W.	6 Feb 1905	3 Jul 1951	Wo-114
DYKES, Marion Atwell s/o Clayton E.	25 Jul 1900	11 Apr 1904	Wo-93
DYKES, Marion S.	21 Jul 1871	2 Sep 1887	Wo-93
DYKES, Martha E.	2 Aug 1880	30 Mar 1948	Wo-93
DYKES, Mary E.	1875	1874	Wo-93
DYKES, Matilda J.	8 Aug 1850	8 Apr 1923	Wo-63
DYKES, Minnie E. d/o Charles H. & L.	12 Apr 1907	15 Apr 1911	Wo-114
DYKES, Paul s/o Lasell J. & Bellie	18 Sep 1899	1 Aug 1915	Wo-93

Name	Birth	Death	Location
DYKES, Sharlotte Jones w/o Henry	14 Apr 1839	18 Nov 1906	Wo-93
DYKES, Sidney T.	none	none	Wo-93
DYKES, Thelma Lee	9 Jan 1943	none	Wo-114
DYKES, Thresa M.	1882	1883	Wo-93
DYKES, Viola d/o C.H. & Lulu	9 Aug 1900	5 Jul 1902	Wo-114
DYKES, William H.	1876	1879	Wo-93
DYKES, William H.	1 Sep 1835	28 Jul 1909	Wo-93
DYKES, Zelna E.	1911	1974	Wo-114
DYMOCK, Edward	(d.age72yr)	19 Apr 1848	Wo-87
EADER, Nellie Cottman	1903	1974	Wo-60
EASHUM, Jacob	14 Jun 1830	1 Jun 1909	Wo-69
EASHUM, Martha A. w/o Jacob	6 Oct 1839	20 Apr 1896	Wo-69
EAST, Jennie S.	1874	1967	Wo-63
EAST, LeRoy	1904	none	Wo-58
EAST, Olive P.	1906	1954	Wo-58
EAST, Peter T.	1876	1944	Wo-63
EBBERTS, Emma F. w/o Alexander	27 Jul 1836	15 Jul 1913	Wo-60
EBY, Wayne Gene	1955	1974	Wo-58
ECK, Ella w/o Frederick	1865	1961	Wo-61
ECK, Frederick	25 Jun 1865	8 Sep 1900	Wo-61
ECK, J. Frederick s/o Frederick	31 Mar 1899	22 Jul 1900	Wo-61
ELLINGSWORTH, Sallie A. w/o Curtis	23 Apr 1862	9 Nov 1896	Wo-97
ELLINSWORTH, John R. s/o Curtis & S.	24 Aug 1887	9 Aug 1888	Wo-97
ELLIOTT, Fred K. (Col.)	(d.age65yr)	22 Apr 1904	Wo-63
ELLIOTT, John E. (Rev.)	(d.age30yr)	8 Nov 1868	Wo-87
ELLIOTT, Randolph W. s/o Daniel J.	23 Nov 1884	5 Nov 1885	Wo-87
ELLIS, A. Purnell	20 Nov 1835	20 Oct 1911	Wo-61
ELLIS, Addie M.	1869	1902	Wo-62
ELLIS, Charles H.	7 Dec 1855	14 Apr 1921	Wo-58
ELLIS, Charles Robert	15 May 1872	7 Dec 1907	Wo-2
ELLIS, Early L.	1896	1947	Wo-63
ELLIS, Edwin L.	1902	1966	Wo-63
ELLIS, Elizabeth A.	1923	1951	Wo-40
ELLIS, Ella Bell	1873	1948	Wo-63
ELLIS, Emily Virginia	16 Aug 1856	27 Jul 1879	Wo-87
ELLIS, Flossie	1888	1959	Wo-58
ELLIS, George H.	15 Dec 1857	17 May 1912	Wo-40
ELLIS, Georgianna d/o E.H. Derrickson	14 Dec 1852	8 Jul 1888	Wo-87
ELLIS, Grover C.	1892	1957	Wo-2
ELLIS, Harry James	1891	1957	Wo-63
ELLIS, Herman F.	1883	1954	Wo-61
ELLIS, Ida K.	28 May 1872	9 May 1923	Wo-65
ELLIS, Ida Ross	1859	1932	Wo-58
ELLIS, J. Burton	1871	1929	Wo-62
ELLIS, James O.	1919	1925	Wo-40
ELLIS, Joshua T.	5 Apr 1896	18 Sep 1946	Wo-40
ELLIS, Leah W. w/o John C.	13 Oct 1813	23 Jul 1892	Wo-87
ELLIS, Linwood T.	1894	1964	Wo-58
ELLIS, Madge R.	1902	1968	Wo-58
ELLIS, Martha A.	12 May 1837	1 May 1918	Wo-61
ELLIS, Mary Emily w/o George James	21 Mar 1839	9 Jun 1913	Wo-62
ELLIS, Maude G.	1898	1931	Wo-40
ELLIS, Mollie Elizabeth	29 Dec 1872	29 Dec 1905	Wo-2
ELLIS, Nancy V.	21 Oct 1862	11 Jan 1928	Wo-40
ELLIS, Nellie C.	1886	1959	Wo-61

Name	Birth	Death	Location
ELLIS,Nora C.	1874	1966	Wo-63
ELLIS,Norman E. (WW II,Va.Pvt)	12 Feb 1900	19 Mar 1954	Wo-40
ELLIS,Norman Lee	1962	1962	Wo-2
ELLIS,Oscar V.	1893	1974	Wo-40
ELLIS,Rose Marie	1929	1964	Wo-2
ELLIS,Sonora M.	1856	1936	Wo-63
ELLIS,William C.	1921	1951	Wo-40
ELLIS,William S.	1886	1934	Wo-58
ELMORE,Mariah H.	1900	1978	Wo-61
ELMORE,R. Stanley	1897	1968	Wo-61
EMELINANENEKO,Ivan	1904	1974	Wo-58
EMMONS,Job J. (Capt.)	(d.age36yr)	none	Wo-87
EMMONS,Martin J.	(d.age 9yr)	17 Jul 1887	Wo-87
ENNALLS,Eleanora Merrill w/o J.	(d.age39yr)	20 Aug 1864	Wo-62
ENNIS,Ann w/o Samuel	17 May 1795	1 Oct 1847	Wo-87
ENNIS,Annie d/o J.H.	(d.age 2yr)	16 Jul 1872	Wo-87
ENNIS,C. Clarke	1889	1942	Wo-58
ENNIS,C. E. Jr.	1874	1933	Wo-60
ENNIS,C. E. Sr.	4 May 1843	1 Feb 1923	Wo-87
ENNIS,Carolyn E.	1941	none	Wo-58
ENNIS,Charles E.	1938	none	Wo-58
ENNIS,Charles E.	12 Jan 1866	3 Mar 1928	Wo-114
ENNIS,Cheryl Lynn d/o Charles E.& Carolyn	1959	1976	Wo-58
ENNIS,Choley M.	1895	1972	Wo-58
ENNIS,Clarissa J. w/o Charles E.	17 Apr 1865	2 Aug 1945	Wo-114
ENNIS,Ellen	13 Jul 1824	17 Jun 1910	Wo-87
ENNIS,Evelyn R.	1927	1936	Wo-114
ENNIS,Florence E. d/o C.E.	27 Nov 1868	6 Mar 1869	Wo-87
ENNIS,George H.	1880	1958	Wo-63
ENNIS,George Hudson	(d.age43yr)	none	Wo-87
ENNIS,George R.	1853	1932	Wo-96
ENNIS,George T.	16 Dec 1825	30 Jul 1902	Wo-66
ENNIS,Gillie	(d.age60yr)	none	Wo-87
ENNIS,Gladys F. d/o L.P.& Dolsie	1915	none	Wo-58
ENNIS,Harvey H.	1912	1969	Wo-58
ENNIS,Hettie A. w/o Josephus	4 Jul 1839	26 Mar 1919	Wo-114
ENNIS,J. Edward	1918	1974	Wo-58
ENNIS,James A. s/o Selby	6 Dec 1829	27 Jan 1901	Wo-86
ENNIS,James E.	1899	1965	Wo-63
ENNIS,James Lee	1931	1972	Wo-63
ENNIS,John E. (WW II)	1918	1974	Wo-58
ENNIS,John H.	1871	1933	Wo-63
ENNIS,John L.	(d.age42yr)	10 Nov 1881	Wo-65
ENNIS,John Lee	1942	1950	Wo-58
ENNIS,John W.	1872	1930	Wo-60
ENNIS,Josephus	15 Sep 1842	8 Apr 1919	Wo-114
ENNIS,Kathryn B.	1920	none	Wo-58
ENNIS,Laura w/o Riley	27 Mar 1848	7 Apr 1897	Wo-66
ENNIS,Margaret A. w/o James A.	4 Aug 1841	3 May 1894	Wo-86
ENNIS,Martha E. d/o C.E.	15 Sep 1876	6 Aug 1877	Wo-87
ENNIS,Martha E. w/o C.E.Sr.	28 Feb 1842	2 Feb 1913	Wo-87
ENNIS,Martha w/o Stephen	8 Aug 1783	24 Jul 1832	Wo-67
ENNIS,Mary Ann	30 Dec 1808	20 Aug 1878	Wo-87
ENNIS,Mary B.	1884	1935	Wo-63
ENNIS,Mary C.	4 Aug 1827	29 Aug 1920	Wo-66

Name	Birth	Death	Location
ENNIS, Mary F.	1906	1957	Wo-63
ENNIS, Mattie E.	28 Jun 1855	26 Sep 1919	Wo-66
ENNIS, Minnie M.	1871	1949	Wo-60
ENNIS, Myra	1897	1973	Wo-58
ENNIS, Myrtle A.	1897	1975	Wo-58
ENNIS, Nan B.	1874	1969	Wo-60
ENNIS, Nettie R.	none	none	Wo-63
ENNIS, Nina Hall	1891	1976	Wo-58
ENNIS, Robert C. s/o Carroll & Kathleen	1949	1960	Wo-58
ENNIS, Robie G.	24 Apr 1893	7 Feb 1926	Wo-114
ENNIS, Sallie K.	1855	1944	Wo-96
ENNIS, Samuel Willes s/o Stephen & M.	10 Aug 1820	9 May 1826	Wo-67
ENNIS, Sarah H. Mrs.	3 Mar 1830	7 Dec 1892	Wo-66
ENNIS, Sarah J.	25 Dec 1855	1 Dec 1929	Wo-114
ENNIS, Stephen	20 Jan 1786	4 Jan 1832	Wo-67
ENNIS, W. James	1905	1961	Wo-60
ENNIS, William	12 Aug 1817	28 Jan 1896	Wo-66
ENNIS, William E.	1919	1940	Wo-114
ENNIS, William E.	1928	1948	Wo-63
ENNIS, William F.	1897	1958	Wo-63
ENNIS, William T.	25 Jan 1848	7 Nov 1929	Wo-114
EPPES, Thomas	none	10 Sep 1877	Wo-107
EPPS, Anne d/o Thomas & Jane Rebecca	20 Dec 1831	14 Aug 1862	Wo-67
ESHAM, Benjamin J.	22 May 1846	22 Nov 1913	Wo-87
ESHAM, Charles H.	20 Sep 1849	7 Feb 1935	Wo-97
ESHAM, Effie J.	(d.age 46yr)	11 Nov 1915	Wo-97
ESHAM, George A.	28 Nov 1874	23 Nov 1949	Wo-97
ESHAM, George M.	(d.age 74yr)	16 Jun 1833	Wo-69
ESHAM, George W.	1841	1926	Wo-97
ESHAM, Hetta A.	1848	1933	Wo-97
ESHAM, Hurley J.	1874	1933	Wo-87
ESHAM, Infant d/o Ernest & Mary	24 Sep 1898	26 Sep 1898	Wo-95
ESHAM, Infants	1901	1903	Wo-87
ESHAM, John S.	(d.age 68yr)	2 Mar 1895	Wo-97
ESHAM, Levin	2 May 1839	18 Jan 1917	Wo-97
ESHAM, Mahala Katherine	19 Jul 1848	31 May 1918	Wo-97
ESHAM, Mary A. Richardson w/o B.	29 Oct 1849	9 Sep 1911	Wo-87
ESHAM, Mary B. w/o Ernest	7 Apr 1875	8 Mar 1906	Wo-95
ESHAM, Mary d/o Hurley J.	1905	1922	Wo-87
ESHAM, Phillis d/o Jacob W.	22 Nov 1917	1 Oct 1918	Wo-66
ESHAM, Roger s/o Ernest	20 Jan 1900	9 Sep 1902	Wo-95
ESHAM, Sabra Z. w/o G. H.	3 Oct 1850	20 Feb 1917	Wo-97
ESHAM, Sarah L.	4 Aug 1830	14 May 1921	Wo-97
ESHAM, Virginia d/o C.T.& E.H.	1918	1919	Wo-69
ETCHISON, Erland	1894	1948	Wo-60
ETCHISON, Katherine Stevens	1895	none	Wo-60
EVANS, A. H.	16 May 1856	17 Feb 1911	Wo-61
EVANS, Amanda P. w/o Roland J.	2 Sep 1839	20 Nov 1914	Wo-60
EVANS, Arthur G.	1881	1946	Wo-101
EVANS, Beulah M. w/o William H.	(d.age 5mo)	12 Feb 1904	Wo-93
EVANS, C. T. (Bud)	1915	1975	Wo-61
EVANS, C. W. (Capt.)	1865	1918	Wo-66
EVANS, Cerinda S.	1876	1973	Wo-62
EVANS, Chester G. s/o C.W.& L.H.	24 Aug 1893	18 Jun 1920	Wo-66
EVANS, Cornelius	23 Nov 1864	17 Jul 1920	Wo-66

Name	Birth	Death	Plot
EVANS, Creston R.		1921	1923	Wo-101
EVANS, Darcy B.		1899	1964	Wo-60
EVANS, Eden W.		1893	1907	Wo-61
EVANS, Edmund G.		1899	1965	Wo-61
EVANS, Edward S.		1891	1961	Wo-58
EVANS, Elizabeth M. d/o Samuel A.	9 May 1912	2 Aug 1914	Wo-60
EVANS, Ella C. d/o C.J.& Mary	1 Jul 1873	2 Mar 1877	Wo-66
EVANS, Emma M. d/o Samuel A.	30 Oct 1909	23 Jul 1910	Wo-60
EVANS, Florence Picken	1917	1955	Wo-60
EVANS, George H.	1876	1937	Wo-60
EVANS, Irene Hall	1884	1962	Wo-58
EVANS, J. Franklin	7 Aug 1849	25 Mar 1913	Wo-88
EVANS, James W.	4 Mar 1833	8 Sep 1892	Wo-69
EVANS, John Stewart	1832	1896	Wo-62
EVANS, Joseph J.	1912	1943	Wo-56
EVANS, Joshua E.	27 Oct 1826	20 Jul 1887	Wo-93
EVANS, Lettie H.	1915	none	Wo-61
EVANS, Lillian B.	1886	1943	Wo-63
EVANS, Louis R.	1919	1923	Wo-101
EVANS, Lula M.	1890	1965	Wo-101
EVANS, Mary E.	14 Jan 1824	7 Sep 1905	Wo-62
EVANS, Mary E. w/o C.J.	23 Dec 1839	19 Aug 1906	Wo-66
EVANS, Roger Lee	29 Sep 1924	6 Aug 1873	Wo-101
EVANS, Rowland J.	30 Jan 1834	10 Jun 1917	Wo-60
EVANS, Russell M. s/o W. C. & V.M.	1917	1919	Wo-101
EVANS, Samuel A.	1871	1951	Wo-60
EVANS, Susan Ann	1840	1904	Wo-62
EVANS, Ulric Thomas	1894	1902	Wo-62
EVANS, Virginia Mae	1898	1978	Wo-101
EVANS, Walter C.	1895	1969	Wo-101
EVANS, Williard P.	1879	1968	Wo-63
EWELL, Clara	1872	1967	Wo-62
EWELL, Edward Emil	9 Mar 1884	5 Jul 1884	Wo-62
EWELL, Emily Broughton	9 Sep 1844	23 Oct 1885	Wo-62
EWELL, Lillie Powell	1875	1966	Wo-62
EWELL, Littleton Parker	12 Jan 1835	23 Nov 1912	Wo-62
EWELL, Littleton Paul	1877	1968	Wo-62
EWELL, Susan Jane	23 May 1830	1 Oct 1888	Wo-62
EWELL, William E.	7 Mar 1874	19 Mar 1874	Wo-62
FACEJEW, Filip	1904	1975	Wo-58
FACEJEW, Stella	1910	none	Wo-58
FARLOW, Eliza Wonnell	7 Sep 1828	22 Oct 1894	Wo-7
FARLOW, Hortense d/o John & S.E.	7 Jun 1902	18 Aug 1902	Wo-67
FARLOW, John H.	1873	1928	Wo-67
FARLOW, Mary J.	(d.age 22yr)	23 Sep 1876	Wo-95
FARLOW, Roena	none	1902	Wo-63
FARLOW, Samuel	none	1907	Wo-63
FARLOWE, Lottie E. w/o Thurmon R.	8 Aug 1903	none	Wo-93
FARLOWE, Thurmon R.	9 Nov 1806	7 Apr 1958	Wo-93
FARROW, Ann J.	none	none	Wo-84
FARROW, Catherine A w/o Dr.W. H.	17 Sep 1817	7 Sep 1894	Wo-84
FARROW, Charles W.	26 Nov 1841	1 Nov 1919	Wo-84
FARROW, Emmett E. H.	none	none	Wo-84
FARROW, W. H.	none	22 Jan 1880	Wo-84
FARROW, W. H. (Dr.)	(d.age 58yr)	12 Feb 1865	Wo-84

Name	Birth	Death	Location
FARROW,Wilmot T. D.	none	none	Wo-84
FASSITT,Albert James s/o John	19 May 1807	7 Nov 1878	Wo-65
FASSITT,Anna	11 Feb 1783	18 Aug 1855	Wo-65
FASSITT,Arlington M.	22 Jun 1891	5 Sep 1923	Wo-66
FASSITT,Charles E. s/o George W.	20 Aug 1860	14 Jul 1889	Wo-65
FASSITT,Charles R. (Dr.)	(d.age51yr)	10 Apr 1871	Wo-65
FASSITT,Cornelius	17 Mar 1812	11 Feb 1855	Wo-67
FASSITT,G. W.	10 Sep 1817	18 Aug 1908	Wo-65
FASSITT,John	(d.age73yr)	8 Jun 1846	Wo-65
FASSITT,John Faris	(d.age28yr)	11 Feb 1829	Wo-65
FASSITT,Lucretia	1800	1834	Wo-67
FASSITT,Mamie	28 Feb 1851	none	Wo-66
FASSITT,Maria S. H.	9 Oct 1818	11 Feb 1855	Wo-67
FASSITT,Maria V.	(d.age22yr)	6 Oct 1869	Wo-67
FASSITT,Mary G.	29 Jan 1853	18 Dec 1918	Wo-66
FASSITT,William	(d.age69yr)	23 Mar 1871	Wo-65
FEDDEMAN,Bobby Emerson	1831	1866	Wo-62
FEDDEMAN,Ella S.	1853	1926	Wo-61
FEDDEMAN,Emerson F.	27 Nov 1834	15 Oct 1866	Wo-62
FEDDEMAN,James H.	1840	1903	Wo-61
FEDDEMAN,James Stevenson s/o James	(d.age11mo)	13 Jul 1878	Wo-61
FEDDEMAN,Joseph T. s/o James	(d.age 6mo)	9 Aug 1876	Wo-61
FEDDERMAN,Annie H.	1860	1870	Wo-60
FEDDERMAN,Charlotte C. w/o Levin	18 Jun 1929	7 May 1898	Wo-60
FEDDERMAN,Levin J.	21 Nov 1832	17 Feb 1912	Wo-60
FELLERS,Mary A. (with Smith)	1908	1975	Wo-63
FEMING,Mary Ellen w/o James A.	21 Mar 1850	10 Sep 1919	Wo-61
FERGUSON,May B.	1897	none	Wo-62
FERGUSON,Robert	1891	1972	Wo-62
FIGGS,Alice Mathews	22 Dec 1865	23 Nov 1908	Wo-87
FIGGS,Clyde B. s/o E.A.& Estelle	20 Oct 1891	1 Feb 1893	Wo-3
FIGGS,E. Frank	1868	1957	Wo-37
FIGGS,Earnest J.	29 Jun 1872	31 Jan 1909	Wo-88
FIGGS,Garland F.	1906	1960	Wo-37
FIGGS,Helen	1903	1919	Wo-88
FIGGS,Henry R.	1881	1955	Wo-63
FIGGS,James M.	(d.age43yr)	10 Sep 1876	Wo-95
FIGGS,John Francis s/o Garland F.	1938	1938	Wo-37
FIGGS,Linwood Russell s/o E.A.	24 Jun 1895	11 Feb 1896	Wo-3
FIGGS,Mary Ellen w/o Elijah A.F.	4 Nov 1841	6 Apr 1883	Wo-86
FIGGS,May C.	1870	1938	Wo-37
FIGGS,Nancy B.	1910	none	Wo-37
FIGGS,Rhoda A. w/o James M.	(d.age38yr)	26 Apr 1876	Wo-95
FIGGS,Robert H. s/o Elijah A.& Mary	5 Apr 1864	9 Sep 1895	Wo-3
FIGGS,Rose E.	1890	1964	Wo-63
FIGGS,Roy N.	1884	1957	Wo-63
FIGGS,William C.	1873	1963	Wo-63
FINNEGAN,Carolyn C.	1928	1944	Wo-3
FINNEGAN,Iva W.	1914	none	Wo-3
FINNEGAN,Jane w/o Benjamin	9 Jul 1846	15 Feb 1901	Wo-3
FINNEGAN,John J.	1885	1941	Wo-3
FINNEGAN,John J. Jr.	1915	1978	Wo-3
FINNEGAN,Lottie D.	1888	1966	Wo-3
FINNEGAN,Louise D.	1920	1941	Wo-3
FINNEGAN,William A.	3 Jan 1878	12 Apr 1912	Wo-53

Name	Birth	Death	Location
FINNEY,G. Edward (Dr.)		1916	1969	Wo-58
FIRCH,Niles K.		1901	none	Wo-58
FIRCH,Rosemary		1908	none	Wo-58
FISHER,Anne E.	(d.age 22yr)	25 Mar 1817	Wo-55
FISHER,Berkley B.	31 Jul 1897	5 Sep 1922	Wo-56
FISHER,Etta M.		1907	none	Wo-58
FISHER,Eva M. w/o Charles E.	31 May 1856	19 Oct 1896	Wo-66
FISHER,Harvey N.		1909	1977	Wo-58
FISHER,John Thomas Jr.	none	none	Wo-63
FISHER,Kendal W.		1871	1931	Wo-56
FISHER,Marvin R.		1907	1977	Wo-58
FITZGERALD,Sophia w/o John	15 Aug 1829	28 Feb 1884	Wo-63
FITZSIMMONS,Zenie Mills		1891	1974	Wo-63
FLEMING,Alice J. w/o Sidney P.	28 Mar 1848	19 Jan 1914	Wo-61
FLEMING,Carol d/o S. & A.	(d.age 4yr)	19 May 1880	Wo-61
FLEMING,Charles F.		1898	1979	Wo-2
FLEMING,Edward Mortimer s/o S.	(d.age 5yr)	8 Jul 1872	Wo-61
FLEMING,Eliza J.		1844	1926	Wo-87
FLEMING,Elizabeth A. w/o John	(d.age 64yr)	21 Dec 1874	Wo-61
FLEMING,Elizabeth Ann w/o Silas	23 Jul 1813	22 May 1862	Wo-84
FLEMING,Elsie M.		1919	none	Wo-2
FLEMING,Ethel Belle d/o Isaac	15 Jul 1872	20 Mar 1876	Wo-5
FLEMING,Glenmore s/o John S.	5 Dec 1885	26 Jan 1964	Wo-2
FLEMING,Hester A.		1858	1932	Wo-2
FLEMING,Infant s/o Lawrence R.	31 Dec 1904	31 Dec 1904	Wo-2
FLEMING,Isaac Wesley s/o Isaac	9 Sep 1869	28 Dec 1882	Wo-5
FLEMING,J. Carl		1883	1940	Wo-61
FLEMING,James A.	26 Mar 1854	18 May 1920	Wo-61
FLEMING,James M. s/o C.F.& Elsie		1936	1938	Wo-2
FLEMING,John S.		1850	1926	Wo-2
FLEMING,Lawrence		1880	1972	Wo-2
FLEMING,Littleton V.	15 May 1792	30 Dec 1838	Wo-4
FLEMING,Mary E. w/o Wm. T.	22 Feb 1820	4 Nov 1904	Wo-61
FLEMING,Miriam M.		1882	1977	Wo-61
FLEMING,Nellie M.		1882	1972	Wo-2
FLEMING,Rebecca L.	4 Jul 1833	17 Jul 1881	Wo-5
FLEMING,Reginald Mason s/o L.R.	20 Oct 1913	19 Jan 1914	Wo-2
FLEMING,Sidney P.	Jan 1840	14 Jul 1902	Wo-61
FLEMING,Susie F.		1882	1945	Wo-61
FLEMING,William F. s/o Sidney P.	(d.age 36yr)	2 Dec 1906	Wo-61
FLEMING,William M.		1875	1960	Wo-62
FLEMING,William S.	8 Mar 1879	11 Jun 1924	Wo-61
FLEMING,William T.	15 Aug 1817	23 Sep 1887	Wo-61
FLETCHER,Minnie Tull w/o Howard	11 Jun 1890	26 Apr 1911	Wo-2
FLOYD,Moses W.	31 Jul 1848	1 Jun 1893	Wo-72
FLURER,Christine		1827	1900	Wo-63
FLURER,Frederick	3 Aug 1820	26 Jun 1883	Wo-63
FONTAINE,Alice Julia		1858	1931	Wo-60
FONTAINE,Edgar		1848	1935	Wo-60
FONTAINE,Lottie		1885	1979	Wo-60
FONTAINE,Madge d/o Edgar	16 Jul 1881	18 Oct 1896	Wo-60
FONTAINE,Mary Stevenson		1876	1936	Wo-60
FOOKS,Albert D. Jr. s/o A.D. & Bea	20 Aug 1924	7 Jan 1928	Wo-87
FOOKS,Annie E.		1866	1939	Wo-99
FOOKS,Benjamin	24 Mar 1838	1 May 1898	Wo-99

FOOKS,DeWitt Frank	1869	1930	Wo-63
FOOKS,Dewitt Clinton	2 Jun 1833	12 Feb 1898	Wo-4
FOOKS,Elizabeth w/o William	7 Oct 1831	26 Feb 1901	Wo-51
FOOKS,Ella	2 Aug 1860	25 Aug 1878	Wo-4
FOOKS,Ernest s/o Wilson	8 Jul 1901	15 Jan 1919	Wo-51
FOOKS,Gilbert H.	1866	1945	Wo-99
FOOKS,Huldah	7 Feb 1788	17 Oct 1850	Wo-84
FOOKS,Ira Barnes	1879	1953	Wo-63
FOOKS,Irving	18 Jul 1831	31 Oct 1892	Wo-98
FOOKS,Layfette	8 Jun 1872	2 Oct 1923	Wo-114
FOOKS,Lillias Blair d/o E. H.	29 Nov 1898	10 Feb 1899	Wo-86
FOOKS,Mary A. w/o Dewitt	20 Apr 1831	27 Feb 1905	Wo-4
FOOKS,Mary E. w/o Benjamin	10 Nov 1839	3 Feb 1919	Wo-99
FOOKS,Mary Katie McPhail w/o E.	14 Dec 1871	21 Oct 1915	Wo-86
FOOKS,Matty w/o Jehu	(d.age29yr)	28 Aug 1862	Wo-98
FOOKS,Michael J.	27 Sep 1879	21 Sep 1953	Wo-114
FOOKS,Mollie Barnes	1875	1968	Wo-63
FOOKS,Renig E. w/o Michael J.	15 Oct 1881	12 Dec 1948	Wo-114
FOOKS,Sarah M.	1837	1931	Wo-67
FOOKS,Uriah	20 Aug 1810	10 Jul 1871	Wo-98
FOOKS,Victoria w/o Wilson	1881	1932	Wo-51
FOOKS,William	17 Jul 1834	22 Sep 1891	Wo-51
FOOKS,Wilson	1865	1948	Wo-51
FORD,Alma	1913	1978	Wo-61
FORD,Bertie A.	1878	1957	Wo-61
FORD,Bertie A.	1906	1937	Wo-61
FORD,E. T.	6 Aug 1833	26 Jan 1920	Wo-61
FORD,John Franklin	1864	1941	Wo-61
FORD,Joseph R.	1875	1951	Wo-61
FORD,Margaret V. d/o Joseph R.	2 Jul 1916	2 Aug 1916	Wo-61
FORD,Sarah Elizabeth w/o E. T.	10 May 1843	24 Nov 1883	Wo-61
FORMAN,John (Rev.)	(d.age66yr)	17 Feb 1840	Wo-67
FORREST,Martha I. mother	23 Jan 1873	13 Oct 1932	Wo-94
FORREST,W. Graydon	21 Sep 1896	31 Nov 1934	Wo-94
FOSTER,Annie L.	1869	1936	Wo-62
FOSTER,Charles F.	(d.age37yr)	1 Oct 1865	Wo-62
FOSTER,David R.	5 Nov 1829	29 Jul 1912	Wo-62
FOSTER,Infant s/o John C.	8 Aug 1900	16 Sep 1900	Wo-62
FOSTER,Jane Frances d/o G.M. & Jane	1964	1964	Wo-58
FOSTER,John C.	1855	1932	Wo-62
FOSTER,Robert s/o Charles F.	17 Aug 1864	24 Mar 1865	Wo-62
FOSTER,Zadock W. s/o David F.	(d.age23yr)	29 Dec 1892	Wo-62
FOULKS,Abbie M.	1853	1938	Wo-3
FOULKS,Edward D.	1917	1978	Wo-2
FOULKS,Eunice B.	1915	none	Wo-2
FOULKS,Hubert D.	1887	1968	Wo-3
FOULKS,Jeanette E.	1918	1940	Wo-3
FOULKS,Orson D.	1950	1926	Wo-3
FOULKS,William H. Ocker	1861	1941	Wo-3
FOUNTAINE,Edgar Clarke	1879	1955	Wo-60
FOWLER,Lulie G.	(d.age11yr)	9 Oct 1876	Wo-86
FOXWELL,Harry J.	1881	1909	Wo-63
FOXWELL,Lulu E.	1890	none	Wo-63
FRANKLIN,Annie Duffield w/o J.R.	12 Dec 1828	8 Dec 1863	Wo-86
FRANKLIN,Emily Purnell	9 Apr 1854	19 Nov 1883	Wo-65

FRANKLIN, George R.	13 Sep 1807	15 Jul 1862	Wo-65
FRANKLIN, Henry	1 Nov 1857	12 Oct 1860	Wo-65
FRANKLIN, Henry	17 Mar 1799	14 Oct 1848	Wo-65
FRANKLIN, Henry Alexander	17 Nov 1821	14 Sep 1840	Wo-65
FRANKLIN, Henry Sr.	24 Feb 1781	4 Aug 1831	Wo-65
FRANKLIN, Jane K.	12 May 1824	17 Sep 1904	Wo-65
FRANKLIN, John R.	15 Jul 1856	2 Mar 1907	Wo-86
FRANKLIN, John R. (Hon.)	6 May 1820	11 Jan 1878	Wo-86
FRANKLIN, Kate Martin w/o John	28 Dec 1854	31 Oct 1877	Wo-86
FRANKLIN, Littleton P.	12 May 1867	29 Jul 1867	Wo-65
FRANKLIN, Littleton Purnell	18 Jan 1831	9 Apr 1888	Wo-65
FRANKLIN, Nancy	9 Aug 1775	27 Nov 1852	Wo-65
FRANKLIN, Sarah Chaney w/o L.P.	4 Dec 1832	29 Jul 1910	Wo-65
FRANKLIN, Thomas	11 Oct 1827	18 Sep 1848	Wo-65
FREEMAN, Isaac J.	6 Oct 1840	7 Sep 1917	Wo-66
FREEMAN, Nancy C.	5 Apr 1841	30 Oct 1920	Wo-66
FRITZ, E. S.	1867	1950	Wo-105
FRITZ, Elsie M.	1912	none	Wo-58
FRYE, Paul Wayne	1934	none	Wo-58
FURBUSH, Charlie E. s/o E.S.& C.E.	(d.age 7yr)	24 Dec 1888	Wo-65
FURBUSH, Charlotte E. d/o Howard	1915	1924	Wo-66
FURBUSH, Edward S. s/o Edward S.	1918	1923	Wo-66
FURBUSH, Peter	10 Mar 1818	2 Apr 1896	Wo-66
FURBUSH, Sarah M. w/o Peter	2 Sep 1821	17 Apr 1891	Wo-66

Name	Birth	Death	Location
GARDINER, Elizabeth H.	(d.age 7yr)	15 Sep 1800	Wo-55
GARDNER, Virginia	1873	1957	Wo-63
GARDNER, William B.	1869	1938	Wo-63
GARRETT, Minnie Evans w/o W.T.	20 Apr 1876	13 Feb 1917	Wo-61
GASKINS, Sallie S.	(d.age 85yr)	7 Dec 1880	Wo-86
GAULDEN, Benton L.	1912	none	Wo-56
GAULDEN, Ruth P.	1918	none	Wo-56
GAULT, Alice C.	14 Aug 1871	12 Aug 1895	Wo-79
GAULT, Archibald	1 Oct 1817	27 Sep 1900	Wo-79
GAULT, David W.	31 May 1835	19 Nov 1896	Wo-69
GAULT, E. F. C.	18 Feb 1879	23 Aug 1897	Wo-79
GAULT, Florence C.	26 Feb 1876	23 Aug 1901	WO-69
GAULT, Henrietta H.	14 Sep 1890	24 Sep 1901	Wo-69
GAULT, Margaret F.	11 Apr 1874	11 Dec 1901	Wo-69
GAULT, Mary w/o Archibald	18 Sep 1836	26 Sep 1908	Wo-79
GAULT, Robert S.	25 Mar 1895	15 Mar 1909	Wo-69
GAULT, Sarah M.	16 Apr 1848	none	Wo-69
GAULT, William G. C.	30 Apr 1864	25 Apr 1886	Wo-79
GEROW, Adin G.	27 Apr 1851	4 May 1920	Wo-66
GIBBONS, Alvah N.	1874	1940	Wo-63
GIBBONS, Annie F. Evans	1869	1928	Wo-63
GIBBONS, Beulah M. d/o E.F.	(d.age 6mo)	8 Apr 1885	Wo-60
GIBBONS, Charles W.	14 Dec 1898	4 Feb 1965	Wo-1
GIBBONS, Cynthia P. (twin)d/o Edward	(d.age 7mo)	18 Apr 1885	Wo-60
GIBBONS, Edward F.	25 Sep 1860	1 Aug 1886	Wo-60
GIBBONS, Emma E.	1851	1936	Wo-60
GIBBONS, George D.	1859	1936	Wo-60
GIBBONS, Leda Bertha	(d.age 78yr)	Oct 1981	Wo-61
GIBBONS, Marjorie P. d/o E.F.	(d.age 2mo)	31 Jun 1882	Wo-60
GIBBONS, Matilda J. Dykes	1850	1923	Wo-63
GIBBONS, Maude I.	1902	1973	Wo-1
GIBBONS, Noah James	1850	1928	Wo-63
GIBBONS, Ralph E.	1906	1975	Wo-61
GIBBONS, Sadie P. Merrill w/o Edward	26 Sep 1862	3 Aug 1898	Wo-60
GIBBONS, William N.	2 Aug 1832	5 Dec 1881	Wo-60
GIBBONS, Willie D. s/o E.F.	(d.age 9mo)	20 Mar 1884	Wo-60
GIBBS, Annie C. d/o Isaac R.& Julia	3 Jan 1879	1 Jan 1893	Wo-65
GIBBS, Betty Brittingham	1871	1933	Wo-67
GIBBS, Isaac R.	15 Feb 1851	22 Apr 1923	Wo-65
GIBBS, Jesse	1840	1920	Wo-42
GIBBS, John H.	1875	1922	Wo-67
GIBBS, John J. Sr.	27 Jan 1847	10 Apr 1920	Wo-66
GIBBS, Julia Hester w/o Isaac R.	10 Feb 1851	3 Nov 1912	Wo-65
GIBBS, Mary M. w/o John	28 Jul 1832	11 Apr 1916	Wo-66
GIBBS, Robert Boroughs s/o Alfred	14 Sep 1908	23 Aug 1916	Wo-65
GIBBS, Robert I. s/o Isaac R.	29 Oct 1881	2 May 1899	Wo-65
GIBBS, William H. s/o Charles & Sarah	13 Feb 1881	23 Jul 1899	Wo-65
GIBBS, Willie d/o D.R.& J.H.	(d.age 2yr)	none	Wo-65
GIBSON, Charles R.	none	20 Sep 1974	Wo-63
GIBSON, Howard C.	1879	1961	Wo-58
GIBSON, Lillian P.	1881	1962	Wo-58
GIBSON, Martha A.	23 Sep 1878	20 Jun 1956	Wo-63
GILLESPIE, Stephanie	1972	1974	Wo-58
GILLESPIE, Thomas Cecil	1946	1951	Wo-58
GILLIKIN, Leedam P. (WW II)	1921	1970	Wo-58

Name	Birth	Death	Location
GILLISS, P. R. (Dr.)	28 Jul 1808	1 Jul 1881	Wo-91
GILOSKY, Louis	1876	1937	Wo-60
GILOSKY, Nettie	1876	1948	Wo-60
GILTZ, Andrew G.	1862	1927	Wo-63
GILTZ, Bertha D.	1885	1963	Wo-63
GILTZ, Catherine M.	1864	1946	Wo-63
GILTZ, Hattie A.	1890	1940	Wo-63
GILTZ, Jeannette G.	1890	1973	Wo-63
GILTZ, Oswald W.	1888	1968	Wo-63
GIVAN, Betsey w/o James	(d.age 36yr)	2 Feb 1845	Wo-87
GIVAN, Charity	(d.age 53yr)	29 Mar 1804	Wo-87
GIVAN, Mathias	(d.age 4yr)	24 Jun 1806	Wo-87
GIVENS, Juanita B.	1902	1961	Wo-61
GIVENS, Robert (Dr.)	1899	1951	Wo-61
GLADDEN, George H.	28 Feb 1876	27 Aug 1911	Wo-87
GLADDEN, Laura L. w/o William C.	18 Dec 1839	31 Jul 1916	Wo-87
GLADDEN, Margaret E. G.	29 Feb 1813	25 Jul 1896	Wo-87
GLADDEN, Susan (Miss)	10 Jun 1809	21 Dec 1882	Wo-87
GLADDEN, William C.	5 Jan 1838	31 Jan 1908	Wo-87
GLADDEN, William L.	5 Oct 1867	30 Mar 1925	Wo-87
GLADDING, Ella Taylor	1877	1961	Wo-61
GLADDING, Ray V.	1879	1942	Wo-61
GLASGOW, Hallie E.	1872	1940	Wo-114
GLASGOW, Martha E.	1851	1920	Wo-114
GLASGOW, Samuel	12 May 1845	22 Jan 1921	Wo-114
GOCHNOUR, Kenneth Hart s/o Dorothy Borjes	1938	1939	Wo-58
GODFREY, Belitha P.	10 Sep 1825	10 Mar 1905	Wo-66
GODFREY, Charles H. s/o Goel & Joanna	26 Apr 1832	1882	Wo-97
GODFREY, Delia Charity d/o Joseph	28 Jul 1850	11 Sep 1853	Wo-65
GODFREY, Elizabeth w/o Joseph E.	28 Jun 1804	12 Sep 1902	Wo-95
GODFREY, Ella Disharoon	1868	1932	Wo-88
GODFREY, Emaline	14 Feb 1832	20 Oct 1907	Wo-95
GODFREY, George Elmer	1871	1924	Wo-95
GODFREY, Henry A.	12 Apr 1852	2 Sep 1911	Wo-67
GODFREY, Infant d/o Joseph & Lillie	12 Jul 1921	15 Jul 1921	Wo-87
GODFREY, J. J.	(d.age 78yr)	26 Oct 1936	Wo-88
GODFREY, Joseph	24 Apr 1812	31 Aug 1885	Wo-65
GODFREY, Joseph E.	(d.age 80yr)	30 Nov 1886	Wo-95
GODFREY, Joshua T.	1836	1929	Wo-87
GODFREY, Julia A. Murray w/o Charles	10 Jun 1842	21 Mar 1917	Wo-97
GODFREY, Juliana	11 Sep 1827	7 Jul 1881	Wo-94
GODFREY, Lena M. d/o W.S.	30 Jul 1896	28 Jun 1898	Wo-88
GODFREY, Louisa E. w/o Joshua T.	8 Nov 1840	15 Sep 1907	Wo-87
GODFREY, M. Alice Holloway w/o C.J.	9 Nov 1877	1 May 1909	Wo-87
GODFREY, Maria w/o Joseph	28 Jul 1812	4 Jul 1869	Wo-65
GODFREY, Martha Emily	22 Nov 1847	16 Mar 1918	Wo-79
GODFREY, Mary Amelia w/o William J.	26 Dec 1832	4 Aug 1919	Wo-95
GODFREY, Sarah Amelia d/o C.J.	16 Feb 1906	20 Jun 1906	Wo-87
GODFREY, Thomas	5 Jun 1826	18 Oct 1915	Wo-94
GODFREY, William J.	16 May 1827	13 Mar 1907	Wo-95
GODFREY, William Sidney	1861	19--	Wo-88
GODWIN, Howard C.	1915	1970	Wo-58
GOINS, Arnold Lloyd Jr	1951	1969	Wo-58
GOOTEE, Bessie L.	1878	1954	Wo-56
GOOTEE, Cecelia	1887	1891	Wo-3

Name	Birth	Death	Location
GOOTEE, Gladys	1898	1899	Wo-3
GOOTEE, Ida A.	1863	1935	Wo-3
GOOTEE, John C.	1865	1950	Wo-56
GOOTEE, John T.	1 Jun 1833	3 Apr 1905	Wo-56
GOOTEE, Mary G.	4 Aug 1837	6 Aug 1915	Wo-56
GOOTEE, Peter J.	1859	1940	Wo-56
GOOTEE, Ralph F.	1898	1958	Wo-56
GOOTEE, Sarah	1864	1948	Wo-56
GOOTEE, William E.	1857	1938	Wo-3
GORDY, Ann w/o Thomas	6 Dec 1793	1 Jun 1879	Wo-95
GORDY, Annie D. d/o Benjamin H.	23 Dec 1873	29 Aug 1877	Wo-72
GORDY, Annie F. w/o S.Pierce	20 Jul 1858	10 Mar 1886	Wo-61
GORDY, Benjamin H.	3 Jan 1831	22 Nov 1902	Wo-72
GORDY, Blanche Redden w/o Joel R.	1873	none	Wo-72
GORDY, Charles C. s/o George W.	31 Oct 1873	5 Mar 1890	Wo-95
GORDY, Clyde Willis s/o Levin C.	21 May 1894	1 Jul 1894	Wo-72
GORDY, Cornelia E. w/o S.Pierce	21 Jul 1866	27 Nov 1901	Wo-61
GORDY, Edna R.	1896	1935	Wo-60
GORDY, Edward K.	1 Jan 1880	4 Jul 1900	Wo-95
GORDY, Edward K. s/o George W.	none	2 Dec 1879	Wo-95
GORDY, Ernest P.	none	16 Jul 1935	Wo-95
GORDY, Esther J. d/o Benjamin H.	25 Aug 1868	12 Nov 1881	Wo-72
GORDY, Ethel May d/o John S.	28 Jul 1888	29 Apr 1892	Wo-73
GORDY, Eugene R. s/o Joel & Blanche	1912	1912	Wo-72
GORDY, Eva R.	1867	1920	Wo-95
GORDY, George W.	10 Mar 1830	1 Apr 1883	Wo-95
GORDY, H. Strayer	1894	1970	Wo-60
GORDY, Henry James	1838	1925	Wo-61
GORDY, Ida B. d/o George W.	3 Jan 1878	9 Mar 1890	Wo-95
GORDY, Infant s/o Levin C.	15 Aug 1892	21 Aug 1892	Wo-72
GORDY, Infant s/o S.P.& Cordelia	12 Jan 1891	9 Feb 1893	Wo-61
GORDY, James B. s/o James R.	1899	1900	Wo-73
GORDY, James W.	1862	1918	Wo-95
GORDY, Joel R.	1870	1921	Wo-72
GORDY, John T.	2 May 1839	27 Nov 1904	Wo-95
GORDY, John W.	8 Dec 1855	13 Dec 1918	Wo-95
GORDY, Laura A.	25 Mar 1841	17 Aug 1912	Wo-65
GORDY, Laura A. w/o John T.	13 Sep 1829	10 Sep 1877	Wo-95
GORDY, Laura V. d/o George W.	30 Jul 1870	1 Sep 1888	Wo-95
GORDY, Mamie E. w/o Ernest P.	28 May 1872	8 Feb 1918	Wo-95
GORDY, Mary A. w/o George H.	(d.age 29yr)	16 Dec 1868	Wo-103
GORDY, Mary A. w/o John T.	19 Mar 1849	28 Jun 1900	Wo-95
GORDY, Mary C.	6 Feb 1884	7 Aug 1900	Wo-95
GORDY, Mary E. d/o George W.	1 Mar 1880	5 Mar 1890	Wo-95
GORDY, Mary Elizabeth Godfrey	19 Feb 1819	8 Jul 1897	Wo-95
GORDY, Matilda Ann	1842	1925	Wo-61
GORDY, Mitchell	none	none	Wo-61
GORDY, Paul R. s/o John T.	Apr 1877	19 Oct 1877	Wo-95
GORDY, Priscilla Anne w/o Stephen	27 Jun 1822	28 Mar 1897	Wo-61
GORDY, Roberta Priscilla	2 Nov 1866	14 Sep 1938	Wo-103
GORDY, Roggie H. d/o S.P.& Annie	25 Oct 1877	25 Jul 1879	Wo-61
GORDY, S. Pierce	8 Sep 1854	25 Mar 1907	Wo-61
GORDY, Sarah C. w/o George	23 Nov 1835	13 Jun 1859	Wo-109
GORDY, Sarah C. w/o George W.	24 Feb 1842	13 Sep 1932	Wo-95
GORSUCH, Elizabeth Mitchell	1900	none	Wo-60

Name	Birth	Death	Location
GORSUCH, Joshua Larkin		1894	1973	Wo-60
GOSSARD, John E.		1863	1948	Wo-63
GOSSARD, Julia		1880	1945	Wo-63
GOSWELLEN, Infant of W.A.& Edna	10 Apr 1919	10 Apr 1919	Wo-113
GOSWELLIN, Nora V.	1871	1957	Wo-40
GOSWELLIN, Oscar L.	1910	1915	Wo-40
GOSWELLIN, Rudolph J.	1906	1919	Wo-40
GOSWELLIN, Stephen J.	1856	1930	Wo-40
GOUGH, Hettie P. (Jarman plot)	26 Aug 1838	9 May 1922	Wo-65
GRAEFE, LeRoy J.	1905	1978	Wo-60
GRAEFE, Ruth H.	1909	none	Wo-60
GRAFF, Joyce	none	none	Wo-58
GRAFF, Lee	none	1970	Wo-58
GRANDE, Annie	1864	1929	Wo-63
GRANDE, Charles	1857	1930	Wo-63
GRANDE, Josephine	1892	1892	Wo-63
GRAVEMAN, Evelyn d/o S. J.& Florence	12 Dec 1919	3 Feb 1933	Wo-88
GRAVENOR, Alison	(d.age65yr)	25 May 1901	Wo-87
GRAVENOR, Martha A.	(d.age81yr)	28 Jul 1919	Wo-87
GRAY, Ada R.	1910	1979	Wo-63
GRAY, Annie E. w/o Thomas J.	23 Dec 1871	23 Mar 1895	Wo-65
GRAY, Charles P.	15 Aug 1851	9 Jan 1919	Wo-66
GRAY, Clarence	none	none	Wo-63
GRAY, Edward S.	1865	1926	Wo-63
GRAY, Everett B.	1910	1971	Wo-58
GRAY, Irene M.	1925	none	Wo-58
GRAY, Isaac W.	9 Jan 1827	12 Jul 1886	Wo-66
GRAY, Jennie V.	1869	1941	Wo-63
GRAY, Julian L. s/o S.C.& E.N.	23 Feb 1921	11 Mar 1922	Wo-69
GRAY, Laura Ann Burbage d/o Thomas	10 Apr 1844	23 Jul 1921	Wo-65
GRAY, Maria w/o Isaac W.	30 Jan 1820	12 Jul 1920	Wo-66
GRAY, Mary A. w/o C. G.	5 Sep 1893	17 Apr 1916	Wo-63
GRAY, Maurice W.	1901	1960	Wo-63
GRAY, Sallie E.	31 Jan 1839	8 Sep 1918	Wo-79
GRAY, Sarah J. w/o William J.	2 Nov 1840	16 Apr 1895	Wo-69
GRAY, Stephen R.	11 Nov 1831	11 Aug 1905	Wo-79
GRAY, Walter B.	1893	1924	Wo-63
GRAY, William J.	24 Jul 1842	9 Dec 1914	Wo-69
GREEN, Charles A.	1863	1935	Wo-87
GREEN, Eliza A. w/o Jesse	21 Nov 1804	14 Sep 1871	Wo-91
GREER, Joseph D.	3 Mar 1909	25 Dec 1958	Wo-114
GREER, Retta H.	24 Feb 1902	none	Wo-114
GREY, Emeline Nelson	1 Dec 1828	12 Apr 1904	Wo-87
GREY, Harriet E. Taylor w/o Thomas	17 Oct 1866	14 May 1896	Wo-87
GREY, Lizzie H. w/o George	14 Oct 1857	15 Jan 1906	Wo-79
GREY, Viola d/o George	4 Jan 1880	5 Jul 1895	Wo-79
GRIFFIN, Alvin L. s/o F.L.& A.B.	14 Nov 1910	7 May 1913	Wo-66
GRIFFIN, Charles W. s/o James C.	3 Oct 1866	9 Nov 1916	Wo-79
GRIFFIN, Dolphin W.	29 Apr 1897	5 Dec 1921	Wo-60
GRIFFIN, Elliott	31 Aug 1905	1 Jun 1972	Wo-56
GRIFFIN, Elnora	1882	1942	Wo-60
GRIFFIN, Gordon T. s/o James C.	16 Sep 1880	17 Nov 1907	Wo-79
GRIFFIN, Henry S.	1876	1949	Wo-60
GRIFFIN, Ida M.	3 Nov 1895	23 Dec 1920	Wo-69
GRIFFIN, James A.	1872	1947	Wo-60

Name	Birth	Death	Plot
GRIFFIN, James C.	14 May 1840	30 Jul 1902	Wo-79
GRIFFIN, James H. s/o J.H. & M.E.	9 Nov 1887	7 Dec 1902	Wo-66
GRIFFIN, James J.	7 Apr 1860	23 Oct 1906	Wo-79
GRIFFIN, John H.	8 Jun 1850	18 Feb 1914	Wo-66
GRIFFIN, John Russell s/o John H.	27 Sep 1903	20 Feb 1909	Wo-66
GRIFFIN, Margaret J. (with Brittingham)	1923	1973	Wo-63
GRIFFIN, Margaret M. w/o James C.	18 Apr 1846	22 Jan 1917	Wo-79
GRIFFIN, Maria	21 Sep 1821	3 Jun 1887	Wo-66
GRIFFIN, Milby	1844	1890	Wo-66
GRIFFIN, Mollie B.	1881	1949	Wo-60
GRIFFIN, R. Lee s/o James A.	1 Jul 1921	1 Jul 1921	Wo-60
GRIFFIN, Ruth V.	4 Feb 1904	none	Wo-56
GRIFFITH, Laura B. w/o William T.	6 May 1864	8 Jan 1907	Wo-60
GRISE, Charles A. (Rev.)	17 Aug 1856	12 Apr 1907	Wo-66
GROOMS, Golden M. (with Evans)	1919	none	Wo-58
GROTON, Elizabeth S.	1897	1979	Wo-58
GROTON, George H.	1870	1926	Wo-58
GROTON, Hannah M.	1909	1968	Wo-58
GROTON, Mary Hope	1877	1938	Wo-58
GROTON, Orville B.	1923	1973	Wo-58
GROTON, Virginia Johnson	1873	1944	Wo-58
GROTON, W. Bryan	1896	1972	Wo-58
GROTON, Walter L. (WW I)	1895	1968	Wo-58
GROTON, William T.	1867	1939	Wo-58
GRUBBS, William	1876	1942	Wo-56
GUNBY, Jacob M.	16 Apr 1852	1 Oct 1915	Wo-66
GUNBY, John (Col. Continental Army)	1745	1807	Wo-3
GUNBY, Lovey J.	27 Oct 1858	none	Wo-66
GUNN, Samuel	(d.age50yr)	21 Jun 1806	Wo-86
GUSTAFSON, Stanley E.	1916	1923	Wo-5
GUTHREY, James	26 May 1826	10 May 1903	Wo-88
GUTHREY, Sallie	(d.age77yr)	28 Aug 1911	Wo-88
GUTHRIE, Maggie R.	9 Mar 1862	none	Wo-88
GUTHRIE, Mattie W.	(d.age15yr)	13 Nov 1932	Wo-87
GUTHRIE, William H.	22 Dec 1859	14 Oct 1930	Wo-88
HACK, Cave Jones s/o Peter	(d.age55yr)	28 Mar 1844	Wo-84
HACK, Charlotte J. w/o Cave J.	22 Dec 1813	27 Jan 1902	Wo-84
HACK, Clara G. w/o James Dennis	21 Feb 1849	none	Wo-84
HACK, James Dennis s/o Cave J.	1 Jan 1838	15 Aug 1918	Wo-84
HACK, Mary Virginia d/o James D.	20 May 1869	7 Jul 1870	Wo-84
HADDER, George W.	1834	1894	Wo-93
HADDER, Julia w/o George W.	1832	1919	Wo-93
HADDOCK, George W. s/o John W.	7 Dec 1880	12 Aug 1897	Wo-79
HADDOCK, Jennie E. d/o John W.	2 Dec 1875	Mar 1876	Wo-79
HADDOCK, John E. s/o John W.	2 Dec 1875	Mar 1876	Wo-79
HADYCHUK, John	1919	1955	Wo-60
HAHN, Emma Mae (with Warren)	1896	1978	Wo-58
HALES, Charlotte C. w/o William T.	(d.age70yr)	16 Mar 1916	Wo-88
HALES, David A.	25 Aug 1846	26 Dec 1916	Wo-87
HALES, Frederic s/o Frederic	2 Apr 1906	2 Jul 1906	Wo-87
HALES, Henrietta w/o John S.	20 Jan 1840	1 Mar 1912	Wo-87
HALES, J. Raymond	1877	1939	Wo-63
HALES, Marion Francis	29 Jun 1911	26 Aug 1954	Wo-114
HALES, Norman D.	1889	1962	Wo-114
HALES, Reuben L.	1897	22 May 1985	Wo-101

Name	Birth	Death	Location
HALES, Sallie K.	17 Apr 1855	24 Jan 1922	Wo-87
HALES, Sarah M.	1891	1962	Wo-114
HALES, T. Paul	1886	1968	Wo-114
HALES, Viola Ann	12 Feb 1915	30 Sep 1972	Wo-114
HALES, Virgie M.	1893	1978	Wo-114
HALES, William T.	5 Sep 1856	none	Wo-88
HALES, Zipporah w/o David A.	11 May 1849	24 Sep 1895	Wo-66
HALL, A. M. w/o Zadock	16 Jul 1829	17 Apr 1887	Wo-58
HALL, Alice E. Timmons w/o C.F.W.	1852	1923	Wo-91
HALL, Amanda Lee	1877	1943	Wo-58
HALL, Amelia	(d.age 64yr)	1866	Wo-58
HALL, Amos	1862	1932	Wo-63
HALL, Annie G. d/o MAjor T. & Julia	26 Jan 1856	17 Feb 1870	Wo-58
HALL, Archie s/o Major T. & Julia	24 May 1868	28 Feb 1870	Wo-58
HALL, Arthur P..	1907	1971	Wo-58
HALL, Bertie	16 Sep 1872	15 Sep 1910	Wo-63
HALL, Cecil B.	1896	1970	Wo-58
HALL, Eddie N.	1904	1958	Wo-96
HALL, Edith w/o Gaither	none	18 Aug 1906	Wo-62
HALL, Elizabeth Piper	1856	1943	Wo-60
HALL, Ella	1894	none	Wo-96
HALL, Erastus O.	20 Sep 1820	3 Jan 1904	Wo-105
HALL, Esther M.	1906	1963	Wo-58
HALL, Frances Ellen w/o Jerome	17 May 1834	3 Dec 1901	Wo-58
HALL, Fuller J.	1882	1883	Wo-60
HALL, George Courtney	1886	1964	Wo-58
HALL, Harold P.	26 Nov 1880	8 Oct 1881	Wo-60
HALL, Infant s/o Harry & Helen Jones	none	17 Dec 1934	Wo-3
HALL, Infant son	23 Nov 1894	24 Aug 1895	Wo-58
HALL, J. Belle w/o Lemuel M.	23 May 1855	3 Aug 1906	Wo-66
HALL, Jennie E.	1881	1925	Wo-58
HALL, Jennie E. wife of Wilmer E.	26 May 1861	24 Apr 1825	Wo-58
HALL, Jerome B.	9 Jul 1832	24 Mar 1900	Wo-58
HALL, John H.	1876	1949	Wo-97
HALL, John T.	1875	1937	Wo-58
HALL, Joshua T.	1896	none	Wo-58
HALL, Julia A. w/o Major T.	11 Jul 1830	26 Dec 1890	Wo-58
HALL, Julia G.	1830	1865	Wo-58
HALL, Julius T.	20 Jul 1849	30 Oct 1918	Wo-58
HALL, Kate Schaffer	1888	1971	Wo-58
HALL, L. Fuller	13 Jun 1853	18 Feb 1914	Wo-60
HALL, Macon	1874	1934	Wo-58
HALL, Major T.	29 Apr 1825	29 Oct 1906	Wo-58
HALL, Margaret B. (WW II)	none	none	Wo-58
HALL, Mary Hearn Benson	1880	1930	Wo-60
HALL, Matilda	none	none	Wo-72
HALL, Minnie M.	1887	1970	Wo-58
HALL, Oris S.	1897	none	Wo-58
HALL, Orlando	1891	1866	Wo-96
HALL, Pauline F.	1908	none	Wo-96
HALL, Peggy Louise	17 May 1938	24 Dec 1941	Wo-96
HALL, Rachel	1874	1945	Wo-97
HALL, Rembrandt	26 Oct 1884	8 Oct 1885	Wo-60
HALL, Richard Fuller	15 Mar 1860	26 May 1924	Wo-60
HALL, Robert A.	1861	1941	Wo-58

Name	Birth	Death	Location
HALL, Ruth M.	2 Mar 1823	31 Mar 1915	Wo-62
HALL, Sallie D.	1820	1917	Wo-62
HALL, Samuel F.	1870	1936	Wo-58
HALL, Sarah Anna Elizabeth	12 Aug 1835	8 Feb 1912	Wo-97
HALL, Susa Ann	(d.age61yr)	4 Jul 1897	Wo-97
HALL, Susan	7 Apr 1849	26 Jul 1933	Wo-87
HALL, Virginia	1906	none	Wo-58
HALL, William E.	1861	1944	Wo-58
HALL, William L. s/o Lemuel	12 Aug 1874	3 Aug 1906	Wo-66
HALL, Willie E. s/o Major & Amelia	1870	1871	Wo-58
HALL, Willis C.	1900	1968	Wo-58
HALL, Wilmer E. son of W. E.	23 May 1887	13 Sep 1904	Wo-58
HALL, Winchester (Col.)	12 Nov 1819	10 Dec 1909	Wo-62
HALL, Zadock J.	15 Nov 1827	23 Apr 1904	Wo-58
HALLOWELL, Evelyn C. w/o George	1874	1954	Wo-58
HALLOWELL, George L.	1867	1934	Wo-58
HALLOWELL, Reg W.	1904	1961	Wo-58
HAMBLETON, Richard W.	1895	1967	Wo-62
HAMBLIN, Mary w/o Joshua T.	19 Jun 1851	17 Apr 1919	Wo-66
HAMBLIN, Mary J. d/o J.T. & M.A.	17 Feb 1881	11 Jun 1905	Wo-66
HAMILTON, Albert O.	1888	1940	Wo-62
HAMILTON, Carroll M.D.	1928	1962	Wo-60
HAMMOND, Annie E. w/o William R.	29 Jan 1851	13 Jun 1877	Wo-65
HAMMOND, Austin s/o John T.	(d.age6 yr)	15 Aug 1871	Wo-67
HAMMOND, Caroline G. Mrs.	none	9 Aug 1887	Wo-107
HAMMOND, Charles E.	2 Sep 1858	11 Jan 1928	Wo-67
HAMMOND, Edward	6 Sep 1800	21 Jul 1833	Wo-84
HAMMOND, Elizabeth G. w/o Wm.R.	14 Oct 1812	26 Sep 1872	Wo-65
HAMMOND, Elizabeth Victor w/o Edward	(d.age75yr)	13 Dec 1870	Wo-84
HAMMOND, Esther P. w/o John T.	23 Mar 1835	26 May 1908	Wo-67
HAMMOND, Esther Toadvine d/o Thomas E.	5 Dec 1887	17 Jun 1888	Wo-67
HAMMOND, Frank T.	6 Jun 1887	11 Jul 1888	Wo-65
HAMMOND, John Hopkins s/o T.E. & Bertha	5 Dec 1887	5 Aug 1888	Wo-67
HAMMOND, John T.	24 Apr 1831	6 Dec 1902	Wo-67
HAMMOND, Kate t.	30 Mar 1863	5 Apr 1908	Wo-67
HAMMOND, Katherine G.	1886	1973	Wo-2
HAMMOND, Mary E. C. d/o S.R. & M.M.	26 Jun 1849	12 Feb 1850	Wo-67
HAMMOND, Mary Eliza	27 Apr 1827	16 Nov 1835	Wo-84
HAMMOND, Nancy H. w/o William J.	14 Feb 1841	20 May 1914	Wo-37
HAMMOND, Sallie A. d/o John T.	(d.age 3yr)	17 Oct 1871	Wo-67
HAMMOND, Sally Ann	4 Sep 1827	23 Aug 1841	Wo-84
HAMMOND, Stephen R.	7 Apr 1825	6 Jul 1878	Wo-67
HAMMOND, Thomas E.	28 Apr 1829	11 Oct 1853	Wo-84
HAMMOND, Thomas Stewart	26 May 1856	22 May 1915	Wo-67
HAMMOND, William J.	13 May 1836	25 May 1914	Wo-37
HAMMOND, William R.	25 Nov 1812	17 Apr 1888	Wo-65
HANCOCK, Adaline d/o J.Hudson w/o Dan.	21 Oct 1804	23 Feb 1875	Wo-9
HANCOCK, Alfred C.	1858	1934	Wo-37
HANCOCK, Alice Trader	7 Feb 1859	4 Jul 1893	Wo-53
HANCOCK, Alma Walton s/o A.S.	20 Jul 1898	14 Jan 1919	Wo-88
HANCOCK, Alton E. s/o A.E.& Cora	1910	1921	Wo-72
HANCOCK, Ambrose S.	1849	1927	Wo-88
HANCOCK, Andrew J.	27 Jul 1838	13 Jul 1886	Wo-73
HANCOCK, Annie A.	5 Aug 1866	4 Apr 1958	Wo-41
HANCOCK, Annie E. w/o G. W.	11 Apr 1834	20 Jan 1909	Wo-87

Name	Birth	Death	Location
HANCOCK, Arthur T.	1921	1979	Wo-53
HANCOCK, Betty A.	14 Sep 1882	26 Jan 1960	Wo-53
HANCOCK, Charles Andrew s/o James	17 Dec 1907	4 Jul 1908	Wo-87
HANCOCK, Charles Bates	1873	1955	Wo-58
HANCOCK, Cleora Wilgus	22 Aug 1898	21 Oct 1918	Wo-73
HANCOCK, Clinton B. s/o Ira & Annie	5 Oct 1888	25 Nov 1899	Wo-41
HANCOCK, Daisy N. w/o David W.	30 Jan 1887	29 Dec 1957	Wo-2
HANCOCK, Daniel	18 Feb 1800	28 Sep 1872	Wo-9
HANCOCK, Darius K.		1876	1950	Wo-37
HANCOCK, David W.	7 Jun 1877	8 Sep 1960	Wo-2
HANCOCK, Drucilla F.	1854	none	Wo-88
HANCOCK, Edward F.	5 Apr 1868	30 Jul 1946	Wo-53
HANCOCK, Edwin S. (Toad)	1903	1976	Wo-63
HANCOCK, Elizabeth Brown	1872	1945	Wo-58
HANCOCK, Elizabeth P.	18 May 1813	30 Mar 1885	Wo-47
HANCOCK, Elizabeth w/o John H.	16 Aug 1836	27 Apr 1927	Wo-2
HANCOCK, Ella S.	1893	1979	Wo-37
HANCOCK, Ellen C. d/o Peter	23 Jun 1838	31 Aug 1838	Wo-62
HANCOCK, Esther A. w/o Leonard W.	28 Mar 1828	31 Sep 1898	Wo-62
HANCOCK, Ethel B.	1897	1977	Wo-53
HANCOCK, Eva B.	1901	1954	Wo-58
HANCOCK, Evelyn S.	1910	none	Wo-63
HANCOCK, Garrison B.	1849	1919	Wo-3
HANCOCK, George C.	1863	1954	Wo-53
HANCOCK, George W.	8 Dec 1830	31 Mar 1919	Wo-87
HANCOCK, Harvey T.	1856	1933	Wo-88
HANCOCK, Henry Leslie s/o Isaac	30 Jul 1888	6 Sep 1910	Wo-3
HANCOCK, Ida D. w/o E. T.	2 Apr 1867	18 Dec 1895	Wo-72
HANCOCK, Infant s/o W.C.& Nannie	11 Aug 1916	5 Sep 1916	Wo-53
HANCOCK, Ira B.	19 Nov 1861	9 Aug 1948	Wo-41
HANCOCK, Isaac J.	1864	1956	Wo-2
HANCOCK, J. Rowland	7 Dec 1898	30 Jun 1920	Wo-72
HANCOCK, James J.	15 Mar 1874	11 May 1953	Wo-37
HANCOCK, James T.	23 Dec 1832	15 Nov 1921	Wo-37
HANCOCK, James W.	1873	1932	Wo-88
HANCOCK, Jennie w/o Isaac J.	22 Jun 1871	9 Jan 1903	Wo-2
HANCOCK, John	7 Aug 1860	24 Dec 1954	Wo-3
HANCOCK, John H.	11 Jul 1829	2 Mar 1892	Wo-58
HANCOCK, John William	4 Mar 1847	7 Sep 1924	Wo-88
HANCOCK, Julia Ellen (with Evans)	1966	1969	Wo-60
HANCOCK, Laura M.	(d.age58yr)	22 Feb 1919	Wo-5
HANCOCK, Laura V. w/o Robert W.	13 Oct 1858	5 Nov 1920	Wo-53
HANCOCK, Lena May w/o James Jr.	23 May 1880	6 Mar 1932	Wo-37
HANCOCK, Leonard S. s/o Leonard & Bess	21 Apr 1914	21 Sep 1914	Wo-88
HANCOCK, Letitia J.	30 Aug 1848	14 Oct 1908	Wo-40
HANCOCK, Lloyd G. s/o Robert W.& L.V.	5 Jan 1879	2 Aug 1899	Wo-53
HANCOCK, Louisa C. w/o Milby	11 Mar 1851	23 Sep 1915	Wo-40
HANCOCK, Louisa E. w/o James T.	2 May 1838	7 Oct 1919	Wo-37
HANCOCK, Louise H. Bridges	1909	1972	Wo-58
HANCOCK, Lucinda Sanders	14 Feb 1847	22 Dec 1928	Wo-88
HANCOCK, Mabel A.	none	none	Wo-2
HANCOCK, Major Whitting	1850	1919	Wo-54
HANCOCK, Margaret V.	1873	1962	Wo-41
HANCOCK, Martha A. w/o Wilmer J.	3 Jun 1843	7 Oct 1922	Wo-53
HANCOCK, Martin L.	1866	1946	Wo-53

Name	Birth	Death	Location
HANCOCK, Mary G. W.	(d.age 90yr)	none	Wo-52
HANCOCK, Mary Grace w/o Edward F.	27 Feb 1872	30 Jul 1906	Wo-53
HANCOCK, Maurice W.	1900	1969	Wo-2
HANCOCK, Milby	1844	1924	Wo-40
HANCOCK, Milton S.	1898	1973	Wo-58
HANCOCK, Missouri May	1876	1897	Wo-53
HANCOCK, Nancy M.	1909	1919	Wo-41
HANCOCK, Nannie I.	28 Nov 1870	18 Dec 1954	Wo-3
HANCOCK, Paul s/o Steward	5 Dec 1891	2 Jun 1894	Wo-84
HANCOCK, Pauline Dryden	1902	1973	Wo-58
HANCOCK, Peter	(d.age 94yr)	none	Wo-53
HANCOCK, Peter W.	28 Feb 1837	21 Jun 1900	Wo-53
HANCOCK, Phyllis d/o M.W.& Mabel	3 Oct 1926	15 Jan 1927	Wo-2
HANCOCK, Quinton s/o Ira and Annie A.	10 Jul 1893	18 Jun 1895	Wo-41
HANCOCK, Raymond F.	27 Sep 1880	5 Feb 1961	Wo-53
HANCOCK, Robert W.	22 Jan 1852	19 Dec 1924	Wo-53
HANCOCK, Rosa J.	1867	1934	WO-53
HANCOCK, Sadie W.	1877	1945	Wo-2
HANCOCK, Sallie A. w/o A.C.	19 Mar 1842	4 Apr 1919	Wo-40
HANCOCK, Sallie R.	1842	1916	Wo-53
HANCOCK, Sarah A. Peacock	1849	1938	Wo-54
HANCOCK, Sarah E.	1863	1929	Wo-88
HANCOCK, Sarah Jane Tull	1854	1879	Wo-54
HANCOCK, Sidney M.	1840	1908	Wo-53
HANCOCK, Sidney T.	1866	1903	Wo-53
HANCOCK, Tabitha J. w/o Andrew	30 Mar 1837	4 Oct 1904	Wo-87
HANCOCK, Thomas P.	4 Nov 1841	31 Oct 1880	Wo-87
HANCOCK, William C.	22 Nov 1892	27 Apr 1974	Wo-53
HANCOCK, William J.	1855	1917	Wo-41
HANCOCK, William J. Jr. (WW I,USA)	5 Dec 1905	29 Mar 1975	Wo-41
HANCOCK, William Page s/o J.W.	11 Nov 1921	4 May 1922	Wo-88
HANCOCK, Wilmer J.	3 Jan 1841	23 Nov 1922	Wo-53
HANDY, Ann C.	(d.age 9mo)	10 Dec 1845	Wo-86
HANDY, Charles Nutter (Col.)	(d.age 32yr)	28 Mar 1852	Wo-65
HANDY, Comfort Randall w/o William	none	none	Wo-84
HANDY, Esther W. d/o Levin	(d.age 86yr)	29 Jun 1880	Wo-86
HANDY, Fannie M.	1854	1944	Wo-58
HANDY, Gordon W.	(d.age 45yr)	3 Sep 1846	Wo-86
HANDY, Henry James (Rev.)	15 Apr 1841	12 Feb 1907	Wo-58
HANDY, John	(d.age 72yr)	31 Aug 1840	Wo-84
HANDY, John C. s/o John	9 Oct 1812	3 Sep 1815	Wo-84
HANDY, Johzabeth w/o John C.	(d.age 70yr)	22 Jan 1840	Wo-84
HANDY, Levin	24 May 1812	16 Sep 1813	Wo-86
HANDY, Levin (Lieutenant Col.)	20 Aug 1754	5 Jun 1799	Wo-86
HANDY, Levin s/o Major James	none	none	Wo-86
HANDY, Margaret E. H. Stringer w/o D.	Feb 1811	20 Nov 1851	Wo-84
HANDY, Maria d/o John C.	18 Aug 1793	18 Nov 1873	Wo-84
HANDY, Marian	1882	1967	Wo-58
HANDY, Marianna Speiden	1876	1881	Wo-58
HANDY, Mary E.	30 Jun 1843	24 Feb 1913	Wo-58
HANDY, Mary J. R. w/o Rev.Isaac W.	20 Dec 1821	29 Feb 1848	Wo-65
HANDY, Mary w/o Major James	(d.age 70yr)	none	Wo-86
HANDY, Mathias s/o Major James	none	none	Wo-86
HANDY, Moses Purnell	14 Apr 1847	9 Jan 1899	Wo-65
HANDY, Moses Purnell Jr.	11 NOv 1878	24 Feb 1897	Wo-65

Name				
HANDY,Nancy w/o Lt.Col.Levin	18 Mar 1769	25 Apr 1815	Wo-86
HANDY,Nancy w/o Major James	(d.age70yr)	none	Wo-86
HANDY,Priscilla W. w/o Samuel	(d.age31yr)	18 Nov 1822	Wo-86
HANDY,Rosalina	20 Jan 1817	20 Sep 1817	Wo-86
HANDY,Sally C. d/o John	11 Oct 1798	14 Sep 1819	Wo-84
HANDY,Sally S. Martin w/o Isaac	17 Apr 1819	4 Oct 1853	Wo-86
HANDY,Samuel (Col.)	(d.age88yr)	27 May 1828	Wo-84
HANDY,Sidney W. (Dr.)	24 Oct 1845	27 Jan 1883	Wo-58
HANDY,William s/o William	22 Aug 1806	none	Wo-84
HANLEY,James (b.England)	13 Mar 1821	31 Oct 1891	Wo-65
HANLEY,Martha E. d/o T. Rinaldo	3 Jul 1904	5 May 1906	Wo-65
HANLEY,Olive (b.Canada)	29 Apr 1824	7 Apr 1904	Wo-65
HANLEY,Sally M. McNeal w/o Clarence	1Jan 1876	24 Apr 1910	Wo-65
HANLEY,Theron B.	14 Apr 1876	2 Apr 1922	Wo-65
HANLEY,Thomas G. (b.Ontario)	6 Apr 1828	11 Jan 1917	Wo-65
HANLEY,Wilford N.	20 May 1913	11 Dec 1915	Wo-65
HANLIN,Hattie E. w/o John	(d.age59yr)	28 Aug 1920	Wo-66
HANLIN,John	(d.age68yr)	9 Jan 1922	Wo-66
HARGIS,Ann G. w/o Thomas W.	16 Jul 1816	14 Mar 1838	Wo-60
HARGIS,Ann w/o Thomas M.	31 Oct 1794	7 Jan 1874	Wo-60
HARGIS,Annie G.	1881	1944	Wo-60
HARGIS,Corbin E. s/o Thomas W.	25 Oct 1861	18 Nov 1904	Wo-60
HARGIS,Eleanor R. d/o Marion T.	21 Oct 1884	4 Nov 1917	Wo-86
HARGIS,Ella King Wilson w/o Marian	9 Dec 1856	4 Feb 1935	Wo-86
HARGIS,George	1796	1868	Wo-60
HARGIS,John P.	5 May 1825	30 Nov 1900	Wo-86
HARGIS,John Phillip s/o Marion	9 Jul 1893	22 Jun 1894	Wo-86
HARGIS,Lydia M. w/o W.T.C.	12 Jun 1844	11 Oct 1919	Wo-60
HARGIS,Margaret Fletcher w/o Thomas	25 May 1829	27 Jun 1888	Wo-60
HARGIS,Marian Toadvine	9 Apr 1858	4 Feb 1935	Wo-86
HARGIS,Sarah E. N. w/o Thomas	30 Dec 1829	27 Dec 1910	Wo-60
HARGIS,Thomas F.	9 Jun 1857	15 Dec 1912	Wo-60
HARGIS,Thomas M.	10 Feb 1781	26 Oct 1857	WO-60
HARGIS,Thomas W. s/o Stephen	14 Dec 1813	6 Feb 1896	Wo-60
HARGIS,W. T. C.	1848	1940	Wo-60
HARGIS,William T.	9 Mar 1821	17 Sep 1905	Wo-60
HARMER,Anna E.	15 Oct 1920	4 Mar 1923	Wo-66
HARMON,Horace J.	31 Aug 1875	26 Feb 1920	Wo-66
HARMON,Roy	7 Feb 1890	8 Jun 1908	Wo-66
HARMON,Taylor	25 Jul 1882	2 Sep 1924	Wo-66
HARMON,William H.	20 Feb 1819	29 May 1883	Wo-40
HARMONSON,Francis J.	25 Jun 1833	28 Aug 1903	Wo-65
HARMONSON,George W.	1 Jul 1835	18 Sep 1872	Wo-65
HARMONSON,John s/o Franics J.	(d.age 7yr)	12 Jun 1871	Wo-65
HARMONSON,Margaret W. w/o Francis	27 Jul 1877	26 NOv 1919	Wo-65
HARMONSON,Mary E. Sears w/o F.J.	23 Sep 1835	31 Jan 1898	Wo-65
HARPER,Ann Mariah w/o William R.	9 Oct 1835	4 Dec 1909	Wo-65
HARPER,Frank P.	(d.age26yr)	11 Mar 1887	Wo-65
HARRIGAN,Annie H.	11 Oct 1871	20 Sep 1954	Wo-3
HARRINGTON,Margaret Custis	1901	1935	Wo-58
HARRIS,,Bessie A. d/o James B.	7 Sep 1883	11 Jun 1884	Wo-87
HARRIS,Clifford W. (WW II)	1894	1952	Wo-58
HARRIS,Elwood Johnny	(d.age 5yr)	14 Nov 1965	Wo-2
HARRIS,Hattie E. d/o James B.	9 Oct 1876	5 Aug 1878	Wo-86
HARRIS,J. Edward	11 Feb 1876	14 Oct 1913	Wo-87

Name	Birth	Death	Location
HARRIS, James B.	20 Oct 1849	5 Dec 1883	Wo-87
HARRIS, Mary R. w/o James B.	(d.age 28yr)	16 Feb 1881	Wo-86
HARRIS, Sally w/o Isaac d/o Lit.Long	20 Jul 1803	20 Mar 1883	Wo-36
HARRIS, William Paul d/o James B.	13 May 1880	18 Jul 1881	Wo-86
HARRISON, Annie K. w/o J.C.	(d.age 44yr)	19 Apr 1887	Wo-70
HARRISON, Annie K. w/o Joseph G.	(d.age 44yr)	16 Oct 1887	Wo-66
HARRISON, Baby Girl	20 Sep 1900	23 Sep 1900	Wo-66
HARRISON, E. Roy	1911	none	Wo-58
HARRISON, Edgar R.	1877	1949	Wo-58
HARRISON, Edwin H.	1913	none	Wo-58
HARRISON, George Alfred	none	21 Apr 1899	Wo-65
HARRISON, George Alfred	9 Dec 1870	18 NOv 1922	Wo-65
HARRISON, Geraldine	1936	none	Wo-58
HARRISON, Gordon M.	1938	none	Wo-58
HARRISON, Joseph G.	18 Nov 1840	12 Dec 1914	Wo-66
HARRISON, Katharine C. d/o Orlando	26 Jul 1898	7 Aug 1899	Wo-66
HARRISON, Leland Dale	none	28 Jul 1914	Wo-65
HARRISON, Marguerite	1878	1967	Wo-58
HARRISON, Perle Holland	1884	1970	Wo-61
HARRISON, Robert O. (WW II)	1902	1958	Wo-58
HARRISON, Rouse	(d.age 47yr)	3 Feb 1893	Wo-69
HARRISON, Ruby M.	1912	1976	Wo-58
HARRISON, Thelma M.	1915	none	Wo-58
HART, William F.	1887	1980	Wo-58
HARTHWAY, Susan J. w/o John W.	19 Jun 1847	22 Sep 1886	Wo-9
HASTINGS, Anna T.	1894	1969	Wo-58
HASTINGS, Charlie J. P.	29 Jul 1899	22 Jul 1910	Wo-65
HASTINGS, Daniel W. s/o Henry	21 Jan 1858	19 Apr 1895	Wo-66
HASTINGS, Edwin L. s/o Orlando	31 Jul 1913	28 Oct 1915	Wo-69
HASTINGS, George R.	1897	1924	Wo-66
HASTINGS, John H.	(d.age 38yr)	19 May 1893	Wo-92
HASTINGS, Joseph H.	28 Sep 1876	4 Jan 1893	Wo-66
HASTINGS, Julia Collins w/o Henry	12 Nov 1821	31 Aug 1897	Wo-66
HASTINGS, Julia M. d/o C.H.& L.C.	11 Oct 1878	19 Jul 1879	Wo-66
HASTINGS, Lawrence	31 Jul 1851	13 Jul 1930	Wo-87
HASTINGS, Levisa Harrison	18 Feb 1845	13 Jan 1917	Wo-66
HASTINGS, Martha Ann w/o W. J.	15 Jul 1854	22 Apr 1913	Wo-67
HASTINGS, Mary H. w/o Henry W.	15 Aug 1860	21 Aug 1907	Wo-92
HASTINGS, Norman Young s/o W. J. & M.	23 Aug 1892	1 Oct 1892	Wo-67
HASTINGS, Olive	19 Jan 1882	13 Oct 1897	Wo-66
HASTINGS, Richard	28 Aug 1822	20 Mar 1899	Wo-65
HASTINGS, Sallie Adeline w/o Richard	21 Jan 1823	17 Jul 1906	Wo-65
HASTINGS, Sallie M. d/o John M.	29 Jun 1891	26 Oct 1908	Wo-92
HASTINGS, Sarah J. Holloway w/o B.	11 Jan 1846	22 Dec 1915	Wo-87
HASTINGS, Sarah May	3 Jun 1912	9 Jun 1912	Wo-66
HASTINGS, Thomas W.	4 Aug 1858	2 Feb 1917	Wo-66
HASTINGS, Vaughn A. s/o C.H.& L.C.	1 Jun 1880	29 Sep 1881	Wo-66
HASTINGS, William M.	15 Nov 1839	27 Apr 1911	Wo-69
HATFIELD, G. Elliott	1898	none	Wo-60
HATFIELD, Lucille G.	1905	none	Wo-60
HATTER, Gardner s/o George W.& Maggie	18 Mar 1904	2 Aug 1904	Wo-69
HATTER, George W.	6 Feb 1880	16 Feb 1913	Wo-69
HATTER, Maggie w/o George W.	14 Feb 1822	2 Apr 1904	Wo-69
HAUBERT, Alfred J.	21 Feb 1857	3 Nov 1914	Wo-88
HAWKING, Sylvia G.	1915	1972	Wo-63

Name	Birth	Death	Loc
HAYDEN, Lula C. Dykes	9 Aug 1880	22 May 1968	Wo-114
HAYDEN, Nettie Bennum	16 Oct 1889	18 Mar 1875	Wo-40
HAYMAN, Aleine R.	1892	none	Wo-62
HAYMAN, Alfred C.	1870	1952	Wo-58
HAYMAN, Alfred Isaiah	23 Feb 1834	29 Aug 1902	Wo-1
HAYMAN, Ann Amelia	29 Jun 1838	23 Nov 1911	Wo-1
HAYMAN, Ann M. w/o William B.	30 Jan 1801	26 Sep 1869	Wo-1
HAYMAN, Arthur D.	1887	1888	Wo-63
HAYMAN, Avery G.	(d.age 37yr)	14 Dec 1934	Wo-87
HAYMAN, Bessie L.	1888	1950	Wo-63
HAYMAN, Charles L. s/o J.D. & S.C.	30 Jun 1891	27 Jul 1895	Wo-94
HAYMAN, Connie C. d/o A.H.	24 Jan 1897	6 Oct 1899	Wo-1
HAYMAN, David S.	1956	1978	Wo-58
HAYMAN, Dora Amy, d/o Claud J. & Olive	29 Jun 1904	1904	Wo-1
HAYMAN, Douglas	1952	1979	Wo-58
HAYMAN, Edna Jane d/o James H.	(d.age 4yr)	12 Jan 1890	Wo-63
HAYMAN, Elijah R.	1858	1923	Wo-63
HAYMAN, Emeline E.	27 Apr 1830	29 Jan 1916	Wo-63
HAYMAN, Emeline H.	1882	1969	Wo-58
HAYMAN, Ernest H.	1868	1940	Wo-1
HAYMAN, Eva B.	1872	1948	Wo-1
HAYMAN, Florence M. w/o Otis	18 Jan 1884	7 Feb 1906	Wo-84
HAYMAN, Francis J.	9 Mar 1828	28 Oct 1887	Wo-1
HAYMAN, George s/o William J. & Ida	1 Apr 1894	22 Sep 1895	Wo-61
HAYMAN, Hannah David	21 Oct 1862	29 Oct 1903	Wo-62
HAYMAN, Harry J.	1872	1943	Wo-93
HAYMAN, Henrietta	1846	1931	Wo-63
HAYMAN, Henrietta F. w/o Francis J.	4 Jun 1828	24 Jan 1892	Wo-1
HAYMAN, Henry J.	13 Mar 1832	20 Mar 1912	Wo-93
HAYMAN, Infant	1895	1895	Wo-61
HAYMAN, James Hargis	28 Jul 1842	1 Nov 1909	Wo-63
HAYMAN, James W.	19 Jul 1826	24 Sep 1898	Wo-63
HAYMAN, John D.	7 May 1859	5 Apr 1916	Wo-94
HAYMAN, Leah	11 Dec 1780	22 Oct 1863	Wo-93
HAYMAN, Lee Fitzgerald	1896	1972	Wo-61
HAYMAN, Leroy s/o W.S. & Sallie P.	18 Dec 1883	2 Sep 1901	Wo-1
HAYMAN, Lilla May	19 May 1871	31 May 1877	Wo-93
HAYMAN, Louisa B. d/o Stephen O.	(d.age 76yr)	12 Aug 1952	Wo-1
HAYMAN, Maggie C.	1860	1948	Wo-63
HAYMAN, Margaret D.	8 Nov 1840	11 Feb 1867	Wo-93
HAYMAN, Margaret M.	27 Nov 1834	7 Apr 1906	Wo-1
HAYMAN, Martha E. w/o Henry J.	30 Dec 1841	25 Dec 1906	Wo-93
HAYMAN, Mary Evelyn d/o James H.	(d.age 2yr)	4 Oct 1874	Wo-63
HAYMAN, Mary Pollitt w/o T. W.	2 Sep 1871	10 Nov 1929	Wo-93
HAYMAN, Maud d/o Henry J. & Martha E.	11 Nov 1885	17 Sep 1886	Wo-93
HAYMAN, Mildred S. d/o Otis T. & F.	(d.age 1yr)	14 Apr 1905	Wo-1
HAYMAN, Millard J.	20 Feb 1856	13 Mar 1906	Wo-61
HAYMAN, Molley	8 Apr 1787	11 Jun 1871	Wo-93
HAYMAN, Oscar E. s/o Henry S. & Effie	13 Jul 1910	11 Jul 1912	Wo-94
HAYMAN, Rebecca S.	(d.age 53yr)	23 Jan 1867	Wo-93
HAYMAN, Robert H.	1804	1890	Wo-63
HAYMAN, Roda E.	28 Jul 1850	19 Nov 1887	Wo-94
HAYMAN, Ronald A.	1952	1978	Wo-58
HAYMAN, Sallie G.	22 Jun 1851	2 Feb 1900	Wo-94
HAYMAN, Stephen R.	21 Jun 1829	15 Mar 1909	Wo-1

Name	Birth	Death	Location
HAYMAN,T. Woodland	19 Nov 1867	15 Feb 1932	Wo-93
HAYMAN,Tetsha Ann	25 Dec 1838	27 Nov 1895	Wo-94
HAYMAN,Thomas E.	1876	1942	Wo-93
HAYMAN,Thomas J.	3 Nov 1830	14 Nov 1907	Wo-1
HAYMAN,Vaughan S.	11 Aug 1859	8 Jan 1904	Wo-1
HAYMAN,Verda L. w/o J. Herbert	10 Aug 18--	13 Jul 1884	Wo-63
HAYMAN,Warren Benson	1 May 1858	29 Jul 1923	Wo-62
HAYMAN,Warren R.	1892	1967	Wo-62
HAYMAN,William C.	1906	1970	Wo-63
HAYMAN,William O. s/o Stephen P.	12 Oct 1872	25 Nov 1905	Wo-1
HAYMAN,Willie G. s/o J. R.	19 Mar 1871	18 May 1891	Wo-63
HAYWARD,Alice Maude	1868	1870	Wo-62
HAYWARD,Anne Elizabeth d/o George	3 Jun 1879	16 Sep 1879	Wo-84
HAYWARD,Annie Crosdale w/o George	21 Mar 1844	8 Feb 1884	Wo-84
HAYWARD,Crosdale s/o George	18 Sep 1873	16 Oct 1873	Wo-84
HAYWARD,Darcy Wilson s/o George	16 Jan 1877	15 Jul 1877	Wo-84
HAYWARD,Edmund s/o George	18 Sep 1873	9 Feb 1874	Wo-84
HAYWARD,Elizabeth Morris	1874	1961	Wo-62
HAYWARD,Frank Edmund	1867	1953	Wo-62
HAYWARD,George	15 Feb 1830	10 Aug 1916	Wo-84
HAYWARD,Harriett Curtis	1860	1948	Wo-62
HAYWARD,J. Elzey s/o George	5 Mar 1868	17 Jul 1872	Wo-84
HAYWARD,James Gibson s/o George	25 Jul 1870	13 Aug 1870	Wo-84
HAYWARD,James Gibson s/o George	31 Aug 1871	3 Nov 1872	Wo-84
HAYWARD,John E.	20 Nov 1796	20 Dec 1870	Wo-84
HAYWARD,John Elzey	(d.age79yr)	14 Apr 1905	Wo-62
HAYWARD,John Elzey s/o John E.	12 Dec 1863	15 Jun 1878	Wo-62
HAYWARD,Margaret	(d.age29yr)	1831	Wo-84
HAYWARD,Maria Gibson d/o George	12 Aug 1872	17 Aug 1872	Wo-84
HAYWARD,Mary Eugenia	1862	1936	Wo-62
HAYWARD,Sarah H. w/o John E.	(d.age41yr)	5 Apr 1876	Wo-62
HAYWARD,Tilghman Johnston s/o George	25 Jul 1870	8 Aug 1870	Wo-84
HEARN,James Thomas	1837	1906	Wo-61
HEARN,Jennie	1854	1952	Wo-61
HEARN,Leah Ann	1844	1931	Wo-61
HEARN,Mary M. d/o John L.	16 Jul 1848	24 Aug 1875	Wo-60
HEARN,Nancy C.	29 Nov 1849	26 Nov 1911	Wo-69
HEARN,Sarah Ellen	1860	1878	Wo-61
HEARN,William H. s/o W.H.& N.C.	27 Oct 1879	6 May 1904	Wo-69
HEARN,William T. (Dr.)	13 Feb 1849	3 Mar 1905	Wo-69
HEARNE,Ebenezer (General b.Del.)	7 Mar 1792	13 Jan 1854	Wo-60
HEARNE,John L. (Dr.)	19 Mar 1823	24 Jan 1872	Wo-60
HEARNE,Peggy Stevenson w/o Ebenezer	6 Oct 1802	13 Jul 1855	Wo-60
HEARNE,Sally E. w/o John L.	6 Jan 1830	9 Mar 1875	Wo-60
HEARNE,William T.	20 Jan 1826	9 Dec 1864	Wo-60
HEARTHWAY,Amanda W.	1873	1956	Wo-40
HEARTHWAY,Annie Merrill	1880	1963	Wo-41
HEARTHWAY,B. W.	25 Jan 1861	26 Sep 1931	Wo-88
HEARTHWAY,Baby	1923	1923	Wo-40
HEARTHWAY,Baby	1928	1928	Wo-41
HEARTHWAY,Charles H.	1868	1942	Wo-40
HEARTHWAY,George Jr.	1925	1925	Wo-41
HEARTHWAY,George P.	1879	1966	Wo-41
HEARTHWAY,Henrietta w/o B.W.	26 Aug 1861	12 Aug 1924	Wo-88
HEARTHWAY,Hilda C.	1905	1906	Wo-40

Name	Birth	Death	Location
HEARTHWAY, Joshua T.	1865	1887	Wo-40
HEARTHWAY, Laura E.	1884	1934	Wo-41
HEARTHWAY, Louisa G.	1835	1914	Wo-40
HEARTHWAY, Margie M.	1892	none	Wo-40
HEARTHWAY, Marion V.	1900	none	Wo-40
HEARTHWAY, William H.	1827	1908	Wo-40
HEARTHWAY, William W.	1909	none	Wo-40
HEATH, Elma	18 Oct 1862	12 Aug 1864	Wo-62
HEATH, Fanny E. w/o John B.	(d.age 25yr)	31 Dec 1870	Wo-62
HEATH, Francis & Nellie & Daniel	none	none	Wo-62
HEATH, John B.	(d.age 32yr)	16 Nov 1870	Wo-62
HEINER, Catherine R.	1879	1966	Wo-58
HEINER, Martin B.	1923	1971	Wo-58
HEINER, Nellie B.	none	none	Wo-58
HEINZ, John	1872	1917	Wo-87
HEINZ, Maria	1881	1920	Wo-87
HELMS, Minnie E. w/o Thomas S.	22 Mar 1885	none	Wo-67
HELMS, Thomas S.	14 Aug 1877	none	Wo-67
HELTON, Cecil H.	1924	none	Wo-58
HELTON, Mary C.	1924	none	Wo-58
HELTON, Robert S.	1947	1974	Wo-58
HENDERSON, Amelia	1863	1935	Wo-63
HENDERSON, Austin C.	1879	1966	Wo-58
HENDERSON, Benjamin R.	1823	1884	Wo-87
HENDERSON, Clara G. w/o J.F.	29 Jun 1851	9 Jul 1881	Wo-60
HENDERSON, Clara L. (with L.W.Jones)	1908	1968	Wo-60
HENDERSON, Denard	30 Apr 1832	27 Aug 1906	Wo-65
HENDERSON, Frank P.	1870	1940	Wo-53
HENDERSON, Granville U.	1868	1945	Wo-63
HENDERSON, Harrietta w/o Denard	(d.age 35yr)	22 Aug 1871	Wo-65
HENDERSON, Howard W.	1905	1933	Wo-53
HENDERSON, Irene F.	1906	none	Wo-58
HENDERSON, J. Francis	12 Sep 1823	24 Oct 1858	Wo-60
HENDERSON, J. Harlan	1906	1967	Wo-58
HENDERSON, James S. s/o Robert	3 Jun 1902	11 Oct 1902	Wo-63
HENDERSON, Jane A.	1823	1892	Wo-87
HENDERSON, Laura Ann	18 Jun 1853	29 Aug 1854	Wo-60
HENDERSON, Lela C.	1882	1967	Wo-63
HENDERSON, Lena B. (mother)	1897	1933	Wo-58
HENDERSON, Lida J. w/o William	1866	none	Wo-87
HENDERSON, Littleton	none	none	Wo-58
HENDERSON, Lola F. w/o Leslie J.	27 Aug 1887	26 Mar 1912	Wo-53
HENDERSON, Lottie Hack w/o O.D.	9 Nov 1861	27 Nov 1887	Wo-84
HENDERSON, Maggie w/o Denard	(d.age 53yr)	23 Jul 1897	Wo-65
HENDERSON, Margaret J. w/o Littleton	8 Oct 1844	9 Jan 1907	Wo-58
HENDERSON, Margaret Mills w/o J.F.	19 Sep 1826	22 Sep 1894	Wo-60
HENDERSON, Mary Ellen	1902	1929	Wo-87
HENDERSON, Minnie B.	1875	1965	Wo-53
HENDERSON, Minnie G.	1871	1956	Wo-63
HENDERSON, Norman Sebastian	1914	1939	Wo-53
HENDERSON, Robert W. s/o Robert	22 Nov 1894	5 Mar 1905	Wo-63
HENDERSON, Sallie R.	1884	none	Wo-58
HENDERSON, Sarah O.	21 Aug 1811	20 May 1895	Wo-87
HENDERSON, Thomas	1874	1944	Wo-63
HENDERSON, Thomas J.	1854	1936	Wo-63

Name	Birth	Death	Plot
HENDERSON, William J.	1861	1933	Wo-87
HENMAN, Charles W.	1893	1925	Wo-87
HENMAN, Hannah M. S. d/o J. N.	(d.age 4yr)	27 Jul 1877	Wo-65
HENMAN, Jennie d/o Thomas	(d.age 11mo)	29 Oct 1886	Wo-87
HENMAN, Thomas	23 Oct 1860	24 Nov 1910	Wo-87
HENRY, Charles R.	(d.age 40yr)	19 Jul 1835	Wo-65
HENRY, Edward B.	30 Mar 1825	16 Feb 1839	Wo-65
HENRY, Edward s/o R.J. & Henrietta	20 Oct 1846	15 Aug 1904	Wo-67
HENRY, Elizabeth A. Dirickson w/o Z.	24 Nov 1832	19 Nov 1918	Wo-67
HENRY, Ellen Frances d/o Charles R.	26 Jan 1828	28 May 1845	wo-65
HENRY, Emma d/o Zadock & Elizabeth	13 Mar 1866	22 Aug 1866	Wo-67
HENRY, Esther B.	16 Mar 1802	9 Oct 1845	Wo-65
HENRY, Esther Henrietta d/o R. J.	8 Oct 1820	23 Aug 1899	Wo-67
HENRY, Eva Spence w/o J.R. & d/o J.S.	11 May 1827	4 Nov 1853	Wo-67
HENRY, John P.	(d.age 84yr)	16 Sep 1872	Wo-107
HENRY, John W.	30 Mar 1827	31 May 1889	Wo-65
HENRY, Juliana w/o Charles R.	(d.age 72yr)	23 Feb 1864	Wo-65
HENRY, Robert J.	19 Nov 1785	1822	Wo-67
HENRY, Robert Jenkins	30 Mar 1819	4 Aug 1893	Wo-67
HENRY, S. M. Mrs.	16 Sep 1820	Mar 1872	Wo-107
HENRY, Thomas Johnson s/o J.P.& M.B.	(d.age 8mo)	8 Aug 1884	Wo-67
HENRY, Thomas Johnson s/o James P.	8 Dec 1883	8 Aug 1884	Wo-107
HENRY, Zadock P. Sr.	27 Nov 1798	13 Dec 1870	Wo-65
HENRY, Zadock Purnell	4 Nov 1831	26 Jan 1904	Wo-67
HEWARD, Richard L.	1854	1921	Wo-87
HIBRAY, Talmon Lee s/o A.J.	11 Oct 1902	20 Apr 1908	Wo-72
HICKMAN, Alfred Martin Williams	12 Jan 1886	7 Jan 1900	Wo-84
HICKMAN, Alice M. w/o Harry F.	1878	1924	Wo-69
HICKMAN, Anna W. Weidemeyer	1827	1896	Wo-65
HICKMAN, Bafly	none	14 Nov 1856	Wo-65
HICKMAN, Bernice B.	1902	none	Wo-2
HICKMAN, Carl Purnell s/o Edward	9 Aug 1908	20 Jan 1916	Wo-66
HICKMAN, Della J. w/o Pemberton	2 Oct 1884	3 May 1922	Wo-69
HICKMAN, Elizabeth B.	17 Mar 1822	27 Feb 1904	Wo-87
HICKMAN, Ellen M. d/o Pemberton	19 Oct 1883	25 Sep 1888	Wo-69
HICKMAN, Emma W.	1864	1943	Wo-62
HICKMAN, Eugene Lynwood s/o Eugene	(d.age 3mo)	25 Aug 1915	Wo-79
HICKMAN, Francis A.	4 Mar 1834	1 Jun 1896	Wo-63
HICKMAN, Frank A.	1873	1948	Wo-63
HICKMAN, Franklin	23 Jul 1875	27 Mar 1900	Wo-79
HICKMAN, Fred L.	1898	1962	Wo-2
HICKMAN, Gladys D.	1915	1968	Wo-58
HICKMAN, Henry P.	1886	1947	Wo-2
HICKMAN, Hirner C.	9 Feb 1913	22 Jul 1919	Wo-2
HICKMAN, Indiana w/o Francis	18 Jan 1842	6 Jun 1918	Wo-63
HICKMAN, Infant d/o James R.	(d.age 3da)	4 Jun 1906	Wo-56
HICKMAN, J. Frederick	1915	1928	Wo-63
HICKMAN, James R.	14 May 1884	9 Jan 1961	Wo-56
HICKMAN, Jennie	1891	1976	Wo-63
HICKMAN, John C.	24 May 1860	1 Jun 1940	Wo-2
HICKMAN, John Keeford s/o John T.	23 Nov 1905	16 Nov 1906	Wo-62
HICKMAN, John T.	1860	1944	Wo-62
HICKMAN, Laura E.	1872	1951	Wo-63
HICKMAN, Mamie E.	1885	1969	Wo-61
HICKMAN, Margie D.	1889	1978	Wo-2

Name	Birth	Death	Location
HICKMAN, Marie Louise d/o Eugene	(d.age 5mo)	3 Nov 1917	Wo-79
HICKMAN, Melissa J.	1873	1954	Wo-2
HICKMAN, Minerva B. d/o Pemberton	19 Jun 1886	15 Oct 1888	Wo-69
HICKMAN, Mitchel C.	1871	1940	Wo-61
HICKMAN, Montrue d/o John T.	20 Sep 1902	11 Feb 1907	Wo-62
HICKMAN, Pemberton B.	(d.age 51yr)	21 Apr 1898	Wo-69
HICKMAN, Ruth E. d/o James R.& H.M.	19 Jun 1908	18 Jan 1910	Wo-56
HICKMAN, Sarah A. w/o John C.	19 Oct 1862	8 Mar 1928	Wo-2
HICKMAN, T. C. s/o John & Sarah	9 Feb 1919	22 Jul 1919	Wo-2
HICKMAN, Walter G.	1917	1964	Wo-59
HICKMAN, William H.	1868	1927	Wo-63
HIGGINS, C. Russell	1876	1949	Wo-60
HIGGINS, Lulu King	1883	1969	Wo-60
HILL, Baby d/o C.W.& E.M.	none	none	Wo-53
HILL, Charles L.	14 Nov 1857	none	Wo-71
HILL, Charles L. Jr. s/o Charles L.	5 Aug 1897	30 May 1898	Wo-69
HILL, Charles O. s/o John J.	21 Nov 1870	5 Dec 1881	Wo-87
HILL, Charles William s/o Chas. E.	12 Apr 1905	16 Jan 1906	Wo-87
HILL, Charlie W.	1867	1964	Wo-53
HILL, Christopher R.	1975	1980	Wo-58
HILL, Clara E.	1893	1975	Wo-58
HILL, Delores B.	1901	none	Wo-63
HILL, Edward A.	22 Aug 1847	28 Aug 1913	Wo-87
HILL, Edward C.	1885	1968	Wo-61
HILL, Elizabeth M.	27 Oct 1882	20 Mar 1908	Wo-40
HILL, Emma C. w/o William J.	1 Sep 1857	21 Dec 1925	Wo-3
HILL, Esther Ann w/o John J.	13 Oct 1838	23 May 1881	Wo-87
HILL, Eurah M.	1868	1958	Wo-53
HILL, Forrest H.	1891	1963	Wo-58
HILL, Fred Charlie	1902	none	Wo-58
HILL, George	(d.age 65yr)	19 Jul 1865	Wo-65
HILL, George E.	1867	1937	Wo-41
HILL, George E.	14 Jan 1820	28 Sep 1903	Wo-40
HILL, George Kinsey s/o John S.& M.	15 Mar 1906	11 Jul 1906	Wo-40
HILL, Georgia L.	1896	none	Wo-58
HILL, J. Elwood	1919	1971	Wo-41
HILL, Jerome M.	9 Jan 1864	22 Nov 1911	Wo-40
HILL, John J.	11 Jan 1830	20 Feb 1922	Wo-87
HILL, John P.	1880	1952	Wo-41
HILL, Joseph G.	1892	1971	Wo-63
HILL, Kate M.	1873	1944	Wo-41
HILL, Lester s/o Charles L.	26 Oct 1882	7 Sep 1899	Wo-69
HILL, Levin W.	1834	1918	Wo-60
HILL, Mae P.	1889	1955	Wo-41
HILL, Mary C.	1845	1914	Wo-60
HILL, Mary Emily w/o Charles E.	1 Oct 1877	24 Jun 1922	Wo-87
HILL, Mary Straughan	13 Feb 1904	21 Dec 1906	Wo-87
HILL, Mary Straughn d/o Charles E.	13 Feb 1904	21 Dec 1906	Wo-87
HILL, Maude	1888	1955	Wo-61
HILL, Mildred Martin	1904	1960	Wo-58
HILL, Minnie F.	7 Jan 1895	28 Jun 1913	Wo-87
HILL, Otis P.	1908	1972	Wo-41
HILL, Ralph V.	1919	1925	Wo-53
HILL, Roy W.	1888	1975	Wo-53
HILL, Ruth M.	1887	1976	Wo-53

Name	Birth	Death	Location
HILL, Sallie	19 Mar 1831	7 Apr 1920	Wo-88
HILL, Sallie M. w/o George	(d.age 36yr)	5 Mar 1854	Wo-65
HILL, Sarah E.	21 Oct 1890	8 Jun 1963	Wo-3
HILL, Sarah Hannah d/o John J.	10 Sep 1863	14 Jun 1935	Wo-87
HILL, Sarah R.	1925	none	Wo-41
HILL, William B. (lost at Sea)	1915	1956	Wo-58
HILL, William J.	12 Oct 1850	9 Jul 1929	Wo-3
HILL, William T.	1890	1957	Wo-58
HILL, William T.	29 Jun 1855	27 Jun 1922	Wo-87
HILLARD, George Johnson s/o F.W.	1 Apr 1861	29 Aug 1861	Wo-62
HILLMAN, Annie Lee	1875	1941	Wo-53
HILLMAN, Crawford B.	1894	1978	Wo-63
HILLMAN, Elizabeth Bell d/o Willie F.	29 Oct 1900	13 Feb 1901	Wo-53
HILLMAN, Ephraim K. (WW I)	1896	1977	Wo-58
HILLMAN, Estella V. w/o Harry H.	27 Nov 1874	24 Jul 1912	Wo-58
HILLMAN, Francis L. s/o Harry H.	8 Dec 1914	5 Aug 1915	Wo-58
HILLMAN, Georgia	1893	none	Wo-63
HILLMAN, Harry H.	1872	1962	Wo-58
HILLMAN, Katherine B.	1879	1957	Wo-60
HILLMAN, Katurah F. w/o Ephraim	26 Jan 1843	21 Apr 1904	Wo-58
HILLMAN, Lydia Pusey	1887	1901	Wo-63
HILLMAN, Virginia D.	none	none	Wo-58
HILLMAN, Wilaim F.	1876	1953	Wo-60
HILLMAN, William S. s/o Isaac W.	(d.age 30yr)	1910	Wo-58
HILLS, Julia F.	15 Jul 1860	none	Wo-71
HINMAN, Dorothy Elois	none	none	Wo-58
HINMAN, Jennie d/o Thomas	(d.age 11mo)	29 Oct 1886	Wo-87
HINMAN, Mary Beatrice	none	none	Wo-58
HINMAN, Mary Parks	none	none	Wo-58
HINMAN, Thomas J.	23 Oct 1860	24 Nov 1910	Wo-87
HINMAN, William Edward	none	none	Wo-58
HIRSCH, Ella Merrill	1879	1974	Wo-61
HITCH, Annie G. d/o J. L.	26 Apr 1882	5 Jun 1897	Wo-63
HITCH, Cathell I. s/o J. L.	2 Nov 1867	27 Feb 1903	Wo-63
HITCH, Elizabeth	1910	29 Jun 1986	Wo-93
HITCH, Elizabeth Dykes	1848	1930	Wo-93
HITCH, Ethlyn	1917	none	Wo-93
HITCH, Harold J.	1905	none	Wo-93
HITCH, Ida C. w/o U. Thomas	1893	1955	Wo-114
HITCH, J. L.	19 Nov 1836	9 Dec 1922	Wo-63
HITCH, Lawrence T. s/o U. T. & Ida	4 Jun 1913	20 Sep 1922	Wo-114
HITCH, Levin T.	1855	1942	Wo-114
HITCH, Louella .	23 Nov 1873	30 Jul 1901	Wo-63
HITCH, Luther S.	30 Nov 1897	1 Jul 1915	Wo-87
HITCH, Martha E. w/o J. L.	(d.age 52yr)	1899	Wo-63
HITCH, Mary J. d/o J. L.	5 Jun 1870	15 Jul 1891	Wo-63
HITCH, Robert S.	21 May 1880	6 Sep 1902	Wo-93
HITCH, Roy	1914	1966	Wo-93
HITCH, Sallie C.	1866	1941	Wo-114
HITCH, U. Thomas	1887	1968	Wo-114
HITCHENS, Emma C. (Hillman plot)	1859	1938	Wo-58
HITCHENS, M. Fillmore	1884	1928	Wo-63
HITCHENS, Mollie S.	1877	1961	Wo-63
HITCHENS, William E.	1854	1929	Wo-87
HITCHENS, William S. s/o Isaac W.	7 Nov 1879	18 Feb 1910	Wo-58

Name	Birth	Death	Location
HOBLETZELL, Florence E.		1866	1936 Wo-61
HOBLETZELL, William A.		1864	1943 Wo-61
HODSON, George Irving	19 Apr 1896	16 Oct 1929	Wo-87
HODSON, Sarah M. Payne w/o Claude	11 Sep 1874	7 Nov 1898	Wo-87
HOGEAD, John L.	30 Sep 1808	5 Mar 1854	Wo-65
HOLDZKOM, Sarah Emma d/o James	(d.age 3yr)	2 Oct 1868	Wo-73
HOLLAND, Alonza E.		1880	1945 Wo-58
HOLLAND, Althea J.	10 Jun 1839	26 Apr 1899	Wo-53
HOLLAND, Amelia	(d.age 93yr)	23 Apr 1876	Wo-66
HOLLAND, Ames M. s/o John	20 Nov 1798	3 Mar 1855	Wo-40
HOLLAND, Anne w/o Peter	4 Sep 1790	6 Mar 1843	Wo-3
HOLLAND, Annie L.		1876	1953 Wo-53
HOLLAND, Blanche M.		1889	1973 Wo-40
HOLLAND, Carroll		1908	none Wo-40
HOLLAND, Chester D.		1900	1967 Wo-53
HOLLAND, Clifford G.	25 Jul 1895	20 Oct 1915	Wo-88
HOLLAND, D. Wesley s/o F.A. & Marie		1936	1936 Wo-53
HOLLAND, Dennard W.		1869	1913 Wo-53
HOLLAND, Ebe MD	24 Sep 1808	3 Sep 1832	Wo-65
HOLLAND, Edwin C.		1938	1954 Wo-53
HOLLAND, Elizabeth S. d/o Peter	24 Oct 1814	31 May 1881	Wo-40
HOLLAND, Ella Norah w/o F.L.	30 Oct 1889	31 Dec 1918	Wo-66
HOLLAND, Eugene s/o Denard	13 Feb 1899	9 Aug 1899	Wo-53
HOLLAND, Eva Mae		1889	none Wo-58
HOLLAND, George T.		1885	none Wo-58
HOLLAND, George T.		1921	1970 Wo-58
HOLLAND, Guy R. s/o William K. & Lida	3 Apr 1903	19 Aug 1919	Wo-66
HOLLAND, I. Frank		1850	1939 Wo-61
HOLLAND, Infant d/o John & Laura	24 Nov 1906	19 Jan 1907	Wo-53
HOLLAND, Infant s/o Jesse T.	16 Aug 1916	16 Aug 1916	Wo-65
HOLLAND, James M. s/o John	20 Nov 1798	3 Mar 1855	Wo-40
HOLLAND, James W.	3 Mar 1917	16 Mar 1974	Wo-101
HOLLAND, John	26 Jan 1764	30 Mar 1841	Wo-40
HOLLAND, John T.	6 Sep 1839	11 Apr 1923	Wo-87
HOLLAND, John W.		1860	1948 Wo-53
HOLLAND, Josephine A.		1862	1931 Wo-61
HOLLAND, Laura A.		1865	1954 Wo-53
HOLLAND, Levin	(d.age 89yr)	10 Sep 1869	Wo-66
HOLLAND, Mable G.	10 Nov 1919	none	Wo-101
HOLLAND, Mamie E.		1882	1955 Wo-58
HOLLAND, Margaret M. d/o Joseph	4 Jul 1862	11 NOv 1917	Wo-65
HOLLAND, Marion S.		1893	1967 Wo-60
HOLLAND, Mary Ann w/o John T.	17 Nov 1868	24 Sep 1910	Wo-87
HOLLAND, Mary E. d/o Levin	19 Apr 1874	15 Oct 1874	Wo-87
HOLLAND, Mary V.	20 Jan 1812	11 Apr 1857	Wo-40
HOLLAND, Peter M.D.	6 Jul 1774	10 Apr 1827	Wo-3
HOLLAND, Peter J.	7 Jul 1837	12 Jan 1907	Wo-53
HOLLAND, Peter s/o Peter & Annie	1 Nov 1810	22 Feb 1846	Wo-40
HOLLAND, Raymond W.		1886	1958 Wo-40
HOLLAND, Roberta A.		1853	1929 Wo-61
HOLLAND, Samuel S.		1851	1934 Wo-61
HOLLAND, Virginia	19 Aug 1849	1 Mar 1913	Wo-87
HOLLAND, William J.	1 Nov 1835	20 Jun 1914	Wo-87
HOLLOWAY, Charlie E.	12 May 1879	5 Jun 1903	Wo-79
HOLLOWAY, Earl F.	17 Jun 1900	8 Oct 1930	Wo-88

Name	Birth	Death	Plot
HOLLOWAY, George C.	(d.age 72yr)	20 Oct 1887	Wo-69
HOLLOWAY, Henrietta R. w/o George C.	25 Apr 1812	12 Nov 1864	Wo-69
HOLLOWAY, Hettie Lucas w/o Lemuel	9 Aug 1812	12 Feb 1901	Wo-65
HOLLOWAY, J. William s/o W.A.& L.E.	11 Jul 1896	31 Jul 1912	Wo-66
HOLLOWAY, Joseph H.	13 Dec 1840	14 Jan 1916	Wo-69
HOLLOWAY, Lizzie	16 Nov 1857	none	Wo-69
HOLLOWAY, Lizzie H. w/o William H.	16 Oct 1849	14 Jul 1910	Wo-69
HOLLOWAY, Rose Miss	(d.age 34yr)	20 Sep 1887	Wo-107
HOLLOWAY, Sarah Amelia	16 Feb 1906	20 Jun 1906	Wo-87
HOLLOWAY, T. A. (Dr.)	(d.age 64yr)	9 May 1898	Wo-69
HOLLOWAY, Thomas A.	11 Mar 1859	29 Mar 1906	Wo-66
HOLLOWAY, William H.	20 Jan 1844	7 Feb 1895	Wo-69
HOLSTEIN, Anna C.	6 Apr 1846	10 Dec 1906	Wo-87
HOLSTEIN, Anne G.	1846	1905	Wo-87
HOLSTEIN, Benjamin	22 Oct 1817	1 Dec 1889	Wo-87
HOLSTEIN, Isabelle	1851	none	Wo-87
HOLSTEIN, John E.	1841	1933	Wo-87
HOLSTEIN, Laura E.	1854	1861	Wo-87
HOLSTEIN, Mary Holland w/o Benjamin	18 Jun 1816	11 Aug 1884	Wo-87
HOLSTON, Alice Dymock	none	none	Wo-87
HOLSTON, Ellen Jane	(d.age 87yr)	19 Feb 1908	Wo-88
HOLSTON, Ines Maud w/o Edward	30 Jan 1886	17 Jan 1927	Wo-73
HOLSTON, James R.	21 Jun 1852	26 Apr 1913	Wo-79
HOLSTON, James Walter	3 Sep 1888	8 Aug 1917	Wo-79
HOLSTON, John Franklin	none	22 Nov 1922	Wo-87
HOLSTON, William A.	1876	1918	Wo-73
HOLSTON, William Bassett	10 Jun 1896	19 Jan 1919	Wo-79
HONEY, Annie E.	1844	1896	Wo-58
HONEY, James H.	1838	1928	Wo-58
HONEYWELL, Edward R.	1878	1956	Wo-101
HONEYWELL, Harlan H.	10 Jul 1895	29 Nov 1930	Wo-101
HONEYWELL, Mary E.	1863	1935	Wo-101
HOPE, Edward T.	1868	1947	Wo-61
HOPE, Effie M. d/o John T.F.	23 Oct 1880	11 Mar 1921	Wo-58
HOPE, Fred B.	1895	1972	Wo-61
HOPE, John T. F.	7 Aug 1839	6 Nov 1907	Wo-58
HOPE, Katherine A. w/o John T.F.	24 Mar 1839	11 Feb 1923	Wo-58
HOPE, Marion Sr.	1924	1977	Wo-58
HOPE, Minnie B.	1891	none	Wo-58
HOPE, Sudie B.	1871	1941	Wo-61
HOPE, Thomas C.	1881	1948	Wo-58
HOPE, W. Elton	1906	1956	Wo-58
HOPE, William J. s/o John T.F.	18 Aug 1878	24 Feb 1905	Wo-58
HOPKINS, Benjamin B.	4 Jan 1795	18 Dec 1828	Wo-86
HOPKINS, David	(d.age 45yr)	12 May 1813	Wo-86
HOPKINS, David H. s/o Matthew	1781	1856	Wo-86
HOPKINS, Eliza A. Dale w/o Wolsey	5 Feb 1835	14 May 1906	Wo-92
HOPKINS, George C.	5 May 1871	19 May 1907	Wo-92
HOPKINS, Herman	19 Nov 1876	14 Dec 1909	Wo-63
HOPKINS, Hester w/o David	(d.age 56yr)	14 Feb 1826	Wo-86
HOPKINS, Hettie d/o David	25 Jan 1802	5 Feb 1841	Wo-86
HOPKINS, Mary King Handy w/o Benjamin B.	none	23 Feb 1834	Wo-86
HOPKINS, Matthew Esq.	13 Jul 1776	12 Nov 1824	Wo-86
HOPKINS, Rhoda Bishop d/o Matthew & Mary	1775	1836	Wo-86
HOPKINS, Wolsey B.	none	none	Wo-92

Name	Birth	Death	Section
HORSEMAN, Martha Powell w/o J.H.	4 Jul 1845	10 Dec 1924	Wo-1
HORSEY, Eliza	1838	1923	Wo-60
HORSEY, Elizabeth K. w/o James B	29 Jul 1810	23 Apr 1892	Wo-60
HORSEY, Elizabeth w/o James T.	12 Jun 1863	18 Apr 1908	Wo-66
HORSEY, Ethelind W.	1869	1926	Wo-60
HORSEY, James B. (Dr.)	4 Jul 1807	30 Jan 1838	Wo-60
HORSEY, John S.	9 Jan 1835	22 Nov 1894	Wo-60
HORSEY, King	1886	1936	Wo-61
HORSEY, Mary A. w/o Rufus	1862	1950	Wo-61
HORSEY, Mary E.	29 Aug 1829	22 Jul 1845	Wo-60
HOTTENSTEIN, Ada V. w/o A. C.	18 Jan 1862	8 Jan 1917	Wo-88
HOTTENSTEIN, Betty Hatten	1920	1968	Wo-58
HOTTENSTEIN, Charles Titus	1888	1957	Wo-58
HOTTENSTEIN, Edwin Charles Crosby	none	none	Wo-53
HOTTENSTEIN, Ethel Carey	1893	1975	Wo-58
HOUK, Georgiana K.	1900	1963	Wo-58
HOUK, Stanley L.	1899	1978	Wo-58
HOUSTON, Anne M.	16 Jun 1880	17 Jan 1931	Wo-3
HOUSTON, Bessie d/o Levin J.	none	10 Jan 1876	Wo-3
HOUSTON, Cecilia P. (Nurse WW I)	6 Dec 1871	30 Aug 1968	Wo-3
HOUSTON, Eliza J. w/o John M.	(d.age 24yr)	25 May 1844	Wo-14
HOUSTON, Elizabeth Francis d/o J.F.	1898	1899	Wo-3
HOUSTON, Helen Besson	21 Apr 1878	7 Jul 1956	Wo-3
HOUSTON, J. Francis	1873	1913	Wo-3
HOUSTON, John M.	(d.age 44yr)	10 Mar 1859	Wo-14
HOUSTON, Levin James	14 Dec 1841	28 Dec 1906	Wo-3
HOUSTON, Louis s/o Levin J.& S.E.	5 Apr 1886	28 Jul 1886	Wo-3
HOUSTON, Louise d/o Levin J.& S.E.	27 Mar 1882	10 Jul 1882	Wo-3
HOUSTON, Sarah E. Mezick w/o Levin J.	30 Nov 1846	16 Feb 1930	Wo-3
HOUSTON, William Harold	1 Jul 1876	12 Jan 1966	Wo-3
HOWARD, Ada W.	1888	1967	Wo-61
HOWARD, Anna Mae	2 Aug 1895	30 May 1916	Wo-58
HOWARD, Arthur s/o John J.	14 Jun 1888	3 Sep 1905	Wo-59
HOWARD, Bertha C.	1901	none	Wo-58
HOWARD, Billie Rae	1960	1960	Wo-58
HOWARD, Bobby J. E.	none	none	Wo-61
HOWARD, Catherine E. d/o Edward	19 Mar 1904	27 Nov 1904	Wo-69
HOWARD, Catherine M.	1886	1958	Wo-58
HOWARD, Charles E. Sr.	1885	1971	Wo-58
HOWARD, Charles E. Sr.	19 Aug 1847	19 Jun 1923	Wo-58
HOWARD, Charlie K.	1885	1954	Wo-58
HOWARD, Daisie d/o Edward & Ella	(d.age 1yr)	28 mar 1900	Wo-69
HOWARD, Doris M.	1898	none	Wo-58
HOWARD, Dorothy Virginia	1900	1915	Wo-87
HOWARD, Edna B.	none	none	Wo-61
HOWARD, Edward	31 May 1872	25 May 1906	Wo-69
HOWARD, Elizabeth E.	none	none	Wo-61
HOWARD, Emma, w/o John J.	3 Feb 1856	9 Sep 1917	Wo-59
HOWARD, Ernest	1889	1969	Wo-61
HOWARD, Ernest	1894	1896	Wo-87
HOWARD, Esther M.	1913	1951	Wo-61
HOWARD, Frances M.	1913	1976	Wo-58
HOWARD, Frank Z.	20 Aug 1862	27 Apr 1926	Wo-56
HOWARD, George U.	1871	1907	Wo-58
HOWARD, Gerald F. (Jerry)	1935	1974	Wo-58

Name	Birth	Death	Location
HOWARD, Granville L.		1912	1974	Wo-58
HOWARD, Harry C.	none	none	Wo-61
HOWARD, Harvey C.	1888	1937	Wo-56
HOWARD, Hattie B.	1879	1959	Wo-58
HOWARD, Hazel M.	1938	1962	Wo-101
HOWARD, Helen G.	1916	none	Wo-58
HOWARD, Jack T. s/o William T.Jr.	1958	1958	Wo-58
HOWARD, James C.	10 Jan 1840	18 Jul 1913	Wo-61
HOWARD, James E. s/o Harry & Edna	29 Jun 1905	12 Jul 1905	Wo-61
HOWARD, John C.	1903	1960	Wo-41
HOWARD, John J.	12 Jun 1846	27 Jul 1914	Wo-59
HOWARD, Lillie M.	1890	1918	Wo-61
HOWARD, Lillie M. w/o E.F.	19 May 1890	18 Dec 1918	Wo-61
HOWARD, Louise Mrs.	none	15 Sep 1879	Wo-107
HOWARD, Mary Jane	1845	1931	Wo-58
HOWARD, Pattie	(d.age83yr)	13 Jan 1901	Wo-56
HOWARD, Pauline	1905	1933	Wo-41
HOWARD, Pearl Elsie Mrs.	1917	14 Apr 1985	Wo-101
HOWARD, Richard Lore	1897	1903	Wo-87
HOWARD, Russell J.	1910	none	Wo-58
HOWARD, Sallie Jane d/o G. W. & D. C.	6 Aug 1862	1 May 1863	Wo-67
HOWARD, Susan A.	15 Dec 1855	12 Jul 1934	Wo-58
HOWARD, Willard Thompson	1909	1915	Wo-87
HOWARD, William 1V s/o William T.Jr.	1956	1956	Wo-58
HOWARD, William T.	1875	1975	Wo-58
HOWARD, William Thomas	7 Mar 1842	19 Mar 1909	Wo-58
HOWARD, Willis R.	1898	1967	Wo-58
HOWERTON, Calvine H.	1876	1945	Wo-60
HUBBELL, Edward (Dr.)	7 Sep 1815	23 Nov 1865	Wo-84
HUBBELL, Elizabeth H. w/o Edward	22 Apr 1829	29 Jan 1863	Wo-87
HUBBELL, Florida d/o Dr. Edwward	7 Jun 1843	13 Jun 1843	Wo-84
HUBBELL, Margaret Melissa w/o Edward	30 Jun 1824	12 Apr 1849	Wo-84
HUBBELL, Mary	19 Jul 1854	1 May 1907	Wo-84
HUBBELL, Mary St.Clair d/o Dr.Edward	17 Dec 1846	22 Oct 1846	Wo-84
HUDSON. J. A. J.	7 Jan 1857	12 Jul 1909	Wo-66
HUDSON, Aaron	1809	1856	Wo-84
HUDSON, Aaron Vaughn s/o Aaron	17 Oct 1901	3 Oct 1903	Wo-72
HUDSON, Abbie L.	1852	1914	Wo-40
HUDSON, Adel V.	1881	1958	Wo-2
HUDSON, Alvin J. s/o J.W.& A.H.	23 Oct 1906	7 Mar 1910	Wo-66
HUDSON, Amanda L. w/o Harvey J.	28 Jan 1895	17 Apr 1912	Wo-66
HUDSON, Angeline w/o John	(d.age60yr)	20 Oct 1908	Wo-69
HUDSON, Anne Allen w/o Aaron	1811	1856	Wo-84
HUDSON, Annie L.	1889	1967	Wo-53
HUDSON, Annie L. d/o J. T. & Martha	11 Sep 1884	15 Sep 1888	Wo-97
HUDSON, Annie w/o James T.	4 Sep 1871	18 Sep 1907	Wo-69
HUDSON, Ansley E. w/o Belitha	27 Jul 1816	2 Jun 1901	Wo-69
HUDSON, Arthur s/o C.W.& Mary M.	7 Oct 1903	3 Sep 1904	Wo-69
HUDSON, Asher s/o C.W.& M.H.	(d.age20yr)	5 Oct 1896	Wo-69
HUDSON, Belitha	31 Aug 1814	18 May 1894	Wo-69
HUDSON, Bertie E.	1892	1965	WO-41
HUDSON, Blanche d/o J.E.& Belle	5 Apr 1897	12 Apr 1924	Wo-69
HUDSON, Carrie L. w/o Major D.	7 Feb 1886	11 Jan 1915	Wo-63
HUDSON, Carrie w/o Hillary	12 Sep 1860	11 Aug 1899	Wo-92
HUDSON, Charles P.	1854	1941	Wo-53

Name	Birth	Death	Location
HUDSON, Charles W.	1 Oct 1848	1 Oct 1921	Wo-69
HUDSON, Chester Lee s/o T.J.& A.	17 Jul 1907	8 Feb 1908	Wo-69
HUDSON, Claude P.	1877	1961	Wo-40
HUDSON, Comfort C. R.	17 Mar 1831	1 Apr 1870	Wo-67
HUDSON, Cora M. d/o Stephen & Sarah C.	(d.age 18yr)	5 Nov 1897	Wo-97
HUDSON, Cordelia F.	1847	1933	Wo-53
HUDSON, Daniel C.	27 Oct 1832	6 Apr 1905	Wo-67
HUDSON, Daniel O.	1883	1951	Wo-41
HUDSON, Edward T.	1919	1976	Wo-41
HUDSON, Eldrid G.	29 Mar 1908	29 Aug 1908	Wo-41
HUDSON, Eliacum	11 Mar 1782	17 Nov 1820	Wo-84
HUDSON, Elisha C. (d.in France)	21 May 1892	15 Oct 1918	Wo-69
HUDSON, Eliza J.	1889	none	Wo-40
HUDSON, Elmer A.	13 Feb 1869	21 Mar 1940	Wo-97
HUDSON, Elmer B.	1885	1970	Wo-53
HUDSON, Emma A.	24 Feb 1847	7 Aug 1923	Wo-72
HUDSON, Emma E. d/o J.T. & Martha	22 Oct 1876	19 Oct 1877	Wo-97
HUDSON, Emma Lee	1908	1924	Wo-63
HUDSON, Ernest M.	1893	1975	Wo-41
HUDSON, Ethel H.	1895	1974	Wo-41
HUDSON, Eva C. w/o Samuel M.	27 Oct 1876	28 Oct 1896	Wo-84
HUDSON, Evelena d/o J.T. & Martha D.	17 Sep 1886	10 Oct 1877	Wo-97
HUDSON, Fannie S.	11 May 1884	17 Jul 1903	Wo-66
HUDSON, Francis E.	21 Mar 1889	14 Oct 1918	Wo-69
HUDSON, George	1907	1894	Wo-40
HUDSON, George	(d.age 46yr)	26 Feb 1849	Wo-87
HUDSON, George J.	1842	1900	Wo-40
HUDSON, George M. s/o G.T.& M.V.	28 Jun 1924	18 Dec 1938	Wo-37
HUDSON, George T.	24 Apr 1859	21 Dec 1912	Wo-41
HUDSON, Hannah	12 Mar 1753	27 Dec 1839	Wo-6
HUDSON, Helen	1903	1946	Wo-97
HUDSON, Henrietta w/o William Dayton	3 Sep 1813	25 Oct 1869	Wo-66
HUDSON, Henry T.	7 Apr 1874	1 Jul 1948	Wo-97
HUDSON, Henry U.	31 Oct 1843	15 Oct 1891	Wo-67
HUDSON, Howard F.	1917	1964	Wo-60
HUDSON, J. Franklin	1908	1908	Wo-52
HUDSON, J. S. B.	1 Sep 1851	19 Mar 1917	Wo-69
HUDSON, James B.	28 Feb 1873	28 Nov 1939	Wo-40
HUDSON, James L.	1852	1942	Wo-40
HUDSON, James W.	4 Mar 1849	22 Feb 1906	Wo-69
HUDSON, John	(d.age 55yr)	4 Aug 1904	Wo-69
HUDSON, John	24 Dec 1793	6 Nov 1848	Wo-67
HUDSON, John E.	14 Mar 1850	20 Apr 1920	Wo-41
HUDSON, John L.	12 Mar 1815	19 Jun 1877	Wo-54
HUDSON, John O. s/o D.O.& M.M.	9 Jul 1906	22 Jul 1906	Wo-41
HUDSON, John S. s/o Martha D.	22 Aug 1880	22 Aug 1881	Wo-97
HUDSON, John T.	1855	1932	Wo-97
HUDSON, Joseph B. s/o Belitha	(d.age 33yr)	18 Aug 1897	Wo-69
HUDSON, Joshua J.	1873	1948	Wo-2
HUDSON, Joshua T.	1874	1957	Wo-41
HUDSON, Julia A. w/o George	6 Feb 1807	28 Feb 1873	Wo-87
HUDSON, Julia Angeline	15 Nov 1844	6 Dec 1926	Wo-67
HUDSON, Kate B.	Nov 1854	Feb 1921	Wo-67
HUDSON, Kerney R.	16 Mar 1887	18 Jul 1914	Wo-66
HUDSON, Larry R.	19 Jul 1876	16 Mar 1904	Wo-97

Name	Birth	Death	Location
HUDSON, Lester W. s/o E. L.	27 Jan 1920	5 May 1921	Wo-69
HUDSON, Levin P. s/o George J. & Abbie	18 Jan 1892	23 Sep 1910	Wo-40
HUDSON, M. Elizabeth d/o Casher W.	3 Oct 1914	4 Feb 1915	Wo-69
HUDSON, Mabel C.	1883	1966	Wo-41
HUDSON, Major D.	1881	1954	Wo-63
HUDSON, Major S.	7 Jul 1840	6 Nov 1905	Wo-40
HUDSON, Maria Mrs.	(d.age72yr)	20 Nov 1877	Wo-107
HUDSON, Maria Tingle w/o John	19 Jul 1805	19 Nov 1877	Wo-67
HUDSON, Martha	1857	1938	Wo-97
HUDSON, Martha A. w/o Simpson C.	15 Aug 1848	18 Feb 1923	Wo-93
HUDSON, Martha E. w/o Curtis	1863	1922	Wo-69
HUDSON, Martha H. w/o J.S.B.	20 Feb 1851	none	Wo-69
HUDSON, Mary A. Gray w/o James B.	25 Aug 1891	11 Jun 1915	Wo-69
HUDSON, Mary Alice d/o Frank E.	30 Mar 1899	9 Apr 1900	Wo-72
HUDSON, Mary Colyer d/o John	none	none	Wo-67
HUDSON, Mary E. w/o Samuel M.	28 Oct 1844	8 Mar 1905	Wo-84
HUDSON, Mary Elizabeth	28 Dec 1855	27 Jun 1924	Wo-66
HUDSON, Mary H. w/o Charles W.	(d.age43yr)	31 Jul 1897	Wo-69
HUDSON, Mary w/o Frank	(d.age38yr)	15 May 1902	Wo-97
HUDSON, Mary w/o Moses	1773	1849	Wo-84
HUDSON, McKnight T. (Va.Pvt.USA)	14 Feb 1887	26 Sep 1945	Wo-41
HUDSON, Milby	(d.age61yr)	21 Jan 1842	Wo-86
HUDSON, Mildred R. (Spruce)	1919	none	Wo-41
HUDSON, Moses	1768	1843	Wo-84
HUDSON, Moses James	22 May 1840	24 Sep 1911	Wo-72
HUDSON, Norris	27 Jul 1874	29 Apr 1911	Wo-69
HUDSON, Olevia B. w/o Casher W.	30 Jul 1890	16 Jul 1915	Wo-69
HUDSON, Ollie L. s/o J. T. & Martha	10 Sep 1888	19 Jul 1899	Wo-97
HUDSON, Rachel	14 Apr 1836	11 Apr 1914	Wo-67
HUDSON, Rida M. d/o Wm. J. & Mary L.	18 Aug 1885	28 Jul 1889	Wo-97
HUDSON, Roy	1896	1944	Wo-97
HUDSON, Sallie Elizabeth	13 Jun 1827	13 Apr 1904	Wo-40
HUDSON, Sallie K. d/o Wm. J. & Mary L.	1 Sep 1882	24 Jul 1889	Wo-97
HUDSON, Samuel M.	26 Oct 1835	2 Jul 1905	Wo-84
HUDSON, Sarah C.	1849	1926	Wo-97
HUDSON, Sarah M. w/o James L.	16 Apr 1870	21 Jun 1905	Wo-40
HUDSON, Simpson C.	19 Aug 1834	25 May 1898	Wo-93
HUDSON, Sophia R. w/o John L.	25 Sep 1819	16 May 1900	Wo-53
HUDSON, Stephen H.	1847	1928	Wo-97
HUDSON, Susan S.	1878	1946	Wo-41
HUDSON, Thomas J. s/o George J.	2 Oct 1874	20 Feb 1894	Wo-40
HUDSON, Thomas L.	(d.age19yr)	28 Jun 1936	Wo-88
HUDSON, Twins of John T. & Martha	(d.age21da)	15 Jul 1901	Wo-97
HUDSON, Viola R.	1885	1924	Wo-87
HUDSON, W. Curtis	none	none	Wo-69
HUDSON, Walter Thomas (Va.Pvt.USA WW I)	1 Apr 1897	4 Feb 1974	Wo-41
HUDSON, William (Major, U.S.Coast Guard)	7 Apr 1901	14 Oct 1965	Wo-2
HUDSON, William A.	16 Jul 1839	12 May 1906	Wo-66
HUDSON, William D.	11 Mar 1809	22 Jul 1857	Wo-66
HUDSON, William E.	26 May 1835	10 Jan 1850	Wo-67
HUDSON, William T.	29 May 1834	16 Mar 1837	Wo-67
HUDSON, Zena F.	6 Dec 1853	10 Jan 1937	Wo-41
HUFFMAN, Clarence O.	1887	1959	Wo-61
HUFFMAN, Ella Eck	1891	1971	Wo-61
HUFFMAN, Martha A.	(d.age71yr)	3 Jul 1935	Wo-87

Name	Birth	Death	Location
HUGHES, Anne H.		1901	none	Wo-61
HUGHES, Carl C. s/o H. L.& J. M.	6 Dec 1903	22 Apr 1918	Wo-61
HUGHES, Ella V. (mother)	20 Apr 1837	9 Sep 1898	Wo-61
HUGHES, Homer L.	1877	1929	Wo-61
HUGHES, Jennie	1875	1960	Wo-61
HUGHES, John M.	29 Sep 1835	7 Feb 1900	Wo-88
HUGHES, Nancy E.	9 Jul 1821	31 Aug 1899	Wo-88
HUGHES, Susie B.	1858	1942	Wo-61
HULINGS, Annie	1865	1940	Wo-3
HURLEY, Alma Gertrude	1891	1947	Wo-63
HURLEY, Carrie E.	1906	none	Wo-60
HURLEY, Clinton L.	1908	1977	Wo-58
HURLEY, Curby	1878	1946	Wo-63
HURLEY, Goldsborough	1879	1951	Wo-63
HURLEY, Hattie C.	1906	1976	Wo-58
HURLEY, Henry S.	1854	1936	Wo-63
HURLEY, Henry Savage	1883	1955	Wo-63
HURLEY, Julia A.	1856	1931	Wo-63
HURLEY, Lee	10 Sep 1885	27 Dec 1918	Wo-63
HURLEY, Naomi G.	1921	1926	Wo-63
HURLEY, Olden W.	1898	none	Wo-60
HURLEY, Willie Bell	1890	1979	Wo-63
HURLOCK, Araminta Spry w/o Jonathan J.	7 Sep 1842	27 Jan 1897	Wo-84
HURLOCK, Jonathan J.	15 Aug 1842	18 Apr 1909	Wo-84
HUSTED, Henry H.	2 Aug 1823	7 May 1894	Wo-58
HUSTED, Mary F. w/o Henry H.	(d.age 55yr)	1 Jan 1865	Wo-58
HUTCHESON, Mary w/o Joseph	2 Feb 1800	6 Jul 1818	Wo-86
HUTCHESON, Sally Gunby w/o Joseph	4 Feb 1800	28 Aug 1832	Wo-86
HYDRICK, Lillian S.	1927	1948	Wo-58
ILIFFE, James s/o William & Sarah E.	24 Aug 1881	21 Feb 1905	Wo-40
INGERSOLL, Ernest S.	1882	1949	Wo-61
INGERSOLL, Jennie D.	1885	1971	Wo-61
INGLES, Alva Everett	1 Nov 1882	12 Jul 1963	Wo-114
INSLEY, Florence S.	1934	none	Wo-58
INSLEY, Goldey	1932	1978	Wo-58
IRONSHIRE, Esther Murray	1759	1798	Wo-81
IRONSHIRE, Isaac	none	none	Wo-81
IRONSHIRE, William Undrill	none	none	Wo-81
JACKSON, Arthur E.	1877	1955	Wo-56
JACKSON, Charles Ralph s/o G. L.	10 Feb 1915	11 Apr 1917	Wo-89
JACKSON, Henry Purnell	8 Aug 1858	10 May 1935	Wo-79
JACKSON, Infant s/o G.W.& S.E.	27 Jun 1912	none	Wo-79
JACKSON, J. Stanley	1882	1938	Wo-61
JACKSON, Margaret L. w/o H. P.	30 Jul 1858	28 Mar 1923	Wo-79
JACKSON, Sallie E.	1877	1955	Wo-56
JACKSON, Virgie M.	(d.age 39yr)	6 Dec 1934	Wo-88
JACKSON, William Melvin s/o William A.& Mary	1953	1963	Wo-58
JAKIW, Shilake	1900	1975	Wo-58
JARMAN, Adaliza	29 Dec 1831	1 Feb 1872	Wo-86
JARMAN, Adeline	5 Jan 1824	3 Jan 1914	Wo-65
JARMAN, Ananias	15 Mar 1796	21 Dec 1871	Wo-65
JARMAN, Eliza Mills	22 Dec 1795	24 Jun 1873	Wo-65
JARMAN, Euphemia I w/o Ananias	14 Apr 1820	14 Jul 1907	Wo-65
JARMAN, George Warner	1830	1922	Wo-66
JARMAN, Henry	13 Apr 1790	20 Sep 1855	Wo-65

Name	Birth	Death	Location
JARMAN, Henry s/o Samuel H.	(d.age 5yr)	23 Mar 1864	Wo-86
JARMAN, Infant s/o L.N.& D.M.	12 Aug 1909	12 Aug 1909	Wo-66
JARMAN, James A.	(d.age 40yr)	8 Oct 1887	Wo-107
JARMAN, Jane Caroline w/o William H.	11 Jan 1827	26 Mar 1900	Wo-65
JARMAN, Jane Isabel	19 Oct 1820	14 Mar 1903	Wo-65
JARMAN, Littleton R.	21 Mar 1798	8 Jan 1852	Wo-86
JARMAN, Mary A. w/o William H.	9 Jun 1842	16 Feb 1918	Wo-66
JARMAN, Nancy E.	27 Aug 1861	8 Dec 1912	Wo-66
JARMAN, Narcissa B. w/o Littleton	4 Feb 1807	30 Mar 1851	Wo-65
JARMAN, Peter E.	10 Aug 1839	3 May 1918	Wo-91
JARMAN, Rachel G.	(d.age 54yr)	10 Oct 1820	Wo-66
JARMAN, Sallie M.	(d.age 43yr)	17 Jun 1873	Wo-86
JARMAN, Sarah d/o L.N.& D.M.	21 Mar 1896	29 Apr 1912	Wo-66
JARMAN, William E. F. s/o Thomas W.	31 Jan 1887	21 Mar 1905	Wo-69
JARMAN, William G. s/o Wm.H.& Mary A.	29 May 1863	19 Dec 1906	Wo-66
JARMAN, William H.	18 Oct 1829	4 Jun 1913	Wo-65
JARVIS, Anna Hill	none	16 Jan 1901	Wo-67
JARVIS, Elizabeth w/o Kendal	15 Nov 1815	20 Mar 1884	Wo-67
JARVIS, Francis Joyner	1891	1892	Wo-67
JARVIS, George W.	11 May 1838	7 Sep 1873	Wo-67
JARVIS, Harry W.	1851	1927	Wo-67
JARVIS, Henry Micajah	1879	1880	Wo-67
JARVIS, Kendall P.	none	13 Nov 1886	Wo-107
JARVIS, Margaret D. w/o Harry W.	1855	1931	Wo-67
JARVIS, Sallie M. Truitt	none	28 Jul 1898	Wo-67
JARVIS, Sarah E. Davison d/o Kendle	none	16 Jan 1901	Wo-67
JARVIS, Sarah M. w/o Thomas F.	26 Mar 1853	28 Apr 1907	Wo-67
JARVIS, Willie s/o Cyrus & Catherine	none	24 Jul 1879	Wo-107
JENION, Judith L.	1952	1969	Wo-58
JENKINS, Anne W. w/o Sewell	9 Oct 1806	1 Feb 1891	Wo-87
JENKINS, Elenual	8 Aug 1853	10 Mar 1932	Wo-114
JENKINS, Infant s/o Sewell & Anne	none	none	Wo-87
JENKINS, Nicholas B. s/o Sewell	(d.age 21yr)	25 May 1860	Wo-87
JENKINS, Rufina	3 Aug 1836	28 Feb 1907	Wo-99
JENKINS, Sewell T.	(d.age 30yr)	24 Sep 1830	Wo-87
JESTER, Albert Joseph	2 Mar 1887	31 Jul 1887	Wo-9
JESTER, Elizabeth Alice	10 Mar 1859	none	Wo-73
JESTER, Lizzie May	2 Mar 1887	23 Apr 1862	Wo-9
JESTER, Michael R.	10 Feb 1819	28 Jul 1903	Wo-73
JESTER, Rosetta M.	7 Feb 1886	17 Oct 1918	Wo-65
JESTER, Sallie A.	26 Sep 1820	16 Jun 1877	Wo-73
JESTER, William T.	1 Aug 1848	19 Jul 1930	Wo-73
JETT, A. Luke	1927	1968	Wo-60
JEWEL, Gladys C.	1896	1980	Wo-53
JOCELYN, Marcus	20 Jun 1846	8 Oct 1921	Wo-1
JOCELYN, Mary A.	6 Nov 1822	4 Jun 1911	Wo-1
JOCELYN, Mary B.	7 Jan 1859	28 Oct 1938	Wo-1
JOHNSON, Alfred	20 Nov 1883	2 Sep 1959	Wo-101
JOHNSON, Andrew M.	Dec 1855	Mar 1918	Wo-73
JOHNSON, Arch L.	1881	1950	Wo-101
JOHNSON, Benjamin J.	23 Dec 1845	21 Jan 1915	Wo-88
JOHNSON, Carolyn L. d/o Hiram	none	3 Sep 1912	Wo-60
JOHNSON, Catherine Harper	1830	1904	Wo-84
JOHNSON, Davis	1881	1947	Wo-40
JOHNSON, Delia	16 Jun 1889	27 Aug 1948	Wo-114

Name	Birth	Death	Plot
JOHNSON, Drusilla w/o Col. William	16 Feb 1812	3 Nov 1856	Wo-87
JOHNSON, Elizabeth Boyer		1828	Wo-84
JOHNSON, Elizabeth N. w/o William S.	7 Feb 1816	3 Mar 1902	Wo-84
JOHNSON, Elizabeth Purnell w/o D.	23 Dec 1834	29 May 1866	Wo-84
JOHNSON, Elizabeth w/o Laban	24 Feb 1745	9 May 1815	Wo-65
JOHNSON, Elizabeth w/o Samuel	19 Jan 1809	31 Jul 1880	Wo-84
JOHNSON, Ellen P. Holstein w/o T.	12 Oct 1849	1 Mar 1912	Wo-87
JOHNSON, Elmo W.	(d.age 64yr)	10 Sep 1935	Wo-87
JOHNSON, Elsie Robinson w/o Robert W.	1886	1973	Wo-37
JOHNSON, Ernest E.	1909	1961	Wo-58
JOHNSON, Ernest Palmer	25 Aug 1875	24 Sep 1919	Wo-88
JOHNSON, Esther J.	28 Dec 1848	10 May 1934	Wo-56
JOHNSON, Florence M.	12 May 1885	none	Wo-101
JOHNSON, Florence w/o Oliver	1873	1953	Wo-61
JOHNSON, Frank s/o William & Martha	1865	1899	Wo-48
JOHNSON, George C.	1875	1929	Wo-87
JOHNSON, George T.	1878	1971	Wo-101
JOHNSON, George s/o Rev. F.W. & Maria	1861	1881	Wo-62
JOHNSON, Harriet E. Richardson	19 Jan 1846	15 Jul 1880	Wo-87
JOHNSON, Harriett E. w/o Oliver	15 Dec 1859	29 Jun 1908	Wo-61
JOHNSON, Hilda A.	1921	none	Wo-58
JOHNSON, Ida E.	1862	1940	Wo-63
JOHNSON, Infant d/o C.L. & A.C.	6 Mar 1907	none	Wo-87
JOHNSON, Infant d/o Oscar A.	4 Oct 1910	4 Oct 1910	Wo-61
JOHNSON, Infant s/o Andrew	2 Oct 1860	none	Wo-73
JOHNSON, Infant s/o Ernest P.	none	29 Dec 1914	Wo-88
JOHNSON, Irving T.	25 May 1886	26 Jun 1967	Wo-103
JOHNSON, James Francis	5 Apr 1846	5 Mar 1901	Wo-62
JOHNSON, John Elmer	1895	1954	Wo-62
JOHNSON, John H.	26 Jun 1846	31 Jul 1929	Wo-56
JOHNSON, John S.	20 Mar 1848	3 Jul 1899	Wo-73
JOHNSON, Joseph A.	1851	1928	Wo-1
JOHNSON, Kenneth Arthur	1938	1983	Wo-101
JOHNSON, Kingsbury	25 Sep 1869	none	Wo-2
JOHNSON, Laban	9 Sep 1744	20 Jul 1805	Wo-65
JOHNSON, Lafayette	1874	1928	Wo-88
JOHNSON, Levin A. s/o Arch	1909	1910	Wo-101
JOHNSON, Lillian A. d/o George C.	15 Sep 1910	25 Sep 1911	Wo-87
JOHNSON, Lillian Disharoon w/o Ernest	29 Nov 1888	5 Jan 1915	Wo-88
JOHNSON, Lola Tull w/o Kingsbury	15 Jan 1876	30 May 1931	Wo-2
JOHNSON, Lula H.	1889	1977	Wo-101
JOHNSON, Margaret Ann w/o Wilmer	23 Jul 1836	7 Apr 1907	Wo-66
JOHNSON, Margaret H.	2 Oct 1860	4 Jun 1922	Wo-73
JOHNSON, Margaret W.	1873	1950	Wo-2
JOHNSON, Marguerite	none	none	Wo-62
JOHNSON, Maria A. Dennis w/o Thomas	(d.age 25yr)	23 Apr 1834	Wo-84
JOHNSON, Martha Ann w/o William F.	none	1898	Wo-48
JOHNSON, Mary A. w/o Benjamin J.	4 Oct 1852	6 Oct 1329	Wo-88
JOHNSON, Mary E. w/o Samuel R.	17 Jan 1850	18 May 1920	Wo-88
JOHNSON, Mary Emily	1879	1907	Wo-2
JOHNSON, Mary Emily Wilson	1879	1965	Wo-62
JOHNSON, Mary J.	1852	1935	Wo-1
JOHNSON, Mary J.	(d.age 83yr)	14 Nov 1903	Wo-63
JOHNSON, Morris W.	(d.age 7mo)	2 May 1885	Wo-73
JOHNSON, Nina Josephine d/o J.F.	8 Feb 1880	25 Dec 1881	Wo-62

Name	Birth	Death	Location
JOHNSON,Nora Lee	6 Apr 1888	6 Feb 1945	Wo-103
JOHNSON,Oliver A.	1860	1940	Wo-61
JOHNSON,Purnell	(d.age60yr)	22 Nov 1897	Wo-63
JOHNSON,R. Jennie w/o Robert W.	1855	1950	Wo-37
JOHNSON,Rachel w/o John C.	none	3 Aug 1887	Wo-87
JOHNSON,Ray	1885	1956	Wo-1
JOHNSON,Raymond N.	1902	1937	Wo-101
JOHNSON,Robert William	1852	1942	Wo-37
JOHNSON,Robert William	1887	1967	Wo-37
JOHNSON,S. Caroline	30 Jul 1854	19 Apr 1929	Wo-73
JOHNSON,Sadie F.	1890	1975	Wo-61
JOHNSON,Sallie Elizabeth w/o J.F.	14 Aug 1849	12 Dec 1921	Wo-62
JOHNSON,Samuel	15 Feb 1795	23 Dec 1857	Wo-84
JOHNSON,Samuel R.	21 Jun 1830	31 Oct 1913	Wo-88
JOHNSON,Sarah Ann	(d.age63yr)	13 NOv 1894	Wo-63
JOHNSON,Selby W.	29 Mar 1796	5 Dec 1855	Wo-86
JOHNSON,Thomas J.	31 Aug 1827	4 Jun 1888	Wo-87
JOHNSON,Thomas Z.	1833	1923	Wo-84
JOHNSON,Vernon L.	1895	1980	Wo-58
JOHNSON,Virgie	1893	1958	Wo-40
JOHNSON,Walter S. Md. 53rd Infantry	none	4 Apr 1935	Wo-88
JOHNSON,Walter T. s/o George C.	11 Sep 1896	4 Jun 1899	Wo-87
JOHNSON,William Ambrose	14 Feb 1840	23 Sep 1910	Wo-87
JOHNSON,William Frank	1889	1965	Wo-58
JOHNSON,William H.	1871	1949	Wo-2
JOHNSON,William M.	1842	1910	Wo-63
JOHNSON,William S.	16 Jul 1820	9 Mar 1897	Wo-84
JOHNSON,William s/o Laban	25 Feb 1788	24 Sep 1813	Wo-65
JOHNSON,William s/o Zebulien	4 Jun 1803	3 Apr 1861	Wo-87
JONES,A. Missouri	1874	1962	Wo-58
JONES,Ada L. w/o W. J.	1845	1934	Wo-5
JONES,Adalina A. d/o Oliver W.	(d.age62yr)	24 Jul 1905	Wo-36
JONES,Agur Lewis	(d.age61yr)	13 Jul 1852	Wo-62
JONES,Alexander	(d.age40yr)	30 Dec 1919	Wo-92
JONES,Alma T.	1852	1927	Wo-60
JONES,Alonzo C.	19 Feb 1856	10 Sep 1935	Wo-67
JONES,Ann C. w/o Capt.Thomas B.	(d.age42yr)	19 Feb 1846	Wo-87
JONES,Annie	1880	1902	Wo-60
JONES,Annie	13 Feb 1867	16 Mar 1942	Wo-114
JONES,Annie Bratten w/o James W.	20 Jun 1865	11 Oct 1898	Wo-87
JONES,Annie E.	1974	1953	Wo-56
JONES,Annie E. d/o Oswald	19 Oct 1885	8 Aug 1886	Wo-84
JONES,Annie G. w/o Henry C.	10 May 1830	30 Mar 1902	Wo-60
JONES,Annie M.	1875	1940	Wo-2
JONES,Annie R. w/o Whittington	(d.age42yr)	23 Mar 1864	Wo-87
JONES,Arinthia w/o William H.	12 Nov 1862	none	Wo-87
JONES,Assyria L.	11 Dec 1862	26 Mar 1915	Wo-53
JONES,B. J.	none	none	Wo-61
JONES,Ben S.	1861	1932	Wo-61
JONES,Benjamin I.	15 Feb 1839	12 Aor 1901	Wo-61
JONES,Bertie	3 Nov 1869	16 Jun 1869	Wo-60
JONES,Bessie	1884	1885	Wo-87
JONES,Bessie A. d/o Samuel	9 Apr 1887	3 Oct 1888	Wo-73
JONES,Bessie G.	27 Oct 1900	16 Apr 1962	Wo-56
JONES,Bessie L. w/o Floyd	1911	none	Wo-114

Name	Birth	Death	Location
JONES, Beulah M. d/o Christopher C.	1893	1894	Wo-41
JONES, Blanche	14 May 1867	3 Apr 1885	Wo-60
JONES, C. Thomas	1890	1975	Wo-56
JONES, Caleb	(d.age 73yr)	26 May 1917	Wo-87
JONES, Caleb	11 May 1778	12 Aug 1836	Wo-17
JONES, Caleb s/o Whittington	none	none	Wo-87
JONES, Carleton M.	1900	1950	Wo-40
JONES, Caroline w/o John S.	3 Mar 1819	12 Nov 1861	Wo-16
JONES, Carrie R.	16 Oct 1881	19 Jul 1941	Wo-53
JONES, Carroll s/o B.J.	19 Oct 1881	8 Jun 1882	Wo-61
JONES, Cassius C.	1875	1964	Wo-3
JONES, Catherine D. w/o Charles P.	31 Jan 1827	11 Apr 1907	Wo-87
JONES, Cecie G. Landing	5 Jul 1872	31 Aug 1874	Wo-58
JONES, Cecil C.	1891	1892	Wo-63
JONES, Charles A.	28 Mar 1862	4 Aug 1891	Wo-63
JONES, Charles Arlington s/o Moses	16 Jul 1865	6 Aug 1870	Wo-58
JONES, Charles Clifford s/o C. C.	(d.age 2yr)	none	Wo-88
JONES, Charles E.	10 Sep 1853	22 Oct 1868	Wo-60
JONES, Charles P. MD	8 Jun 1825	16 Jun 1908	Wo-87
JONES, Charles W.	3 Feb 1869	12 Nov 1942	Wo-43
JONES, Charles W. (WW II, Cpl)	15 Jun 1923	22 Apr 1956	Wo-56
JONES, Charlotte Ann w/o Daniel	1830	1870	Wo-79
JONES, Charlotte E. w/o Jacob G.	17 Sep 1858	28 Jun 1896	Wo-76
JONES, Chestnut H.	1874	1959	Wo-2
JONES, Christoher C.	1868	1934	Wo-41
JONES, Clara May d/o George E. & A.E.	28 May 1912	1 Apr 1914	Wo-114
JONES, Clayton O.	13 Jun 1893	25 May 1969	Wo-53
JONES, Clementine M. w/o Marion	11 Aug 1870	13 Oct 1933	Wo-53
JONES, Clemon P.	1885	1946	Wo-56
JONES, Clemon P. Jr.	1920	1952	Wo-56
JONES, Clinton Hill (WW I, USA)	22 Mar 1897	25 Oct 1972	Wo-40
JONES, Cora M.	1895	1897	Wo-87
JONES, Cora W. w/o John W.	1866	1929	Wo-72
JONES, Daniel P.	24 Aug 1828	3 Feb 1901	Wo-87
JONES, Dollie M. w/o Christopher C.	1872	1908	Wo-41
JONES, Dorothy I. d/o Paul	12 Oct 1892	9 Dec 1892	Wo-86
JONES, Duran E.	7 Sep 1883	4 Feb 1929	Wo-53
JONES, E. Thompson	1853	1925	Wo-72
JONES, Edith w/o Francis P.	25 Jan 1843	13 May 1910	Wo-93
JONES, Edna A.	(d.age 53yr)	20 Nov 1934	Wo-87
JONES, Edna G. Melvin w/o John H.	11 May 1851	2 Jul 1917	Wo-61
JONES, Edna R.	1909	none	Wo-40
JONES, Edward H.	11 Mar 1821	18 May 1854	Wo-65
JONES, Edward T.	29 Jun 1835	24 Apr 1904	Wo-62
JONES, Edwin M.	1880	1882	Wo-37
JONES, Eliakim W.	12 May 1849	18 Jan 1888	Wo-40
JONES, Eliza Jane w/o John F.	16 Jan 1839	31 Oct 1925	Wo-67
JONES, Eliza M.	8 May 1842	17 Jan 1921	Wo-2
JONES, Eliza M. d/o Daniel	1861	1887	Wo-79
JONES, Eliza W.	1853	1933	Wo-40
JONES, Eliza w/o Charles W.	22 Jan 1867	23 Feb 1938	Wo-43
JONES, Elizabeth A. d/o Isaac	29 May 1841	2 Jun 1856	Wo-9
JONES, Elizabeth A. w/o Alma T.	6 Apr 1855	21 Dec 1915	Wo-60
JONES, Elizabeth Ann	1830	1881	Wo-40
JONES, Elizabeth Annie w/o James S.	18 Jun 1820	5 Nov 1903	Wo-84

Name	Birth	Death	Location
JONES, Elizabeth E.	1868	1943	Wo-60
JONES, Elizabeth w/o Samuel	11 May 1825	27 Jun 1913	Wo-60
JONES, Ella R.	1866	1944	Wo-60
JONES, Ellen A.	1849	1858	Wo-60
JONES, Ellen A. w/o William H.	8 May 1858	25 Dec 1943	Wo-56
JONES, Elnora	18 Jul 1873	4 Sep 1923	Wo-72
JONES, Elodie E. w/o Oswald	17 Apr 1884	22 NOv 1906	Wo-84
JONES, Elton I. (Buddy)	1906	1964	Wo-41
JONES, Elton M.	1893	1960	Wo-56
JONES, Elton R.	1904	1937	Wo-2
JONES, Elwood s/o William & Manie	26 Feb 1898	26 May 1899	Wo-53
JONES, Emily M. w/o James S.	(d.age 28yr)	24 Oct 1853	Wo-84
JONES, Emma E.	1849	1929	Wo-87
JONES, Ernest C.	1891	1975	Wo-58
JONES, Ernest s/o J.J.& Annie	22 Oct 1910	12 Aug 1923	Wo-2
JONES, Estell d/o Whittington	none	none	Wo-87
JONES, Esther B.	1 Aug 1859	27 Dec 1928	Wo-87
JONES, Ethel A.	1888	1946	Wo-63
JONES, Eva M. d/o W.F.& Ella	14 Sep 1872	7 Jun 1879	Wo-63
JONES, F. E.	28 Oct 1848	29 Apr 1915	Wo-72
JONES, Fannie E. d/o Oliver & Amanda	(d.age 15mo)	12 Sep 1872	Wo-36
JONES, Fannie Louise d/o William H.	9 Jul 1905	2 Nov 1908	Wo-87
JONES, Festus O.	13 Sep 1868	12 Feb 1909	Wo-60
JONES, Floyd	1908	1977	Wo-114
JONES, Frances M.	1900	none	Wo-87
JONES, Francis P.	10 Aug 1832	7 May 1906	Wo-93
JONES, Frank T.	1853	1956	Wo-63
JONES, Fred B.	6 Jan 1893	20 Apr 1960	Wo-40
JONES, G. Arthur	1890	1975	Wo-56
JONES, George E. s/o George E.& M.	(d.age 56yr)	2 Jan 1905	Wo-2
JONES, George H.	1 Sep 1898	11 Feb 1929	Wo-114
JONES, George I.	10 May 1864	14 Jul 1914	Wo-40
JONES, George M.	23 Dec 1850	24 Feb 1931	Wo-40
JONES, George Parker	18 May 1855	6 Apr 1912	Wo-72
JONES, George T.	23 Dec 1832	10 Jun 1904	Wo-56
JONES, Gordon B.	17 Nov 1849	none	Wo-87
JONES, Grace d/o M.T.& Annie	9 Jul 1918	5 Dec 1927	Wo-56
JONES, Graham	5 Sep 1899	30 Oct 1902	Wo-60
JONES, H. Claude s/o Eliakim W.& Vir.	12 Nov 1873	2 Oct 1902	Wo-40
JONES, Harriet A. w/o F.E.	27 Nov 1853	26 Dec 1932	Wo-72
JONES, Harriet Ann	25 Sep 1820	15 Apr 1845	Wo-40
JONES, Harriet Ann d/o John	(d.age 2yrs)	10 Aug 1856	Wo-40
JONES, Harriet J. w/o Benjamin I.	5 Apr 1839	20 Jun 1921	Wo-61
JONES, Harry W. s/o John B.	1 Feb 1886	2 Jul 1889	Wo-66
JONES, Hartley A.	1885	1959	Wo-63
JONES, Helen P. d/o Paul & Rosa	14 May 1905	16 Feb 1806	Wo-94
JONES, Henet G.		1902	Wo-60
JONES, Henrietta w/o Miles	16 Jun 1852	18 Apr 1885	Wo-40
JONES, Henrietta w/o Moses	3 Jan 1840	9 Oct 1908	Wo-58
JONES, Henry	3 Mar 1829	13 Oct 1895	Wo-3
JONES, Henry	5 Dec 1820	29 Nov 1900	Wo-63
JONES, Henry C.	25 Jun 1831	30 Oct 1902	Wo-60
JONES, Henry T.	15 Aug 1846	23 Jun 1922	Wo-72
JONES, Hessie May d/o Gordon B.	7 Oct 1882	17 Oct 1883	Wo-87
JONES, Hester E.	7 May 1856	2 May 1911	Wo-67

Name	Birth	Death	Location
JONES, Hester F. Purnell w/o Thomas	13 Jan 1765	16 Dec 1855	Wo-84
JONES, Hilda	1914	none	Wo-58
JONES, Hiram E.	4 Jan 1840	23 Mar 1904	Wo-2
JONES, Horace M.	1890	1968	Wo-56
JONES, Horace T. s/o H.M.& Vannie	11 Apr 1932	4 Sep 1935	Wo-56
JONES, Howard G.	23 Mar 1809	20 Jan 1870	Wo-72
JONES, Ida F.	6 Sep 1870	5 Jun 1939	Wo-53
JONES, Indiana	1873	1894	Wo-94
JONES, Infant of Paul Jones	1907	1907	Wo-56
JONES, Infant s/o F.E.& Harriett	2 Apr 1887	15 Apr 1887	Wo-72
JONES, Infant s/o Oswald	(d.age 7da)	25 Apr 1887	Wo-84
JONES, Isaac	(d.age60yr)	2 Mar 1879	Wo-107
JONES, Isaac B.	3 Sep 1807	23 Apr 1862	Wo-9
JONES, Isaac J. s/o Benjamin I.	16 Oct 1859	23 Nov 1878	Wo-54
JONES, Isaac M.	6 Nov 1847	3 Jan 1897	Wo-53
JONES, Isaac S.	10 Nov 1819	27 Feb 1879	Wo-67
JONES, Isaac S. s/o J.B.& M.A.	8 Mar 1881	25 Dec 1903	Wo-66
JONES, Isaac W.	21 Oct 1853	26 May 1904	Wo-66
JONES, James C.	28 Jun 1825	12 Jun 1890	Wo-86
JONES, James F.	15 Jul 1908	22 Jun 1977	Wo-114
JONES, James G.L. s/o Edward T.	25 Aug 1862	12 Jan 1888	Wo-62
JONES, James N.	13 Dec 1828	20 Feb 1902	Wo-72
JONES, James Stratton	26 Sep 1820	15 Sep 1897	Wo-84
JONES, Jane	15 Sep 1830	5 May 1911	Wo-3
JONES, Jane E. w/o James T.	27 Nov 1831	15 Dec 1907	Wo-67
JONES, Jane Hudson	1791	1877	Wo-61
JONES, Jane W. d/o Isaac & Eliza	2 Mar 1834	15 Jan 1854	Wo-9
JONES, Jane w/o Obed A.	1860	1945	Wo-37
JONES, Jessie	12 Jan 1822	13 Sep 1899	Wo-72
JONES, Jessie E.	29 Sep 1892	2 Sep 1971	Wo-41
JONES, Jessie d/o William H.	8 Jun 1884	14 Jun 1885	Wo-87
JONES, John B.	11 Mar 1857	19 Feb 1921	Wo-66
JONES, John E.	1861	1930	Wo-40
JONES, John F.	1857	1933	Wo-60
JONES, John F.	17 Apr 1827	12 May 1912	Wo-67
JONES, John J. S.	23 Sep 1883	6 Jan 1890	Wo-76
JONES, John R. s/o Alma T.	10 Jun 1886	6 May 1912	Wo-60
JONES, John S.	9 Aug 1851	14 Feb 1904	Wo-61
JONES, John S. (WW I)	1896	1948	Wo-58
JONES, John Scott (Capt.)	30 Dec 1812	6 Dec 1857	Wo-16
JONES, John U. s/o Moses	10 Dec 1861	25 Jul 1870	Wo-58
JONES, John W.	1864	none	Wo-72
JONES, John W.	4 Apr 1817	6 Aug 1856	Wo-40
JONES, John W.	20 Nov 1861	9 May 1931	Wo-72
JONES, Joseph	1875	1950	Wo-2
JONES, Julia A. w/o Hezekiah	14 Oct 1828	18 Jul 1912	Wo-37
JONES, Juliet S. d/o Joshua	17 Apr 1818	29 Jun 1908	Wo-5
JONES, Julius P.	1850	1934	Wo-40
JONES, Juran W. w/o Isaac M.	8 May 1847	6 May 1924	Wo-53
JONES, King F.	8 Apr 1859	15 Mar 1902	Wo-53
JONES, Laura Ann w/o William H.	18 Mar 1819	24 Jan 1895	Wo-79
JONES, Laura C. w/o Jacob G.	3 May 1857	26 Jun 1880	Wo-76
JONES, Leona P.	1874	none	Wo-56
JONES, Levica A.	21 Mar 1825	9 May 1899	Wo-94
JONES, Levin H.	1899	none	Wo-87

Name	Birth	Death	Location
JONES, Levin J.	19 Nov 1829	14 Feb 1912	Wo-73
JONES, Lillian M. W. d/o John B.	22 Apr 1887	21 Jul 1889	Wo-66
JONES, Littleton	14 Nov 1838	14 Oct 1914	Wo-60
JONES, Lloyd W.	1860	1941	Wo-60
JONES, Louis P.	1902	1974	Wo-3
JONES, Louisa L.	10 Dec 1834	3 Oct 1914	Wo-73
JONES, Lucinda	4 Mar 1828	23 Mar 1900	Wo-63
JONES, Macon d/o C.L.& M.L.	6 Sep 1907	31 Nov 1908	Wo-66
JONES, Manie L.	1870	1964	Wo-53
JONES, Margaret C. d/o Dr.Paul	28 Dec 1886	18 Sep 1892	Wo-86
JONES, Margarett R. d/o D.E.& C.R.	26 Nov 1913	17 Mar 1914	Wo-53
JONES, Margie C. d/o F.E.	27 Apr 1880	10 Oct 1881	Wo-72
JONES, Marie Catherine	1878	1956	Wo-61
JONES, Marion H.	18 Feb 1864	19 Aug 1941	Wo-53
JONES, Marion T.	1872	1943	Wo-56
JONES, Martha Mrs.	(d.age71yr)	23 Sep 1876	Wo-107
JONES, Martha A.	9 May 1864	15 Apr 1925	Wo-66
JONES, Martha Sturgis	27 Jan 1783	20 Jan 1853	Wo-17
JONES, Mary A. w/o James N.	27 Mar 1847	1 Jul 1917	Wo-72
JONES, Mary C. d/o W.& A.R.	5 Jun 1846	2 Nov 1858	Wo-87
JONES, Mary Conner	11 Oct 1839	7 Jun 1874	Wo-60
JONES, Mary E.	1877	1960	Wo-3
JONES, Mary E.	23 Mar 1857	9 Mar 1952	Wo-41
JONES, Mary E. d/o Moses	4 Mar 1875	31 Jul 1879	Wo-58
JONES, Mary Elizabeth	1854	1918	Wo-40
JONES, Mary Emma w/o J. Sidney	13 Nov 1853	28 Jun 1900	Wo-61
JONES, Mary H. Stephens w/o I.W.	16 Apr 1856	2 Nov 1901	Wo-66
JONES, Mary J. w/o Edward T.	11 Apr 1831	1 Apr 1898	Wo-62
JONES, Mary J. w/o Major W.	29 Jul 1830	11 May 1894	Wo-62
JONES, Mary Jane d/o Thomas B.	20 Feb 1841	22 Sep 1879	Wo-87
JONES, Mary N.	1871	1932	Wo-41
JONES, Mary P. Boston w/o Wm. H.	30 Sep 1821	23 Jan 1872	Wo-110
JONES, Maude B.	31 Jan 1903	25 Feb 1978	Wo-40
JONES, Mildred C.	25 Aug 1904	9 Nov 1933	Wo-86
JONES, Minnie B.	1899	none	Wo-87
JONES, Mollie B.	1889	1950	Wo-56
JONES, Montrue S.	1908	none	Wo-41
JONES, Moses P.	1871	1945	Wo-58
JONES, Moses W.	7 Apr 1825	21 Sep 1893	Wo-58
JONES, Myrtle C. d/o Obed A.& Jane	9 Mar 1899	28 Feb 1902	Wo-37
JONES, Nancy Hargis (grandmother)	3 Jan 1811	2 Sep 1869	Wo-60
JONES, Nancy w/o Capt.Thomas B.	18 Dec 1802	10 May 1885	Wo-87
JONES, Nannie V.	1890	1944	Wo-56
JONES, Nora M. d/o Alonzo & Hester	6 Nov 1892	17 Sep 1893	Wo-67
JONES, Norman	1890	1936	Wo-94
JONES, Obed A.	1 Feb 1854	3 Jan 1915	Wo-37
JONES, Olive d/o Daniel	1857	1874	Wo-79
JONES, Oliver W.	(d.age53yr)	11 Mar 1879	Wo-36
JONES, Olivia M.	1860	1928	Wo-63
JONES, Otho Thomas (Pvt.79thDiv.)	none	2 Apr 1942	Wo-2
JONES, Paul H.	1885	1973	Wo-56
JONES, Peter J.	1858	1929	Wo-94
JONES, R. Frank	1897	1976	Wo-63
JONES, Rachel w/o Jesse	(d.age84yr)	11 Aug 1875	Wo-65
JONES, Robert W.	17 Oct 1847	21 Nov 1909	Wo-38

Name	Birth	Death	Plot
JONES, Robley D. (Asst. Judge)	31 Dec 1860	7 Jul 1917	Wo-87
JONES, Rosa E. w/o Paul	28 Feb 1884	19 Jul 1915	Wo-94
JONES, Rosie A. w/o Samuel	10 Oct 1863	30 Jun 1896	Wo-73
JONES, Roy W.	14 Oct 1894	17 Apr 1975	Wo-53
JONES, Russell C.	1891	1950	Wo-40
JONES, S. Minnie	1874	1891	Wo-40
JONES, Sadie M.	1881	1963	Wo-56
JONES, Sadie Z. w/o Upton G.	22 Nov 1865	27 Dec 1895	Wo-2
JONES, Sallie	(d.age 78yr)	5 Feb 1853	Wo-62
JONES, Sallie	20 Feb 1826	29 May 1889	Wo-72
JONES, Sallie Ann Tilghman	1849	1920	Wo-63
JONES, Samuel	9 Jun 1814	14 Mar 1857	Wo-60
JONES, Samuel B.	26 Apr 1832	18 Mar 1910	Wo-87
JONES, Samuel M.	8 Jun 1858	7 Dec 1932	Wo-41
JONES, Samuel Polk	28 Mar 1865	20 Nov 1866	Wo-60
JONES, Samuel V.	1874	1956	Wo-56
JONES, Sanders K. husband of Lidia C.	11 Jan 1859	22 Dec 1918	Wo-79
JONES, Sarah A.	15 Dec 1850	13 Jan 1944	Wo-40
JONES, Sarah Anna d/o Jacob W.	3 Sep 1845	14 Jun 1863	Wo-67
JONES, Sarah B.	1861	1934	Wo-40
JONES, Sarah J. d/o John & H.	(d.age 4yrs)	6 Aug 1844	Wo-40
JONES, Sarah L.	1885	1951	Wo-62
JONES, Sarah Margaret d/o James	(d.age 2yr)	16 Sep 1849	Wo-84
JONES, Sarah May d/o Horace	26 Oct 1860	1 May 1883	Wo-87
JONES, Sarah S. (in Jarvis Plot)	10 Nov 1819	27 Feb 1879	Wo-67
JONES, Sarah Wise w/o George T.	25 May 1848	13 Feb 1937	Wo-56
JONES, Selby T.	1866	1953	Wo-41
JONES, Sewell E.	1842	1920	Wo-87
JONES, Sewell H. s/o Edward T.	24 Sep 1870	24 Jul 1889	Wo-62
JONES, Silas Wright	(d.age 1yr)	30 Jul 1856	Wo-87
JONES, Snow	27 Nov 1869	3 Jun 1945	Wo-53
JONES, Susan M. d/o Moses	15 Jul 1867	19 Sep 1870	Wo-58
JONES, Susie	1875	none	Wo-94
JONES, Sylvester	6 Mar 1860	21 Sep 1886	Wo-62
JONES, Thomas	24 Oct 1824	23 Jul 1897	Wo-56
JONES, Thomas W. s/o W.& A.R.	10 Nov 1851	28 Oct 1881	Wo-87
JONES, Upton G.	6 Oct 1851	5 Apr 1924	Wo-2
JONES, Viola B.	20 Nov 1889	1 Feb 1912	Wo-65
JONES, Viola H.	1903	none	Wo-58
JONES, Virginia D.	1899	1973	Wo-63
JONES, Virginia E. w/o Henry T.	12 Dec 1849	none	Wo-72
JONES, Virginia M. w/o John W.	10 Jan 1834	6 Sep 1858	Wo-40
JONES, Virginia T. Hitch	1853	1934	Wo-40
JONES, W. Bryan	1899	1952	Wo-41
JONES, W. J.	1846	1922	Wo-5
JONES, Walter J.	1891	1972	Wo-37
JONES, Whitley T. s/o Henry T.	29 Sep 1879	26 May 1880	Wo-72
JONES, Whittington	1 Mar 1811	2 Mar 1883	Wo-87
JONES, William D.	31 Oct 1894	30 Oct 1895	Wo-73
JONES, William H.	17 Apr 1856	2 May 1927	Wo-87
JONES, William H.	22 Feb 1815	18 Feb 1893	Wo-79
JONES, William H.	29 Apr 1855	29 Oct 1929	Wo-56
JONES, William Lee	1915	1967	Wo-58
JONES, William T.	10 Jun 1821	10 Oct 1882	Wo-94
JONES, William T. s/o J.B.& M.A.	21 May 1889	26 May 1904	Wo-66

Name	Born	Died	Location
JONES, William T. s/o William H.	9 Sep 1880	4 Sep 1917	Wo-56
JONES, Willie (Punch)	1909	1965	Wo-58
JONES, Willie B.	1900	none	Wo-58
JONES, Willie M.	1871	1939	Wo-53
JONES, Willie M. s/o W.M.& M.L.	27 Dec 1906	26 May 1908	Wo-53
JONES, Winnie S.	1879	1964	Wo-2
JONES, Zenia Hudson	1840	1927	Wo-72
JONGHEAR, Mary A. (b.Ireland)	(d.age72yr)	9 Jan 1852	Wo-84
JORDAN, Virginia Bell	1917	1965	Wo-63
JOSEPH, Lynn Ann	1969	1969	Wo-63
JOYNER, Lula B. d/o A.J.& Nannie	12 Jan 1894	2 Oct 1905	Wo-3
JULIAN, M. A.	11 Nov 1830	20 Mar 1909	Wo-60
JULIAN, W. A. s/o M.A.	4 Mar 1853	11 May 1874	Wo-60
JUSTICE, Alexander G.	1854	1934	Wo-63
JUSTICE, Dalton F.	1918	1952	Wo-63
JUSTICE, Florence	1902	none	Wo-2
JUSTICE, Lawson	1893	1956	Wo-2
JUSTICE, Lola R. d/o A. G.	19 Jan 1894	5 Dec 1916	Wo-63
JUSTICE, Mary A. w/o A. G.	25 Sep 1860	4 Apr 1917	Wo-63
JUSTIS, Annie Thomas	1882	1959	Wo-58
JUSTIS, Isiah Webster	1874	1962	Wo-58
JUSTIS, Walter S.	1898	1972	Wo-58
JUSTIS, Winston W.	1918	none	Wo-58
KEEN, Howard Victor	1899	1976	Wo-58
KEEN, Thalia L.	none	none	Wo-58
KEENAN, Edward	1882	1951	Wo-58
KEILY, Katherine G.	1874	1970	Wo-60
KEIM, Lavaral	1885	1950	Wo-60
KEIM, William	1909	1948	Wo-60
KEIM, William D.	1878	1939	Wo-60
KELLEY, Amanda J.	19 Sep 1872	30 Aug 1945	Wo-1
KELLEY, C. Fred s/o C.R.& Amanda	23 Jan 1903	9 Aug 1930	Wo-1
KELLEY, Cecie K. Justice	1888	1963	Wo-2
KELLEY, Chester V.	13 Feb 1878	7 Nov 1949	Wo-5
KELLEY, Chester V.	14 Feb 1878	7 Nov 1949	Wo-5
KELLEY, Della L. d/o C.R.& Amanda	5 Nov 1909	12 Oct 1919	Wo-1
KELLEY, Dora K.	1918	1973	Wo-58
KELLEY, Edward H.	9 Dec 1830	10 Jan 1921	Wo-87
KELLEY, Edward L.	1903	1974	Wo-61
KELLEY, Elizabeth R.	1905	none	Wo-61
KELLEY, Elton R.	1885	1929	Wo-2
KELLEY, Emma D. w/o Jehu	19 May 1855	8 Dec 1935	Wo-45
KELLEY, Hubert C. s/o C. V. & Jennie	26 May 1908	8 Jul 1918	Wo-5
KELLEY, Hubert C. s/o Chester V.	26 May 1903	8 Jul 1918	Wo-5
KELLEY, John	14 Nov 1834	14 Sep 1916	Wo-87
KELLEY, Leonard M.	8 Mar 1834	15 May 1916	Wo-5
KELLEY, Maggie G.	(d.age21yr)	14 Apr 1894	Wo-40
KELLEY, Margaret E. w/o Edward H.	31 Mar 1842	4 Sep 1927	Wo-87
KELLEY, Mary E.	2 Sep 1854	12 Feb 1941	Wo-5
KELLEY, Maurice Dryden	(d.age82yr)	1986	Wo-5
KELLEY, Noreen d/o Jessie & N.H.	1 Nov 1917	2 Aug 1920	Wo-63
KELLEY, Rebecca W. w/o William R.	17 Mar 1824	11 Sep 1909	Wo-85
KELLEY, Ross L.	1945	none	Wo-58
KELLEY, Thomas	1863	1918	Wo-4
KELLEY, Virginia E.	3 Apr 1879	22 May 1962	Wo-5

Name	Birth	Death	Plot
KELLEY, Virginia R.	3 Apr 1879	22 May 1962	Wo-5
KELLY, Dorsey K. (US Army)	1923	1974	Wo-58
KELLY, Helen L.	1931	none	Wo-58
KELLY, James A.	1886	1953	Wo-63
KENNARD, Dinsmore	15 Dec 1904	28 May 1905	Wo-84
KENNEDY, Sarah E. d/o Thomas	(d.age 2mo)	25 Sep 1825	Wo-65
KENNEDY, Thomas A. M. (Rev)	(d.age 27yr)	4 Oct 1827	Wo-65
KERNAN, Louise Bowland w/o Charles	28 Feb 1897	5 Feb 1920	Wo-62
KERR, Gertrude Walters	1884	1960	Wo-58
KERSH, Raymond John	1909	1969	Wo-62
KEYSER, Grover C.	1891	1915	Wo-63
KILLIAM, Winifred G.	(d.age 30yr)	24 Sep 1935	Wo-87
KING, Alonzo H.	6 Sep 1893	17 Jul 1894	Wo-62
KING, Ann M. w/o Hugh J.	15 Aug 1840	29 Aug 1903	Wo-69
KING, Carolina Hack	1865	1961	Wo-62
KING, Cora E.	1892	1971	Wo-63
KING, H. D.	22 Apr 1865	10 Feb 1913	Wo-62
KING, Harley S. L. s/o Hugh J.	(d.age 3yr)	22 Jan 1870	Wo-69
KING, Helen N. Vandyne	1845	1895	Wo-62
KING, Henry	(d.age 59yr)	12 Aug 1888	Wo-62
KING, Herbert H.	31 Aug 1854	18 Dec 1906	Wo-62
KING, Hugh J.	1 Jan 1834	9 Aug 1897	Wo-69
KING, J. A. L.	3 Jun 1861	2 Jun 1889	Wo-62
KING, John H.	29 Aug 1857	12 Aug 1905	Wo-62
KING, Lewis Morris s/o Henry	(d.age 20mo)	10 Jul 1867	Wo-62
KING, Norris L.	1893	1951	Wo-63
KING, Priscilla w/o Henry	12 Dec 1831	14 May 1899	Wo-62
KING, William	1877	1937	Wo-63
KING, William A.	1889	1948	Wo-63
KING, William Francis	20 Dec 1860	25 Sep 1920	Wo-62
KING, William Francis s/o W.F.	(d.age 2yr)	6 Dec 1890	Wo-62
KIRBY, Elizabeth C. w/o Robert	(d.age 76yr)	9 Aug 1858	Wo-65
KIRKPATRICK, George E. s/o E.C.	(d.age 8yr)	12 Feb 1867	Wo-60
KIRKPATRICK, Lillie Bell d/o E.C.	(d.age 5yr)	22 Feb 1867	Wo-60
KNAPP, Elizabeth Ann w/o John	4 Mar 1818	7 Apr 1863	Wo-61
KNOW, James	(d.age 65yr)	5 Aug 1784	Wo-80
KNOWLES, Eunice d/o J.T.& Estelle	18 Feb 1893	27 Dec 1897	Wo-3
KNOX, Mary Aydelotte	5 Nov 1821	4 Nov 1873	Wo-87
KNOX, Sallie w/o W. D.	1 May 1836	30 Jun 1896	Wo-72
KNOX, W. D.	2 Feb 1829	30 Mar 1914	Wo-72
KREBS, Charles W. S.	none	none	Wo-66
KRUEGER, Helen Ward	19 Sep 1918	8 May 1974	Wo-56
KRUEGER, Robert W. (WW II, USA)	13 Mar 1909	29 Jan 1973	Wo-56
KURTZ, Ellen Manship w/o Christian	29 Apr 1844	7 Apr 1922	Wo-65
KYLE, William J.	17 Jun 1872	22 Jan 1925	Wo-67

Name	Birth	Death	Location
LAMBDEN, Edward J.		1888	1977	Wo-63
LAMBDEN, Ella F.		1860	1935	Wo-61
LAMBDEN, Harriett	5 Apr 1854	26 Oct 1870	Wo-59
LAMBDEN, Henry T.		1846	1924	Wo-63
LAMBDEN, Julius S.		1916	1976	Wo-63
LAMBDEN, Laura L.		1892	none	Wo-63
LAMBDEN, Mary A.	11 Feb 1850	11 Oct 1877	Wo-110
LAMBDEN, Mary Ann	(d.age 26yr)	28 Mar 1847	Wo-13
LAMBDEN, Mary C.		1884	1901	Wo-63
LAMBDEN, Mary E.		1849	1914	Wo-63
LAMBDEN, Mary E. w/o Samuel J.	24 Oct 1832	27 Oct 1857	Wo-13
LAMBDEN, Mary Ida d/o Julius & Ida		1887	1927	Wo-60
LAMBDEN, Robert J.		1862	1946	Wo-61
LAMBDEN, Robert L.		1795	1852	Wo-59
LAMBDEN, Sally Ann w/o Samuel J.	(d.age 24yr)	2 Jun 1853	Wo-13
LAMBDEN, Stanley E.		1889	1961	Wo-61
LAMBDEN, William E.		1863	1946	Wo-59
LAMBERSON, Elizabeth A. d/o Isaac	27 Nov 1842	15 Jun 1919	Wo-58
LAMBERSON, George T.	1 Mar 1878	20 Mar 1919	Wo-58
LAMBERSON, Isaac J.		1840	1916	Wo-58
LAMBERSON, T. H.	2 May 1869	28 Jan 1927	Wo-58
LAMBERTSON, Altha Malinda		1869	1943	Wo-53
LAMBERTSON, Anna Outten		1898	1934	Wo-63
LAMBERTSON, Arenthia Ford		1861	1935	Wo-58
LAMBERTSON, Bernice O.		1913	1936	Wo-63
LAMBERTSON, Bertha O.		1888	none	Wo-58
LAMBERTSON, Bessie F. d/o John	19 Aug 1889	26 Jul 1907	Wo-53
LAMBERTSON, Carlton		1934	1966	Wo-63
LAMBERTSON, Catherine A. w/o Levi	11 Jul 1834	10 Jun 1910	Wo-58
LAMBERTSON, Cecie T.		1886	none	Wo-58
LAMBERTSON, Charles Harold (WW I)		1896	1966	Wo-58
LAMBERTSON, Clayton F.		1905	1977	Wo-58
LAMBERTSON, Cordelia E. w/o H.W.	25 Mar 1876	11 Jun 1909	Wo-58
LAMBERTSON, Dorothy M.		1919	none	Wo-58
LAMBERTSON, Dorothy Willett w/o Willis C.		1922	1968	Wo-58
LAMBERTSON, Edgar L.		1900	1978	Wo-58
LAMBERTSON, Elizabeth J.		1909	1972	Wo-56
LAMBERTSON, Ella Brickwood		1894	1945	Wo-58
LAMBERTSON, Ella H.		1914	none	Wo-58
LAMBERTSON, Esther Amelia w/o H.	6 Dec 1831	26 Apr 1907	Wo-88
LAMBERTSON, Florence Z.		1872	1945	Wo-58
LAMBERTSON, Franklin H. s/o Clayton		1932	1932	Wo-53
LAMBERTSON, George T.	1 Mar 1879	20 Mar 1919	Wo-58
LAMBERTSON, Helen M. d/o R.O.& Ruth		1916	1920	Wo-53
LAMBERTSON, Henry W.		1887	1974	Wo-58
LAMBERTSON, Isaac H.		1869	1927	Wo-58
LAMBERTSON, J. Cleveland		1909	none	Wo-58
LAMBERTSON, James E.		1864	1945	Wo-58
LAMBERTSON, Jennie Mason		1896	1975	Wo-58
LAMBERTSON, Jessie C. s/o Henry W.	31 Aug 1900	4 Nov 1901	Wo-58
LAMBERTSON, John Silas		1865	1942	Wo-53
LAMBERTSON, Juanita d/o M.E.& Gladys M.		1940	1940	Wo-56
LAMBERTSON, Laura E. d/o Henry W.	22 Oct 1905	15 Jul 1906	Wo-58
LAMBERTSON, Levi M.	22 Apr 1839	14 Aug 1901	Wo-58
LAMBERTSON, Lillie M. d/o B. & D.	none	1 Mar 1891	Wo-88

LAMBERTSON, Lloyd F.		1875	1972 Wo-58
LAMBERTSON, Lulu Jones		1878	1943 Wo-58
LAMBERTSON, Marion P.		1886	1974 Wo-58
LAMBERTSON, Mary E.	12 Nov 1841	29 Oct 1916	Wo-61
LAMBERTSON, Maurice A.	none	none	Wo-56
LAMBERTSON, Minnie Pearl d/o Isaac	24 Jul 1880	27 May 1898	Wo-58
LAMBERTSON, Norman S.		1927	1931 Wo-63
LAMBERTSON, Preston V. Jr. s/o P.V.		1924	1942 Wo-53
LAMBERTSON, Raymond C. Jr.	12 May 1928	18 Sep 1973	Wo-53
LAMBERTSON, Raymond O.		1897	1970 Wo-53
LAMBERTSON, Rena P.		1902	1929 Wo-63
LAMBERTSON, Ruby Ann		1897	1947 Wo-58
LAMBERTSON, W. Clarke		1882	1951 Wo-58
LAMBERTSON, Walter F.		1895	1971 Wo-58
LAMBERTSON, Walton J.		1889	1961 Wo-58
LAMBERTSON, William T.	20 Nov 1836	13 Sep 1908	Wo-61
LAMBERTSON, Wilson W. (WW II)		1918	1969 Wo-58
LAMDEN, Harriet J. w/o Major E.	(d/age 45yr)	1 Feb 1845	Wo-49
LAMDEN, Major E.	(d.age 47yr)	22 Dec 1854	Wo-49
LANDING, Amanda C. Blaine	none	none	Wo-61
LANDING, Annie E.		1881	1929 Wo-61
LANDING, Arjetta s/o Elton S.	22 Sep 1866	12 Jan 1907	Wo-53
LANDING, Cecil G.	5 Jul 1872	31 Aug 1874	Wo-58
LANDING, Elton S.		1869	1943 Wo-53
LANDING, George	7 Jan 1819	8 Jan 1895	Wo-61
LANDING, George Edward		1876	1948 Wo-63
LANDING, Harley C.		1889	1936 Wo-61
LANDING, Ida Mason		1875	1938 Wo-63
LANDING, Infant daughter	none	1918	Wo-58
LANDING, Infant son	none	1912	Wo-58
LANDING, Isaac B.	8 Aug 1820	16 Dec 1852	Wo-61
LANDING, James H.	3 Feb 1840	3 Jan 1899	Wo-53
LANDING, Josephine E. w/o William L.	19 Feb 1867	7 Mar 1936	Wo-58
LANDING, Marion W.	none	1961	Wo-58
LANDING, Martin L.		1862	1931 Wo-61
LANDING, Minnie G.	none	1950	Wo-58
LANDING, Myrtle d/o Elton	18 Apr 1900	28 Feb 1902	Wo-53
LANDING, Rachel		1797	1861 Wo-61
LANDING, Roy W.		1889	1936 Wo-61
LANDING, Sallie E. w/o James H.	16 Mar 1840	23 Feb 1916	Wo-53
LANDING, Susan N. w/o Isaac B.	23 Apr 1827	9 Feb 1851	Wo-61
LANDING, William L.	5 Apr 1865	30 Sep 1931	Wo-58
LANE, F.	none	25 Jan 1878	Wo-107
LANE, Francis	20 Dec 1805	24 Jan 1878	Wo-67
LANE, Francis W. G.	29 May 1858	9 Jan 1887	Wo-66
LANE, Mary J.		1826	1898 Wo-66
LANE, Mattie D. d/o Edward Lilliston	23 Sep 1886	21 Jun 1960	Wo-3
LANE, Sallie M.	24 Nov 1840	13 Oct 1898	Wo-66
LANE, Sarah C. w/o S. W.	1 Jun 1830	2 Jan 1896	Wo-67
LANE, Shadrack Davis s/o Walter	(d.age 37yr)	5 Jun 1806	Wo-84
LANE, Sidney Wilson	5 Sep 1839	31 Jul 1906	Wo-67
LANE, Willie Staton s/o W.L.& G.W.	23 May 1879	15 Aug 1880	Wo-67
LANG, Clara Tull		1914	1977 Wo-39
LANG, Donald W.		1906	none Wo-58
LANG, Donald W. Jr.		1935	1963 Wo-58

Name	Birth	Death	Section
LANG, Florence M.	1910	none	Wo-58
LANKFORD, Angie Scott	1876	1967	Wo-62
LANKFORD, Anne E. Fleming w/o Joseph B.	30 Mar 1827	24 Nov 1905	Wo-62
LANKFORD, Arella B.	1875	1959	Wo-62
LANKFORD, Arthur W.	22 Jun 1837	11 Jul 1909	Wo-60
LANKFORD, Beatrice	1898	none	Wo-60
LANKFORD, Bernice Kreig	1882	1951	Wo-62
LANKFORD, C. Harold	1871	1937	Wo-62
LANKFORD, Clara R.	1895	1944	Wo-60
LANKFORD, Daisy K.	1894	1975	Wo-58
LANKFORD, Doris K.	1907	none	Wo-62
LANKFORD, Edward B.	1863	1927	Wo-60
LANKFORD, Edward H. B.	1831	1912	Wo-62
LANKFORD, Eliz Morris	1844	1888	Wo-60
LANKFORD, Eliza Corean d/o J.B.J.	8 Jun 1859	30 Jun 1859	Wo-62
LANKFORD, Elizabeth Hall w/o John	(d. age 21yr)	30 Nov 1857	Wo-62
LANKFORD, Foster S.	1885	1945	Wo-62
LANKFORD, Frances L.	1886	1960	Wo-62
LANKFORD, Herman	1885	1913	Wo-62
LANKFORD, Howard J.	1906	none	Wo-62
LANKFORD, J. Miles	1901	1956	Wo-60
LANKFORD, James F.	1914	1933	Wo-62
LANKFORD, John F.	(d. age 54yr)	22 Jan 1909	Wo-62
LANKFORD, John S.	3 Aug 1829	16 Jan 1893	Wo-62
LANKFORD, John W.	1916	1975	Wo-62
LANKFORD, Joseph B.	1881	1963	Wo-58
LANKFORD, Joseph B.	29 Jan 1863	30 Sep 1917	Wo-62
LANKFORD, Joseph B. J.	22 Oct 1824	24 Dec 1872	Wo-62
LANKFORD, Joseph Edgar s/o J.B.J.	30 Jan 1856	11 Jul 1859	Wo-62
LANKFORD, Juliet w/o John S.	10 Dec 1841	24 Mar 1917	Wo-62
LANKFORD, Laura Pilchard	1862	1931	Wo-62
LANKFORD, Mamie S.	1890	1952	Wo-62
LANKFORD, Margaret Myrtle	1882	1975	Wo-62
LANKFORD, Mary E. w/o Sidney T.	12 Apr 1837	6 Jun 1896	Wo-63
LANKFORD, Mary Elmore w/o Stanley Jr.	1923	1979	Wo-60
LANKFORD, Mary W.	1865	1955	Wo-62
LANKFORD, Olivia E.	1842	1908	Wo-62
LANKFORD, R. Henry	5 Jul 1917	5 Jul 1917	Wo-60
LANKFORD, Robert C.	1884	1937	Wo-60
LANKFORD, Roger W.	1884	1965	Wo-60
LANKFORD, Roger W. Jr.	25 Mar 1921	28 Mar 1924	Wo-60
LANKFORD, Rose A. w/o Sidney T.	22 Apr 1848	21 May 1879	Wo-63
LANKFORD, Sarah Ann w/o Arthur W.	19 Mar 1838	10 Feb 1872	Wo-62
LANKFORD, Sidney T.	2 Jun 1840	31 Mar 1891	Wo-63
LANKFORD, Stanley E.	1895	1964	Wo-60
LANKFORD, Susan M.	1866	1940	Wo-60
LANKFORD, Thomas A.	1889	1925	Wo-62
LANKFORD, William E.	1860	1942	Wo-62
LANKFORD, William Fleming	1885	1973	Wo-62
LANKFORD, William G.	1869	1968	Wo-62
LATCHUM, Calvin H. s/o William F.	11 Jun 1891	4 Mar 1905	Wo-69
LATCHUM, Nancy w/o Thomas J.	31 Jan 1815	25 Feb 1883	Wo-88
LATCHUM, Oliver Wm. s/o W.W.& V.A.	27 Jul 1915	9 Aug 1915	Wo-69
LATCHUM, Thomas J.	9 Jun 1807	2 Jun 1875	Wo-88
LATCHUM, William S.	26 Nov 1826	7 Mar 1900	Wo-69

Name	Birth	Death	Location
LAW, Charles R.	1842	1923	Wo-69
LAW, Eliza A.	4 Jun 1836	28 Aug 1918	Wo-70
LAW, L. James s/o William L.& Eliza	(d.age 30yr)	23 Dec 1889	Wo-70
LAW, Manie A. d/o Charles R.& Mary	14 Jul 1875	4 Aug 1876	Wo-70
LAW, Margaret d/o James & Etha	15 Nov 1911	2 Dec 1911	Wo-69
LAW, Mary E. w/o Charles R.	(d.age 25yr)	7 Jan 1877	Wo-70
LAWRENCE, Clara E.	1898	none	Wo-58
LAWRENCE, E.	1894	1974	Wo-2
LAWRENCE, Leon C.	1896	1968	Wo-58
LAWS, Hattie P. (with Evans)	1909	none	Wo-58
LAWS, Sallie B.	(d.age 18yr)	20 Jul 1888	Wo-87
LAWSHE, Margaretta Statin w/o W.	7 Jan 1868	20 Mar 1921	Wo-66
LAWSON, Jennie B.	1861	1939	Wo-63
LAXTON, Kiffer Bill	1904	1961	Wo-1
LAYFIELD, Charlotte	(d.age 61yr)	28 Nov 1876	Wo-98
LAYFIELD, Eliza M. w/o William Q.	15 Jun 1821	28 Feb 1884	Wo-94
LAYFIELD, Elizabeth S.	(d.age 82yr)	19 Mar 1890	Wo-86
LAYFIELD, Elsie M. w/o Rolley	1884	1953	Wo-101
LAYFIELD, Eva Pusey w/o Norman P.	(d.age 93yr)	Nov 1983	Wo-39
LAYFIELD, Matilda C.	25 Jun 1853	none	Wo-87
LAYFIELD, Rolley R.	1882	1956	Wo-101
LAYFIELD, William H.	5 Nov 1847	2 Oct 1927	Wo-87
LAYFIELD, William Q.	14 Jul 1818	8 Jul 1892	Wo-94
LAYTON, Allie M.	31 Dec 1864	15 Aug 1914	Wo-69
LAYTON, Elisha D.	12 Oct 1845	none	Wo-69
LAYTON, Hannah w/o John W.	(d.age 64yr)	23 Nov 1894	Wo-69
LAYTON, Irean C.	(d.age 32yr)	30 Apr 1880	Wo-69
LAYTON, Joseph M.	19 Jun 1835	9 Dec 1918	Wo-69
LAYTON, Nancy	13 Nov 1837	7 Apr 1915	Wo-69
LEAKE, Richard L.	(d.age 5da)	30 Apr 1907	Wo-87
LEAKE, Sarah A.	(d.age 12yr)	10 Jan 1903	Wo-87
LECOMPTE, David J. s/o James S.	(d.age 35yr)	27 Nov 1882	Wo-87
LECOMPTE, Elizabeth	28 Jun 1788	3 Jun 1873	Wo-87
LECOMPTE, Francis J. s/o James S.	(d.age 20yr)	13 Jul 1870	Wo-87
LECOMPTE, George R.	(d.age 27yr)	7 Sep 1847	Wo-87
LECOMPTE, George T. s/o James S.	(d.age 30yr)	9 Nov 1870	Wo-87
LECOMPTE, Henrietta w/o James S.	(d.age 91yr)	26 Oct 1900	Wo-87
LECOMPTE, James S.	(d.age 71yr)	14 May 1882	Wo-87
LECOMPTE, John E. s/o John S.	11 Nov 1837	22 Aug 1884	Wo-87
LECOMPTE, Julia A. w/o John W.	1843	none	Wo-87
LEDNUM, Ella Wilson	1888	1937	Wo-62
LEDNUM, Lizzie Whitby	1871	1926	Wo-62
LEDNUM, Mary Wilson	none	none	Wo-62
LEDNUM, Ralph Creighton	1890	1969	Wo-62
LEDNUM, Robert I.	1867	1948	Wo-62
LEE, Edna Drucilla Johnson w/o Richard	1868	1930	Wo-87
LEE, Eric G.	1920	1975	Wo-41
LEE, Henry St.George Tucker (Rev.)	(d.age 58yr)	17 Feb 1883	Wo-67
LEE, William Edward	18 Aug 1870	8 Jul 1871	Wo-58
LEFFEW, Brenda Ann	1950	1951	Wo-61
LEFFEW, Kathleen M. d/o J.L.& Virginia	1946	1947	Wo-61
LEFFEW, Sylvia L. d/o J.L.& Virginia	1948	1948	Wo-61
LEHMAN, Harvey C.	1908	1975	Wo-83
LENNEN, Matthew s/o Matthew & Eliza	9 Feb 1864	19 Sep 1864	Wo-67
LEPSITT, M. Louise w/o W. H.	1920	none	Wo-101

Name	Birth	Death	Location
LEPSITT,W. H. Sr. "Bill"	1910	1977	Wo-101
LES CALLETTE,Beulah A.	1887	1966	Wo-62
LES CALLETTE,Burgess H.	30 Oct 1810	25 Jun 1893	Wo-62
LES CALLETTE,Carl A.	1862	1920	Wo-62
LES CALLETTE,Clara A.	1864	1946	Wo-62
LES CALLETTE,Ruth E.	1902	1932	Wo-62
LEWIS,Amanda V. w/o William S.	11 May 1862	6 Sep 1909	Wo-87
LEWIS,Bassett s/o R. J.	23 Jul 1907	13 Sep 1907	Wo-90
LEWIS,Charles G.	29 Jul 1869	5 Sep 1924	Wo-66
LEWIS,Charlotte H.	1917	1964	Wo-58
LEWIS,Daniel H.	10 Jul 1841	14 Nov 1910	Wo-88
LEWIS,Daniel J.		1875	1967	Wo-58
LEWIS,E. Ellin w/o Joseph L.	(d.age 58yr)	11 Jul 1902	Wo-96
LEWIS,Edith Vine Adams	12 Nov 1894	4 Oct 1921	Wo-67
LEWIS,Emma B.	1878	1963	Wo-58
LEWIS,Emma E. w/o Daniel H.	(d.age 65yr)	24 Mar 1933	Wo-88
LEWIS,Florence V.	1920	1978	Wo-58
LEWIS,Garley	1885	1945	Wo-96
LEWIS,George H.	13 Aug 1850	24 Sep 1924	Wo-67
LEWIS,George W. s/o G.W.& S.W.	16 May 1890	5 May 1904	Wo-69
LEWIS,Georgia Ludlam	25 Feb 1891	13 Mar 1933	Wo-67
LEWIS,Hiram J.	12 Mar 1839	30 Mar 1915	Wo-87
LEWIS,Irma F.	1910	1936	Wo-87
LEWIS,J. Adelbert (d.Fly Ck.N.Y.)	22 Oct 1848	1 May 1925	Wo-66
LEWIS,James L. s/o R.J.	3 Jul 1903	11 Jan 1919	Wo-90
LEWIS,John M.	26 Nov 1896	4 Oct 1917	Wo-66
LEWIS,Joseph L.	(d.age 64yr)	11 Apr 1904	Wo-96
LEWIS,Junita	(d.age 1yr)	23 May 1932	Wo-95
LEWIS,King	6 Oct 1872	3 Dec 1923	Wo-66
LEWIS,Lenorah B.	6 Jul 1881	3 Sep 1888	Wo-69
LEWIS,Mabel B.	1884	1962	Wo-58
LEWIS,Mamie	4 Sep 1889	27 Sep 1903	Wo-93
LEWIS,Minnie H.	1892	1921	Wo-58
LEWIS,Nannie H.	1889	1912	Wo-67
LEWIS,Norman J.	1890	1948	Wo-58
LEWIS,Norman Jr.	1914	1916	Wo-58
LEWIS,Norman s/o R.J.	4 Mar 1898	27 Jan 1910	Wo-90
LEWIS,Prudy C. w/o George W.	12 Dec 1840	12 Aug 1882	Wo-69
LEWIS,Robert H.	1880	1965	Wo-96
LEWIS,Sallie M. Payne w/o George H.	29 Nov 1856	11 Dec 1914	Wo-67
LEWIS,Samuel J.	16 Jun 1895	9 Jun 1921	Wo-67
LEWIS,Virgil s/o R.J.	23 Aug 1910	17 Sep 1910	Wo-90
LEWIS,Vivian C.	none	none	Wo-58
LEWIS,W. Brooke	1905	1969	Wo-58
LEWIS,William S.	(d.age 46yr)	26 Apr 1897	Wo-93
LEWIS,Willie E. s/o Benjamin	24 Nov 1895	8 Oct 1918	Wo-92
LEYSHORN,Elizabeth B. (with Walsh)	1891	1949	Wo-63
LILLISTON,Annie K.	(d.age 85yr)	30 Nov 1970	Wo-2
LILLISTON,Dorsey Lee (Bud)	1907	1962	Wo-60
LILLISTON,Edward R.	1844	1921	Wo-2
LILLISTON,John P.	1846	1923	Wo-2
LILLISTON,Mary E.	1884	1973	Wo-2
LILLISTON,Samuel T.	1878	1956	Wo-2
LINDELL,Lilmae F. d/o Lula	21 Aug 1920	13 May 1921	Wo-66
LINDSAY,Annie w/o W.D.S. Drummond	14 Mar 1861	10 Jun 1907	Wo-40

Name	Birth/Info	Death	Location
LINDSEY,Annie M. w/o M.L.d/o Slocom	(d.age60yr)	22 Sep 1870	Wo-38
LINDSEY,Cora A. d/o Henry C.	13 sep 1863	9 Apr 1865	Wo-38
LINDSEY,Eleanora A. Collinsw/o George	(d.age24yr)	26 Aug 1866	Wo-38
LINDSEY,George Washington s/o M.N.	(d.age27yr)	23 Jun 1869	Wo-38
LINDSEY,Henry C.	9 Mar 1833	3 Feb 1886	Wo-38
LINDSEY,Mary W. d/o George W.	17 Aug 1866	18 Aug 1866	Wo-38
LINDSEY,Matthias Sr.	(d.age64yr)	20 Aug 1867	Wo-23
LINDSEY,Nancy	(d.age74yr)	20 Oct 1844	Wo-23
LINDSEY,William B.	(d.age51yr)	22 Jan 1855	Wo-23
LINDSEY,William C.	(d.age14yr)	17 Aug 1870	Wo-23
LINTON,John Wallace (WW I)	1887	1962	Wo-58
LINTON,Mary D.	1897	none	Wo-58
LINTON,Mary Winifred	1917	1968	Wo-58
LINTON,Thomas H. (WW I)	1891	1898	Wo-58
LIPHAM,Janice J. d/o James A.Johnson	1946	1974	Wo-61
LIPPINCOTT,Viola Bailey	1895	1977	Wo-58
LIPSETT,Donna Marie	1941	9 Feb 1986	Wo-101
LITTLETON,Annie M. d/o George & Edna	25 Nov 1909	3 Dec 1909	Wo-87
LITTLETON,Beulah W.	1886	1943	Wo-61
LITTLETON,C. Mack	1885	1938	Wo-61
LITTLETON,Edward 8.	(d.age73yr)	2 Aug 1896	Wo-53
LITTLETON,Georganna	1862	1945	Wo-61
LITTLETON,Harry C.	23 Jun 1873	20 Oct 1918	Wo-66
LITTLETON,Ina I.	1880	1926	Wo-61
LITTLETON,Julia K.	6 Aug 1885	24 Dec 1921	Wo-66
LITTLETON,Mabel Blades	1902	1964	Wo-61
LITTLETON,Mabel W. d/o O. M.	9 May 1909	2 Aug 1918	Wo-61
LITTLETON,Margaret d/o R.T.& Ina	5 Jan 1912	21 Sep 1912	Wo-61
LITTLETON,Mary A. w/o Hiram	26 Apr 1858	20 Dec 1930	Wo-87
LITTLETON,Mary E.	26 Jan 1892	2 May 1966	Wo-114
LITTLETON,O. Mack	1917	1969	Wo-61
LITTLETON,Oscar T.Jr.	22 Aug 1916	6 Jun 1917	Wo-66
LITTLETON,Rome N.	1874	1924	Wo-53
LITTLETON,Roy T.	1881	1955	Wo-61
LITTLETON,Sallie H.	1872	1965	Wo-53
LITTLETON,T.	25 Jul 1857	10 Dec 1921	Wo-61
LIVINGSTON,Ernest	19 Jul 1887	28 Sep 1918	Wo-114
LIVINGSTON,Morris G.	21 May 1911	23 May 1911	Wo-114
LIVINGSTON,William H.	24 Jan 1909	28 Mar 1909	Wo-114
LIVINGSTON,William T.	22 Nov 1847	17 Aug 1928	Wo-114
LIVINGSTONE,Rosa B.	1 Aug 1891	25 Jun 1917	Wo-114
LIVINSTON,Elsie M.	7 Jun 1917	2 Aug 1917	Wo-114
LLOYD,Ada d/o C.C.	20 Oct 1871	3 Jun 1878	Wo-62
LLOYD,Ann Amelia	1874	1953	Wo-62
LLOYD,Anna B. w/o C.C.	(d.age53yr)	26 Sep 1894	Wo-62
LLOYD,C. C.	10 Mar 1832	3 May 1903	Wo-62
LLOYD,Charles B.	1878	1954	Wo-61
LLOYD,Edgar Lee	1873	1933	Wo-62
LLOYD,Francis James	1870	1951	Wo-62
LLOYD,Willie C. s/o C.C.	24 Oct 1878	15 May 1879	Wo-62
LOCKERMAN,Annie d/o James H.	27 Dec 1882	30 Jan 1883	Wo-61
LOCKERMAN,Author s/o James H.	22 Dec 1881	21 Mar 1882	Wo-61
LOCKERMAN,Bertie A.	1872	1957	Wo-61
LOCKERMAN,Edgar J. s/o James H.	28 Aug 1868	27 Jul 1887	Wo-61
LOCKERMAN,Harry C. s/o James H.	17 Mar 1887	11 AUg 1887	Wo-61

LOCKERMAN, Horace S. s/o James H.	(d.age 2mo)	2 Sep 1872	Wo-61
LOCKERMAN, Infant s/o James H.	28 Aug 1868	28 Aug 1868	Wo-61
LOCKERMAN, James H.	14 Oct 1842	7 Jan 1909	Wo-61
LOCKERMAN, Josephine E. w/o James	13 Jan 1859	18 Mar 1890	Wo-61
LOCKERMAN, Priscilla	10 Dec 1906	11 Oct 1910	Wo-61
LOCKERMAN, Sarah A. w/o James A.	(d.age 31yr)	27 Oct 1877	Wo-61
LOCKERMAN, Sue A. w/o James H.	6 May 1867	4 Mar 1893	Wo-61
LOCKERMAN, W. James s/o James H.	4 Dec 1897	17 Feb 1901	Wo-61
LOCKFAW, Julia B. Walls Merrill	1887	1972	Wo-59
LOKEY, Otis K. s/o John H. & Sarah	8 May 1888	17 Feb 1889	Wo-63
LOKEY, Theodore W. s/o John H.	26 Sep 1907	12 Oct 1909	Wo-63
LOLLI, Jeanette Rantz	5 Nov 1909	11 May 1977	Wo-63
LONG, Alan P. Sr.	1894	1965	Wo-60
LONG, Alpheus Kemp s/o John D.	16 Dec 1845	11 Jan 1906	Wo-60
LONG, Amanda C.	1877	1903	Wo-63
LONG, Amanda P.	1903	1903	Wo-63
LONG, Betty Carey	27 Mar 1871	2 Aug 1929	Wo-67
LONG, Calvin Heston	1 Oct 1860	14 Jun 1913	Wo-62
LONG, Carl S. s/o J.& L.	26 May 1900	16 Jun 1910	Wo-63
LONG, Charles Allen Jr.	24 Feb 1858	23 Dec 1976	Wo-101
LONG, Charles E.	12 Nov 1876	29 Mar 1915	Wo-69
LONG, Cordelia W. w/o William	9 Sep 1837	15 Oct 1902	Wo-62
LONG, David	25 Nov 1788	1 May 1832	Wo-60
LONG, David H.	18 Mar 1826	26 Jan 1912	Wo-62
LONG, Delia Martha	1908	8 Apr 1985	Wo-101
LONG, Dorothy	1908	none	Wo-63
LONG, E. Everett	26 Oct 1858	12 Oct 1879	Wo-62
LONG, Edward W.	11 Oct 1819	20 Jul 1836	Wo-60
LONG, Elizabeth w/o John L.	1819	1845	Wo-60
LONG, Elmer F.	1904	none	Wo-63
LONG, Ernest W.	1891	1939	Wo-60
LONG, Florence W.	1884	1968	Wo-60
LONG, George W.	1877	1944	Wo-101
LONG, George W.	25 Jul 1861	18 Aug 1905	Wo-63
LONG, Henrietta M. Chaille	1 Oct 1798	17 Jan 1886	Wo-84
LONG, Henry	1786	1855	Wo-60
LONG, Ida B. d/o J. W.	11 Feb 1876	7 May 1922	Wo-63
LONG, Ida E. w/o Wm. G.	1872	none	Wo-69
LONG, Isabella White w/o John L.	1 Mar 1851	3 Oct 1914	Wo-60
LONG, J. W.	22 Dec 1827	9 Aug 1917	Wo-63
LONG, James M.	1870	1949	Wo-63
LONG, John	1907	1907	Wo-63
LONG, John Dixon (Rev.)	26 Sep 1819	12 Jul 1894	Wo-60
LONG, John Dixon s/o John D.	14 Feb 1847	6 Jul 1906	Wo-60
LONG, Julius Hedding s/o John D.	14 May 1850	26 Oct 1898	Wo-60
LONG, Linda E.	1866	1933	Wo-63
LONG, Lola E.	1866	1926	Wo-60
LONG, Lyman L.	1903	1971	Wo-58
LONG, MacFee	1912	1967	Wo-96
LONG, Margaret B.	1917	none	Wo-58
LONG, Margie E.	1889	1956	Wo-60
LONG, Marie	1899	1924	Wo-69
LONG, Marion C.	1880	1966	Wo-101
LONG, Mary C.	28 Aug 1835	30 Jul 1920	Wo-63
LONG, Minnie J. d/o William	(d.age 2yr)	9 Sep 1868	Wo-62

Name	Birth	Death	Plot
LONG, Ocea M.	1885	1971	Wo-63
LONG, Orville C.	1919	none	Wo-58
LONG, Rada T.	1911	none	Wo-96
LONG, Rebecca White	1851	1914	Wo-60
LONG, Robert B.	1873	1926	Wo-63
LONG, Rose G.	1899	1969	Wo-60
LONG, Rufus J.	1875	1954	Wo-63
LONG, Sadie E.	1883	1970	Wo-60
LONG, Sarah Caulk w/o John D.	27 Jan 1819	19 Apr 1900	Wo-60
LONG, Sue M. w/o Edward I.	17 Aug 1860	14 Apr 1901	Wo-86
LONG, Viola K.	25 May 1878	11 Jun 1923	Wo-92
LONG, Walter H.	1897	1967	Wo-60
LONG, Wilbur	1880	1902	Wo-60
LONG, William G.	1868	none	Wo-69
LONG, William J.	23 Jul 1823	4 Feb 1876	Wo-62
LONG, William Jefferson s/o William	9 Apr 1863	5 Aug 1864	Wo-62
LONG, Woodland A.	1867	1923	Wo-60
LOTTY, Robert	28 Jun 1889	1 Aug 1918	Wo-67
LOWE, Betty	1929	1973	Wo-58
LOWE, Carroll L.	1916	none	Wo-58
LOWE, James L. (WW II)	1926	1975	Wo-58
LUCAS, Emma W.	1855	1941	Wo-61
LUCAS, Oliver J.	20 Aug 1837	30 Sep 1915	Wo-61
LUDLAM, Harriett D.	17 Aug 1846	9 Jun 1923	Wo-67
LUDLAM, Margaret E. Lewis	26 Dec 1877	5 Feb 1920	Wo-65
LUDLAM, Mildred R. Lewis	31 Jul 1899	16 Feb 1920	Wo-65
LUKEHARD, Harry R. (WW I)	1887	1955	Wo-58
LUKEHARD, Lillian M.	1896	none	Wo-58
LYDON, David Wayne	1961	1977	Wo-58
LYDON, John R. (with Blaine)	1906	1958	Wo-60
LYDON, Julia Blaine	1907	1974	Wo-60
LYNCH, Barton P.	1929	none	Wo-41
LYNCH, Bertha K. w/o Thomas A.J.	(d.age 34yr)	5 Dec 1902	Wo-69
LYNCH, Elmer s/o Thomas A.	(d.age 4da)	21 Aug 1900	Wo-69
LYNCH, John B.	11 Oct 1835	none	Wo-69
LYNCH, Lee s/o John B. & Mary A.	(d.age 24yr)	2 Nov 1900	Wo-69
LYNCH, Levin D.	4 Nov 1837	30 Nov 1910	Wo-66
LYNCH, Lillie D. d/o Thomas A. J.	1 Nov 1911	4 Dec 1912	Wo-69
LYNCH, Lillie w/o Thomas A.J.	6 Jan 1872	none	Wo-69
LYNCH, Mary A. w/o John B.	20 May 1842	16 May 1922	Wo-69
LYNCH, Molly M.	1928	none	Wo-41
LYNCH, Myrtle Blades	1897	1970	Wo-61
LYNCH, Sarah A. w/o Levin D.	25 Apr 1815	31 Dec 1908	Wo-66
LYNCH, Thomas A. J.	15 Nov 1863	6 Feb 1915	Wo-69
LYNCH, Thomas A. s/o Thomas A.	16 Jun 1892	19 Nov 1906	Wo-69
MABBOTT, Mary Catherine w/o Thomas	10 Aug 1835	12 Jun 1905	Wo-40
MABBOTT, Thomas	18 Aug 1838	8 Jul 1894	Wo-40
MACALLISTER, Laura Reid	1872	1945	Wo-61
MACGLOTHIN, Thelma Mason	none	26 Nov 1970	Wo-62
MACKIE, Elkanah Dare (Rev.)	16 Sep 1826	6 Sep 1858	Wo-86
MACKIE, Ida Jane d/o Rev. William D.	9 Apr 1865	13 Aug 1866	Wo-86
MACKIE, Julia Anna	9 Jan 1857	7 Sep 1858	Wo-86
MACLEOD, Hazel L.	1900	none	Wo-58
MACLEOD, James (Rev.)	1881	1963	Wo-58
MADDOX, Alice Morris	29 Mar 1925	9 Jun 1925	Wo-37

Name	Birth	Death	Location
MADDOX, Annie L.		1891	1971	Wo-58
MADDOX, Audrey E. d/o G.W.	30 Apr 1913	17 Jul 1915	Wo-58
MADDOX, Belinda C.	1861	1943	Wo-62
MADDOX, Charles W.	1874	1947	Wo-37
MADDOX, Columbus W.	1887	1948	Wo-58
MADDOX, Columbus W. Jr.(WW II)	1920	1974	Wo-58
MADDOX, George W.	11 May 1845	24 Oct 1920	Wo-88
MADDOX, James G.	1886	1966	Wo-58
MADDOX, James G. s/o J.G. & Lyda A.	1925	1925	Wo-61
MADDOX, John H.	11 Oct 1826	5 May 1898	Wo-84
MADDOX, Lida W.	1892	1967	Wo-58
MADDOX, Nelda M.	1922	none	Wo-58
MADDOX, No name w/o F.W,	15 Aug 1844	3 Sep 1909	Wo-8
MADDOX, Sadie E.	1883	1967	Wo-37
MADDOX, Sally C. H. d/o Daniel	30 May 1820	5 Oct 1823	Wo-84
MADDOX, Samuel J.	1863	1932	Wo-62
MADDOX, Walter	1902	1931	Wo-37
MADDUX, Belle V. d/o John & Esther	29 Jul 1885	7 Oct 1905	Wo-103
MADDUX, Claudie s/o Charles W.	23 Apr 1904	11 May 1918	Wo-37
MADDUX, Edward T.	3 Jun 1851	13 Oct 1921	Wo-88
MADDUX, Elizabeth	28 Oct 1802	3 Dec 1885	Wo-105
MADDUX, Joel W.	23 Aug 1839	29 Nov 1922	Wo-105
MADDUX, John P.	12 Mar 1859	30 Apr 1893	Wo-103
MADDUX, Leah w/o Sylvanus C.	19 Jul 1857	22 Jun 1924	Wo-37
MADDUX, Levin J.	28 Mar 1831	15 Jul 1891	Wo-103
MADDUX, Martha A.	9 Jun 1836	5 Oct 1919	Wo-103
MADDUX, Mary Causey w/o Edward t.	22 Oct 1847	15 Oct 1925	Wo-88
MADDUX, Sylvanus C.	7 Jan 1846	16 Apr 1906	Wo-37
MAGEE, Mabel d/o F. A. & H.R.	11 Mar 1907	8 Apr 1907	Wo-69
MAGEE, Russell s/o F. E.& H.R.	28 Oct 1907	18 Jun 1909	Wo-69
MAKUCHAL, Lisa d/o Wally & Helena M.	1967	1967	Wo-58
MAPP, Martha L. w/o R. W.	11 Sep 1850	13 Jul 1906	Wo-60
MARINE, Rebecca M.	(d.age51yr)	29 Nov 1864	Wo-4
MARINE, Sallie E. R. d/o Robert & R.	30 Apr 1847	8 Jun 1848	Wo-4
MARINER, Adlia S.	1893	1979	Wo-58
MARINER, Amanda	1898	1974	Wo-58
MARINER, Annie V. d/o William E.	16 Dec 1894	10 Feb 1903	Wo-2
MARINER, Arra J. w/o Levin	30 Jul 1827	15 Jan 1887	Wo-40
MARINER, Bertie M.	1896	1977	Wo-58
MARINER, Bettie Adalyne d/o Thomas W.	19 Dec 1879	28 May 1907	Wo-105
MARINER, Christine M.	1878	1948	Wo-58
MARINER, Clinton C.	1921	1960	Wo-63
MARINER, Clinton C. Sr.	1900	1941	Wo-63
MARINER, Edward F.	25 Nov 1858	14 May 1893	Wo-105
MARINER, Edward J.	1824	1900	Wo-104
MARINER, Effie A.	none	none	Wo-58
MARINER, Ella May w/o Edward F.	12 Feb 1863	1 Jan 1888	Wo-105
MARINER, Elsey T.	1889	1956	Wo-58
MARINER, Elton P.	1896	1970	Wo-58
MARINER, Ernest R.	15 Dec 1875	26 Feb 1877	Wo-105
MARINER, Essie Amelia	24 Jul 1912	7 Nov 1912	Wo-61
MARINER, Essie Lambertson	1881	1971	Wo-61
MARINER, Florence N.	1824	none	Wo-63
MARINER, Florence P.	1918	1977	Wo-58
MARINER, George S.	1849	1931	Wo-61

Name	Birth	Death	Location
MARINER, Harold R.	none	1965	Wo-63
MARINER, J. Woodson s/o Jennings	11 Nov 1903	22 Jul 1904	Wo-61
MARINER, James L.	1893	1977	Wo-58
MARINER, Jeannette Florence	1866	1925	Wo-105
MARINER, Jennings W.	1874	1929	Wo-61
MARINER, Jesse William (WW II)	1918	1977	Wo-58
MARINER, Joey James s/o Jerrry & Marie	1975	1975	Wo-58
MARINER, Johnny Lee s/o Jerry & Marie	1972	1972	Wo-58
MARINER, Joseph C. s/o G.S.	30 Aug 1887	20 Dec 1911	Wo-61
MARINER, Laura F. w/o Thomas Ward	(d.age 32yr)	16 Dec 1886	Wo-105
MARINER, Levin	20 Jan 1820	24 May 1900	Wo-40
MARINER, Mae V.	none	none	Wo-63
MARINER, Malissa,	1849	1934	Wo-61
MARINER, Mamie w/o William P.	20 Mar 1884	25 Oct 1912	Wo-2
MARINER, Mary B.	1893	1972	Wo-58
MARINER, Meta Doris d/o Otho M.	7 Aug 1918	12 Mar 1920	Wo-88
MARINER, Milton E.	1906	1952	Wo-61
MARINER, Otho M.	(d.age 42yr)	25 Aug 1936	Wo-88
MARINER, Polly wid/o Robert Sr.	10 Nov 1779	9 Jul 1834	Wo-4
MARINER, Robert Lee s/o E.P. & Violet	1928	1928	Wo-58
MARINER, S. Elizabeth	1884	1974	Wo-61
MARINER, Samuel J.	1892	1970	Wo-58
MARINER, Sarah Elizabeth	1835	1929	Wo-104
MARINER, Stella P. w/o F.M.	8 May 1884	12 Mar 1922	Wo-88
MARINER, Thomas H.	1919	1971	Wo-63
MARINER, Thomas L.	1866	1918	Wo-58
MARINER, Violet H.	1904	1971	Wo-58
MARINER, Willard P.	1923	1940	Wo-58
MARINER, Willard T.	1850	1924	Wo-105
MARINER, William C.	1891	1966	Wo-58
MARSHALL, Amanda M.	1863	1950	Wo-61
MARSHALL, Annie A.	26 May 1845	16 May 1922	Wo-66
MARSHALL, Archie J.	1882	none	Wo-41
MARSHALL, Charles P.	26 Aug 1852	23 Apr 1912	Wo-66
MARSHALL, Delcia A.	1886	1972	Wo-56
MARSHALL, Edward W. (Dr.)	26 Jun 1832	4 Mar 1896	Wo-84
MARSHALL, Elizabeth A. w/o Josiah	10 Jun 1815	15 Apr 1897	Wo-67
MARSHALL, Elizabeth w/o Robert E.	10 Jul 1813	31 Mar 1875	Wo-62
MARSHALL, Eunice M.	1924	none	Wo-56
MARSHALL, George R.	21 Jan 1838	23 Jan 1914	Wo-40
MARSHALL, Georgie Bishop d/o E.	(d.age 10mo)	4 Aug 1869	Wo-87
MARSHALL, Hester Ann w/o John D.	7 May 1809	26 Jul 1855	Wo-87
MARSHALL, Hester D. d/o John D.	15 Jun 1841	1 Sep 1841	Wo-87
MARSHALL, I. Henry	27 Feb 1840	16 May 1858	Wo-67
MARSHALL, J. E. H. Jr.	28 Dec 1834	27 May 1872	Wo-87
MARSHALL, Jane Holstein	1843	1873	Wo-87
MARSHALL, John B. s/o Dr.E. W.	28 Sep 1854	4 Apr 1858	Wo-87
MARSHALL, John D.	(d.age 61yr)	16 May 1868	Wo-87
MARSHALL, John D. s/o John D.	11 Mar 1845	11 May 1846	Wo-87
MARSHALL, John E. H. Jr.	27 Dec 1837	27 May 1872	Wo-107
MARSHALL, John W. s/o John D.	2 Dec 1853	1 Apr 1854	Wo-87
MARSHALL, Josiah M.	- Dec 1808	8 Aug 1882	Wo-67
MARSHALL, Lavina Lloyd Sheppard	22 Apr 1832	1 Jul 1909	Wo-84
MARSHALL, Lizzie C. s/o Archie	1882	1951	Wo-41
MARSHALL, M. Ellen	1835	1908	Wo-67

Name	Birth	Death	Loc
MARSHALL, Martha Mrs.	(d.age 76yr)	17 Sep 1884	Wo-107
MARSHALL, Mary A. w/o S. R.	17 Jan 1840	17 Oct 1914	Wo-58
MARSHALL, Mary E.	1838	1916	Wo-67
MARSHALL, Mary Holstein w/o William	10 Dec 1843	1 May 1873	Wo-87
MARSHALL, Raymond T.	1882	1952	Wo-56
MARSHALL, S. K.	15 Jun 1857	1 Mar 1922	Wo-67
MARSHALL, William H.	1847	1930	Wo-61
MARSHALL, William J. s/o John D.	25 Dec 1848	13 May 1849	Wo-87
MARSHALL, William Sheppard s/o Dr.E.	6 Oct 1866	4 Feb 1874	Wo-87
MARSHALL, William W. P.	21 Aug 1840	10 Jan 1901	Wo-66
MARSHALL, Zadock H.	28 Mar 1842	12 Aug 1862	Wo-65
MARTIN, Clifford E.	1906	1974	Wo-63
MARTIN, Edward D. Jr.	(d.age 6yr)	18 Sep 1854	Wo-86
MARTIN, Edward D. Sr.	(d.age 34yr)	14 Aug 1856	Wo-86
MARTIN, Edward Duffield s/o Edward	31 Jul 1856	21 Sep 1909	Wo-86
MARTIN, Edwin B.	1900	none	Wo-63
MARTIN, George H.	10 Aug 1806	30 Nov 1865	Wo-86
MARTIN, Hazel S.	1908	none	Wo-63
MARTIN, Irene Estelle (with Welch)	1888	1976	Wo-58
MARTIN, John S. MD	6 Oct 1782	12 Jun 1844	Wo-86
MARTIN, Joseph A. (WW II)	1911	1977	Wo-58
MARTIN, Lydia E.	1874	1953	Wo-63
MARTIN, Martha R.	(d.age 2yr)	29 May 1823	Wo-86
MARTIN, Mary King d/o Edward D.	(d.age 4da)	25 Jul 1897	Wo-86
MARTIN, Nancy Ellen	none	1943	Wo-63
MARTIN, Nannie Wilson w/o Edward D.	6 Aug 1871	8 Dec 1898	Wo-86
MARTIN, R. C.	(d.age 4mo)	none	Wo-86
MARTIN, Rebecca S. Duffield w/o John	7 Sep 1780	21 Nov 1843	Wo-86
MARTIN, Rebecca d/o John S.	4 Dec 1811	24 Nov 1846	Wo-86
MARTIN, Rose Smith	1921	1977	Wo-63
MARTIN, Rosena C.	(d.age 2yr)	21 Jan 1817	Wo-86
MARTIN, Sally (Miss)	17 Sep 1786	21 Sep 1817	Wo-86
MARTIN, Sally L.	12 Dec 1823	23 Jul 1885	Wo-86
MARTIN, Sarah E. Smith w/o George H.	23 Aug 1820	5 Aug 1870	Wo-86
MARTIN, Vivian M.	1909	1969	Wo-63
MARTIN, Walsie J.	1874	1935	Wo-63
MARTIN, Walter J.	none	none	Wo-63
MARTIN, Wilson Upshur s/o Edward D.	8 Dec 1898	24 Oct 1918	Wo-86
MARVEL, Jennie C.	10 Dec 1893	8 Oct 1918	Wo-69
MARVIN, Gale E.	1961	1961	Wo-58
MARVIN, Gale E. II	none	none	Wo-58
MARVIN, Mary Jane	none	none	Wo-58
MASON, Albert D.	1870	1916	Wo-58
MASON, Alice K.	1916	none	Wo-58
MASON, Aline	1897	1972	Wo-63
MASON, Alvin F.	1915	1965	Wo-58
MASON, Amanda W. w/o Ephraim K.	5 May 1861	13 Mar 1888	Wo-53
MASON, Ann E. w/o Bable	12 Mar 1819	13 Jul 1894	Wo-61
MASON, Annie E.	1876	1955	Wo-63
MASON, Annie P.	1886	1967	Wo-40
MASON, Annie R. w/o Peter H.C.	19 Jan 1842	27 Mar 1927	Wo-40
MASON, Ayres	1829	1901	Wo-58
MASON, Bennett	18 Nov 1822	1 Feb 1905	Wo-62
MASON, Bessie M. d/o S. F.	(d.age 9da)	7 Feb 1881	Wo-62
MASON, Beulah E.	1912	none	Wo-58

Name	Birth	Death	Plot
MASON, Beulah K.	1884	1959	Wo-63
MASON, Blanche J.	none	none	Wo-63
MASON, Burton A.	1866	1934	Wo-37
MASON, Catherine E.	2 Mar 1807	3 May 1887	Wo-61
MASON, Charles E.	1872	1957	Wo-40
MASON, Charles L.	1875	1960	Wo-63
MASON, Charlotte	1857	1927	Wo-58
MASON, Clara R.	1886	1965	Wo-58
MASON, Clementine w/o Joseph	18 Feb 1869	3 Jul 1929	Wo-53
MASON, Daisey E.	1880	1953	Wo-58
MASON, Danny G.	1896	1964	Wo-58
MASON, Deloney W.	19 Mar 1868	17 May 1940	Wo-59
MASON, Dewey	1908	1962	Wo-58
MASON, Donald W.	1946	1972	Wo-1
MASON, Edward (WW I)	1896	1967	Wo-58
MASON, Edwin F.	9 Nov 1856	1 Dec 1910	Wo-40
MASON, Eleanor	18 Sep 1799	3 Dec 1863	Wo-25
MASON, Elizabeth A.	1891	1975	Wo-58
MASON, Elizabeth Handy w/o John	24 Dec 1798	12 Apr 1876	Wo-84
MASON, Elizabeth T.	1 May 1820	28 Sep 1851	Wo-62
MASON, Ella D.	1870	1955	Wo-2
MASON, Ella L.	1906	1914	Wo-63
MASON, Ellen A. w/o Stephen T.	22 May 1833	8 Oct 1917	Wo-53
MASON, Ellwood Byrd	1908	1974	Wo-58
MASON, Ethel May d/o Joseph	1 Jun 1894	15 Jun 1894	Wo-53
MASON, Everett L.	1934	1943	Wo-3
MASON, Florence W.	1907	none	Wo-58
MASON, G. Rufus	1878	1955	Wo-58
MASON, George	1866	1942	Wo-58
MASON, George L.	28 Dec 1846	25 Mar 1925	Wo-40
MASON, George T.	12 Nov 1847	1 Mar 1862	Wo-61
MASON, H. Virginia	1861	1936	Wo-60
MASON, Hamilton B.	1864	1943	Wo-2
MASON, Harold C.	1909	1973	Wo-58
MASON, Harriett Anna	1843	1915	Wo-61
MASON, Hillary W.	1870	1937	Wo-41
MASON, Homer L. Jr.	1908	1966	Wo-3
MASON, Homer L. Sr.	1882	1956	Wo-3
MASON, Ida E.	2 Jun 1860	6 Apr 1917	Wo-62
MASON, Ida V. w/o O.C.	4 Feb 1900	25 Jun 1938	Wo-41
MASON, India Dennis d/o Bennett	8 May 1848	8 Sep 1886	Wo-62
MASON, Jacob	17 Mar 1813	16 Aug 1886	Wo-61
MASON, James G.	1858	1922	Wo-2
MASON, Jesse W.	1904	1904	Wo-63
MASON, John	5 Jan 1793	4 Jul 1853	Wo-10
MASON, John Elton	1905	1965	Wo-61
MASON, John L.	1864	1928	Wo-88
MASON, John W.	1869	1932	Wo-63
MASON, John W.	1887	1936	Wo-63
MASON, John W.	3 Feb 1863	14 Oct 1924	Wo-53
MASON, John W.	13 Jul 1847	17 Aug 1908	Wo-63
MASON, Joseph W.	1911	1967	Wo-60
MASON, Joshua T.	1874	1961	Wo-58
MASON, Julia Ann	1974	none	Wo-88
MASON, Katherine	1862	1945	Wo-60

Name	Birth	Death	Location
MASON, Laura W.		1874	1943	Wo-58
MASON, Lavina Alice d/o D.& A.Hancock	2 Aug 1839	27 Jun 1861	Wo-25
MASON, Lela D.	1895	1968	Wo-58
MASON, Lilah M.	11 Mar 1884	18 Mar 1888	Wo-40
MASON, Lillian Johnson	1908	1969	Wo-61
MASON, Lloyd W.	1867	1940	Wo-53
MASON, Lorenzo Dale	1927	1978	Wo-63
MASON, Lula W.	1879	1968	Wo-58
MASON, Madeline D.	1918	1946	Wo-63
MASON, Madge V.	1924	none	Wo-63
MASON, Madorah F. w/o J. W.	12 Jan 1874	1 Sep 1922	Wo-63
MASON, Margaret E. w/o George L.	8 Jun 1847	28 Dec 1912	Wo-40
MASON, Margaret W.	1910	none	Wo-58
MASON, Margie E.	1910	none	Wo-3
MASON, Marion Hundley s/o A.A.	12 Sep 1914	31 Jul 1918	Wo-63
MASON, Marjorie D.	5 Mar 1898	25 Jan 1900	Wo-63
MASON, Martha M.	16 Aug 1883	16 Sep 1884	Wo-62
MASON, Martha M. d/o Bennett	9 Feb 1866	11 Sep 1877	Wo-62
MASON, Mary A. d/o Peter F.& Jane P.	12 May 1908	12 Sep 1908	Wo-40
MASON, Mary C. Jones	1823	1899	Wo-60
MASON, Mary M.	24 Apr 1854	17 Jun 1855	Wo-62
MASON, Mollie A.	1874	1957	Wo-41
MASON, Orville A.	29 May 1903	2 Jun 1979	Wo-63
MASON, Osman R.	15 Apr 1887	12 Jul 1887	Wo-62
MASON, Otho B.	11 May 1885	25 May 1885	Wo-62
MASON, Peter	2 Aug 1801	8 Jun 1853	Wo-25
MASON, Peter H. C.	19 Mar 1830	22 Feb 1885	Wo-40
MASON, Peter M. s/o Stephen E.& Nancy	27 Nov 1856	30 Dec 1856	Wo-25
MASON, Peter P.	1880	1960	Wo-40
MASON, Phillip C.	26 Nov 1906	30 Jul 1974	Wo-2
MASON, Preston E. (WW II)	1911	1977	Wo-58
MASON, Priscilla F. w/o John W.	30 Mar 1848	16 Jun 1923	Wo-63
MASON, Riley T.	15 Jan 1849	22 Aug 1912	Wo-53
MASON, Rose S.	1824	1888	Wo-60
MASON, Roy W.	1902	1960	Wo-53
MASON, Ruth E.	1907	none	Wo-41
MASON, S. E. Jr.	17 Dec 1867	21 Sep 1868	Wo-62
MASON, Sallie A. w/o Bennett	11 Apr 1832	14 Apr 1885	Wo-62
MASON, Sallie E. w/o Deloney	14 Nov 1868	26 Oct 1903	Wo-59
MASON, Samuel J.	1864	1937	Wo-60
MASON, Sarah A.	1862	1928	Wo-41
MASON, Sarah E.	1872	1946	Wo-40
MASON, Sarah J.	1842	1914	Wo-61
MASON, Sarah Stevenson	1860	1932	Wo-61
MASON, Sarah Wilson	1910	1974	Wo-60
MASON, Sefronia E.	1889	1972	Wo-3
MASON, Stanley A.	1906	1978	Wo-58
MASON, Stephen E.	23 Aug 1831	6 Oct 1904	Wo-84
MASON, Stephen T.	18 Sep 1829	30 Sep 1912	Wo-53
MASON, Susan Jane	20 Jan 1844	9 Aug 1910	Wo-53
MASON, Thelma C.	none	none	Wo-63
MASON, Thelma M.	29 May 1908	none	Wo-2
MASON, Vernon Lee	1900	1954	Wo-58
MASON, Virginia Jean	1931	1932	Wo-58
MASON, W. E.	1861	1939	Wo-62

Name	Birth	Death	Loc
MASON, Weltha M.		1865	1937	Wo-53
MASON, William B.		1878	1950	Wo-58
MASON, William D.		1853	1937	Wo-58
MASON, William Ernest s/o A.A.	16 Apr 1917	6 Aug 1920	Wo-63
MASON, William L.		1917	1972	Wo-63
MASON, William P.	20 Dec 1837	3 Sep 1910	Wo-53
MASON, William T.		1873	1946	Wo-63
MASON, William T.		1960	1912	Wo-41
MASON, Willie E. s/o S.E.	(d.age 8yr)	28 Jan 1883	Wo-62
MASON, Willie M.	25 Feb 1850	31 Mar 1865	Wo-61
MASSEY, A. E.	25 Feb 1859	none	Wo-65
MASSEY, Charles W.		1879	1921	Wo-65
MASSEY, Clarence J.	21 Sep 1895	25 Aug 1923	Wo-76
MASSEY, Daniel A.		1842	1913	Wo-66
MASSEY, George Clayton	4 Feb 1885	25 Jan 1924	Wo-76
MASSEY, Harold E.	18 Sep 1913	6 Jul 1968	Wo-93
MASSEY, Hester w/o Daniel A.	25 Nov 1846	2 Feb 1892	Wo-66
MASSEY, James T.		1877	1919	Wo-65
MASSEY, Kendle	18 Sep 1802	29 Jan 1854	Wo-79
MASSEY, Margaret E.	8 Mar 1920	none	Wo-93
MASSEY, Mary Edna d/o William F.	12 Aug 1903	29 Sep 1903	Wo-76
MASSEY, Mary J. w/o William E.	7 Feb 1852	25 Jul 1902	Wo-76
MASSEY, S. James		1840	1918	Wo-65
MASSEY, Samuel	6 Jul 1796	6 Jan 1873	Wo-65
MASSEY, Sarah E. w/o William E.	19 Mar 1839	22 Nov 1893	Wo-66
MASSEY, W. J.	30 Dec 1848	24 May 1916	Wo-65
MASSEY, William E.	1 Apr 1849	10 May 1925	Wo-66
MATTENSTEIN, Ada w/o A. C.	18 Jan 1862	8 Jan 1931	Wo-88
MATTHEWS Rae H.		1923	1974	Wo-41
MATTHEWS, Alfred T. s/o George J.	(d.age 6yr)	25 Jul 1856	Wo-58
MATTHEWS, Alice A. d/o C.Fuller	14 Sep 1900	23 Jul 1901	Wo-61
MATTHEWS, Alonzo Earl	(d.age 26yr)	5 Nov 1899	Wo-61
MATTHEWS, Amanda C.	27 Oct 1857	18 Apr 1928	Wo-58
MATTHEWS, Beatrice C.		1905	none	Wo-58
MATTHEWS, C. Fuller	10 Mar 1859	25 Jul 1903	Wo-61
MATTHEWS, Charles F.		1888	1963	Wo-60
MATTHEWS, Charles H. s/o Thomas J.	10 Apr 1865	Mar 1876	Wo-58
MATTHEWS, Charles W.		1919	1972	Wo-41
MATTHEWS, Claire Marie	none	none	Wo-58
MATTHEWS, Ellwood E.		1888	1969	Wo-60
MATTHEWS, Elmer E. s/o George K.	(d.age 7yr)	7 Jun 1871	Wo-58
MATTHEWS, Elmyra B.		1885	1969	Wo-60
MATTHEWS, Ephraim	27 Jul 1804	30 Jul 1843	Wo-87
MATTHEWS, Eugene Powell		1884	1959	Wo-62
MATTHEWS, Francis Eugene (WW II)		1911	1945	Wo-62
MATTHEWS, George E. s/o Irving T.	24 Jun 1853	25 Feb 1855	Wo-87
MATTHEWS, George K.	(d.age 48yr)	8 Feb 1872	Wo-58
MATTHEWS, H. Frank	23 Jun 1888	25 Mar 1919	Wo-63
MATTHEWS, Harry B.		1885	1977	Wo-60
MATTHEWS, Harry P. (Jack)		1908	1976	Wo-63
MATTHEWS, Hattie V.		1888	1965	Wo-58
MATTHEWS, Irving S.		1886	1971	Wo-58
MATTHEWS, Irving Thomas	3 Feb 1828	22 Nov 1899	Wo-87
MATTHEWS, James C. s/o Thomas J.		1867	Oct 1867	Wo-58
MATTHEWS, James E.		1821	1900	Wo-58

Name	Birth	Death	Location
MATTHEWS,Jennie M.		1862	1931	Wo-61
MATTHEWS,John William		1914	1967	Wo-58
MATTHEWS,Leah w/o Ephraim	10 Oct 1798	26 Oct 1847	Wo-87
MATTHEWS,Lillian Maude w/o Frank	5 May 1879	28 May 1924	Wo-61
MATTHEWS,Lillie E.R. d/o S.E.& L.D.	(d.age 5mo)	28 Sep 1883	Wo-65
MATTHEWS,Lillie T.	1881	1962	Wo-63
MATTHEWS,Lottie B.	1902	none	Wo-41
MATTHEWS,Louise L.	1880	1966	Wo-60
MATTHEWS,Luvenia	12 Jun 1880	9 Aug 1961	Wo-114
MATTHEWS,Margaret M.	1882	1966	Wo-58
MATTHEWS,Margaret R. w/o Wm.(b.Va.)	13 Dec 1819	21 Aug 1910	Wo-61
MATTHEWS,Martha S.	1836	1916	Wo-58
MATTHEWS,Mary Scott	1897	1952	Wo-60
MATTHEWS,Mary T.	1891	none	Wo-60
MATTHEWS,Maude C.	1894	1957	Wo-58
MATTHEWS,Minnie K.	1884	1973	Wo-58
MATTHEWS,Nellie H. d/o I.T.	23 Nov 1863	1 Nov 1868	Wo-87
MATTHEWS,Norman W.	1890	1973	Wo-58
MATTHEWS,Pearl E. d/o S. E.	(d.age 2mo)	9 Jan 1881	Wo-65
MATTHEWS,Russell E.	1894	1953	Wo-60
MATTHEWS,Sadie Hayman	1884	1976	Wo-62
MATTHEWS,Sallie S.	(d.age 48yr)	26 Feb 1871	Wo-61
MATTHEWS,Samuel J.	1882	1935	Wo-58
MATTHEWS,Samuel W.	1878	1946	Wo-63
MATTHEWS,Sarah A.	12 Sep 1828	5 Sep 1910	Wo-58
MATTHEWS,Sarah A. w/o Thomas	16 Feb 1826	21 Sep 1891	Wo-68
MATTHEWS,Sarah Hudson w/o I.T.	12 Sep 1830	30 Jun 1907	Wo-87
MATTHEWS,Thomas J.	26 Nov 1823	27 Mar 1887	Wo-58
MATTHEWS,Viola M. Iliffe	1893	1977	Wo-63
MATTHEWS,William H.	9 Dec 1815	17 Dec 1894	Wo-61
MATTHEWS,William Klein s/o Upshur	1926	1938	Wo-62
MATTHEWS,William L.	1900	1969	Wo-41
MATTHEWS,William T.	1898	1942	Wo-63
MATTHEWS,William T. s/o I.T.	(d.age 18yr)	19 Jan 1874	Wo-87
MATTLAGE,Clara K.	1888	1960	Wo-60
MEARS,Albert P.	1854	1934	Wo-61
MEARS,Annie	1890	1965	Wo-61
MEARS,Atlanta F. d/o Albert F.	1 Aug 1894	10 Aug 1895	Wo-61
MEARS,Frank Duer (WW II)	1918	1941	Wo-62
MEARS,Harry C.	1887	1963	Wo-62
MEARS,J. Henry	1880	1934	Wo-61
MEARS,J. McFadden s/o Albert	22 Mar 1906	8 Apr 1906	Wo-61
MEARS,Lillian Duer	none	26 May 1957	Wo-62
MEARS,Mildred J.	1901	1923	Wo-61
MEARS,Nettie T.	1866	1919	Wo-61
MEARS,Virginia M. d/o Charles & Edith	1922	1926	Wo-88
MEARS,William J. B. s/o Albert	1 Aug 1897	9 Oct 1897	Wo-61
MELSON,Eddie H. s/o George A.	7 Apr 1882	28 Sep 1896	Wo-69
MELSON,Edna May d/o A.H.& M.A.	17 Jun 1910	7 Dec 1910	Wo-69
MELSON,Ezekiel A.	5 Oct 1840	17 mar 1911	Wo-69
MELSON,Inez W.	1916	1964	Wo-58
MELSON,John B.	15 Apr 1853	23 Jul 1920	Wo-69
MELSON,Levin S.	18 May 1835	5 Jan 1911	Wo-69
MELSON,Mary C.	30 Sep 1833	16 Apr 1913	Wo-69
MELSON,Rebecca A.	12 May 1845	17 Aug 1917	Wo-69

Name	Birth	Death	Location
MELSON, Sallie E. d/o John B.& S.E.	20 Aug 1884	8 Aug 1907	Wo-69
MELSON, Sarah E. Hudson	14 Sep 1856	none	Wo-69
MELSON, Walter P.	1914	1965	Wo-58
MELSON, Willie Grace d/o J.W. & M.H.	18 Jul 1906	16 Apr 1921	Wo-88
MELVIN, Alexine	1876	1952	Wo-63
MELVIN, Annie M. d/o John B.	(d.age 6yr)	1 Jan 1866	Wo-62
MELVIN, Ben T.	1855	1905	Wo-60
MELVIN, Bernice T.	1891	1975	Wo-63
MELVIN, C. M. & E.M. Children of J. C.	6 Dec 1871	5 Sep 1872	Wo-62
MELVIN, Charles A.	1872	1950	Wo-63
MELVIN, Charles H. s/o Ernest E.	5 Jan 1912	22 Nov 1913	Wo-65
MELVIN, Charles O.	24 Mar 1848	21 Jun 1922	Wo-61
MELVIN, Eddie s/o J.S. & S.E.	7 Feb 1882	9 May 1911	Wo-63
MELVIN, Edward D. s/o Ernest	2 Mar 1908	17 Aug 1908	Wo-65
MELVIN, Elizabeth w/o William W.	5 Nov 1840	10 Jan 1880	Wo-87
MELVIN, Emerson s/o W. W.	4 Mar 1849	4 Aug 1879	Wo-61
MELVIN, Ethel L.	1887	1969	Wo-63
MELVIN, Harriett A. w/o Wm. H.	23 Dec 1818	1 Jul 1876	Wo-61
MELVIN, Harry D.	1892	1946	Wo-63
MELVIN, Jay R.	1882	1926	Wo-61
MELVIN, Jennie V. w/o William R.	25 Sep 1845	30 Jan 1900	Wo-53
MELVIN, John B.	21 Jan 1820	21 Jul 1890	Wo-62
MELVIN, John S.	1861	1949	Wo-63
MELVIN, John s/o C.A.	12 Sep 1901	20 Nov 1912	Wo-63
MELVIN, L. Elaine	1929	1929	Wo-63
MELVIN, Laura M. d/o S.D.& S.V.	7 Apr 1874	12 Aug 1874	Wo-61
MELVIN, Lizzie P. C. d/o William W.	8 Dec 1879	19 May 1880	Wo-87
MELVIN, Margaret A. d/o Rev.Aura	14 Nov 1828	3 Jan 1888	Wo-61
MELVIN, Mary Martin	1902	1964	Wo-63
MELVIN, Millie Couch w/o Charles O.	18 Mar 1860	28 Apr 1916	Wo-61
MELVIN, Owen W.	1894	1971	Wo-63
MELVIN, Rebecca S.	1873	1959	Wo-60
MELVIN, S. Douglas	3 Dec 1830	11 Apr 1901	Wo-61
MELVIN, S. Virginia	31 May 1845	17 Oct 1905	Wo-61
MELVIN, Samuel D.	1870	1914	Wo-61
MELVIN, Samuel E.	1884	1973	Wo-63
MELVIN, Sarah A. w/o John B.	4 Oct 1821	18 Oct 1885	Wo-62
MELVIN, Sarah C. d/o John B.	(d.age 2yr)	3 Sep 1864	Wo-62
MELVIN, Susan K.	1895	1973	Wo-63
MELVIN, Tabitha	1858	1903	Wo-60
MELVIN, Virginia E. d/o S. D.	24 May 1875	21 Sep 1879	Wo-61
MELVIN, William R.	17 Nov 1842	2 Oct 1900	Wo-53
MELVIN, William W.	18 Jun 1822	23 Apr 1903	Wo-87
MELVIN, Winfield F. s/o John B.	(d.age 5yr)	16 Jan 1861	Wo-62
MERRICK, Kenneth Allen	1914	1967	Wo-63
MERRILL, A. Judson	1859	1931	Wo-61
MERRILL, Albert J.	1840	1910	Wo-60
MERRILL, Albert J. Jr. s/o Albert J.	1880	1880	Wo-60
MERRILL, Alfred D.	17 Oct 1827	28 Sep 1891	Wo-49
MERRILL, Alfred P.	1895	none	Wo-58
MERRILL, Allen Dix	1893	none	Wo-58
MERRILL, Almira Pilchard w/o Edward	1858	1896	Wo-61
MERRILL, Annie	1861	1948	Wo-63
MERRILL, Annie B.	18 Feb 1845	5 Jan 1916	Wo-60
MERRILL, Annie J.	1880	1959	Wo-60

Name	Birth	Death	Plot
MERRILL, Arcemious W.	(d.age 9yrs)	11 May 1868	Wo-12
MERRILL, Archie P.	1880	1958	Wo-63
MERRILL, Arthur U.	1871	1933	Wo-60
MERRILL, Augustus P.	1919	none	Wo-60
MERRILL, Bertie Hope	1891	1960	Wo-61
MERRILL, Bertie R.	none	none	Wo-58
MERRILL, Bessie T.	1879	1959	Wo-60
MERRILL, Blanche D.	1881	1969	Wo-63
MERRILL, C. Hargis	none	none	Wo-58
MERRILL, Cecie Dennis d/o Alfred	(d.age 10yr)	16 Mar 1862	Wo-49
MERRILL, Clara E.	1907	none	Wo-58
MERRILL, Cora B.	none	none	Wo-58
MERRILL, Cornelia Ennalls d/o William	(d.age 4mo)	27 Feb 1858	Wo-60
MERRILL, DeWitt B.	1889	1965	Wo-60
MERRILL, E. Fillmore	25 Sep 1856	7 Oct 1918	Wo-63
MERRILL, E. Marvin	1886	1969	Wo-58
MERRILL, E. Rebecca	1884	1925	Wo-60
MERRILL, Earle Augustus	1876	1960	Wo-60
MERRILL, Eddie B. s/o William H.S.	(d.age 2mo)	2 Jul 1882	Wo-60
MERRILL, Edgar P. s/o William H.S.	(d.age 2mo)	19 Jan 1863	Wo-60
MERRILL, Edward C.	3 Oct 1862	14 Sep 1888	Wo-61
MERRILL, Edwin J.	1899	1976	Wo-58
MERRILL, Eliza Booty w/o Levi	5 Nov 1805	23 Feb 1865	Wo-11
MERRILL, Eliza w/o William H.	1805	1879	Wo-62
MERRILL, Elizabeth A. w/o Thomas	16 Aug 1834	12 Sep 1904	Wo-12
MERRILL, Elizabeth C.	1881	1887	Wo-60
MERRILL, Elizabeth Davis	1829	1915	Wo-63
MERRILL, Ellen P. d/o William H.S.	19 Jan 1853	19 Jan 1853	Wo-60
MERRILL, Ernest W. s/o William H.S.	(d.age 9mo)	18 Oct 1868	Wo-60
MERRILL, Ethel Eutsler	1896	1976	Wo-58
MERRILL, Eva B.	1872	1952	Wo-60
MERRILL, Florence	1888	1971	Wo-60
MERRILL, Florence w/o J. Thomas	29 Jul 1872	25 Jan 1918	Wo-61
MERRILL, Francis	1909	19??	Wo-60
MERRILL, Francis B.	13 Feb 1849	24 Jan 1922	Wo-60
MERRILL, Geneva	1892	1976	Wo-41
MERRILL, Granville N.	1878	1960	Wo-60
MERRILL, H. Thomas	22 Sep 1823	8 Mar 1893	Wo-12
MERRILL, H. V. d/o A.D.& Harriet	20 Jan 1854	24 Jun 1870	Wo-49
MERRILL, Hannah	1867	1931	Wo-61
MERRILL, Hariett J.	1 Sep 1833	13 May 1911	Wo-49
MERRILL, Harriett A.	1862	1948	Wo-63
MERRILL, Harrison P.	25 Feb 1882	27 Sep 1914	Wo-60
MERRILL, Hazel P.	1903	1970	Wo-60
MERRILL, Henry C.	1910	1934	Wo-60
MERRILL, Henry Clay s/o Levi	7 Dec 1829	6 Jan 1861	Wo-11
MERRILL, Hester O. w/o Albert J.	1850	1921	Wo-60
MERRILL, Hiram W.	9 Apr 1871	6 Sep 1893	Wo-60
MERRILL, I. Herman	1893	1975	Wo-62
MERRILL, Ida N.	1899	none	Wo-63
MERRILL, Indiana	1878	1966	Wo-60
MERRILL, Infant s/o E.A.& Lucy	18 Mar 1919	18 Mar 1919	Wo-60
MERRILL, Irving W.	24 Jun 1827	5 Oct 1883	Wo-11
MERRILL, Isaac H.	7 Oct 1840	21 Oct 1906	Wo-60
MERRILL, Isaac R. s/o H. Thomas	13 Dec 1867	6 Feb 1891	Wo-12

Name	Birth	Death	Loc
MERRILL, Isabella T. d/o J.S.	(d.age 1yr)	22 Aug 1874	Wo-61
MERRILL, J. Elkanah	20 Aug 1865	22 Oct 1875	Wo-49
MERRILL, J. Thomas	1865	1951	Wo-61
MERRILL, James D.	1908	1968	Wo-60
MERRILL, James E.	1872	1934	Wo-41
MERRILL, Jennie	1849	1930	Wo-61
MERRILL, Jennie Boston	1892	1937	Wo-60
MERRILL, Jessie C.	1888	1943	Wo-58
MERRILL, John L.	8 Nov 1861	14 Jun 1922	Wo-63
MERRILL, John S.	22 May 1838	2 Aug 1887	Wo-61
MERRILL, Julia A. w/o Levin	15 Feb 1801	10 Jul 1891	Wo-13
MERRILL, Julia d/o I.H. & A. B.	6 Oct 1876	27 Jun 1877	Wo-60
MERRILL, Katherine	1906	1930	Wo-60
MERRILL, Kathryn T.	1908	none	Wo-58
MERRILL, Lemuel P.	1872	1935	Wo-60
MERRILL, Lemuel W.	1904	1923	Wo-60
MERRILL, Levi	6 May 1802	21 Aug 1871	Wo-11
MERRILL, Levin Sr.	26 Jan 1800	15 Mar 1853	Wo-13
MERRILL, Louise W.	1897	1975	Wo-62
MERRILL, Lucy Pruitt	1888	none	Wo-60
MERRILL, Major R.	1824	1887	Wo-60
MERRILL, Margaret Ann	1920	none	Wo-60
MERRILL, Margaret C. R.	1852	1927	Wo-60
MERRILL, Marion R. Sr.	1883	1952	Wo-60
MERRILL, Mary Caroline	1849	1924	Wo-60
MERRILL, Mary Elizabeth d/o William	(d.age 2yr)	5 Aug 1858	Wo-60
MERRILL, Mary W. w/o William H.S.	2 Dec 1829	26 Apr 1896	Wo-60
MERRILL, Maud J.	1868	1874	Wo-60
MERRILL, Maude C. d/o E.Filmore	25 Sep 1883	30 Aug 1904	Wo-63
MERRILL, Milton C.	none	none	Wo-58
MERRILL, Norman T. s/o J.S.	(d.age 1yr)	23 Jul 1868	Wo-61
MERRILL, Paul C. s/o A.J.& V.A.	1864	1917	Wo-60
MERRILL, Pauline A. d/o A.J.& V.A.	1862	1893	Wo-60
MERRILL, Pearl	1913	1966	Wo-60
MERRILL, Pearl P. d/o F.P.& M.	19 Dec 1886	10 Nov 1904	Wo-60
MERRILL, Priscilla J. d/o Levi	8 Aug 1844	24 Mar 1859	Wo-11
MERRILL, Rosetta W.	(d.age 60yr)	26 Mar 1881	Wo-60
MERRILL, Sadie	1888	1902	Wo-61
MERRILL, Sallie G.	1888	1967	Wo-60
MERRILL, Samuel A. s/o A.J. & V.A.	1866	1909	Wo-60
MERRILL, Sarah E. d/o Levi & Eliza	13 Jul 1840	6 Jan 1861	Wo-11
MERRILL, Sarah Elizabeth w/o John	(d/age 39yr)	29 Aug 1879	Wo-61
MERRILL, Sarah Ellen d/o Major & Mary	17 Nov 1869	31 Oct 1870	Wo-46
MERRILL, Thomas R.	1859	1931	Wo-63
MERRILL, Upshur Houston	1892	1973	Wo-60
MERRILL, Virginia A. w/o Albert J.	1841	1903	Wo-60
MERRILL, Walter L.	1900	none	Wo-60
MERRILL, William F.	1897	1964	Wo-63
MERRILL, William H.	1798	1870	Wo-62
MERRILL, William H.	1870	1935	Wo-60
MERRILL, William H.	1891	1971	Wo-61
MERRILL, William H. Jr. (WW I,Va.)	20 May 1894	11 Feb 1952	Wo-41
MERRILL, William H. S. s/o William F.	2 Dec 1828	11 Dec 1877	Wo-60
MERRILL, William Percy	1870	1896	Wo-60
MERRILL, Willie H. s/o William H.S.	(d.age 4mo)	21 Jan 1870	Wo-60

Name	Birth	Death	Location
MERRILL, Willie s/o I. H.	27 Mar 1880	27 Jun 1880	Wo-60
MERRILL, Willie s/o W.J.	none	1 Sep 1876	Wo-61
MERRILL, Woodward C.	1882	1948	Wo-60
MERRITT, Bessie M.	1904	none	Wo-56
MERRITT, Bryan	28 Jan 1896	24 Jun 1901	Wo-40
MERRITT, Cecil L.	1886	1963	Wo-41
MERRITT, Charles H.	1880	1957	Wo-40
MERRITT, Elizabeth W.	1871	1950	Wo-53
MERRITT, Ella P.	16 Jul 1872	8 Oct 1903	Wo-2
MERRITT, Francis A.	1832	1926	Wo-53
MERRITT, Frank J.	1889	1968	Wo-56
MERRITT, Frank James (WW I, USA)	16 Jun 1889	3 Mar 1968	Wo-56
MERRITT, George W.	1890	1954	Wo-37
MERRITT, Harry T.	1882	1949	Wo-2
MERRITT, Isaac H.	1861	1928	Wo-53
MERRITT, Isabelle	1901	1932	Wo-58
MERRITT, John C. s/o Micajah M.	29 Jun 1895	4 Dec 1917	Wo-45
MERRITT, John S. s/o Luther	18 Feb 1880	23 Jun 1903	Wo-56
MERRITT, Joseph J.	10 Oct 1871	15 Aug 1950	Wo-53
MERRITT, Julia	1941	1942	Wo-58
MERRITT, Luther	25 Dec 1842	8 Nov 1927	Wo-56
MERRITT, Luther D. s/o B.P.	17 Jan 1925	20 Nov 1926	Wo-2
MERRITT, Mae E.	1885	1949	Wo-2
MERRITT, May V.	1897	none	Wo-37
MERRITT, Micajah M.	10 Aug 1839	20 Mar 1895	Wo-45
MERRITT, Mildred C.	1913	none	Wo-58
MERRITT, Mildred M.	1933	none	Wo-58
MERRITT, Preston (WW II)	3 Jan 1925	10 Mar 1964	Wo-37
MERRITT, Rosa w/o Francis A.	1832	1892	Wo-53
MERRITT, Roy	1897	1944	Wo-58
MERRITT, Sebastian	1878	1960	Wo-41
MERRITT, Stella D.	1887	1951	Wo-2
MERRITT, Susan Frances	4 Sep 1857	12 Jan 1924	Wo-40
MERRITT, Susan J. w/o Luther	10 Sep 1861	5 May 1910	Wo-56
MERRITT, William E.	1870	1952	Wo-2
MERRITT, William Thomas	8 Dec 1849	4 Dec 1912	Wo-40
MESSENGER, Florence Hayman	1900	1949	Wo-63
MESSENGER, Walter U.	1906	none	Wo-63
MESSICK, George B. s/o James	20 Sep 1845	12 Feb 1847	Wo-87
MESSICK, Harriet M. w/o Jesse W.	1850	1921	Wo-88
MESSICK, James G.	21 Apr 1811	30 Dec 1892	Wo-87
MESSICK, Jesse W.	10 Jul 1836	5 Dec 1909	Wo-88
MESSICK, Mary G. Bell w/o James C.	23 Dec 1811	30 Aug 1881	Wo-87
MESSICK, Mary Virgene d/o James	16 Jun 1846	12 Apr 1852	Wo-87
MESSICK, Myra E.	1902	none	Wo-58
MESSICK, Nettie S.	1876	1925	Wo-63
MESSICK, Rosalee	15 Nov 1927	12 May 1977	Wo-114
MESSICK, Susie E.	1874	1956	Wo-58
MESSICK, Sylvester	1873	1953	Wo-58
MESSICK, William Ralph	1925	none	Wo-63
MESSICK, William S.	1879	1942	Wo-63
MESSICK, William Schoolfield	1904	1966	Wo-63
MEYERS, John	2 Jan 1832	10 Feb 1891	Wo-105
MEZICK, Annie B. w/o Francis	17 Dec 1813	8 Aug 1880	Wo-60
MEZICK, Francis	(d.age 49yr)	19 May 1855	Wo-60

Name				
MEZICK, Harriett w/o Francis	(d.age 32yr)	15 Jan 1843	Wo-60
MILBOURNE, Ann Taylor d/o Z. T.	30 Jul 1856	none	Wo-84
MILBOURNE, Charles T.	19 Jan 1848	2 Aug 1912	Wo-61
MILBOURNE, Charlotte Elizabeth	24 May 1851	30 Aug 1851	Wo-84
MILBOURNE, Emerson James	27 Dec 1849	2 Aug 1855	Wo-61
MILBOURNE, Esther M. R.	17 Sep 1825	4 Apr 1898	Wo-63
MILBOURNE, Ida Francis	21 Oct 1855	21 Apr 1862	Wo-61
MILBOURNE, Indiana Florence	1866	1930	Wo-63
MILBOURNE, Irene A. w/o Samuel J.	29 Jun 1842	12 Apr 1896	Wo-61
MILBOURNE, Isabelle C. w/o Samuel J.	1851	1928	Wo-63
MILBOURNE, Jane w/o Zadock T.	(d.age 41yr)	8 Jun 1849	Wo-87
MILBOURNE, Priscilla H. H. w/o Z.T.	23 Aug 1821	15 Apr 1902	Wo-84
MILBOURNE, Samuel	18 Apr 1813	2 Jan 1883	Wo-63
MILBOURNE, Sarah	21 Mar 1821	26 Nov 1915	Wo-61
MILBOURNE, William H.	22 Jun 1860	2 Jan 1871	Wo-61
MILBOURNE, William T.	(d.age 37yr)	5 Sep 1864	Wo-61
MILBOURNE, Zadock T.	9 Aug 1806	19 Jan 1865	Wo-87
MILES, Edna Anderton	1895	1967	Wo-61
MILES, Elizabeth	24 Dec 1800	15 Jul 1887	Wo-58
MILES, Geneva B.	1908	none	Wo-3
MILES, Joseph	1900	1967	Wo-3
MILES, Laura	1872	1961	Wo-62
MILES, Mary S.	20 Feb 1862	5 Apr 1922	Wo-62
MILES, Minnie F.	1880	1951	Wo-3
MILES, Norman James	1924	1954	Wo-62
MILES, P. Mark	1887	1958	Wo-62
MILES, Robert P.	1875	1953	Wo-3
MILES, Sallie E. Costen	25 Apr 1840	20 Mar 1914	Wo-62
MILES, Thomas W. s/o William S.& N.	none	1952	Wo-60
MILES, Vernon Chestnut	1900	1960	Wo-61
MILES, William C.	1869	1955	Wo-62
MILES, William F.	30 Dec 1820	23 Mar 1893	Wo-62
MILLER, Amanda B.	1854	1929	Wo-60
MILLER, Charles L.	1901	1978	Wo-63
MILLER, Charles Lee	1927	1932	Wo-63
MILLER, Charles S.	13 Apr 1866	17 Apr 1914	Wo-63
MILLER, Colie C.	1888	1974	Wo-63
MILLER, Daughter of Levin J.& H.J.	(d.age 2wks)	13 Oct 1905	Wo-58
MILLER, Hattie J.	1877	none	Wo-58
MILLER, Henry	1828	1887	Wo-67
MILLER, Infant d/o L. J. & H.J.	(d.age 2 wk)	13 Oct 1895	Wo-58
MILLER, James B. s/o Levin	(d.age 7mo)	14 Sep 1880	Wo-64
MILLER, John M. s/o Levin E.	(d.age 18yr)	18 Dec 1890	Wo-69
MILLER, Joseph L. s/o Levin E.	9 Nov 1876	4 Sep 1899	Wo-69
MILLER, Levin J.	1875	1954	Wo-58
MILLER, Lucretia Fassett	1806	1934	Wo-67
MILLER, Margaret A. w/o Frederick A.	5 Apr 1828	23 Jan 1899	Wo-86
MILLER, Martha Adkins d/o Levin	(d.age 3mo)	30 May 1884	Wo-64
MILLER, Martha J.	19 Sep 1845	13 Mar 1923	Wo-69
MILLER, Martha J.d/o L.E.& M.J.	(d.age 5mo)	7 July 1882	Wo-64
MILLER, Olivia E.	1871	1946	Wo-63
MILLER, Philippina w/o Henry	1822	1899	Wo-67
MILLER, Susie C.	1882	1967	Wo-63
MILLER, Theodore R.	1846	1925	Wo-60
MILLER, Theodore Rodney	1888	1958	Wo-60

MILLER,Walter H.	1874	1948	Wo-60
MILLIGAN,E. W.	1847	1932	Wo-63
MILLIGAN,Elizabeth H. w/o E. W.	19 Apr 1844	7 Mar 1906	Wo-63
MILLIGAN,Fannie M.	none	1940	Wo-63
MILLS,Albert J.	3 Jul 1842	18 Aug 1918	Wo-62
MILLS,Anne	none	none	Wo-61
MILLS,Annie J. d/o William	3 Sep 1861	22 Jan 1869	Wo-86
MILLS,Catherine	20 Aug 1858	1 Jun 1912	Wo-63
MILLS,Clarence T.	1909	1974	Wo-58
MILLS,Clarence s/o James	22 Feb 1857	14 Aug 1897	Wo-62
MILLS,Cora	1855	1913	Wo-62
MILLS,Cora Anne	1857	1931	Wo-61
MILLS,Edna E.	1880	1956	Wo-63
MILLS,Edward T.	2 Nov 1859	20 Jun 1954	Wo-1
MILLS,Eleanor	(d.age19yr)	22 Sep 1856	Wo-62
MILLS,Elizabeth H. d/o Albert	13 Dec 1878	3 Sep 1911	Wo-62
MILLS,Ella M.	1906	1973	Wo-58
MILLS,Esther Ann w/o James	22 Feb 1826	2 Jul 1903	Wo-62
MILLS,Euphamey M. w/o Handy	(d.age72yr)	4 Jul 1860	Wo-60
MILLS,Fannie May d/o Stephen	3 Sep 1869	13 Mar 1870	Wo-61
MILLS,Fendlea S.	none	1933	Wo-61
MILLS,Francis C. s/o John	14 Mar 1844	9 Apr 1900	Wo-62
MILLS,Frank D.	1865	1943	Wo-61
MILLS,George R. s/o William	19 Aug 1851	10 Aug 1853	Wo-86
MILLS,Handy	1789	1853	Wo-60
MILLS,Harold C.	1880	1949	Wo-63
MILLS,Harry C.	1908	1941	Wo-61
MILLS,Hettie w/o Leonard	21 Jan 1817	5 Jan 1902	Wo-4
MILLS,Ida J. d/o Albert	18 Dec 1880	2 May 1910	Wo-62
MILLS,Ida Lee w/o George	9 Oct 1876	21 May 1913	Wo-88
MILLS,James	1805	1873	Wo-62
MILLS,James Earl	1886	1942	Wo-63
MILLS,James Edward s/o Rev.J.L.	30 Nov 1867	24 May 1870	Wo-61
MILLS,James Murray s/o Leonard	20 Apr 1858	6 Sep 1862	Wo-4
MILLS,Jane	2 Mar 1815	17 Jul 1868	Wo-61
MILLS,John	(d.age43yr)	3 Apr 1853	Wo-62
MILLS,John A.	10 Mar 1888	7 Dec 1920	Wo-62
MILLS,John C.	1888	1920	Wo-62
MILLS,John Edwin s/o Stephen	16 Jan 1855	7 Sep 1892	Wo-61
MILLS,John Hersey	1843	1918	Wo-63
MILLS,John P.	1872	1946	Wo-63
MILLS,John Thomas s/o John	(d.age29yr)	6 Jan 1868	Wo-62
MILLS,Joseph L. D.D.	1840	1924	Wo-61
MILLS,Julia Gladys d/o Albert	10 Feb 1898	12 Feb 1912	Wo-62
MILLS,Juliana d/o John	6 Nov 1850	2 Oct 1855	Wo-62
MILLS,Leah (Mrs.)	4 Sep 1793	12 Jul 1869	Wo-61
MILLS,Leonard C.	13 Apr 1821	18 Mar 1900	Wo-4
MILLS,Lillian N. w/o James B.	9 Sep 1859	20 Sep 1893	Wo-61
MILLS,Lloyd F.	31 Jan 1893	10 Oct 1913	Wo-62
MILLS,M. E. M. M.	(d.age74yr)	9 Mar 1915	Wo-62
MILLS,Margaret	1848	1906	Wo-63
MILLS,Margaret	(d.age69yr)	26 Jun 1878	Wo-62
MILLS,Marietta D. w/o Joseph L.	1844	1899	Wo-61
MILLS,Marietta L.	1885	1935	Wo-61
MILLS,Martha E. d/o Elijah D.	(d.age 4yr)	1 May 1887	Wo-69

Name	Born	Died	Location
MILLS, Mary	29 Jan 1859	31 Aug 1895	Wo-62
MILLS, Mary A. d/o Handy & Mary	31 Mar 1809	26 Jun 1902	Wo-60
MILLS, Mary Alice d/o Rev. Joseph L.	9 Oct 1863	2 Sep 1865	Wo-61
MILLS, Mary E.	15 Sep 1862	28 Nov 1926	Wo-1
MILLS, Mary E. w/o Stephen	16 Apr 1830	24 May 1882	Wo-61
MILLS, Mathilda Jane w/o John	2 Jan 1818	5 Apr 1895	Wo-62
MILLS, Raymond s/o James B.	1 Nov 1881	1 Jan 1890	Wo-61
MILLS, Sallie Estelle	1876	1902	Wo-63
MILLS, Sallie d/o Albert	15 May 1884	5 Apr 1912	Wo-62
MILLS, Sally	5 Sep 1831	2 Jan 1907	Wo-62
MILLS, Samuel Stuart s/o James	16 Feb 1856	22 Aug 1882	Wo-62
MILLS, Samuel s/o William & Elizabeth	10 Jan 1850	19 Jan 1850	Wo-86
MILLS, Sarah J.	26 Feb 1874	10 Apr 1905	Wo-63
MILLS, Sarah Wise	3 Sep 1819	17 Sep 1842	Wo-60
MILLS, Stephen	2 Nov 1821	20 Feb 1896	Wo-61
MILLS, Thomas	none	1855	Wo-62
MILLS, Thomas	none	1905	Wo-62
MILLS, Thomas	7 Dec 1817	4 Jun 1866	Wo-61
MILLS, W. S. M.	1831	1913	Wo-62
MILLS, William s/o William	13 May 1856	19 Jul 1857	Wo-86
MISTER, John F.	1894	1938	Wo-63
MITCHELL, Alma (with Hayman)	1891	1967	Wo-63
MITCHELL, Annie d/o Hillary M.	14 Mar 1898	29 Oct 1918	Wo-66
MITCHELL, Annie w/o John	(d. age 69yr)	9 Nov 1881	Wo-73
MITCHELL, Augusta Sudler	1870	1960	Wo-60
MITCHELL, Early Gilbert of Va.	none	21 Apr 1922	Wo-87
MITCHELL, Elizabeth Ellen	1913	1968	Wo-56
MITCHELL, Elmer J.	26 Dec 1886	29 Sep 1918	Wo-79
MITCHELL, George L. Sr.	6 Mar 1853	30 Mar 1926	Wo-67
MITCHELL, Henrietta w/o Henry P.	1849	1929	Wo-67
MITCHELL, Henry James	20 Sep 1838	7 Apr 1926	Wo-61
MITCHELL, Henry P.	1850	1906	Wo-67
MITCHELL, Isabella Mrs.	none	22 Feb 1872	Wo-107
MITCHELL, J. E.	1865	1935	Wo-67
MITCHELL, James H.	10 Apr 1846	1 Aug 1910	Wo-79
MITCHELL, James W.	1889	1922	Wo-66
MITCHELL, John D.	(d. age 91yr)	14 Jun 1902	Wo-73
MITCHELL, Joshua H.	27 Jan 1824	9 Jan 1891	Wo-66
MITCHELL, Lillie May	9 May 1861	26 May 1886	Wo-79
MITCHELL, Margaret C.	1838	1924	Wo-73
MITCHELL, Margaret Isabel	1898	1970	Wo-60
MITCHELL, Mary Bounds w/o Charles	(d. age 81yr)	Nov 1982	Wo-74
MITCHELL, Mary Bounds w/o Charles W.	1901	Nov 1982	Wo-74
MITCHELL, Mary E. w/o James	1862	1892	Wo-53
MITCHELL, Matilda Ann	16 Jun 1842	7 Mar 1925	Wo-61
MITCHELL, Morris J.	3 Oct 1886	18 Apr 1891	Wo-66
MITCHELL, Myrtle Tarr	1896	1975	Wo-2
MITCHELL, Rufus W.	9 Jan 1822	20 Apr 1894	Wo-66
MITCHELL, Sallie A. w/o Rufus W.	20 Oct 1853	12 Oct 1907	Wo-66
MITCHELL, Susan A. w/o Joshua H.	1 Mar 1831	10 Sep 1919	Wo-66
MITCHELL, Upton Lee	16 Jan 1863	12 Oct 1923	Wo-60
MITCHELL, Walter P.	1897	none	Wo-56
MITCHELL, Wilhelmina	none	none	Wo-58
MITCHELL, William H.	1905	1966	Wo-58
MOONEY, Forrest H. (WW II, Korea)	1929	1974	Wo-58

Name	Birth	Death	Location
MOORE, Anne Bell Satchell w/o William	12 Jun 1848	12 Jan 1903	Wo-55
MOORE, Annie J. w/o William S.	Nov 1853	Dec 1917	Wo-84
MOORE, Bernard F. M.	1889	1969	Wo-58
MOORE, Daisy H.	none	12 Oct 1934	Wo-86
MOORE, Edith May M.	1896	1957	Wo-58
MOORE, Eleanor Horsey d/o William	28 Nov 1856	26 Dec 1860	Wo-84
MOORE, Elizabeth d/o William S.	4 Jun 1861	19 Feb 1893	Wo-84
MOORE, Frank J. s/o Frank W. & Ida	11 Nov 1902	19 nov 1902	Wo-69
MOORE, Harbeson H.	7 Nov 1860	27 May 1898	Wo-69
MOORE, Henrietta P. d/o John J.	15 Dec 1829	13 Apr 1855	Wo-87
MOORE, John	(d.age 54yr)	27 Oct 1804	Wo-65
MOORE, John Purnell	12 Dec 1856	1 Oct 1918	Wo-86
MOORE, John Purnell s/o John P.	11 Feb 1911	22 Jul 1911	Wo-86
MOORE, John R. P.	20 Jun 1832	12 Aug 1875	Wo-86
MOORE, John T. P.	9 Jun 1820	19 Nov 1886	Wo-86
MOORE, Joshua J.	13 Jul 1865	8 Jun 1890	Wo-69
MOORE, Lovey L. w/o Myers B.	14 Oct 1823	30 Dec 1885	Wo-69
MOORE, Margaret Ann d/o James H.	14 Dec 1919	18 Nov 1920	Wo-86
MOORE, Margaret C.	1837	1905	Wo-86
MOORE, Mary A. w/o William S.	(d.age 46yr)	25 Mar 1871	Wo-84
MOORE, Mary Wilson	1841	1915	Wo-62
MOORE, Myers B.	22 Apr 1825	2 Mar 1905	Wo-69
MOORE, Sadie Howard	17 Jul 1868	2 Jan 1965	Wo-56
MOORE, Sarah A. w/o John J.	22 Nov 1794	25 Jun 1855	Wo-87
MOORE, Sarah Elizabeth w/o J.T.P.	29 Oct 1840	18 Aug 1893	Wo-86
MOORE, Sewell s/o William S.	16 Oct 1850	24 Aug 1851	Wo-84
MOORE, Thomas Spence s/o John J.	(d.age 4yr)	2 May 1830	Wo-87
MOORE, William S.	1831	1913	Wo-62
MOORE, William S.	27 Aug 1822	27 Jul 1861	Wo-84
MOORE, William s/o William S.	14 Dec 1851	14 Dec 1860	Wo-84
MORRIS, Albert M. s/o W. & A.	1 Jun 1915	4 Aug 1916	Wo-69
MORRIS, Ann	19 Sep 1800	6 May 1839	Wo-100
MORRIS, Elijah W.	(d.age 33yr)	20 Mar 1873	Wo-98
MORRIS, Eliza K.	6 Jul 1845	none	Wo-69
MORRIS, Elsie M. d/o Thomas M.	6 Dec 1900	28 Dec 1901	Wo-65
MORRIS, Francis E. P. s/o Esma	5 Sep 1830	2 Oct 1908	Wo-87
MORRIS, Frank	1906	none	Wo-58
MORRIS, Isaac H.	28 Dec 1840	1 Dec 1916	Wo-69
MORRIS, James Round	4 May 1745	5 Apr 1795	Wo-82
MORRIS, Jane Benson w/o F.E.P.	30 Aug 1830	20 Aug 1899	Wo-87
MORRIS, Jane w/o Elijah W.	(d.age 30yr)	10 Aug 1875	Wo-98
MORRIS, Lemuel M.	31 Dec 1846	9 Mar 1916	Wo-69
MORRIS, Robert	none	9 Oct 1884	Wo-107
MORRIS, Ruby Mrs.	(d.age 24yr)	12 Dec 1791	Wo-82
MORRIS, Sarah w/o Isaac H.	5 Sep 1846	12 Nov 1906	Wo-69
MORRIS, Thelma	1919	1963	Wo-58
MORRIS, Thomas	18 Jun 1781	19 Dec 1838	Wo-100
MORRIS, Thomas J.	10 Jan 1829	27 Feb 1849	Wo-100
MORRIS, Virginia Lee d/o Elijah	18 Nov 1863	7 Aug 1869	Wo-98
MORRIS, William (Col.)	(d.age 65yr)	10 Feb 1799	Wo-82
MORRIS, William Esma s/o Francis E.P.	18 Apr 1859	20 Sep 1860	Wo-87
MORRISON, Reuben C.	1904	1968	Wo-63
MORRISON, Ruth W.	1922	none	Wo-63
MORSE, George (WW II)	1913	1965	Wo-58
MORSE, Infant s/o A. J.	none	15 Aug 1888	Wo-61

Name	Birth	Death	Location
MORSE, Liebig G. s/o A. J.	12 Sep 1886	17 Jul 1887	Wo-61
MORSE, Mary Barnes	1909	1970	Wo-58
MORSE, Sue Veasey	1861	1932	Wo-61
MUMFORD, Alice C. Boston d/o William H.	none	19 Aug 1878	Wo-65
MUMFORD, Amelia Ann Davis w/o William	22 Oct 1818	15 Jun 1880	Wo-65
MUMFORD, Anne E. w/o James H.	(d.age 36yr)	28 Jan 1876	Wo-65
MUMFORD, Arlanta E.	1 May 1837	26 Apr 1915	Wo-66
MUMFORD, Charles D.	6 Apr 1842	28 Mar 1920	Wo-88
MUMFORD, E. Pearl	29 Sep 1889	none	Wo-96
MUMFORD, Eleanor D.	17 Sep 1844	31 Dec 1915	Wo-88
MUMFORD, Eleanor w/o W.C.	1810	1881	Wo-87
MUMFORD, George B.	5 Mar 1857	25 Nov 1902	Wo-66
MUMFORD, George E.	1861	none	Wo-41
MUMFORD, J. Thomas	20 Apr 1890	22 Feb 1960	Wo-96
MUMFORD, Jane L. w/o William H.	31 May 1826	16 Jul 1889	Wo-65
MUMFORD, Jennie L. w/o J. H.	24 Mar 1861	24 Feb 1911	Wo-65
MUMFORD, John B. s/o John W.	(d.age 20yr)	12 Jun 1898	Wo-69
MUMFORD, John G.	1 Mar 1926	31 Jul 1929	Wo-87
MUMFORD, John R.	26 Jul 1840	11 Sep 1871	Wo-65
MUMFORD, John W.	2 May 1840	18 Feb 1906	Wo-69
MUMFORD, Lizzie D.	7 Oct 1864	27 APr 1866	Wo-65
MUMFORD, Mary A.	1869	1950	Wo-41
MUMFORD, Mary K. d/o John W.	(d.age 14yr)	9 Jul 1899	Wo-69
MUMFORD, Mary Temperance d/o H.	(d.age 26yr)	Sep 1855	Wo-87
MUMFORD, Nancy C. w/o John W.	10 Mar 1845	25 Aug 1914	Wo-69
MUMFORD, Rose d/o Emery	4 Oct 1917	21 Jul 1919	Wo-87
MUMFORD, Russell H. s/o George B.	28 Aug 1897	28 Dec 1897	Wo-66
MUMFORD, Sallie A.	1838	1911	Wo-72
MUMFORD, Sydney (Purnell Legion)	none	none	Wo-87
MUMFORD, Thomas H.	29 Nov 1837	12 Nov 1909	Wo-66
MUMFORD, William C.	1809	1879	Wo-87
MUMFORD, William H.	11 Mar 1815	26 Mar 1893	Wo-65
MUMFORD, William R.	1825	1893	Wo-72
MUMFORD, William S.	6 Nov 1873	22 Jan 1914	Wo-88
MUMFORD, William s/o John	1812	8 Oct 1890	Wo-65
MUNOZ, Allen (Vietnam, USA)	1949	1969	Wo-58
MURRAY, Annie F.	28 Feb 1851	27 Nov 1912	Wo-60
MURRAY, Annie w/o Asher	1863	1927	Wo-97
MURRAY, Asher	1863	1937	Wo-97
MURRAY, Charles Henry s/o Henry	6 May 1864	13 Jun 1899	Wo-60
MURRAY, Emerson W. (Lieut.)	1894	1919	Wo-69
MURRAY, Esther Robins Purnell	27 Jun 1809	2 Jan 1883	Wo-84
MURRAY, Flove E.	12 Jan 1886	9 Sep 1909	Wo-97
MURRAY, Henrieta F.	(d.age 65yr)	1902	Wo-63
MURRAY, Henrietta F. w/o Rev. James	(d.age 65yr)	6 Oct 1902	Wo-63
MURRAY, James (Rev.)	11 Aug 1814	26 Apr 1886	Wo-60
MURRAY, Martha J.	8 Jan 1837	18 Nov 1914	Wo-69
MURRAY, Mary w/o James	10 Mar 1809	24 Mar 1885	Wo-60
MURRAY, Rosetta H.	1845	1885	Wo-63
MURRAY, Sallie E.	(d.age 52yr)	1905	Wo-63
MURRAY, Severn H.	22 Jul 1834	1 May 1913	Wo-69
MURRAY, Wealthy T. w/o Francis	(d.age 19yr)	29 Jan 1877	Wo-84
MURRELL, Michael	15 Nov 1839	14 Jul 1914	Wo-1
MUSGRAVE, Robert E. s/o Myrtle & R.E.	1951	1953	Wo-58
MYERS, Cora Mason	8 Dec 1922	none	Wo-84

Name	Birth	Death	Location
MYERS, Helen		1904	1949	Wo-58
MYERS, Joseph Mervin s/o Robert	13 Jun 1873	26 Jun 1874	Wo-86
MYERS, William H.	20 Dec 1841	9 Nov 1908	Wo-62
MYERS, William L.	1910	1970	Wo-58
MacADAMS, Julius	26 Feb 1888	23 Jun 1912	Wo-63
McALLEN, Edna G.	1881	1963	Wo-61
McALLEN, Eleanor w/o George	13 Jul 1825	29 Dec 1874	Wo-8
McALLEN, George C. s/o William & Ella	21 Aug 1881	6 Jul 1883	Wo-1
McALLEN, George W.	6 May 1815	25 Jan 1865	Wo-8
McALLEN, Hannah w/o William A.	2 Dec 1815	29 May 1893	Wo-87
McALLEN, Levin B.	19 Apr 1820	7 Mar 1855	Wo-87
McALLEN, Lucretia A. d/o Robert	(d.age 70yr)	29 Mar 1878	Wo-63
McALLEN, S. H. (Corporal)	none	none	Wo-87
McALLEN, T. Pratt	1875	1951	Wo-61
McALLEN, William A.	23 Feb 1811	29 Jun 1879	Wo-87
McALLEN, William Leslie	15 Apr 1874	3 Jun 1909	Wo-8
McALLISTER, John S.	1873	1958	Wo-61
McALLISTER, Nellie F.	1886	1976	Wo-61
McCABE, Atlanta Ellen d/o Harry & Mary	3 Apr 1917	none	Wo-97
McCABE, Charley L. s/o L.A. & L. F.	30 Jul 1891	31 Aug 1892	Wo-97
McCABE, Elva A.	18 Jul 1892	11 Oct 1918	Wo-69
McCABE, Harry F.	1893	1967	Wo-97
McCABE, Infant	10 Nov 1907	10 Nov 1907	Wo-97
McCABE, John	1895	1896	Wo-97
McCABE, Lemuel A.	1854	1911	Wo-97
McCABE, Liebo P.	8 Sep 1849	7 Apr 1905	Wo-69
McCABE, Lillie Derickson	1871	1942	Wo-97
McCABE, Margaret A.	1908	none	Wo-96
McCABE, Mary I.	1868	1946	Wo-97
McCABE, Russell E.	1909	1974	Wo-96
McCABE, W. Robins	1842	1906	Wo-97
McCABE, Walter P.	(d.age 36yr)	5 Nov 1901	Wo-69
McCABE, Warren O. s/o Warren	7 Oct 1894	29 Jul 1913	Wo-69
McCLAY, Mary Ross	7 Dec 1859	10 Dec 1895	Wo-61
McCLEARY, Calvin W.	28 Oct 1853	24 Jul 1919	Wo-40
McCLEARY, Calvin s/o Calvin W.	20 May 1896	8 Aug 1896	Wo-40
McCLEARY, Catherine d/o Calvin W.	18 Sep 1898	21 Nov 1898	Wo-40
McCLEARY, Evelyn Ethel d/o Calvin W.	1907	1907	Wo-40
McCLEARY, Harold W.	28 Dec 1888	14 Oct 1944	Wo-41
McCLEARY, John W. s/o C.W.& Sallie	8 Feb 1890	15 Mar 1890	Wo-40
McCLEARY, Mary G. w/o Calvin W.	19 Feb 1861	none	Wo-40
McCLEARY, Sallie w/o Calvin W.	1858		Wo-40
McCLEARY, Sarah d/o Harold & Susie	12 Dec 1915	9 Oct 1921	Wo-41
McCLEARY, Stanley George s/o Calvin	20 May 1897	25 Dec 1905	Wo-40
McCLEARY, Susie M.	13 Aug 1897	7 Nov 1969	Wo-41
McCLENAGHAN, Arlanta Leah Whaley	6 Nov 1813	14 Apr 1894	Wo-67
McCLENAGHAN, Isabella	4 Jan 1812	21 Aug 1889	Wo-67
McCLURE, Orlando	1875	1924	Wo-66
McCREADY, H. J.	(d.age 69yr)	21 Jun 1897	Wo-61
McCREADY, Phonetia J.W. w/o H. J.	(d.age 76yr)	19 Jul 1905	Wo-61
McCabe, Mary Eva	1894	none	Wo-97
McDANIEL, Arthur W.	1884	1952	Wo-63
McDANIEL, Bertie Mae	1885	1937	Wo-58
McDANIEL, Blanche Long	1900	none	Wo-58
McDANIEL, Clarence B. (WW I)	1896	1971	Wo-58

Name			
McDANIEL, Edward R.		1886	1957 Wo-58
McDANIEL, Elizabeth M.		1852	1938 Wo-63
McDANIEL, Florence T.		1879	1950 Wo-63
McDANIEL, Ida Mae		1876	1920 Wo-63
McDANIEL, Ida May		1874	1880 Wo-63
McDANIEL, John	25 Jan 1880	14 Jul 1880 Wo-63
McDANIEL, Phyliss F. w/o W. J.		1927	1955 Wo-63
McDANIEL, Rosa P. (Dryden)		1884	1948 Wo-63
McDANIEL, William H.	28 Sep 1841	2 Apr 1905 Wo-63
McDANIEL, William S.		1871	1933 Wo-63
McELWEE, Samuel (Rev.)	(d.age 44yr)	24 Dec 1834 Wo-87
McGEE, Edith A.		1888	1979 Wo-63
McGEE, Edward		1913	1926 Wo-63
McGEE, Edward R.		1880	1950 Wo-63
McGEE, Elwood		1918	1926 Wo-63
McGEE, M. Ella		1868	1951 Wo-63
McGEE, Martha E.		1883	1965 Wo-63
McGEE, Noah W.		1873	1960 Wo-63
McGEE, Russell		1901	1926 Wo-63
McGRAFF, Annie		1871	1925 Wo-93
McGRAFF, Charles B.		1859	1924 Wo-93
McGRATH, Elenor	16 Mar 1800	10 Apr 1861 Wo-93
McGRATH, Elmer F.	19 May 1898	9 Oct 1962 Wo-101
McGRATH, Norris S.		1913	6 May 1985 Wo-93
McGRATH, William	10 Mar 1799	8 Jan 1868 Wo-93
McGREGOR, Amelia C. w/o James	8 May 1846	25 Jan 1908 Wo-65
McGREGOR, Helen w/o Charles A.	11 Apr 1866	20 Apr 1915 Wo-65
McGREGOR, James	2 Nov 1832	29 Sep 1912 Wo-65
McGREGOR, Mary Masey d/o Caleb	2 Sep 1798	20 May 1873 Wo-65
McGREGOR, Mary Powell w/o James	20 Jan 1837	5 Aug 1875 Wo-65
McGREGOR, Peggy	22 Sep 1791	27 Sep 1851 Wo-67
McINTYRE, John Hoyt	24 Jan 1903	16 Aug 1970 Wo-101
McINTYRE, Nellie Dryden	13 Sep 1898	30 Aug 1946 Wo-101
McKEE, Charles		1862	1924 Wo-87
McKEE, Emaline		1828	1910 Wo-87
McKEE, Infant s/o William J.C.	24 Dec 1882	none Wo-87
McKEE, James P. s/o William J.	28 Dec 1858	17 Mar 1887 Wo-87
McKEE, John W.	23 Jul 1827	13 Jun 1899 Wo-87
McKEE, John W. s/o William J.C.	25 Apr 1863	25 Sep 1895 Wo-87
McKEE, Rachel w/o William J.C.	31 Oct 1838	29 Nov 1876 Wo-87
McKEE, Sarah E. w/o William J.C.	11 Nov 1863	30 Oct 1890 Wo-87
McKEE, William J. C.	8 Jun 1834	13 Nov 1905 Wo-87
McKINNEY, Samuel	29 Dec 1818	11 Dec 1881 Wo-97
McLACHMAN, Mary	(d.age 80yr)	22 Oct 1865 Wo-62
McLEAN, Anna Mae Howard w/o John	2 Aug 1895	30 May 1916 Wo-58
McLEAN, George R.	(d.age 70yr)	13 Mar 1934 Wo-88
McLOUGHLIN, Leo V.		1918	1977 Wo-60
McMASTER, Ann V. w/o Samuel	18 Jan 1794	11 Jun 1858 Wo-60
McMASTER, Annie E. w/o Samuel S.	(d.age 49yr)	24 Nov 1863 Wo-62
McMASTER, Edgar Lee		1873	1898 Wo-62
McMASTER, Edgar W.		1850	1938 Wo-62
McMASTER, Elizabeth Grace Stevenson		1831	1903 Wo-60
McMASTER, Eugene s/o J.T.B.	(d.age 4mo)	1852 Wo-60
McMASTER, Isabella V. w/o Edgar	29 Jan 1843	9 Jan 1885 Wo-62
McMASTER, James T. (MD)	(d.age 27yr)	1844 Wo-60

Name	Birth/Age	Death	Plot
McMASTER, John G.	(d.age 3yr)	10 Dec 1795	Wo-60
McMASTER, John T.B. (MD)	1827	1899	Wo-60
McMASTER, Lucy L. d/o E.W.	22 Sep 1890	25 Jun 1892	Wo-62
McMASTER, Mary G.	(d.age 1yr)	19 Sep 1800	Wo-60
McMASTER, Mary Louise d/o J.B.	1856	1865	Wo-60
McMASTER, Mary d/o Samuel	(d.age 2yr)	22 Sep 1789	Wo-60
McMASTER, Nancy	(d.age 2yr)	11 Sep 1790	Wo-60
McMASTER, Nancy G. w/o Rev. Samuel	(d.age 38yr)	21 Oct 1801	Wo-60
McMASTER, Nora Grace	1863	1890	Wo-60
McMASTER, Nora Grace d/o J.T.B.	1863	1896	Wo-60
McMASTER, Samuel	(d.age 17yr)	12 Dec 1836	Wo-60
McMASTER, Samuel (Rev.)	(d.age 66yr)	24 May 1811	Wo-60
McMASTER, Samuel S.	11 May 1818	3 Feb 1885	Wo-62
McMASTER, Susan N. Stagg	1858	1939	Wo-62
McMASTER, William M. (MD)	(d.age 25yr)	16 Apr 1808	Wo-60
McMICHAEL, Edna M.	1900	none	Wo-63
McMICHAEL, Ellen B.	1866	1952	Wo-60
McMICHAEL, George P.	1898	1963	Wo-63
McMICHAEL, Hugh Phillips s/o Hugh	12 Dec 1889	22 Sep 1890	Wo-63
McMICHAEL, Thomas E.	1871	1964	Wo-60
McMULLEN, Henry R.	1856	1889	Wo-65
McMULLEN, Mary A.	1852	1914	Wo-65
McMULLEN, Mary C. w/o Samuel	1830	1911	Wo-65
McMURRAY, James A. s/o Samuel & Mary	8 Jan 1865	11 May 1881	Wo-65
McNAMARA, Ann	none	19 Jul 1867	Wo-62
McNAMARA, John	none	18 Oct 1850	Wo-62
McNAMARA, Mary Ann w/o James	(d.age 35yr)	11 Apr 1818	Wo-62
McNEAL, Mary A. w/o Wilson	1 Feb 1825	26 Oct 1910	Wo-69
McROBERTS, Effie M.	26 Oct 1881	4 Jan 1932	Wo-88
NAIRNE, Alfred B.	30 Nov 1833	10 Jan 1905	Wo-84
NAIRNE, Betsy	21 Oct 1783	2 Aug 1872	Wo-86
NAIRNE, Lillie D. w/o Alfred B.	13 Jan 1856	4 Sep 1905	Wo-84
NAIRNE, Robert M.	22 Jun 1813	29 Nov 1864	Wo-4
NAIRNE, Sallie E. B. d/o Robert	30 Apr 1847	8 Jun 1848	Wo-4
NASH, Edith Myers	1924	1951	Wo-58
NASH, Harry C.	1891	1968	Wo-53
NASH, Nellie B.	1887	1960	Wo-53
NASH, Richard H. s/o H.C. & Nellie	10 Jul 1922	22 Aug 1922	Wo-53
NEILL, John (Dr.)	(d.age 67yr)	14 Jul 1816	Wo-86
NEILSON, Louisa T. d/o John M.	(d.age 2yr)	23 Oct 1882	Wo-65
NELSON, Ann	1811	1894	Wo-87
NELSON, Anna Virginia d/o James S.	14 Apr 1850	12 Aug 1854	Wo-87
NELSON, Arthur E. s/o E.H.	26 Jul 1879	16 Jun 1880	Wo-87
NELSON, Bertie A.	20 Apr 1885	31 Oct 1902	Wo-87
NELSON, C. Virginia	1839	none	Wo-86
NELSON, Charlotte A. w/o Levi	8 Mar 1808	9 Dec 1846	Wo-87
NELSON, E.H. (Rev.)	Aug 1845	Oct 1906	Wo-87
NELSON, Ellen	1846	1906	Wo-87
NELSON, Emma G.	1849	1934	Wo-86
NELSON, Esther d/o Josiah	(d.age 23yr)	22 Jul 1830	Wo-6
NELSON, Esther w/o Samuel	8 Jan 1811	19 Feb 1902	Wo-6
NELSON, Harry C. s/o Rev. E.H.	23 Nov 1874	12 Feb 1888	Wo-87
NELSON, Jennie	10 Oct 1866	28 Dec 1888	Wo-72
NELSON, Joel	9 Oct 1763	19 Jun 1860	Wo-6
NELSON, Josiah	(d.age 53yr)	7 Jan 1822	Wo-6

Name	Birth	Death	Location
NELSON, Levi	5 May 1802	9 Mar 1866	Wo-87
NELSON, Margaret w/o Josiah	(d.age 62yr)	13 Nov 1832	Wo-6
NELSON, Maria W.	24 Aug 1808	6 Aug 1859	Wo-87
NELSON, Mary Elizabeth w/o Rev.E.	13 Sep 1846	28 Jul 1903	Wo-87
NELSON, Olive K. d/o B.B.& A.P.	29 Sep 1883	7 Apr 1884	Wo-6
NELSON, Oliver	14 Jul 1814	13 Jul 1917	Wo-88
NELSON, Priscilla w/o Joel	20 Nov 1766	12 Nov 1845	Wo-6
NELSON, Rebecca	21 Aug 1851	16 May 1927	Wo-88
NELSON, Reuben B.	27 Oct 1844	27 May 1898	Wo-6
NELSON, Samuel M.	1 Apr 1810	12 Apr 1853	Wo-6
NELSON, Sewell T.	26 Dec 1851	12 Apr 1868	Wo-6
NELSON, Sylvester B. s/o Henry	11 Jan 1819	27 Oct 1857	Wo-87
NELSON, Sylvester T.	21 Dec 1874	7 Sep 1904	Wo-87
NELSON, William Sorin s/o James S.	30 Sep 1834	1 Sep 1849	Wo-87
NELSON, William Stewart	5 Aug 1842	19 Jan 1907	Wo-87
NEUMAN, Emma L. w/o Gustave	14 Feb 1874	9 Aug 1946	Wo-114
NEUMAN, Gustave Ernest	11 Jul 1874	9 Aug 1954	Wo-114
NEUMAN, Hedwig	3 Oct 1915	25 Jul 1916	Wo-114
NEWMAN, Arthur WWII	14 Dec 1912	9 Sep 1964	Wo-114
NEWMAN, Gust	(d.age 74yr)	4 Dec 1983	Wo-114
NEWMAN, Laura	1910	none	Wo-114
NEWMAN, Willie E.	1903	1977	Wo-114
NEWSOME, Robert J.	1901	1971	Wo-58
NIBBLET, Mary V.	1889	none	Wo-58
NIBBLETT, Alfred Thomas	1937	1941	Wo-58
NIBBLETT, Charles	1886	1958	Wo-58
NIBBLETT, Elton (WW II)	1917	1974	Wo-58
NIBBLETT, Joseph M.	1853	1917	Wo-63
NIBBLETT, Mahalie	1851	1933	Wo-63
NIBBLETT, Prettyman J.	1883	1961	Wo-63
NIBLETT, Gertrude Burke	1878	1937	Wo-63
NIBLETT, Henry H.	10 Nov 1874	9 Apr 1919	Wo-63
NIBLETT, Henry S.	(d.age 63yr)	29 Mar 1905	Wo-92
NIBLETT, John E. s/o John Frank	19 Nov 1895	11 Mar 1896	Wo-92
NIBLETT, Norman N.	1893	1937	Wo-58
NIBLETT, Thomas Wayne	1946	1979	Wo-41
NICHOLSON, Annie E. d/o S.W.	5 Mar 1881	20 Aug 1883	Wo-84
NICHOLSON, Cora Lillian d/o George	23 Jan 1884	12 Dec 1908	Wo-40
NICHOLSON, Eleanora d/o Thomas J.	10 Mar 1850	15 May 1883	Wo-86
NICHOLSON, George W.	1856	1934	Wo-40
NICHOLSON, Henrietta d/o Thomas	16 Apr 1854	16 Aug 1855	Wo-87
NICHOLSON, John	(d.age 64yr)	14 Aug 1903	Wo-4
NICHOLSON, Julia A. w/o Thomas J.	30 Jul 1827	14 May 1905	Wo-86
NICHOLSON, Leah M. w/o Joshua	28 May 1849	1 Feb 1920	Wo-76
NICHOLSON, Mary A.	1860	1934	Wo-40
NICHOLSON, Mollie F.	1908	1975	Wo-40
NICHOLSON, Walter Lee	1895	none	Wo-40
NIGH, Annie Pilchard	1871	1941	Wo-53
NOCK, Amanda E.	19 Jul 1856	12 Sep 1935	Wo-87
NOCK, Anna Blanche d/o J.Clifton	8 Jun 1921	29 Aug 1923	Wo-86
NOCK, Charley B. s/o I.W.	8 Sep 1882	26 Oct 1904	Wo-79
NOCK, Clarence E. s/o J.B.	20 Nov 1855	4 Nov 1906	Wo-86
NOCK, Edward	25 Oct 1789	29 Oct 1855	Wo-87
NOCK, Elizabeth	15 Jan 1839	3 Jan 1917	Wo-79
NOCK, Elizabeth C. w/o E.W.	13 Sep 1864	26 Dec 1898	Wo-62

Name	Birth	Death	Location
NOCK, Eugene	(d.age 71yr)	9 Jul 1936	Wo-88
NOCK, Georgianna d/o John	(d.age 19yr)	13 Dec 1883	Wo-73
NOCK, Isaac W.	17 Jul 1852	3 Feb 1896	Wo-79
NOCK, James L.	14 Nov 1837	7 Oct 1895	Wo-61
NOCK, James W.	7 Nov 1853	19 May 1924	Wo-65
NOCK, Jennie O. d/o James W.	15 Jun 1900	17 Oct 1909	Wo-65
NOCK, John B.	12 Dec 1829	18 Mar 1892	Wo-86
NOCK, John C.	19 Dec 1823	14 May 1904	Wo-87
NOCK, John E.	5 Nov 1856	28 Aug 1931	Wo-87
NOCK, John L.	1 Oct 1860	26 Dec 1927	Wo-86
NOCK, Julia B. d/o I.W. & Jennie	17 Sep 1877	8 Feb 1899	Wo-79
NOCK, Louise d/o Harry K.	19 Jul 1914	18 Jun 1916	Wo-88
NOCK, Lulu M.	1895	none	Wo-2
NOCK, Margaret Anna d/o John B.	19 Aug 1891	12 Oct 1891	Wo-86
NOCK, Margaret J. w/o James H.	18 Jun 1848	14 Jul 1911	Wo-66
NOCK, Mary Elizabeth	25 Jun 1838	29 Apr 1913	Wo-61
NOCK, Narcissa A. d/o John	(d.age 23yr)	22 Jun 1880	Wo-73
NOCK, Reuben E.	1892	1970	Wo-2
NOCK, Robertie d/o John B.	20 Dec 1870	14 Jan 1873	Wo-86
NOCK, Sallie M.	26 Feb 1828	28 Mar 1905	Wo-87
NOCK, Sarah M. w/o John B.	5 Apr 1834	13 May 1892	Wo-86
NOCK, W. Thomas s/o John	(d.age 25yr)	30 Jul 1885	Wo-73
NOCK, William Edward s/o Edward	5 Feb 1826	11 Mar 1847	Wo-87
NOCK, William Harrison s/o I.W.	3 Mar 1880	27 Oct 1897	Wo-79
NOEL, Dora G. w/o J. Fred	1896	1963	Wo-93
NOEL, Fred J.	1887	1968	Wo-93
NONTELL, Parker	1880	1935	Wo-1
NORD, Harry E.	1919	1933	Wo-101
NORTHAM, Benjamin D.	1895	none	Wo-58
NORTHAM, Charles B. (WW II)	1923	1969	Wo-58
NORTHAM, Doris E. Adkins w/o S.O.	23 Feb 1900	20 Apr 1923	Wo-87
NORTHAM, Henry C.	15 Nov 1861	none	Wo-87
NORTHAM, Henry Paul	14 Sep 1900	6 May 1924	Wo-87
NORTHAM, Loma D. Custis	1893	none	Wo-58
NORTHAM, Madeline M.	1903	none	Wo-58
NORTHAM, Madge M.	1898	none	Wo-58
NORTHAM, Mulford L. (Sam)	1896	1975	Wo-41
NORTHAM, Robert Hayes	1893	none	Wo-58
NORTHAM, Sallie A.	2 Aug 1868	28 Apr 1928	Wo-87
NORTHAM, Shepard T.	1891	1973	Wo-58
NORTHAM, Verna P.	1896	none	Wo-41
NORTHRUP, Leila M.	3 Jun 1873	none	Wo-87
NORTHRUP, Van Pierce (Rev.)	25 Dec 1868	27 Sep 1923	Wo-87
NOTTINGHAM, A. Upshur	1894	1952	Wo-63
NOTTINGHAM, Deland B.	1900	1960	Wo-63
NOTTINGHAM, Ella W.	1869	1951	Wo-63
NOTTINGHAM, Grover A.	1891	1945	Wo-63
NOTTINGHAM, Jane	1944	1963	Wo-63
NOTTINGHAM, John W.	1893	1950	Wo-63
NOTTINGHAM, Louis E. Duge	1888	1952	Wo-63
NOTTINGHAM, Sadie Jane	1899	1967	Wo-63
NUNEZ, Manuel S.	1896	1924	Wo-63
NUSE, George Chick	29 Jul 1918	27 Aug 1980	Wo-101
NUSE, George W.	1886	1965	Wo-101
NUSE, Marbelle L. w/o George W.	1894	1953	Wo-101

Name			
NUSE, Susie Johnson w/o George C.	5 Jan 1917	none	Wo-101
OECYNIKOW, Ivan	1898	1978	Wo-58
OECYNIKOW, Maria w/o Ivan	1910	1973	Wo-58
OLANDER, H. D.	none	none	Wo-60
OLANDER, M. A.	none	none	Wo-60
ONLEY, Ann Maria	Apr 1804	6 Apr 1853	Wo-72
ONLEY, Anne M. d/o Henry T.	15 Feb 1851	30 Sep 1855	Wo-72
ONLEY, Clarence s/o C.E.	27 Mar 1882	14 Aug 1882	Wo-72
ONLEY, Harriett A. w/o William James	8 May 1846	17 Feb 1881	Wo-72
ONLEY, Henry T. (Hon.)	11 May 1828	15 Apr 1901	Wo-72
ONLEY, Henry T. s/o Henry T.	4 Nov 1855	7 Feb 1858	Wo-72
ONLEY, Henry T. s/o William James	(d.age 7yr)	none	Wo-72
ONLEY, Infant s/o C.E.	20 Aug 1871	18 Oct 1871	Wo-72
ONLEY, John D. s/o Henry T.	31 Dec 1856	9 Oct 1857	Wo-72
ONLEY, Maggie d/o Henry T.	28 Jul 1867	22 Sep 1867	Wo-72
ONLEY, Sallie M. s/o C.E.	20 Jul 1884	11 Jul 1885	Wo-72
ONLEY, Sally Truitt	23 Apr 1833	8 Feb 1911	Wo-72
ONLEY, Warren T. s/o L.W. & Cordelia	28 Aug 1881	14 Aug 1885	Wo-3
ONLEY, William	1792	5 Dec 1854	Wo-72
ONLEY, William James	18 Sep 1844	18 Jun 1917	Wo-72
OPPA, Conrad (born Germany)	25 Feb 1828	25 Mar 1883	Wo-1
OSTERWALDER, Christian WW11	28 Mar 1926	13 Dec 1977	Wo-101
OUTTEN, Alan	1890	1890	Wo-83
OUTTEN, Anna w/o S.P.& Annie M.	1884	8 Jul 1913	Wo-58
OUTTEN, Annie M. w/o S. P.	27 Jun 18--	8 Jul 1913	Wo-58
OUTTEN, Bertie F. w/o Thomas E.	17 Jul 1880	23 Jan 1910	Wo-58
OUTTEN, Cecie Mae	1894	1967	Wo-58
OUTTEN, Charles D. s/o Julius T.& H.	1927	1932	Wo-2
OUTTEN, Chester J.	1902	none	Wo-58
OUTTEN, Clifton C. s/o L.F.& Ida	14 Jul 1888	16 Dec 1912	Wo-53
OUTTEN, Cora L.	1888	none	Wo-58
OUTTEN, Deborah L.	1964	none	Wo-58
OUTTEN, Dolsie E.	1894	1943	Wo-58
OUTTEN, Dorothy J.	1925	none	Wo-58
OUTTEN, Edward B.	1855	1931	Wo-61
OUTTEN, Edward Louis	1923	none	Wo-58
OUTTEN, Ellen Collins	1866	1945	Wo-63
OUTTEN, Emma F. d/o E. B.& Mary	17 Feb 1878	none	Wo-83
OUTTEN, Emma L. w/o H. B.	1857	1938	Wo-37
OUTTEN, England	22 Mar 1894	15 Jul 1895	Wo-54
OUTTEN, Eugene G.	1956	1964	Wo-58
OUTTEN, F. Taylor	5 Nov 1875	31 Oct 1917	Wo-61
OUTTEN, Frank L.	1881	1948	Wo-58
OUTTEN, George O.	1892	1955	Wo-58
OUTTEN, Harry L.	1898	1971	Wo-53
OUTTEN, Hattie G. w/o Lloyd	1867	1958	Wo-83
OUTTEN, Henrietta D.	1905	none	Wo-2
OUTTEN, Henry C.	1852	1923	Wo-58
OUTTEN, Hester	3 Oct 1856	9 Nov 1945	Wo-53
OUTTEN, Hiram B.	1860	1935	Wo-83
OUTTEN, Ida Mae	1881	1968	Wo-56
OUTTEN, Infant Daughter	1948	1948	Wo-58
OUTTEN, John E.	1914	1972	Wo-58
OUTTEN, John L.	1864	1933	Wo-83
OUTTEN, John s/o W.S.& Ida	8 Sep 1915	3 Mar 1916	Wo-56

Name	Birth	Death	Location
OUTTEN, Julious Carl	21 Nov 1882	5 Sep 1911	Wo-56
OUTTEN, Julius T.	1902	1974	Wo-2
OUTTEN, Laura W.	1898	none	Wo-58
OUTTEN, Leonard	5 Aug 1860	24 Aug 1931	Wo-53
OUTTEN, Libbie	1881	1911	Wo-37
OUTTEN, Linda M. d/o M.O.& Mary S.	1947	1953	Wo-58
OUTTEN, Linwood C. (Sonny)	1939	1971	Wo-58
OUTTEN, Lloyd J.	1862	1939	Wo-83
OUTTEN, Lora P.	1880	1943	Wo-58
OUTTEN, M. Elizabeth	1879	1961	Wo-61
OUTTEN, Margie	3 Jun 1896	6 Jul 1897	Wo-54
OUTTEN, Margie M. s/o Thomas E.	11 Dec 1902	10 Jan 1916	Wo-58
OUTTEN, Mary E.	1857	1937	Wo-58
OUTTEN, Mary J. w/o Edward B.	14 Jan 1861	20 Mar 1916	Wo-61
OUTTEN, Michael E.	1949	1965	Wo-58
OUTTEN, Myrtle B.	1900	1969	Wo-58
OUTTEN, Myrtle V. w/o Thomas W.	24 May 1900	12 Jun 1918	Wo-56
OUTTEN, Nettie I.	1900	none	Wo-56
OUTTEN, P. Taylor	26 Apr 1849	23 Aug 1875	Wo-61
OUTTEN, Pearl H.	1924	1970	Wo-58
OUTTEN, Pete T.	26 Apr 1849	23 Aug 1875	Wo-54
OUTTEN, Peter B.	1873	1948	Wo-61
OUTTEN, Peter C.	29 May 1816	13 Apr 1888	Wo-83
OUTTEN, Roy L.	1908	1971	Wo-58
OUTTEN, Ruby B.	1906	none	Wo-58
OUTTEN, Sadie V.	3 Jan 1887	18 Mar 1937	Wo-56
OUTTEN, Sarah J. w/o Peter E.	4 Apr 1822	2 Nov 1881	Wo-83
OUTTEN, Stella	20 Sep 1891	15 Aug 1892	Wo-54
OUTTEN, Stephen	22 Sep 1862	18 Mar 1922	Wo-53
OUTTEN, Thomas E. s/o Thomas E.	11 Jun 1900	25 Nov 1916	Wo-58
OUTTEN, Thomas H.	1874	1935	Wo-58
OUTTEN, Thomas W.	1892	1968	Wo-56
OUTTEN, William M.	1869	none	Wo-37
OUTTEN, Willis S.	1879	1964	Wo-56
OVERHOLT, Charles Howard	1949	1969	Wo-58
OVERHOLT, James Earl	1951	1956	Wo-58
OVERHOLT, Sue Jones	1930	1978	Wo-58
OWEN, Uriah F.	25 Dec 1826	19 Aug 1903	Wo-93
OWENS, Susan G.	22 Sep 1840	26 Nov 1907	Wo-93
OWERY, E. C. P.	21 Nov 1832	6 Nov 1860	Wo-84
OWERY, Elizabeth E. Johnson w/o M.	23 Jan 1852	15 Jul 1912	Wo-84
PALMER, Ada E.	25 Jan 1900	1 Aug 1900	Wo-66
PALMER, Elwood R. s/o Harry E.	3 Mar 1897	14 May 1901	Wo-66
PALMER, Flora E.	25 Jul 1894	25 Feb 1901	Wo-66
PALMER, John D.	14 Dec 1828	12 Feb 1901	Wo-66
PALMER, Sylvester	(d.age 44yr)	14 Jun 1918	Wo-93
PAPPAS, James	1897	1967	Wo-56
PARADEE, Benjamin	13 Oct 1831	16 Feb 1917	Wo-53
PARADEE, Benjamin F.	1875	1959	Wo-56
PARADEE, Bertie T.	1871	1957	Wo-53
PARADEE, Cecilia	1877	1953	Wo-60
PARADEE, Cora A. w/o Burton P.	(d.age 19yr)	12 Apr 1881	Wo-53
PARADEE, Cora Ann d/o Burton P.	12 Apr 1881	7 Feb 1895	Wo-53
PARADEE, Daisy D.	1884	1944	Wo-61
PARADEE, Emma C.	1853	1945	Wo-60

Name	Birth	Death	Plot
ARADEE, Ethel M. w/o W.C.	23 May 1887	29 Oct 1915	Wo-58
ARADEE, I. Thomas	1868	1956	Wo-53
ARADEE, Infant d/o B.P.& M.E.	2 Sep 1910	2 Sep 1910	Wo-56
ARADEE, Infant s/o B.P.& M.E.	5 Feb 1908	5 Feb 1908	Wo-56
ARADEE, Infant s/o B.P.& M.E.	24 Jan 1912	30 Jan 1912	Wo-60
ARADEE, John L.	1850	1933	Wo-56
ARADEE, John R.	1884	1933	Wo-56
ARADEE, John Smullin s/o John	12 Mar 1882	22 Aug 1903	Wo-60
ARADEE, Kendal G.	25 Jan 1829	23 Mar 1898	Wo-53
ARADEE, Mary Ann w/o U.S.G.	4 Oct 1865	4 Mar 1921	Wo-58
ARADEE, Mary Ellen w/o Benjamin	8 Aug 1845	29 Jan 1922	Wo-53
ARADEE, Mattie J.	1879	1968	Wo-56
ARADEE, Rebecca	1856	1931	Wo-61
ARADEE, Susan F.	1884	1971	Wo-56
ARADEE, U. S. Grant	1866	1944	Wo-58
ARADEE, William S.	1851	1910	Wo-61
ARADICE, Elton W. s/o Benj. & Mary	(d.age 10yr) 25 Oct 1891	25 Aug 1881 28 Oct 1968	Wo-53 Wo-3
ARADIS, Brinkman S. (WW I)	1868	1957	Wo-41
ARADIS, Ella May	1863	1937	Wo-41
ARADIS, John T.	7 Dec 1878	11 Sep 1887	Wo-53
ARADIS, Levenia F. d/o Peter W.	1890	1965	Wo-3
PARADISE, J. Fred	1879	1933	Wo-56
PARADISE, John L.	1891	none	Wo-56
PARADISE, Lillie C.	1880	1960	Wo-3
PARADISE, Lula M.	1854	1933	Wo-3
PARADISE, Mary Ann w/o Peter W.	1893	1960	Wo-3
PARADISE, Molly	1855	1934	Wo-3
PARADISE, Peter W.	1884	1971	Wo-56
PARADISE, Willie M.	23 May 1887	27 Oct 1915	Wo-58
PARDEE, Ethel M. w/o W. C.	17 Jun 1825	9 May 1864	Wo-20
PARDICE, Ella P.	20 Sep 1821	23 Nov 1863	Wo-20
PARDICE, John	1884	1943	Wo-60
PARKER, Albert A. M.D.	27 Feb 1842	15 Aug 1888	Wo-40
PARKER, Bettie w/o John T.	25 Jan 1856	12 Dec 1879	Wo-87
PARKER, Charles E. s/o Charles A.	14 May 1828	25 Mar 1907	Wo-87
PARKER, Charles s/o Col. Charles	1 Nov 1863	12 Jul 1864	Wo-87
PARKER, Edward Irving s/o Charles	5 May 1809	7 Apr 1881	Wo-84
PARKER, Eleanor A.	25 Feb 1833	8 Jul 1891	Wo-87
PARKER, Ellen Matthews w/o Charles	12 Aug 1877	13 Apr 1898	Wo-66
PARKER, Frank Selby s/o James W.	(d.age 9da)	21 Jun 1858	Wo-87
PARKER, Herbert Thomas s/o Charles	1890	1958	Wo-60
PARKER, James F.	4 Oct 1838	20 Mar 1912	Wo-66
PARKER, James W.	14 Nov 1839	6 Feb 1917	Wo-40
PARKER, John T. (M.D.)	1889	1976	Wo-60
PARKER, Kathrine	12 Oct 1868	17 Jul 1899	Wo-66
PARKER, Lorensea C.	7 Jun 1897	3 Oct 1912	Wo-40
PARKER, Margaret DeWaal d/o John T.	1895	1971	Wo-63
PARKER, Margaret S. (with Brittingham)	21 Feb 1836	27 Jun 1854	Wo-84
PARKER, Mary Elizabeth d/o Thomas	14 Feb 1869	8 Sep 1923	Wo-40
PARKER, Maud DeWaal w/o John T.	1878	1942	Wo-60
PARKER, Nan Dryden	23 Jul 1873	2 Dec 1922	Wo-66
PARKER, Oliver W.	16 Nov 1881	1 Dec 1908	Wo-87
PARKER, Pearlie C. w/o Harry C.	1 Aug 1808	31 Aug 1914	Wo-79
PARKER, Preston s/o Elijah	1 Jul 1842	15 Aug 1854	Wo-84
PARKER, Sarah Ellen d/o Thomas P.			

Name	Birth	Death	Location
PARKER, Thomas P.	2 Sep 1808	15 Feb 1882	Wo-84
PARKER, Vaughn C.	1923	1949	Wo-60
PARKER, Wilmer Fleming	12 Apr 1839	29 Jun 1865	Wo-84
PARKS, Emma	1860	1943	Wo-61
PARKS, Emma C. w/o Lennie T.	24 Apr 1884	23 Feb 1919	Wo-61
PARKS, George W.	1896	1936	Wo-63
PARKS, Herman E.	1882	1928	Wo-62
PARKS, John D.	1884	1928	Wo-61
PARKS, John H.	1859	1931	Wo-61
PARKS, John Truman	1924	1962	Wo-61
PARKS, Lennie T.	1882	1943	Wo-61
PARKS, Lula Tull	1881	1960	Wo-58
PARKS, Marcia	1886	1963	Wo-62
PARKS, Maurice T. s/o Lennis T.	27 Aug 1912	7 Jul 1913	Wo-61
PARKS, Sallie A. w/o Carroll	7 Apr 1883	14 Jun 1909	Wo-59
PARKS, Thomas R.	1885	1953	Wo-58
PARSONS, Asher G.	1892	1960	Wo-58
PARSONS, Banner	20 Feb 1880	28 Sep 1953	Wo-2
PARSONS, Benjamin T.	11 Jul 1831	8 Jun 1899	Wo-70
PARSONS, Bessie M.	1897	1954	Wo-58
PARSONS, Celesta H.	13 Oct 1904	21 Mar 1927	Wo-2
PARSONS, Charles S.	21 Mar 1827	12 Nov 1902	Wo-66
PARSONS, Clarence s/o T.H.	13 Nov 1885	19 Nov 1906	Wo-3
PARSONS, Elijah B.	22 Mar 1827	21 Jan 1908	Wo-88
PARSONS, Ella Virginia w/o Ernest	3 Feb 1872	4 Mar 1899	Wo-88
PARSONS, Elmer P.	1878	1962	Wo-2
PARSONS, Emery T. s/o Benjamin T.	10 Mar 1860	6 Nov 1865	Wo-70
PARSONS, Eva Burbage	1867	1968	Wo-3
PARSONS, Fred W. (Dr.)	none	none	Wo-58
PARSONS, George W.	1875	1945	Wo-2
PARSONS, Harry M.	29 Mar 1880	27 Dec 1905	Wo-2
PARSONS, Henrietta, w/o Theodore H.	30 Nov 1859	30 Apr 1887	Wo-3
PARSONS, Infant of Robert.E.L.& E.H.	13 Jan 1895	7 Jan 1898	Wo-65
PARSONS, Isaac Robley	1858	1934	Wo-88
PARSONS, Janie J.	1878	1959	Wo-40
PARSONS, Jehu T.	10 Jan 1843	4 Aug 1909	Wo-40
PARSONS, Julia A.	15 Mar 1849	5 Apr 1906	Wo-86
PARSONS, Katie d/o John F.	3 Jun 1890	7 Oct 1891	Wo-63
PARSONS, Laura Tilghman	1885	1971	Wo-58
PARSONS, Lawrence R.	1893	1966	Wo-58
PARSONS, Lillian M. d/o John F.	24 Jan 1887	2 Jul 1887	Wo-63
PARSONS, Lizzie C.	1890	1948	Wo-2
PARSONS, Mary Mrs.	(d.age82yr)	27 Jul 1876	Wo-107
PARSONS, Mary E.	1 Mar 1840	10 Dec 1925	Wo-40
PARSONS, Mary Jane d/o Benjamin	14 Feb 1864	16 Oct 1870	Wo-70
PARSONS, Mary w/o Charles S.	11 Oct 1838	13 Apr 1880	Wo-65
PARSONS, Maud E.	1912	none	Wo-2
PARSONS, Miranda C.	7 Aug 1825	14 Jun 1906	Wo-88
PARSONS, Robert Byrd	18 Sep 1873	12 Oct 1930	Wo-86
PARSONS, Robert E.	29 Dec 1831	10 Sep 1913	Wo-86
PARSONS, Ruth E.	20 Sep 1820	2 Feb 1923	Wo-66
PARSONS, Ruth Hurley w/o James T.	(d.age68yr)	Apr 1987	Wo-88
PARSONS, Ruth V.	1900	1976	Wo-58
PARSONS, Sarah E.	3 Mar 1860	11 Sep 1911	Wo-88
PARSONS, Sarah E.	15 Mar 1856	none	Wo-88

Name	Birth	Death	Location
PARSONS, T. Snow	1872	1946	Wo-40
PARSONS, Theodore H.	31 Oct 1845	16 May 1911	Wo-39
PARSONS, Walter Howard s/o C.R.& M.R.	4 Oct 1922	18 Jan 1925	Wo-88
PARSONS, Walter s/o John F.	22 Oct 1888	25 Aug 1889	Wo-63
PARSONS, William O. (Pipie)	13 Jan 1882	22 May 1967	Wo-2
PARSONS, William T.	27 Nov 1850	14 May 1921	Wo-88
PARVIS, James	15 Nov 1844	29 Feb 1896	Wo-66
PASSARD, Clara Beauchamp w/o Alma	1 Feb 1887	1 Nov 1918	Wo-63
PATTEY, Kendall J.	(d. age 44yr)	10 Feb 1872	Wo-67
PATTEY, Peggy McGregor w/o Powell	22 Sep 1791	27 Sep 1851	Wo-67
PATTEY, Powell	1858	1927	Wo-67
PATTEY, Powell	21 Sep 1790	15 Dec 1862	Wo-67
PATTEY, Powell s/o Powell & Jennie	28 Mar 1886	18 Sep 1886	Wo-67
PATTY, Kendall J.	9 Dec 1827	10 Feb 1872	Wo-107
PAYNE, Addie V.	1888	1945	Wo-56
PAYNE, Alice Anna d/o John J.	19 Mar 1859	16 Jul 1861	Wo-40
PAYNE, Allison P.	1876	1936	Wo-56
PAYNE, Alonzo E.	1863	1942	Wo-63
PAYNE, Alverta	1878	1948	Wo-56
PAYNE, Ambrose M. s/o Jacob	(d. age 35yr)	19 Nov 1868	Wo-87
PAYNE, Ann Maria w/o Stephen	12 Aug 1818	20 Jun 1894	Wo-79
PAYNE, Anna Virginia w/o Wrixam	22 Aug 1860	5 Dec 1917	Wo-86
PAYNE, Arthur J.	1897	none	Wo-58
PAYNE, Benjamin O.	21 Jan 1830	26 Jan 1897	Wo-63
PAYNE, Bertha	1888	1935	Wo-60
PAYNE, Bertie J.	1894	none	Wo-58
PAYNE, Bessie V.	1884	1969	Wo-56
PAYNE, Blanche L.	(d. age 2mo)	1922	Wo-56
PAYNE, Brinkman L.	1895	1958	Wo-56
PAYNE, Brinkman L. Jr.	1913	1914	Wo-37
PAYNE, Burley A.	1869	1943	Wo-56
PAYNE, Burlie Lee	1875	1936	Wo-60
PAYNE, C. Aline	1902	1976	Wo-56
PAYNE, Carrie M.	1911	none	Wo-58
PAYNE, Cecie M.	1892	1973	Wo-58
PAYNE, Clara V. Dickerson w/o Wm.O.	18 Feb 1864	29 Jul 1884	Wo-40
PAYNE, Clement T. s/o William O.	6 Feb 1882	10 Jul 1884	Wo-40
PAYNE, E. Carlton s/o R.F.	2 Feb 1914	23 Feb 1915	Wo-63
PAYNE, E. Gladys	1918	1968	Wo-63
PAYNE, Edgar A.	2 Sep 1873	22 Jan 1902	Wo-56
PAYNE, Edgar C.	1911	1928	Wo-56
PAYNE, Edna d/o W.F.	5 Jul 1896	9 Jul 1897	Wo-86
PAYNE, Effie W.	1867	1934	Wo-63
PAYNE, Elizabeth C.	1843	1930	Wo-60
PAYNE, Elizabeth J. w/o Benjamin	22 Aug 1830	22 Mar 1906	Wo-63
PAYNE, Ellen A. w/o Moses	30 Jul 1810	22 Jan 1891	Wo-56
PAYNE, Elwood T.	1905	1932	Wo-56
PAYNE, Esther Hancock w/o Eugene	15 Sep 1860	3 Jun 1897	Wo-56
PAYNE, Ethel M.	1892	1926	Wo-63
PAYNE, Eugene C.	2 Aug 1858	13 Oct 1943	Wo-56
PAYNE, Fletcher G. s/o E.A.& Sallie	22 Jan 1901	2 Aug 1901	Wo-56
PAYNE, Francis Benson s/o W.F.	5 Oct 1888	13 Jul 1898	Wo-86
PAYNE, Francis W.	1916	1930	Wo-63
PAYNE, Fred W. s/o B.L.	14 Sep 1898	20 Oct 1917	Wo-60
PAYNE, George C.	1905	1941	Wo-56

Name	Birth	Death	Plot
PAYNE, George H. s/o Benjamin & Eliz.	(d.age 23yr)	14 Oct 1829	Wo-56
PAYNE, George R.	1860	1948	Wo-56
PAYNE, George Sanders	31 Oct 1835	6 Feb 1927	Wo-87
PAYNE, George W.	5 Jul 1849	14 Feb 1922	Wo-79
PAYNE, Gertrude E.	1889	1963	Wo-58
PAYNE, Gladys F.	1901	1971	Wo-56
PAYNE, Hannah A. w/o William W.	29 Jan 1821	2 Dec 1892	Wo-40
PAYNE, Harold F.	1883	1966	Wo-56
PAYNE, Hester J. w/o John W.	9 Dec 1837	21 Nov 1888	Wo-56
PAYNE, Howard W.	1915	none	Wo-58
PAYNE, Ida Virginia d/o Edward T.Jones	11 Nov 1865	13 Aug 1871	Wo-31
PAYNE, Infant s/o T.J.& M. C.	1883	1883	Wo-53
PAYNE, Irving J.	1859	1937	Wo-56
PAYNE, James D.	(d.age 58yr)	26 Jan 1878	Wo-63
PAYNE, Jane W.	1854	1947	Wo-60
PAYNE, John Hurst s/o George S.	16 Feb 1884	26 Jul 1885	Wo-87
PAYNE, John J.	18 Mar 1825	28 Mar 1895	Wo-40
PAYNE, John S.	1813	1902	Wo-56
PAYNE, John W.	20 Sep 1827	6 Feb 1890	Wo-56
PAYNE, Johnson N.	1900	1964	Wo-63
PAYNE, Julia A.	(d.age 20yr)	28 May 1882	Wo-31
PAYNE, Katherine	1866	1949	Wo-60
PAYNE, Leah A. w/o Sewell H.	12 Nov 1856	13 Jan 1881	Wo-53
PAYNE, Leah w/o John	30 Mar 1804	1 May 1885	Wo-56
PAYNE, Lee W.	1876	1933	Wo-56
PAYNE, Lelia Irving d/o George S.	11 Oct 1880	20 Aug 1881	Wo-87
PAYNE, Lelia Matthews w/o George	31 Jul 1851	17 Oct 1889	Wo-87
PAYNE, Leona Mae	16 Nov 1893	26 Apr 1969	Wo-37
PAYNE, Lillian S.	1895	1973	Wo-58
PAYNE, Lloyd T.	1867	1919	Wo-53
PAYNE, Lloyd V.	12 Jan 1865	3 Apr 1931	Wo-56
PAYNE, Louise H.	1924	1972	Wo-58
PAYNE, Mamie T.	16 Jun 1855	27 Jun 1926	Wo-40
PAYNE, Margaret	18 Oct 1849	none	Wo-79
PAYNE, Marian A. w/o John	29 Jan 1830	28 Jul 1899	Wo-40
PAYNE, Martha E. w/o Lloyd	15 May 1869	18 Jan 1917	Wo-56
PAYNE, Mary A. w/o Moses	1848	1925	Wo-63
PAYNE, Mary C.	1866	1945	Wo-53
PAYNE, Mary S.	22 Mar 1812	9 Jul 1863	Wo-29
PAYNE, Maude P. Purcell	1917	1968	Wo-58
PAYNE, Milton A.	1902	1971	Wo-56
PAYNE, Milton R. s/o Lloyd & Ella	22 Aug 1902	8 Nov 1921	Wo-56
PAYNE, Moses	9 Apr 1831	6 Dec 1912	Wo-56
PAYNE, N. Ella	1869	1943	Wo-56
PAYNE, Nancy B.	1882	1967	Wo-56
PAYNE, Nancy W.	1824	1879	Wo-56
PAYNE, Newell N.	1902	1968	Wo-58
PAYNE, Nora	1860	1910	Wo-56
PAYNE, Oliver C.Tatman	1862	1927	Wo-56
PAYNE, Oliver H.	13 Aug 1847	8 Apr 1927	Wo=56
PAYNE, Osha A.	18 Apr 1861	15 Jun 1932	Wo-56
PAYNE, Owen W.	1885	1964	Wo-58
PAYNE, Raymond O.	1883	1963	Wo-58
PAYNE, Roland F.	12 Nov 1889	20 Oct 1919	Wo-63
PAYNE, Rounds T.	24 Aug 1834	24 May 1913	Wo-60

Name	Birth	Death	Plot
PAYNE, Russell (with Hayman)	1894	1976	Wo-63
PAYNE, Sallie L.	1885	1927	Wo-58
PAYNE, Sallie M.	16 Apr 1813	13 Aug 1891	Wo-31
PAYNE, Samuel A.	23 Jul 1808	2 May 1873	Wo-29
PAYNE, Samuel F.	16 Jun 1862	16 Jun 1950	Wo-56
PAYNE, Samuel J. B.	7 Nov 1857	19 May 1903	Wo-37
PAYNE, Sewell H.	1 Jul 1851	5 Nov 1899	Wo-53
PAYNE, Silas	2 Aug 1852	21 Feb 1900	WO-40
PAYNE, Silas R. (with Stevenson)	1858	1928	Wo-60
PAYNE, Simson V. s/o Moses & Ellen	19 Aug 1861	4 Nov 1886	Wo-56
PAYNE, Stephen H.	16 Apr 1816	9 Jun 1905	Wo-79
PAYNE, Stephen M.	1885	1960	Wo-56
PAYNE, Thelma M.	1916	1916	Wo-37
PAYNE, Thomas J.	1859	1951	Wo-53
PAYNE, Thomas Milton s/o Thomas	7 May 1903	11 Dec 1903	Wo-53
PAYNE, Ulysses S.	1863	1932	Wo-63
PAYNE, Vansant s/o Jacob	9 Feb 1849	25 Feb 1899	Wo-84
PAYNE, Viola	1886	1887	Wo-73
PAYNE, Viola d/o Charles L.	13 Oct 1884	27 Oct 1889	Wo-63
PAYNE, Vivian A.	1878	1929	Wo-63
PAYNE, Washington L. s/o Lloyd	28 Jan 1891	4 Nov 1914	Wo-56
PAYNE, William D.	1888	1888	Wo-73
PAYNE, William F.	none	none	Wo-31
PAYNE, William H.	1876	1960	Wo-58
PAYNE, William H.	31 Jul 1851	23 Oct 1923	Wo-87
PAYNE, William J.	1867	1949	Wo-58
PAYNE, William J.	1923	1925	Wo-37
PAYNE, William N.	1874	1934	Wo-63
PAYNE, William O.	16 Apr 1853	8 Oct 1934	Wo-40
PAYNE, William Preston (Sgt.)	16 Jul 1914	7 Apr 1945	Wo-37
PAYNE, William S.	1856	1943	Wo-56
PAYNE, William W.	18 Apr 1818	22 Aug 1884	Wo-40
PAYNE, Willis W. (WW I, PFC)	16 Nov 1891	4 Nov 1964	Wo-56
PAYNE, Wilson K.	1914	1976	Wo-58
PAYNE, Winona B.	7 May 1898	none	Wo-56
PAYNE, Wrixam F.	24 May 1859	10 Feb 1922	Wo-86
PAYTON, Edward J. s/o William & Hetty	6 Jul 1856	30 Jun 1857	Wo-9
PAYTON, Henrietta P. d/o William	1 Jul 1858	7 Nov 1862	Wo-9
PAYTON, Hetty C.	none	16 Mar 1892	Wo-40
PAYTON, John W.	6 Jul 1913	10 Oct 1935	Wo-3
PAYTON, John W.	22 Sep 1864	29 Nov 1924	Wo-3
PAYTON, Mary Bratten w/o John	10 May 1870	30 Jan 1959	Wo-3
PAYTON, May Kusner w/o Phillip B.	20 Nov 1901	18 Mar 1954	Wo-3
PAYTON, Nancy w/o William	(d. age 44yr)	24 Jan 1853	Wo-9
PAYTON, William	8 Nov 1809	14 Jan 1861	Wo-9
PAYTON, William H.	16 Jun 1896	15 Apr 1917	Wo-3
PEACOCK, Alice E.	1887	1968	Wo-58
PEACOCK, George N.	1918	1966	Wo-53
PEACOCK, Isaac W.	19 Sep 1881	28 Feb 1959	Wo-63
PEACOCK, John H.	1877	1957	Wo-58
PEACOCK, Lena E.	30 Dec 1881	31 Dec 1958	Wo-63
PEACOCK, May I.	1900	1970	Wo-58
PEACOCK, Mildred P.	1920	none	Wo-53
PEACOCK, Oliver W.	1901	1979	Wo-58
PEIPER, Grover C.	1891	1951	Wo-60

Name	Birth	Death	Loc
PEIRCE, Daisy Hancock	7 Nov 1923	25 Apr 1966	Wo-2
PENNEWELL, Bessie E.	1888	1964	Wo-5
PENNEWELL, G. Charles	none	none	Wo-58
PENNEWELL, Gloria G.	none	none	Wo-58
PENNEWELL, Hettie w/o Purnell	23 Jan 1840	31 Jan 1902	Wo-87
PENNEWELL, Horace T.	1888	1945	Wo-5
PENNEWILL, Adeline J.	7 May 1841	26 Jul 1918	Wo-88
PENNEWILL, Dollie	1837	1896	Wo-87
PENNEWILL, George Bratten	1833	1913	Wo-87
PENNEWILL, J. James	1839	1928	Wo-87
PENNEWILL, Jane Tull	1848	1927	Wo-87
PENNEWILL, Noah	26 Dec 1826	16 Jan 1912	Wo-88
PENNEWILL, Purnell Martin	22 Mar 1837	1 Oct 1923	Wo-87
PENTLAND, Alexander S. s/o Alex. C.	(d.age10mo)	22 May 1875	Wo-84
PENTLAND, Mary C. w/o Alexander C.	(d.age30yr)	29 Mar 1876	Wo-84
PENTLAND, Willie C. s/o Alexander	(d.age 2mo)	none	Wo-84
PENUELL, James H.	14 Nov 1832	30 May 1890	Wo-94
PERDUE, Anna E. Beauchamp	28 Feb 1870	21 Jan 1921	Wo-66
PERDUE, Clarence d/o Elija & Mary	10 Aug 1880	6 Aug 1892	Wo-95
PERDUE, Elijah J.	15 Mar 1872	25 Jul 1917	Wo-87
PERDUE, Margaret A. w/o Elijah	1 Oct 1867	12 Feb 1926	Wo-87
PERDUE, Mary Virginia	(d.age76yr)	7 Mar 1935	Wo-95
PERDUE, Mary W. d/o John B. & Julia	14 Nov 1828	29 Jan 1894	Wo-94
PERDUE, Oscar Albert	12 May 1880	10 Dec 1911	Wo-87
PERDUE, Virginia d/o Elija 7 Mary	17 Apr 1914	6 May 1914	Wo-95
PERENZINGER, Jane Lankford	1918	1969	Wo-60
PERRY, Mae (with Melvin)	1898	1960	Wo-60
PETERMAN, Annie I	1869	1935	Wo-1
PETERMAN, John T.	1862	1942	Wo-1
PETERMAN, Lonie D.	1900	1948	Wo-1
PETERS, Charles T.	1 Sep 1879	5 Jan 1884	Wo-87
PETERS, Charles W.	1854	1932	Wo-87
PETERS, Forrest J.	1895	1941	Wo-60
PETERS, Paul Pitts	3 Aug 1892	9 Apr 1912	Wo-66
PETERS, Rosemary S.	1899	none	Wo-60
PETITT, Bertha A. w/o W. D.	1883	1929	Wo-87
PETITT, Charles W.	(d.age60yr)	25 May 1936	Wo-87
PETITT, David	16 Oct 1831	26 Dec 1898	Wo-87
PETITT, Elias	27 Dec 1827	20 Apr 1907	Wo-87
PETITT, Hetty w/o David	13 Sep 1811	17 Aug 1837	Wo-87
PETITT, John	20 Apr 1801	18 Jul 1887	Wo-87
PETITT, John H.	7 Sep 1873	14 Oct 1928	Wo-87
PETITT, Mary	7 Jun 1849	12 Jul 1890	Wo-87
PETITT, Mary C.	11 May 1865	none	Wo-88
PETITT, Minnie d/o W.H. & Virginia	15 Aug 1876	29 Jun 1887	Wo-87
PETITT, Paul	9 Jun 1882	3 Apr 1908	Wo-87
PETITT, Sabra N. d/o W.H. & Dorothy L.	1940	1941	Wo-37
PETITT, Sallie w/o Elias	1 Mar 1842	11 Jan 1906	Wo-87
PETITT, William H.	30 Jun 1855	11 Apr 1931	Wo-88
PETTIE, Mary d/o Lemuel L.	15 May 1886	23 Jul 1887	Wo-60
PETTIT, Dolcie N.	1892	none	Wo-40
PETTIT, Helen R.	1927	1969	Wo-40
PETTIT, Kennie C.	1889	1962	Wo-40
PETTIT, Vernon R.	1920	none	Wo-40
PHELAN, James W.	24 Feb 1909	9 Feb 1970	Wo-96

Name	Birth	Death	Location
PHILLIPS, Affria L. s/o George W.	none	10 Apr 1907	Wo-53
PHILLIPS, Alonza W.	16 Feb 1889	22 Jul 1932	Wo-58
PHILLIPS, Annie S.	16 Oct 1872	23 Jan 1911	Wo-53
PHILLIPS, Beatrice A.	1900	none	Wo-58
PHILLIPS, Bertha E.	1887	1940	Wo-63
PHILLIPS, Caroline Coulbourn	(d.age51yr)	30 May 1884	Wo-79
PHILLIPS, Carroll S.	none	none	Wo-58
PHILLIPS, Charles Dallas	(d.age 4mo)	6 Aug 1832	Wo-95
PHILLIPS, Charlie L.	27 Oct 1889	26 Oct 1912	Wo-53
PHILLIPS, Cleve P.	1906	1969	Wo-58
PHILLIPS, Daughter of J.B. & M.Z.	1 Jun 1895	9 Jun 1895	Wo-58
PHILLIPS, Edith W. d/o Purnell	14 Feb 1898	5 Apr 1902	Wo-95
PHILLIPS, Effie L.	1882	1942	Wo-58
PHILLIPS, Emma E.	1886	1966	Wo-58
PHILLIPS, Ermel L. d/o Purnell & Jennie	3 Apr 1905	24 Oct 1906	Wo-95
PHILLIPS, George W.	28 Feb 1862	30 Jan 1943	Wo-53
PHILLIPS, Herbert B.	1888	1952	Wo-63
PHILLIPS, Infant d/o J. B. & M. Z.	1 Jun 1895	9 Jun 1895	Wo-58
PHILLIPS, J. Burley	1875	1958	Wo-58
PHILLIPS, J. T. husband of Mary E.	2 May 1851	14 Oct 1920	Wo-58
PHILLIPS, James I.	15 Oct 1841	3 May 1862	Wo-87
PHILLIPS, Levin W.	5 Nov 1855	12 Jan 1917	Wo-58
PHILLIPS, Lewis	1883	1943	Wo-93
PHILLIPS, Lloyd J.	1889	1963	Wo-58
PHILLIPS, Mae C.	none	none	Wo-58
PHILLIPS, Major Nun Carroll	(d.age73yr)	6 Jan 1899	Wo-79
PHILLIPS, Mamie V.	1889	1967	Wo-93
PHILLIPS, Marcie J.	1900	none	Wo-58
PHILLIPS, Marga B.	1916	1948	Wo-58
PHILLIPS, Mary B.	1878	1937	Wo-58
PHILLIPS, Mary E.	25 Jul 1857	29 Dec 1929	Wo-58
PHILLIPS, Mary McL.	none	none	Wo-62
PHILLIPS, May C.	1886	1958	Wo-58
PHILLIPS, Meda M. d/o George W.	30 Oct 1898	12 Apr 1900	Wo-53
PHILLIPS, Noah H.	1856	1925	Wo-93
PHILLIPS, Raymond L.	1896	1977	Wo-58
PHILLIPS, Russell A.	1879	1943	Wo-63
PHILLIPS, Thomas H.	none	none	Wo-62
PHILLIPS, Wilson A. (WW II)	1913	1944	Wo-58
PHIPPIN, Greensberry H. (Civil War)	14 Feb 1842	7 Jan 1904	Wo-114
PHIPPS, Zilpha Ann	17 Mar 1828	29 Oct 1917	Wo-88
PICKEN, Andrew Jr.	1886	1919	Wo-60
PICKEN, Andrew Sr.	1860	1936	Wo-60
PICKEN, Elizabeth R.	1863	1910	Wo-60
PICKEN, Lucy M.	1881	1950	Wo-60
PICKEN, William Richmond	1902	1955	Wo-60
PICKHARDT, Cora M.	1889	none	Wo-60
PICKHARDT, Emil F.	1897	1961	Wo-60
FIERCE, Helen I.	1901	1971	Wo-58
PIERCE, Horace A.	1897	1964	Wo-58
PILCHARD, Alfred E.	27 Sep 1863	12 Mar 1918	Wo-88
PILCHARD, Alfred W.	11 May 1831	14 May 1878	Wo-25
PILCHARD, Alonza W.	7 Jan 1880	14 Dec 1932	Wo-53
PILCHARD, Asa Franklin	1883	1970	Wo-53
PILCHARD, Blanche E.	(d.age93yr)	1 Nov 1977	Wo-53

Name	Birth	Death	Loc
PILCHARD, C. Walton		1903	none	Wo-58
PILCHARD, Carroll E.		1937	1957	Wo-53
PILCHARD, Charles C.		1882	1949	Wo-56
PILCHARD, Charles C. Jr.		1935	1964	Wo-56
PILCHARD, Charles W.		1873	1965	Wo-58
PILCHARD, Charlotte B.		1903	none	Wo-56
PILCHARD, Cora A.		1852	1935	Wo-53
PILCHARD, Daulton		none	none	Wo-53
PILCHARD, Dennard W.		1843	1893	Wo-53
PILCHARD, Donald H.		1939	1939	Wo-53
PILCHARD, Dorothy R.		1897	none	Wo-61
PILCHARD, Elizabeth J. w/o Ira	14 Dec 1843	15 Sep 1940	Wo-53
PILCHARD, Elizabeth Richardson w/o Geo.	1 Jan 1846	15 Oct 1929	Wo-19
PILCHARD, Elizabeth d/o Charles C.	27 Dec 1909	18 Jul 1910	Wo-72
PILCHARD, Elva Jones		1915		Wo-56
PILCHARD, Emaline w/o Wrixham	12 May 1814	22 Sep 1894	Wo-33
PILCHARD, Emma C. w/o Wrixam L.	10 Oct 1843	4 Nov 1924	Wo-34
PILCHARD, Emma G.		1863	1949	Wo-58
PILCHARD, Emma Taylor		1890	1968	Wo-3
PILCHARD, Florence E.		1891	1942	Wo-58
PILCHARD, George E.	5 Apr 1848	27 Dec 1910	Wo-19
PILCHARD, George O. s/o Ira	12 Dec 1864	3 May 1900	Wo-53
PILCHARD, George W.		1846	1930	Wo-33
PILCHARD, Granville L. s/o Josephus	19 Sep 1897	15 Nov 1900	Wo-53
PILCHARD, H. Clay		1911	1969	Wo-56
PILCHARD, H. Wesley		1940	1961	Wo-53
PILCHARD, Harry		none	none	Wo-53
PILCHARD, Harry Willis s/o Henry	24 Jun 1891	18 Jun 1892	Wo-61
PILCHARD, Harvey T.		1864	1945	Wo-60
PILCHARD, Hazel T.		1911	none	Wo-58
PILCHARD, Helen S.		1901	none	Wo-60
PILCHARD, Henrietta	25 Sep 1782	13 Apr 1859	Wo-62
PILCHARD, Henry Boston		1864	1939	Wo-61
PILCHARD, Henry W. s/o Robert F.& D.	25 Nov 1881	9 Feb 1898	Wo-59
PILCHARD, I. Herman		1883	1967	Wo-58
PILCHARD, Infant d/o C.H.& Pearl	4 Aug 1938	4 Aug 1938	Wo-53
PILCHARD, Infant s/o J.W.& S.J.	16 Oct 1899	16 Oct 1899	Wo-53
PILCHARD, Infant s/o J.W.& S.J.	26 Sep 1882	29 Sep 1882	Wo-53
PILCHARD, Infant son of J.A.& M.R.	none	12 Dec 1906	Wo-25
PILCHARD, Infants of M.S. & Emma G.	none	none	Wo-53
PILCHARD, Ira F. s/o Wrixam	21 Nov 1862	22 Jun 1891	Wo-34
PILCHARD, Ira Minos		1889	1961	Wo-58
PILCHARD, Ira T.	15 Apr 1839	13 Dec 1917	Wo-53
PILCHARD, Irving Bates	6 Dec 1878	13 May 1954	Wo-53
PILCHARD, J. Washington		1854	1934	Wo-40
PILCHARD, James T. s/o A.F.& M.	16 Dec 1918	1 Feb 1926	Wo-53
PILCHARD, John A.		1878	1941	Wo-60
PILCHARD, Laura Lee	5 Aug 1877	27 Jul 1972	Wo-3
PILCHARD, Libbie B.		1885	1956	Wo-58
PILCHARD, Louise A.		1879	1957	Wo-58
PILCHARD, Louise Hearn		1865	1941	Wo-61
PILCHARD, Loyola W.		1872	1897	Wo-53
PILCHARD, Lubin W. (WW II)		1919	1971	Wo-58
PILCHARD, M. Washington		1874	1936	Wo-58
PILCHARD, Major W. s/o Ira & Lizzie	24 Aug 1863	30 Oct 1898	Wo-53

Name	Birth	Death	Location
PILCHARD, Major Wilson s/o Charles C.	1 Apr 1914	none	Wo-72
PILCHARD, Marcie P. Gray	1896	none	Wo-60
PILCHARD, Mary Elizabeth	22 Dec 1865	6 Mar 1945	Wo-37
PILCHARD, Miriam Payne	1891	1958	Wo-53
PILCHARD, Mitchell S.	1857	1940	Wo-58
PILCHARD, Mollie w/o Alonza	12 Mar 1888	28 Dec 1970	Wo-53
PILCHARD, Morris W. s/o Charles C.	3 Mar 1906	8 Jan 1908	Wo-72
PILCHARD, Myrtle R.	1884	1947	Wo-53
PILCHARD, Otho	1890	1975	Wo-61
PILCHARD, Peter T.	20 Aug 1835	19 May 1915	Wo-61
PILCHARD, Rosa J. w/o Denard W.	26 Jan 1823	14 Jul 1908	Wo-53
PILCHARD, Ruth Elizabeth	22 Apr 1884	21 Oct 1971	Wo-53
PILCHARD, Ruth Sturgis w/o Charles	1878	1933	Wo-72
PILCHARD, Sallie V.	1867	1920	Wo-60
PILCHARD, Sally M.	15 Dec 1843	3 Jan 1902	Wo-25
PILCHARD, Sewell P. s/o J.W.	13 Sep 1885	17 Mar 1888	Wo-53
PILCHARD, Stella Hill	24 Dec 1882	12 Sep 1931	Wo-71
PILCHARD, Susan J. Hancock	1858	1930	Wo-40
PILCHARD, Susan J. w/o William H.	27 Jun 1848	4 Feb 1929	Wo-53
PILCHARD, Susane F.	1877	1945	Wo-58
PILCHARD, Susie E.	1915	1945	Wo-58
PILCHARD, Theodosia V. d/o Robert F.	2 Nov 1867	5 Oct 1879	Wo-59
PILCHARD, Walter T. s/o Stephen J.	14 Aug 1877	9 Sep 1880	Wo-53
PILCHARD, Willard T.	1901	none	Wo-60
PILCHARD, William H	1874	1938	Wo-53
PILCHARD, William H.	20 Feb 1840	1 Oct 1912	Wo-53
PILCHARD, William J.	13 Oct 1872	2 May 1928	Wo-3
PILCHARD, William J.	17 Nov 1840	18 Aug 1913	Wo-25
PILCHARD, William J. Jr.	13 Apr 1917	19 Jun 1943	Wo-3
PILCHARD, William K.	25 Oct 1850	25 Apr 1924	Wo-37
PILCHARD, Winifred Jones	1893	1976	Wo-58
PILCHARD, Wrixam L.	11 Oct 1833	25 Jul 1894	Wo-34
PILCHARD, Wrixham	18 Jan 1804	30 Sep 1871	Wo-33
PINCHIN, Alfred	14 Feb 1820	3 May 1894	Wo-84
PINCHIN, Esther Gordan Handy	4 Jan 1820	21 Nov 1907	Wo-84
PITTS, Anna Marie	15 Nov 1882	30 Jul 1897	Wo-60
PITTS, Annie Miller w/o William	1855	1897	Wo-67
PITTS, Arthur s/o Edward & Mary	(d.age 2yr)	24 Sep 1853	Wo-55
PITTS, Arthur s/o Edward P.	(d.age 10mo)	20 Sep 1854	Wo-55
PITTS, Charlotte Ann	16 Oct 1843	6 Aug 1917	Wo-65
PITTS, Eliza J. w/o Robert	13 Aug 1801	24 Oct 1862	Wo-65
PITTS, Elizabeth	5 Jun 1877	5 Jun 1877	Wo-60
PITTS, Hillary R.	28 Apr 1816	5 Jul 1887	Wo-65
PITTS, J. Emory	1 Dec 1839	4 Mar 1916	Wo-60
PITTS, James B.	14 Jun 1860	10 Sep 1919	Wo-65
PITTS, John H.	1879	1879	Wo-67
PITTS, John Henry infant s/o Wm. F.	none	24 Jun 1879	Wo-107
PITTS, John W. MD	5 Nov 1842	27 Dec 1910	Wo-65
PITTS, Julia M.	19 Mar 1862	17 Apr 1923	Wo-65
PITTS, Julia Massey	11 Dec 1816	28 Jan 1902	Wo-79
PITTS, Lucretia	3 Apr 1873	29 Jul 1873	Wo-107
PITTS, Lucretia P.	1873	none	Wo-67
PITTS, Major Scarborough s/o Edward	(d.age 5da)	10 Feb 1855	Wo-55
PITTS, Mary Ann Elizabeth w/o H.R.	3 Apr 1816	26 May 1863	Wo-65
PITTS, Mary E. w/o J. Emory	11 Mar 1841	20 Jul 1906	Wo-60

Name	Born	Died	Location
PITTS, Mary H. M. w/o Dr. H.R.	8 Oct 1818	2 Nov 1843	Wo-65
PITTS, Mary Robertson d/o Edward	(d.age19mo)	5 Sep 1866	Wo-55
PITTS, Minnie d/o H.R. & Rebecca	none	none	Wo-65
PITTS, Rebecca A. w/o Dr. H.R.	9 Apr 1823	20 Aug 1861	Wo-65
PITTS, Sarah	(d.age66yr)	17 Oct 1842	Wo-67
PITTS, W. J.	1889	1890	Wo-67
PITTS, William Emory	6 Jun 1879	7 Jun 1880	Wo-60
PITTS, William F.	1834	1911	Wo-67
POINTER, Alfred G.	29 Jul 1843	25 Sep 1919	Wo-66
POINTER, Margaret A.	27 Mar 1846	24 Oct 1920	Wo-66
POLK, Adaline O. Dryden w/o E.G.	(d.age21yr)	26 Dec 1863	Wo-60
POLK, Blanche	1869	1938	Wo-60
POLK, E. Grace	1860	1920	Wo-60
POLK, Edna F.	1871	1957	Wo-60
POLK, Elizabeth d/o Rev.J.L.	(d.age 6da)	11 Nov 1870	Wo-60
POLK, Emerson G.	23 Apr 1851	12 Apr 1915	Wo-60
POLK, Emerson W.	1870	1941	Wo-60
POLK, Joseph Gillis s/o Rev.J.L.	7 Sep 1868	22 Sep 1875	Wo-60
POLK, Josephine K.	1875	1952	Wo-60
POLK, Lelia Ada d/o E.G.	29 Nov 1862	25 Apr 1869	Wo-60
POLK, Louisa W. w/o E. G.	25 Nov 1834	11 Sep 1893	Wo-60
POLK, Margaret A. w/o William S. C.	28 Aug 1837	29 May 1869	Wo-60
POLK, Marion C. s/o Whittington	27 Aug 1863	31 May 1899	Wo-60
POLK, Sarah A. w/o Whittington	18 Nov 1839	9 Sep 1874	Wo-60
POLK, Upshur	1862	1932	Wo-60
POLK, W. James	1865	1929	Wo-60
POLK, Whittington	1826	1902	Wo-60
POLKA, George Edward (Korea)	1933	1969	Wo-58
POLLITT, Alfred J. s/o Josiah M.	20 Oct 1847	8 Nov 1918	Wo-100
POLLITT, Alice W.	3 Jan 1872	27 Jul 1940	Wo-1
POLLITT, Amanda M. w/o Jacob H.	18 Jul 1878	25 Jun 1908	Wo-93
POLLITT, Amanda R. w/o Josiah M.	1815	Apr 1893	Wo-100
POLLITT, Amanda w/o Jacob H.	18 Jul 1828	25 Jun 1908	Wo-94
POLLITT, Elizabeth w/o Levin	6 Jan 1796	22 Jun 1857	Wo-100
POLLITT, Emma C. w/o Levin	1855	1927	Wo-94
POLLITT, Eva	8 Jan 1898	4 Nov 1970	Wo-93
POLLITT, Henry P.	25 Apr 1815	16 Mar 1881	Wo-94
POLLITT, James M.	19 Mar 1867	16 Sep 1951	Wo-1
POLLITT, Josiah M.	12 Feb 1826	17 Dec 1892	Wo-100
POLLITT, Levin	2 Apr 1797	20 Feb 1885	Wo-100
POLLITT, Levin R.	8 Nov 1851	16 Aug 1929	Wo-93
POLLITT, Levin Thomas	20 Oct 1833	18 Apr 1903	Wo-93
POLLITT, Mary w/o T. Woodland	2 Sep 1871	10 Nov 1929	Wo-94
POLLITT, Randal P. H.	(d.age76yr)	Jun 1906	Wo-93
POLLITT, Randolph	(d.age76yr)	Jun 1906	Wo-94
POLLITT, T. Woodland	19 Nov 1867	15 Feb 1932	Wo-94
POLYETTE, Annie E.	1874	1965	Wo-62
POLYETTE, Arthur W.	1907	1938	Wo-62
POLYETTE, Edgar C. s/o Charles	23 Nov 1901	6 Aug 1902	Wo-62
POLYETTE, Howard T. s/o Charles	14 Nov 1904	23 Nov 1904	Wo-62
POLYETTE, Martin L.	1906	1963	Wo-62
POLYETTE, Sarah C. d/o J.N.& Thelma	1930	1944	Wo-62
PONDER, Gayle Page d/o C.W.& Jackie W.	1967	1968	Wo-61
POOL, Edward H.	1875	1923	Wo-58
POOL, Mary Florence d/o G.S.& S.F.	(d.age7yr)	13 Jan 1876	Wo-58

```
POPE, Anna                                                   1865          1934   Wo-61
POPE, Emma F.                                                1870          1958   Wo-63
POPE, Jennie                                                 1896          1974   Wo-63
POPE, John T.                                    6 Jun 1850  2 Jun 1913   Wo-5
POPE, Margaret D.                                            1842          1918   Wo-61
POPE, Marion E.                                              1893          1953   Wo-63
POPE, Marios Jr.                                             1919          1978   Wo-63
POPE, Mary A. Ross                                           1868          1889   Wo-61
POPE, Trissie L. w/o John T.                    29 Oct 1851  2 Jun 1913   Wo-5
POPE, Wendell T. s/o W. P. & Laura E.            4 Aug 1907 24 Jul 1928   Wo-5
POPE, William H.                                             1866          1942   Wo-63
POPE, William J.                                             1841          1913   Wo-61
PORTER, Alice Scott                                          1860          1936   Wo-60
PORTER, B. Rush                                 31 Jul 1860 28 Jan 1911   Wo-60
PORTER, Chester N.                               1 Jan 1880 30 Aug 1915   Wo-66
PORTER, Francis Asbury                          25 Dec 1826 29 Sep 1905   Wo-84
PORTER, George W.                                            1836          1920   Wo-87
PORTER, Henrietta Jane d/o John                 12 Feb 1831 29 Jun 1905   Wo-58
PORTER, Henrietta w/o John C.                   21 Apr 1796 26 Feb 1891   Wo-58
PORTER, James H.                                 5 Oct 1840 19 Aug 1918   Wo-40
PORTER, Lawrence J.                                          1891          1956   Wo-41
PORTER, Mamie Sturgis w/o Thomas                             1833          1903   Wo-87
PORTER, Martha A. w/o George W.                              1839          1917   Wo-87
PORTER, Nina May d/o Milby & Cora                4 Sep 1888  4 Jun 1892   Wo-3
PORTER, Rosa M.                                              none          none   Wo-87
PORTER, Thomas                                               1824          1893   Wo-87
PORTER, William E.                               9 Mar 1833 19 Apr 1882   Wo-40
POWELL, Adelia E.                                2 Jan 1873 21 Feb 1891   Wo-66
POWELL, Alexander                               22 Feb 1833 24 Sep 1906   Wo-105
POWELL, Alexine C. w/o Frank                    29 Jun 1852 22 Oct 1890   Wo-61
POWELL, Alfred F.                               13 Feb 1828 11 Feb 1859   Wo-87
POWELL, Alice E.                                             1848          1930   Wo-60
POWELL, Alice L.                                             1899          1974   Wo-63
POWELL, Allice White w/o Henry Clay                          1876          1927   Wo-63
POWELL, Amanda Mae d/o John W.                  (d.age 8yr)  22 Jun 1854  Wo-60
POWELL, Amelia B.                                            1872          1959   Wo-61
POWELL, Anna Dryden                                          1892          1937   Wo-63
POWELL, Arenthia                                             1886          1966   Wo-61
POWELL, Barcie Owens                                         1900          none   Wo-58
POWELL, Bessie Dennis w/o William B.            16 Aug 1879 22 May 1903   Wo-79
POWELL, Beulah Alene d/o Alexander              22 Feb 1890  2 Apr 1890   Wo-105
POWELL, Cathel F.                                            1896          none   Wo-63
POWELL, Catherine Ann w/o Peter                 22 Nov 1812 12 Mar 1895   Wo-65
POWELL, Charles E.                                           1876          1894   Wo-66
POWELL, Charlie h/o Lizzie R.                   27 Feb 1887 20 Sep 1912   Wo-96
POWELL, Chester Le Roy                                       1913          1979   Wo-60
POWELL, Clara F.                                             1844          1928   Wo-63
POWELL, Clarence C.                                          1867          1926   Wo-61
POWELL, Clarence LeKies Sr.                                  1898          1963   Wo-58
POWELL, Clarence Lekies Jr.   WWII                           1921          1962   Wo-58
POWELL, Clayton F. s/o Kendal & Fannie(d.age 27yr)                         none   Wo-96
POWELL, Clinton Wyatt s/o John K.                9 Sep 1892  1 Jan 1908   Wo-67
POWELL, Cora B. d/o Elijah & Amelia                          1861          1950   Wo-60
POWELL, Courtney                                             1928          none   Wo-58
POWELL, Denard F.                                            1884          1894   Wo-66
```

Name	Birth	Death	Location
POWELL, Drummond		1875	1948	Wo-60
POWELL, Ebenezer	11 Apr 1788	13 Mar 1839	Wo-87
POWELL, Ebenezer	30 May 1859	7 Jan 1893	Wo-67
POWELL, Ebenezer s/o George E.	29 Dec 1856	18 May 1858	Wo-87
POWELL, Edward J. s/o William H.	28 Oct 1882	16 Sep 1888	Wo-90
POWELL, Edward Z.	23 Nov 1847	20 Dec 1917	Wo-79
POWELL, Edwin J.	8 Mar 1848	8 Oct 1900	Wo-66
POWELL, Elijah Francis	1837	1923	Wo-1
POWELL, Eliza w/o Laphius M.	4 Sep 1809	20 Feb 1894	Wo-87
POWELL, Ella w/o John K.	1868	1932	Wo-67
POWELL, Ernest C. s/o John W.	6 Feb 1869	17 Jul 1869	Wo-62
POWELL, Estelle E.	1873	1958	Wo-61
POWELL, Etta E.	1905	1958	Wo-63
POWELL, Fanny M.	2 Feb 1851	25 Dec 1931	Wo-96
POWELL, Francis E.	(d.age55yr)	30 Jan 1893	Wo-105
POWELL, Frank	none	none	Wo-61
POWELL, George E.	28 Oct 1825	27 May 1900	Wo-67
POWELL, George Grafton	21 Sep 1896	21 Oct 1918	Wo-87
POWELL, George J. R.	9 Oct 1836	18 Aug 1913	Wo-79
POWELL, George W.	(d.age59yr)	10 Oct 1919	Wo-93
POWELL, Grady E.	1894	1971	Wo-61
POWELL, Handy	3 Apr 1778	3 Jun 1831	Wo-67
POWELL, Harry Clay	10 Mar 1900	11 Sep 1900	Wo-61
POWELL, Helen H.	1911	1976	Wo-61
POWELL, Henry Clay	12 Jan 1843	1 Sep 1908	Wo-63
POWELL, Hettie M. Williams w/o John	12 Jan 1842	29 Jul 1914	Wo-65
POWELL, Hetty	c. 1783	2 Dec 1843	Wo-67
POWELL, Hetty Antonia d/o Mordicai	27 Feb 1848	25 Aug 1856	Wo-67
POWELL, Infant s/o M.S.& Pauline L.	1962	1962	Wo-58
POWELL, Irene V.	1908	none	Wo-63
POWELL, J. Edwin	1871	1936	Wo-61
POWELL, Jacob R.	(d.age64yr)	1 Nov 1893	Wo-90
POWELL, Jacob Reed	19 Jan 1894	4 Nov 1918	Wo-87
POWELL, James T.	1911	1939	Wo-61
POWELL, James Z.	26 May 1846	27 Sep 1908	Wo-66
POWELL, Jane Amelia w/o George E.	22 Mar 1835	13 Jan 1910	Wo-67
POWELL, John	23 Aug 1839	5 Dec 1919	Wo-65
POWELL, John Bevans (with Butler)	1904	1966	Wo-58
POWELL, John E. s/o R.H. & Ann E.	29 Dec 1847	21 Nov 1873	Wo-94
POWELL, John F.	1918	1977	Wo-61
POWELL, John K.	1861	1931	Wo-67
POWELL, John W.	1 Aug 1842	12 Jul 1914	Wo-1
POWELL, John W.	14 Mar 1813	29 Nov 1873	Wo-60
POWELL, John W.	16 Jun 1881	10 Oct 1918	Wo-61
POWELL, John White	5 Apr 1841	11 Jul 1905	Wo-62
POWELL, Julia Hudson	28 Oct 1845	21 Nov 1916	Wo-62
POWELL, Katherine P.	1889	1974	Wo-61
POWELL, Kendal M.	21 Sep 1823	10 Dec 1871	Wo-87
POWELL, Kendall	(d.age69yr)	none	Wo-96
POWELL, Kendle J. s/o Jacob R.	(d.age20yr)	10 Jan 1883	Wo-90
POWELL, Laphious M.	22 Oct 1807	27 Apr 1855	Wo-87
POWELL, Laura A.	1851	1925	Wo-66
POWELL, Laura E.	1883	1886	Wo-66
POWELL, Lefa E. d/o John W.	(d.age 1yr)	5 Aug 1859	Wo-60
POWELL, Levin	1805	1870	Wo-61

Name	Birth	Death	Location
POWELL, Levin T. s/o R.H. & Ann E.	21 Sep 1851	24 Jun 1877	Wo-94
POWELL, Lizzie w/o George J.R.	9 Jul 1835	2 May 1885	Wo-79
POWELL, Maggie V.	1871	1891	Wo-60
POWELL, Mamie H. d/o John W. & Mary	11 Feb 1877	23 Dec 1899	Wo-1
POWELL, Margaret Elizabeth w/o Jacob	14 Oct 1829	10 May 1906	Wo-90
POWELL, Marion W. s/o Elijah & Rosa	(d.age 1yr)	8 Aug 1884	Wo-105
POWELL, Mary A. Cropper Bowen	21 Sep 1815	8 Nov 1886	Wo-87
POWELL, Mary A. w/o John W.	21 Dec 1848	12 Jul 1913	Wo-1
POWELL, Mary A. w/o William T.	25 Jan 1825	5 May 1914	Wo-65
POWELL, Mary E. w/o James Z.	29 Jun 1854	28 Jun 1921	Wo-66
POWELL, Mary E. w/o Robt.M.	3 Jun 1832	23 Sep 1876	Wo-79
POWELL, Mary Estelle d/o Zadock	26 May 1842	5 Sep 1873	Wo-87
POWELL, Matilda	5 Jan 1860	Aug 1876	Wo-89
POWELL, Milton Decatur s/o Eugene	22 Feb 1895	15 Apr 1902	Wo-66
POWELL, Mirah E. d/o W.H.	(d.age 2yr)	2 Oct 1893	Wo-90
POWELL, Mordecai J.	12 Feb 1826	30 Sep 1897	Wo-66
POWELL, Nancy w/o Zadock	1799	28 Jan 1855	Wo-87
POWELL, No name	21 Sep 1790	15 Dec 1862	Wo-67
POWELL, Orville E.	1932	1947	Wo-63
POWELL, Peter C.	(d.age 81yr)	13 Jan 1887	Wo-107
POWELL, Peter C.	26 Dec 1805	21 Jan 1887	Wo-65
POWELL, Peter L.	11 Dec 1843	11 Dec 1910	Wo-66
POWELL, Phoebe Ellen w/o George W.	28 Jun 1861	14 May 1902	Wo-66
POWELL, Priscilla w/o James	1 Jun 1786	5 Sep 1821	Wo-87
POWELL, Rena Mae	1872	1946	WO-63
POWELL, Robert H. (Rev.)	22 Feb 1816	21 Aug 1892	Wo-94
POWELL, Robert M.	4 Apr 1818	29 Jun 1899	Wo-79
POWELL, Rosa E.	12 May 1839	1 Aug 1913	Wo-105
POWELL, Ruth V.	1885	1961	Wo-60
POWELL, Sadie O.	1873	1961	Wo-60
POWELL, Sallie S. w/o Zadock	21 Apr 1846	20 Mar 1903	Wo-87
POWELL, Samuel A.	1894	1977	Wo-63
POWELL, Samuel A. Sr.	1868	1946	Wo-63
POWELL, Sarah	20 Sep 1840	21 Jun 1926	Wo-89
POWELL, Sarah Ann	1815	1891	Wo-60
POWELL, Sarah Ann Pusey	1844	1927	Wo-1
POWELL, Sarah E. w/o Alexander	1893	1910	Wo-105
POWELL, Sarepta K.	6 Aug 1852	23 Feb 1924	Wo-79
POWELL, Sewell D.	1843	1910	Wo-60
POWELL, Susan D. w/o Levin	21 Apr 1811	4 Jul 1890	Wo-61
POWELL, Thomas H.	20 Jan 1841	5 Mar 1916	Wo-89
POWELL, Virginia Carter	1916	none	Wo-60
POWELL, William J. s/o P.C.	18 Dec 1855	24 Oct 1862	Wo-65
POWELL, William T.	20 Jul 1816	9 Apr 1877	Wo-65
POWELL, Willie H. s/o H.C.	(d.age 13da)	30 Aug 1873	Wo-63
POWELL, Willie R. s/o H. C.	(d.age 1yr)	28 Aug 1872	Wo-63
POWELL, Williiam A.	1909	1975	Wo-61
POWELL, Wilmer T.	27 Sep 1865	30 May 1912	Wo-66
POWELL, Zadock	1781	20 Mar 1856	Wo-87
PRETTYMAN, Gussie May d/o Rev.T.	10 May 1881	11 Jul 1881	Wo-79
PRETTYMAN, Thomas J.(Rev.born Del.)	25 May 1846	26 Feb 1882	Wo-79
PRICE, Amanda w/o John	14 Nov 1843	24 Jan 1913	Wo-87
PRICE, Anna Eliza w/o Gideon	11 Jan 1833	5 Sep 1911	Wo-3
PRICE, Annie L. w/o Thos. d/o Onley	18 Nov 1861	23 Mar 1884	Wo-3
PRICE, Delia w/o J.S.	1851	1895	Wo-86

Name	Birth	Death	Location
PRICE, Eva Frances d/o John T.	24 Aug 1882	22 May 1883	Wo-87
PRICE, George	20 Jan 1842	24 Mar 1926	Wo-87
PRICE, George W.	20 Jan 1843	10 May 1922	Wo-87
PRICE, Gideon B.	22 Dec 1828	8 Jun 1899	Wo-3
PRICE, Infant d/o John T.	5 Jun 1877	12 Jun 1877	Wo-87
PRICE, J. S. P. (mother)	1820	1899	Wo-86
PRICE, James Samuel	29 May 1847	19 May 1928	Wo-86
PRICE, John Grosdale	3 Mar 1878	1 Aug 1879	Wo-87
PRICE, John Thomas s/o John	23 Oct 1844	26 Jan 1919	Wo-87
PRICE, Louisa A.	1865	1935	Wo-3
PRICE, Major A.	29 Jan 1817	15 May 1890	Wo-40
PRICE, Martha S. d/o George W.	28 Sep 1873	17 Jun 1874	Wo-87
PRICE, Mary E. d/o John T.	28 Sep 1873	21 Apr 1874	Wo-87
PRICE, Mary R.	1870	1935	Wo-3
PRICE, Mervin B. s/o W.H. & M.R.	2 Jul 1901	21 Sep 1901	Wo-3
PRICE, Pauline R.	23 Feb 1905	25 Aug 1924	Wo-3
PRICE, William H.	1870	1961	Wo-3
PRICE, William H. s/o W.H.	19 May 1910	6 Oct 1910	Wo-3
PRICE, William J. s/o J.T.	9 Aug 1870	19 Nov 1914	Wo-87
PRIDEAUX, Joshua (Major)	10 May 1767	14 Feb 1836	Wo-65
PRIMROSE, Eleanora	1851	1885	Wo-60
PRIMROSE, George S. s/o J.S.	29 Sep 1865	20 Jan 1885	Wo-60
PRIMROSE, James S.	7 Feb 1842	25 Mar 1868	Wo-60
PRIMROSE, Millie A. w/o James S.	11 Oct 1840	14 Jun 1894	Wo-60
PROCTOR, Buck Allen	1942	1962	Wo-58
PRUITT, Albert Sidney	2 Oct 1870	2 Dec 1952	Wo-38
PRUITT, Alice M.	17 Feb 1872	5 Feb 1952	Wo-37
PRUITT, Anna Ward	15 Mar 1893	16 Oct 1965	Wo-53
PRUITT, Annie Kate d/o George M.	21 Jan 1872	30 Jun 1890	Wo-66
PRUITT, Arra J.	1882	1949	Wo-58
PRUITT, Blanche P.	1898	1974	Wo-41
PRUITT, Caroline R. w/o William P.	6 Jun 1832	5 Mar 1905	Wo-38
PRUITT, Charles W.	1836	1918	Wo-37
PRUITT, Cyrus H. s/o D.T.	7 Apr 1870	11 Jan 1889	Wo-92
PRUITT, David T.	26 Jul 1839	5 Feb 1906	Wo-66
PRUITT, E. Thomas	1864	1947	Wo-60
PRUITT, Edward T.	18 Dec 1827	27 Jun 1880	Wo-87
PRUITT, Ella J.	28 Jan 1882	22 Sep 1952	Wo-40
PRUITT, Emma E. w/o George T.	18 Oct 1838	13 Jan 1894	Wo-87
PRUITT, Fred Q. (WW II)	1 Feb 1910	19 Sep 1953	Wo-37
PRUITT, George M.	26 Apr 1841	6 Dec 1909	Wo-66
PRUITT, George O.	1887	1948	Wo-37
PRUITT, George P.	1878	1946	Wo-37
PRUITT, George T.	15 Oct 1843	13 Feb 1935	Wo-87
PRUITT, Goldie M. d/o George T.	1 Mar 1905	19 Jul 1909	Wo-37
PRUITT, Harriet E.	1857	1861	Wo-87
PRUITT, Harvey S.	17 Oct 1870	22 Dec 1908	Wo-38
PRUITT, Hennie M. d/o D.T.& S.C.	15 Apr 1878	26 Jan 1907	Wo-66
PRUITT, Herbert O.	1905	1936	Wo-37
PRUITT, Ida E.	1870	1939	Wo-60
PRUITT, James H.	20 Aug 1820	12 Aug 1899	Wo-72
PRUITT, James W.	15 Feb 1876	19 May 1973	Wo-40
PRUITT, John E.	1887	1970	Wo-2
PRUITT, John E.	1896	1959	Wo-41
PRUITT, John Edward	1864	1936	Wo-40

PRUITT, John P.	(d.age 69yr)	8 Jan 1912	Wo-45
PRUITT, Joseph G. s/o D.T.	26 Jan 1883	12 Jan 1889	Wo-92
PRUITT, Julia Ann	1855	1941	Wo-37
PRUITT, Laura Fields w/o Charles E.	14 Nov 1864	22 Jul 1905	Wo-3
PRUITT, Leila Watts w/o William T.	22 Feb 1860	29 May 1933	Wo-40
PRUITT, Mabel E.	(d.age27yr)	7 Mar 1935	Wo-87
PRUITT, Mary C.	18 Mar 1846	8 Feb 1887	Wo-21
PRUITT, Mary E. Parsons w/o George	(d.age69yr)	8 Jul 1921	Wo-87
PRUITT, Matha Ellen w/o George W.	29 Mar 1854	23 Jun 1912	Wo-66
PRUITT, Millard E.	1900	none	Wo-41
PRUITT, Nancy W.	4 Jul 1827	14 Nov 1920	Wo-3
PRUITT, Norman S.	1889	1942	Wo-37
PRUITT, Pearl S.	1891	1971	Wo-2
PRUITT, Peter C.	13 Oct 1840	12 Nov 1911	Wo-21
PRUITT, Peter S.	1878	1961	Wo-58
PRUITT, Peter Wrixham	17 Feb 1870	25 Sep 1875	Wo-21
PRUITT, Phyma	1825	1878	Wo-54
PRUITT, Robert W.	16 Oct 1856	18 Jun 1910	Wo-40
PRUITT, Roe E. w/o John P.	1847	1933	Wo-45
PRUITT, S. Blanche	1 Jul 1876	1 Apr 1915	Wo-40
PRUITT, S. Emma Parsons	1868	1940	Wo-40
PRUITT, Sadie O.	1883	1960	Wo-37
PRUITT, Sadie W.	1905	none	Wo-41
PRUITT, Sallie E. Nelson w/o Edward	30 Jan 1830	16 May 1896	Wo-87
PRUITT, Sarah C. w/o David T.	14 Mar 1844	8 Apr 1907	Wo-66
PRUITT, Sarah C. w/o George M.	25 Sep 1835	3 Mar 1918	Wo-66
PRUITT, Sorin Patterson s/o Edward	16 Sep 1861	29 Feb 1916	Wo-87
PRUITT, William G. s/o John E.& Sarah	5 Apr 1898	12 Aug 1898	Wo-40
PRUITT, William P.	27 Jan 1860	6 Sep 1926	Wo-37
PRUITT, William T.	25 Mar 1855	13 Aug 1922	Wo-40
PRYOR, ALlen D.	10 Mar 1924	none	Wo-93
PRYOR, Gladys R.	8 Aug 1922	13 Jan 1977	Wo-93
PRYOR, Helen M.	22 Jun 1923	13 Apr 1960	Wo-93
PRYOR, Marion L.	1884	1973	Wo-93
PRYOR, Martha E.	1886	1959	Wo-93
PURNELL, Andasia E. w/o Zadock T.M.	4 Oct 1827	21 Apr 1884	Wo-65
PURNELL, Annie Belle d/o John M.	3 Dec 1869	22 Jul 1880	Wo-86
PURNELL, Annie Florence d/o Lemuel	21 May 1866	28 May 1876	Wo-86
PURNELL, Annie M. Ennis w/o Lemuel	(d.age42yr)	28 Aug 1869	Wo-86
PURNELL, Arlanta Miss	(d.age81yr)	5 Mar 1877	Wo-107
PURNELL, Bettie S.	17 Apr 1825	3 Jan 1882	Wo-67
PURNELL, Bettie Spence w/o John Henry	none	none	Wo-107
PURNELL, Chessed (Dr.)	(d.age68yr)	2 Mar 1862	Wo-84
PURNELL, Clayton Jones	22 Jan 1856	10 Feb 1908	Wo-86
PURNELL, Clayton s/o Wm.T. & Henrietta	1857	1933	Wo-67
PURNELL, Cyrus Wm. s/o William R.	18 Feb 1874	26 Sep 1906	Wo-66
PURNELL, Dora A. w/o James L.	2 Apr 1853	2 Feb 1883	Wo-67
PURNELL, Edward J. s/o Elisha L.	14 Feb 1835	9 Jan 1840	Wo-67
PURNELL, Eleanora W.	6 Dec 1851	24 Oct 1894	Wo-67
PURNELL, Elijah Bowen s/o John F.	25 Feb 1840	3 Mar 1851	Wo-84
PURNELL, Elisha L.	29 Feb 1804	12 Nov 1849	Wo-67
PURNELL, Elisha L. s/o George C.	24 Jul 1853	24 Sep 1853	Wo-67
PURNELL, Eliza Bowen w/o John F.	(d.age54yr)	28 Jun 1857	Wo-84
PURNELL, Elizabeth A. C. Stevenson	5 Oct 1831	15 Dec 1891	Wo-67
PURNELL, Elizabeth B. C.	18 Apr 1824	11 Aug 1889	Wo-67

PURNELL,Elizabeth K. w/o Dr.J.B.	10 Feb 1831	9 Apr 1898	Wo-84
PURNELL,Ella Lee d/o John M.	19 May 1860	9 Jan 1900	Wo-86
PURNELL,Ellen H.Robins w/o William	9 Nov 1803	13 Mar 1853	Wo-84
PURNELL,Eloise d/o Oscar M.	9 Feb 1885	17 Mar 1903	Wo-86
PURNELL,Emma C. Dirickson w/o John R.	20 Dec 1837	18 Mar 1866	Wo-67
PURNELL,Emma J. w/o William R.	10 Aug 1853	25 Jun 1893	Wo-66
PURNELL,Emma d/o Oscar M.	2 Dec 1887	29 Dec 1892	Wo-86
PURNELL,Esned s/o John F.	9 Oct 1825	14 Jun 1851	Wo-84
PURNELL,Estelle d/o L.A.	17 Oct 1871	28 Jan 1895	Wo-86
PURNELL,Esther Murray d/o George W.	23 Jan 1871	23 Jan 1871	Wo-84
PURNELL,Esther R. M.	(d.age73yr)	4 Jan 1883	Wo-107
PURNELL,Euphemia w/o Matthew	28 Apr 1801	6 Aug 1855	Wo-86
PURNELL,Florence	22 Nov 1863	4 Jun 1864	Wo-67
PURNELL,Francis Jenkins MD	5 Dec 1828	20 May 1896	Wo-67
PURNELL,Francis T. s/o William H.	(d.age18yr)	3 Nov 1888	Wo-87
PURNELL,George C.	31 Dec 1831	16 Mar 1868	Wo-67
PURNELL,George M. s/o Lemuel B.	14 Jan 1862	15 Jan 1907	Wo-86
PURNELL,George W.	12 Nov 1889	3 Mar 1915	Wo-66
PURNELL,George W.	14 Apr 1841	9 May 1899	Wo-84
PURNELL,George W. C.	15 Aug 1844	16 May 1897	Wo-67
PURNELL,George W. MD	25 Nov 1776	30 May 1844	Wo-67
PURNELL,George Washington s/o George	25 Nov 1877	5 May 1878	Wo-84
PURNELL,Henrietta Spence	(d.age74yr)	6 Nov 1893	Wo-67
PURNELL,Henry Alexander Frank s/oJohn	25 Jan 1843	17 Mar 1845	Wo-65
PURNELL,Hester Fisher w/o Isaac	13 Jan 1765	16 Dec 1855	Wo-84
PURNELL,J. Robin s/o W.S. & S.G.	1882	1932	Wo-67
PURNELL,James Bowdoin R. MD	(d.age86yr)	1 Mar 1909	Wo-84
PURNELL,James R. S. MD	(d.age41yr)	22 Aug 1848	Wo-67
PURNELL,James R. s/o John Selby	23 Jan 1834	12 Jul 1912	Wo-84
PURNELL,Jimmie s/o Z.G.W.	(d.age 4yr)	26 Aug 1865	Wo-91
PURNELL,John F.	19 Jul 1796	15 Jan 1871	Wo-84
PURNELL,John H.	29 Mar 1827	16 Aug 1883	Wp-67
PURNELL,John M.	11 Apr 1823	11 Jan 1892	Wo-86
PURNELL,John Robins	5 May 1832	3 Aug 1902	Wo-67
PURNELL,John S.	11 Sep 1799	7 Sep 1874	Wo-67
PURNELL,John Selby	4 May 1850	3 May 1922	Wo-67
PURNELL,John W. s/o Henry A.	24 Jul 1873	25 Sep 1877	Wo-65
PURNELL,John s/o Geoge & Mary C.	10 Dec 1801	4 May 1812	Wo-67
PURNELL,Julia A.	2 Jan 1820	26 Aug 1906	Wo-86
PURNELL,Julia A. LeCompte w/o William	1843	none	Wo-87
PURNELL,Katie d/o Z.G.W.	(d.age 5yr)	28 Aug 1865	Wo-91
PURNELL,L. Dixon MD s/o James M.	20 Jun 1853	27 Feb 1875	Wo-86
PURNELL,L. Wallace s/o Levi	6 Mar 1884	5 May 1913	Wo-86
PURNELL,Lemuel B.	22 Aug 1825	16 Mar 1887	Wo-86
PURNELL,Lemuel Godden s/o Francis	(d.age 4yr)	24 Oct 1869	Wo-67
PURNELL,Levi A.	12 Sep 1841	20 Aug 1903	Wo-86
PURNELL,Littleton R. s/o William	15 Oct 1770	19 Apr 1821	Wo-81
PURNELL,Littleton R. s/o William U.	3 Feb 1826	3 Jan 1884	Wo-84
PURNELL,M. Louise d/o Wm.T.& Henrietta	1849	1918	Wo-67
PURNELL,Maggie A. Coffin d/o I.G.	5 Dec 1855	28 May 1890	Wo-65
PURNELL,Maggie d/o William H.	28 Mar 1853	23 Aug 1855	Wo-86
PURNELL,Margaret C. Henry w/o John S.	11 Apr 1798	31 Dec 1835	Wo-67
PURNELL,Margaret Campbell Henry	11 Apr 1793	31 Dec 1831	Wo-67
PURNELL,Margaret E. d/o George C.	21 Apr 1864	16 Dec 1864	Wo-67
PURNELL,Margaret Ellen d/o George	3 May 1876	19 Oct 1882	Wo-84

Name	Birth	Death	Location
PURNELL, Margaret Spence w/o James	18 Nov 1865	6 Jan 1910	Wo-86
PURNELL, Margaret Stevenson w/o John	17 Nov 1828	9 Jan 1914	Wo-67
PURNELL, Margaret d/o Matthew	13 Sep 1833	29 Sep 1846	Wo-86
PURNELL, Maria Catherine w/o Zadock	14 Jul 1826	28 Sep 1915	Wo-91
PURNELL, Maria E. d/o Elisha & Maria	29 Sep 1836	26 Oct 1836	Wo-67
PURNELL, Maria V.	2 Oct 1874	13 Mar 1884	Wo-65
PURNELL, Marie E. w/o Elisha L.	1 Sep 1810	10 Oct 1836	Wo-67
PURNELL, Mary E.	30 Nov 1863	19 Jun 1864	Wo-84
PURNELL, Mary Martha d/o Dr.J.R.	(d.age 4yr)	2 Apr 1839	Wo-67
PURNELL, Mary O. w/o Dr. George W.	13 Aug 1782	14 May 1838	Wo-67
PURNELL, Mary w/o Dr. James S.	24 Dec 1809	27 Jan 1893	Wo-67
PURNELL, Mary w/o Littleton R.	13 Oct 1787	20 Oct 1813	Wo-81
PURNELL, Matthew	18 Nov 1794	28 Oct 1857	Wo-86
PURNELL, Nancy d/o John S. & Margaret	26 Mar 1830	10 Sep 1907	Wo-67
PURNELL, Perry W. s/o John M.	16 Apr 1858	8 Nov 1879	Wo-86
PURNELL, Reginald s/o George W.	2 Mar 1886	25 Jan 1888	Wo-84
PURNELL, Sadie d/o Clayton J.	10 Sep 1884	11 Jul 1885	Wo-86
PURNELL, Sarah A.	17 Dec 1831	18 Feb 1900	Wo-86
PURNELL, Sarah Ann w/o Francis J.	9 Apr 1837	6 Aug 1899	Wo-67
PURNELL, Sarah Aralanta d/o L.R.	21 Jan 1813	17 Jan 1832	Wo-81
PURNELL, Sarah Gerturde w/o Wilmer S.	29 Mar 1844	13 May 1900	Wo-67
PURNELL, Sarah I. Franklin d/o Isaac	(d.age73yr)	28 Jul 1869	Wo-65
PURNELL, Sarah M. Farlow w/o S.S.	21 Oct 1849	8 Jan 1899	Wo-86
PURNELL, Sarah Messick w/o Levi	20 Sep 1843	22 Feb 1904	Wo-86
PURNELL, Theodore M.	23 Jan 1881	14 Apr 1934	Wo-67
PURNELL, Thomas D.	22 Jun 1918	28 Nov 1897	Wo-86
PURNELL, Thomas Henry s/o Zadock	4 Jun 1864	25 Aug 1883	Wo-91
PURNELL, William H.	1846	1921	Wo-87
PURNELL, William I. F. MD	18 Oct 1839	5 Nov 1896	Wo-67
PURNELL, William Matthew	22 Feb 1845	25 Oct 1923	Wo-65
PURNELL, William Robins	20 Mar 1837	22 Sep 1898	Wo-66
PURNELL, William T. J.	11 Jul 1815	22 May 1872	Wo-67
PURNELL, William T. John	1815	19 May 1872	Wo-107
PURNELL, William Thomas	(d.age67yr)	16 Dec 1873	Wo-67
PURNELL, William U.	(d.age 5yr)	19 May 1875	Wo-84
PURNELL, William U. s/o Littleton	26 Dec 1801	14 May 1853	Wo-84
PURNELL, William Undrill s/o Geo.W.	24 Sep 1879	30 May 1880	Wo-84
PURNELL, Wilmer S.	28 Jan 1843	14 Aug 1904	Wo-67
PURNELL, Wilmer Spence s/o Henry	3 Sep 1906	11 Nov 1906	Wo-67
PURNELL, Zadock G. W.	27 Feb 1827	29 Oct 1906	Wo-91
PURNELL, Zadock T. M.	21 Apr 1832	12 Aug 1898	Wo-65
PUSEY, A. D.	1850	1927	Wo-63
PUSEY, A. J.	1852	1921	Wo-63
PUSEY, Addie	1891	none	Wo-61
PUSEY, Addie Florence	(d.age37yr)	7 May 1936	Wo-95
PUSEY, Aileen M.	1932	25 Sep 1984	Wo-114
PUSEY, Aileen M. Dykes	1927	25 Sep 1984	Wo-114
PUSEY, Albert F.	1856	1933	Wo-93
PUSEY, Alice B. w/o Adial	3 May 1899	4 Sep 1925	Wo-101
PUSEY, Alice J.	1895	1974	Wo-63
PUSEY, Alice M.	1858	1934	Wo-61
PUSEY, Amanda M.	25 Jun 1892	none	Wo-1
PUSEY, Amelia A w/o Emory A.	17 Aug 1832	14 Oct 1875	Wo-105
PUSEY, Angeline	16 Feb 1850	12 Jan 1920	Wo-63
PUSEY, Annie F. w/o John	1857	1939	Wo-101

Name	Birth	Death	Location
PUSEY, Annie S. w/o Whitha T.	28 Feb 1850	21 Aug 1890	Wo-103
PUSEY, Aurelia w/o Samuel J.	8 Jul 1862	24 Jan 1908	Wo-1
PUSEY, Azariah C. (Confed. Army)	29 Dec 1842	24 May 1924	Wo-103
PUSEY, Barbara Ann d/o H. E. & Lena	19 May 1943	none	Wo-101
PUSEY, Bratten T.	1886	1950	Wo-63
PUSEY, Clara E.	1880	1923	Wo-63
PUSEY, Clara M. d/o Nathaniel J.	15 Apr 1901	3 Jan 1910	Wo-101
PUSEY, Clarence	1875	1938	Wo-1
PUSEY, Clifford B.	12 Mar 1874	6 Apr 1933	Wo-103
PUSEY, Columbus "Lum"	1877	1958	Wo-101
PUSEY, Delaine E. d/o W.P. & Nancy	22 Aug 1875	13 May 1876	Wo-5
PUSEY, Dorotha E.	20 Apr 1923	12 Apr 1953	Wo-101
PUSEY, E. Baldwin	8 Feb 1873	27 May 1925	Wo-1
PUSEY, Edgar L.	1888	1982	Wo-101
PUSEY, Edith M. w/o Austin J.	10 Dec. 1873	2 Aug 1912	Wo-1
PUSEY, Elizabeth M. w/o George C.	28 Sep 1853	26 Jan 1880	Wo-1
PUSEY, Ella w/o George E.	1884	1953	Wo-1
PUSEY, Ellen E. w/o Edgar	1891	1966	Wo-101
PUSEY, Elwood E.	1906	7 Dec 1985	Wo-101
PUSEY, Elwood M.	9 Aug 1893	24 Nov 1964	Wo-101
PUSEY, Emma F.	1880	1963	Wo-63
PUSEY, Emory A.	(d. age 87yr)	12 Aug 1888	Wo-105
PUSEY, Emory A.	20 May 1864	29 Sep 1943	Wo-101
PUSEY, Ernest R.	1877	1969	Wo-2
PUSEY, Eugenna C. s/o Thomas P.	2 Jul 1850	2 Oct 1928	Wo-1
PUSEY, Eva M. w/o Harvey T.	21 May 1891	7 Dec 1973	Wo-101
PUSEY, Fannie E.	1914	1976	Wo-93
PUSEY, Florence M.	1907	1966	Wo-114
PUSEY, Florence P.	1856	1928	Wo-63
PUSEY, Frank C.	1876	1954	Wo-42
PUSEY, Fred D. (killed in France)	14 Apr 1898	9 Oct 1918	Wo-1
PUSEY, Frederick G.	16 Mar 1877	9 Mar 1897	Wo-1
PUSEY, G. Franklin	1934	18 Oct 1984	Wo-101
PUSEY, George A.	8 Sep 1874	26 May 1924	Wo-63
PUSEY, George C.	2 Sep 1846	14 Jan 1916	Wo-1
PUSEY, George E.	1911	1973	Wo-1
PUSEY, George W.	1877	1953	Wo-1
PUSEY, Gilbert Francis s/o A. F. & W.	9 Jan 1866	7 Nov 1920	Wo-93
PUSEY, Gordon L.	1873	1950	Wo-63
PUSEY, Gordy C.	1859	1922	Wo-61
PUSEY, H. Weldon	11 May 1918	4 Aug 1939	Wo-1
PUSEY, Harriett J. w/o Littleton T.	8 Apr 1851	15 Nov 1912	Wo-101
PUSEY, Harry T.	4 Jun 1889	21 Apr 1973	Wo-101
PUSEY, Herbert Paul s/o Paul	6 Jul 1917	11 Mar 1918	Wo-87
PUSEY, Ida L.	25 Dec 1868	27 Aug 1943	Wo-1
PUSEY, Ida L. w/o William J.	29 Jun 1856	24 Sep 1926	Wo-1
PUSEY, Infant s/o H. T. & Eva	30 Nov 1916	24 Jul 1925	Wo-101
PUSEY, Isaac H.	24 Jun 1842	8 Sep 1921	Wo-101
PUSEY, Jack E. s/o John & Anna	1924	19 Dec 1924	Wo-1
PUSEY, James A.	1857	1940	Wo-63
PUSEY, James Wesley	(d. age 57yr)	31 Jan 1894	Wo-103
PUSEY, John	11 Feb 1767	2 May 1851	Wo-103
PUSEY, John F.	17 Sep 1837	12 Mar 1887	Wo-105
PUSEY, John Purnell	13 Jan 1834	26 Feb 1903	Wo-103
PUSEY, John T.	8 Nov 1840	6 Apr 1920	Wo-1

Name	Birth	Death	Location
PUSEY, John W.	1858	1943	Wo-101
PUSEY, Johney N. s/o Robert & Hennie	(d.age 4mo)	9 Mar 1896	Wo-95
PUSEY, Joseph W.	1916	1981	Wo-101
PUSEY, Joseph W. s/o George W.	(d.age65yr)	Dec 1981	Wo-101
PUSEY, Josephus P.	3 Dec 1844	3 Feb 1916	Wo-1
PUSEY, Julia Emily	4 Jan 1851	6 Jan 1935	Wo-103
PUSEY, Kenneth R.	1943	1966	Wo-58
PUSEY, L. Melvin	6 Dec 1915	3 Aug 1939	Wo-1
PUSEY, Laura V.	1893	1978	Wo-2
PUSEY, Lawrence M.	8 Mar 1882	19 May 1946	Wo-1
PUSEY, Levin P.	1853	1926	Wo-63
PUSEY, Levin T.	1873	1951	Wo-1
PUSEY, Littleton T.	1 Jul 1852	17 Nov 1916	Wo-101
PUSEY, Lora Clayton	1889	1916	Wo-1
PUSEY, Louise M. d/o Marion & Addie	13 Oct 1918	2 Nov 1918	Wo-95
PUSEY, Lucy d/o Millard F.	(d.age88yr0	Oct 1981	Wo-88
PUSEY, Lyda D. d/o Samuel M.& Aurelia	8 Oct 1888	23 Oct 1901	Wo-1
PUSEY, M. Emma	3 May 1883	31 Mar 1930	Wo-1
PUSEY, Margaretta E. w/o Earl R.	(d.age86yr)	Oct 1981	Wo-39
PUSEY, Mary	11 Dec 1770	8 Mar 1815	Wo-103
PUSEY, Mary (Tump) Riggin w/o Joseph	1910	1978	Wo-101
PUSEY, Mary A. w/o Purnell L.	30 Jun 1819	16 Aug 1891	Wo-5
PUSEY, Mary B.	1876	1940	Wo-61
PUSEY, Mary C. w/o John T.	11 Jun 1850	28 Mar 1902	Wo-1
PUSEY, Mary E.	1867	1926	Wo-63
PUSEY, Mary E. w/o A.J.	3 Sep 1852	19 Feb 1922	Wo-63
PUSEY, Mary E. w/o John F.	7 Sep 1838	9 Dec 1909	Wo-105
PUSEY, Mary J. w/o Isaac W.	22 Apr 1843	30 Aug 1909	Wo-101
PUSEY, Mary T.	12 Jan 1826	29 May 1899	Wo-1
PUSEY, Mary w/o Whitha	4 Mar 1806	2 Mar 1880	Wo-103
PUSEY, May P.	17 Jun 1894	18 Nov 1954	Wo-93
PUSEY, Milton C.	1886	1965	Wo-114
PUSEY, Minnie M. d/o W. P. & Nancy E.	8 Feb 1880	9 Sep 1900	Wo-5
PUSEY, Minnie M. d/o W. P. S. & Nancy	8 Feb 1900	9 Sep 1900	Wo-5
PUSEY, Nancy E.	1849	1929	Wo-5
PUSEY, Nancy E.	1861	1941	Wo-93
PUSEY, Nancy Louise	16 Sep 1840	19 Jul 1941	Wo-93
PUSEY, Nancy w/o John P.	11 Dec 1837	16 Jul 1877	Wo-1
PUSEY, Nancy w/o Washington	1849	1929	Wo-5
PUSEY, Norwood Wesley s/o W. T. & A.S.	11 Feb 1877	19 Dec 1899	Wo-103
PUSEY, Ola Grace w/o William F.	1890	1975	Wo-101
PUSEY, Oliver L.	1883	1966	Wo-101
PUSEY, Orville M.	4 Jan 1918	none	Wo-101
PUSEY, Priscilla Eleanor	14 Jan 1843	27 Nov 1928	Wo-103
PUSEY, Purnell L.	11 Apr 1811	25 Mar 1893	Wo-5
PUSEY, R. California	1866	1952	Wo-103
PUSEY, Randee B.	14 Nov 1891	4 Jan 1964	Wo-93
PUSEY, Richard G.	(d.age72yr)	11 May 1939	Wo-42
PUSEY, Robert A. (Pete)	1916	1956	Wo-2
PUSEY, Robert L.	(d.age31yr)	11 Oct 1900	Wo-95
PUSEY, Romie P. s/o A.D. & F. P.	(d.age14yr)	29 Nov 1898	Wo-5
PUSEY, Rosanna H.	6 Aug 1850	15 Jan 1923	Wo-1
PUSEY, Roy A.	1906	5 Jul 1984	Wo-93
PUSEY, S. Mark	4 Aug 1860	23 Feb 1939	Wo-1
PUSEY, Samuel H.	21 Mar 1843	10 Apr 1917	Wo-1

PUSEY, Sarah E. w/o Levin	11 Mar 1836	4 Sep 1879	Wo-1
PUSEY, Sarah P. w/o William L.	28 Sep 1852	14 Apr 1879	Wo-1
PUSEY, Sarah Powell d/o Hillary	(d.age 94yr)	Feb 1983	Wo-88
PUSEY, Stanford A.	8 Jul 1888	23 Jun 1965	Wo-103
PUSEY, T. Coleman s/o W.J.& Ida	15 Oct 1880	21 Dec 1896	Wo-1
PUSEY, Thomas Pratt	15 Jan 1845	13 Mar 1921	Wo-1
PUSEY, Uriah L. s/o Stephen	9 Jun 1850	24 Dec 1872	Wo-5
PUSEY, Virginia E. w/o E. A.	27 Nov 1860	9 Nov 1937	Wo-101
PUSEY, Virginia Smullen	(d.age 81yr)	27 May 1977	Wo-114
PUSEY, W. Lloyd s/o W. F. & O. C.	19 Oct 1913	4 Nov 1924	Wo-101
PUSEY, Wakeman W. s/o Samuel. M.	27 Oct 1890	26 Aug 1893	Wo-1
PUSEY, Walter J.	14 Jul 1932	5 Jul 1946	Wo-93
PUSEY, Washington	1848	1923	Wo-5
PUSEY, Washington P.	1848	1923	Wo-5
PUSEY, Whitta	18 Nov 1802	13 May 1853	Wo-103
PUSEY, Whitta T.	23 Nov 1844	15 Mar 1889	Wo-103
PUSEY, Willard G.	1871	1901	Wo-63
PUSEY, Willard Harvey	1923	1971	Wo-114
PUSEY, William E. WW11	6 Mar 1920	27 Jan 1968	Wo-101
PUSEY, William F.	1885	1973	Wo-101
PUSEY, William J.	22 Nov 1854	23 Nov 1916	Wo-1
PUSEY, William L. s/o William	18 Apr 1862	19 Sep 1882	Wo-1
PUSEY, William M.	1926	1962	Wo-58
PUSEY, William Q.	2 Jul 1821	12 Jan 1904	Wo-1
PUSEY, William S.	4 Nov 1854	8 Dec 1922	Wo-1
PUSEY, Zenie E.	5 Aug 1895	2 Oct 1959	Wo-101

QUAM, Charles H.	(d.age58yr)	15 May 1936	Wo-88
QUIGG, Jane Holland Townsend	31 Mar 1835	16 Jun 1913	Wo-87
QUIGG, John Bolton (Rev)	3 Aug 1826	30 Jul 1898	Wo-87
QUILLEN, Annie E. w/o Capt.N.F.	9 Sep 1877	3 Mar 1918	Wo-69
QUILLEN, Edna Savage	14 Jan 1901	6 Feb 1920	Wo-69
QUILLEN, George	(d.age20yr)	5 Dec 1880	Wo-107
QUILLEN, John p.	27 Dec 1837	14 Aug 1928	Wo-67
QUILLEN, Mary E.	1868	none	Wo-97
QUILLEN, Nancy w/o William	7 Oct 1880	23 Feb 1918	Wo-69
QUILLEN, Stella M. d/o N.F.&Annie	31 Oct 1901	7 Nov 1901	Wo-69
QUILLEN, William N.	1851	1934	Wo-97
QUILLIN, Ann W. w/o E. E.	16 Dec 1817	8 Sep 1853	Wo-67
QUILLIN, Emory J. s/o L.A.& J.J.	13 Dec 1881	2 Oct 1887	Wo-66
QUILLIN, John H.	1879	1915	Wo-67
QUILLIN, Lambert A.	1850	1885	Wo-66
QUILLIN, Levi	15 Jan 1813	29 Oct 1900	Wo-66
QUILLIN, Ralph A.	11 Sep 1894	17 Jan 1919	Wo-66
QUINBY, Mary Ann Loise d/o William S.	22 Sep 1833	10 Oct 1838	Wo-60
QUINN, Anna Louisa d/o Dr.Samuel	7 Oct 1866	25 Dec 1867	Wo-61
QUINN, Arthur & Irma & Fred C. M.D.	none	none	Wo-60
QUINN, Beulah d/o William W.	(d.age 5yr)	24 Mar 1876	Wo-63
QUINN, Francis C.	24 Apr 1882	13 Jan 1905	Wo-63
QUINN, John W.	(d.age57yr)	1965	Wo-63
QUINN, Mary A. & Amanda Conner	none	none	Wo-60
QUINN, Mary C. w/o William W.	7 Sep 1847	23 May 1917	Wo-63
QUINN, Rebecca w/o Lorie C.	21 Nov 1864	6 Jun 1885	Wo-63
QUINN, Sallie A. Atkinson w/o Samuel	23 Oct 1842	17 Sep 1869	Wo-61
QUINN, Sallie d/o Dr. Samuel	1 Sep 1869	16 Sep 1869	Wo-61
QUINN, Samuel S.M.D. & Sallie Adkins	none	none	Wo-60
QUINN, William (Rev.) & Rose	none	none	Wo-60
QUINN, William W.	27 Apr 1838	14 Aug 1908	Wo-63
QUINTON, Sarah P. w/o William	(d.age61yr)	19 Jul 1846	Wo-4
QUINTON, William	(d.age61yr)	1836	Wo-4
RAMSEY, William	(d.age79yr)	10 Jun 1870	Wo-65
RANDALL, Annie w/o Frederick	none	none	Wo-84
RANDALL, Mary Louise (with Mills)	1863	1937	Wo-62
RANKIN, John (Rev)	(d.age48yr)	2 May 1798	Wo-65
RANTZ, John W.	1873	1947	Wo-63
RANTZ, Mary B.	1878	none	Wo-63
RASHER, Jennie R.	1901	1972	Wo-58
RASMUSSEN, Aldora K.	1897	1971	Wo-58
RASMUSSEN, Frederick	1900	1958	Wo-58
RATLEDGE, Arthur	1912	1925	Wo-62
RATLEDGE, John M.	1877	1965	Wo-62
RATLEDGE, Josie	1883	1965	Wo-62
RAY, Jannie Gertrude	1908	1945	WO-61
RAY, Sherwood Edwin	1881	1946	Wo-61
RAYMOND, Charles M.	1873	1967	Wo-93
RAYMOND, Ona M.	1872	1963	Wo-93
RAYNE, Edith E. d/o George H.	27 Jan 1879	31 Aug 1908	Wo-76
RAYNE, Elizabeth Ellen d/o J.D.& L.L.	3 Sep 1901	16 Oct 1902	Wo-65
RAYNE, Ernest L.	26 Apr 1870	20 Aug 1919	Wo-69
RAYNE, Granville s/o William C.	22 Mar 1877	3 Oct 1884	Wo-66
RAYNE, Harry G. C.	29 Jun 1884	20 May 1913	Wo-69
RAYNE, Infant d/o Harry C.& L.	2 Apr 1908	17 May 1909	Wo-69

Name	Birth	Death	Location
RAYNE, James J.	29 Dec 1856	23 Dec 1921	Wo-66
RAYNE, John D.	15 Mar 1873	14 Nov 1914	Wo-65
RAYNE, John J. Duran	6 Apr 1882	10 Aug 1901	Wo-76
RAYNE, John J. s/o John & Sarah	(d.age 7yr)	11 Apr 1900	Wo-69
RAYNE, Lannie d/o Timothy	22 Aug 1877	25 Aug 1890	Wo-69
RAYNE, Laura A. w/o Timothy	none	4 Oct 1921	Wo-69
RAYNE, Lee C.	13 Sep 1908	10 Jan 1958	Wo-93
RAYNE, Linda E. w/o Ernest L.	26 Aug 1871	none	Wo-69
RAYNE, Lizzie L. w/o J.D.	5 Feb 1878	13 Sep 1907	Wo-65
RAYNE, Lucinda w/o Harry C.	5 Jan 1885	8 Jan 1911	Wo-69
RAYNE, M. Elodie d/o Timothy H.	(d.age 4mo)	29 Aug 1898	Wo-69
RAYNE, Martha	(d.age54yr)	10 Sep 1837	Wo-65
RAYNE, Mattie E.	12 Aug 1912	none	Wo-93
RAYNE, Myra B.	21 Sep 1880	27 Jan 1921	Wo-66
RAYNE, Peter	25 Dec 1809	24 Oct 1904	Wo-65
RAYNE, Timothy	9 Nov 1838	7 Dec 1914	Wo-69
RAYNE, Viola C. d/o Isaac & Ella	21 Jan 1898	20 Dec 1903	Wo-69
RAYNE, William C.	18 Nov 1834	30 Apr 1922	Wo-66
READER, Josephine F.	1867	1900	Wo-58
RECORDS, Rosalie Hastings	15 Dec 1884	2 Apr 1917	Wo-66
REDDEN, Adella P.	1891	1974	Wo-53
REDDEN, Alonza E. s/o J.P.& C.F.	1 Jan 1892	7 Mar 1892	Wo-53
REDDEN, Alonzo M.	5 Feb 1874	6 Sep 1915	Wo-53
REDDEN, Annie Custis Mason	1864	1900	Wo-73
REDDEN, Annie M.	1 Apr 1862	3 Aug 1883	Wo-53
REDDEN, C. Vernon Jr.	1920	1973	Wo-53
REDDEN, Cecil F.	1899	1963	Wo-58
REDDEN, Charles Franklin	1876	1957	Wo-58
REDDEN, Charles P.	1870	1936	Wo-53
REDDEN, Charlotte Ellen Mitchell	4 Nov 1849	10 Jan 1893	Wo-9
REDDEN, Clara P. w/o Millard	16 Oct 1861	26 Nov 1894	Wo-53
REDDEN, Colvin C.	1864	1933	Wo-56
REDDEN, Coral	1879	1906	Wo-53
REDDEN, Cordie F.	1872	1951	Wo-53
REDDEN, Doris P.	1917	none	Wo-53
REDDEN, Doris Truitt	1909	none	Wo-61
REDDEN, Dorothy May d/o Clyde V.	1 May 1911	6 Jul 1913	Wo-53
REDDEN, Edward W.	1898	1969	Wo-37
REDDEN, Elizabeth Ann Mitchell	1843	1894	Wo-73
REDDEN, Ella L.	1862	1933	Wo-53
REDDEN, Ellen J. w/o William H.	27 Mar 1835	9 Apr 1912	Wo-53
REDDEN, Emma F. d/o J. F. & Mary E.	21 Feb 1890	20 Jul 1911	Wo-83
REDDEN, Emma T.	1876	1933	Wo-61
REDDEN, Esther A.	1852	1936	Wo-61
REDDEN, Florence C.	1896	1952	Wo-37
REDDEN, Florence w/o C.C.	(d.age24yr)	18 Dec 1890	Wo-53
REDDEN, George W.	1858	1933	Wo-53
REDDEN, Hettie V. d/o M.F.	12 Oct 1876	15 Sep 1901	Wo-53
REDDEN, Ida M.	1862	1922	Wo-53
REDDEN, Ida V. w/o Millard F.	26 Jan 1858	19 Oct 1883	Wo-53
REDDEN, Ina Ray	1946	1977	Wo-61
REDDEN, Infant s/o J.F. & M.E.	17 Sep 1892	31 Oct 1892	Wo-83
REDDEN, Ira W.	12 Oct 1880	18 Aug 1922	Wo-9
REDDEN, Isaac H.	24 Nov 1808	22 Apr 1887	Wo-58
REDDEN, James Washington	1843	1914	Wo-73

Name	Birth	Death	Location
REDDEN, James s/o M.F.& Ida V.	1 Jul 1878	10 Nov 1897	Wo-53
REDDEN, Janie P.		1885	1973	Wo-53
REDDEN, John F.	9 Nov 1856	2 May 1934	Wo-83
REDDEN, John J.	19 Mar 1832	15 Aug 1919	Wo-53
REDDEN, John P.		1863	1950	Wo-53
REDDEN, John P. s/o William & Charl.	28 Feb 1882	17 Nov 1887	Wo-9
REDDEN, Laura J.	1870	1941	Wo-56
REDDEN, Leland J.	1894	1964	Wo-37
REDDEN, Leslie C.	1894	1945	Wo-58
REDDEN, Marie S.	1895	1915	Wo-58
REDDEN, Martin D.	1868	1932	Wo-37
REDDEN, Mary E. w/o John	5 Mar 1869	30 Sep 1913	Wo-83
REDDEN, Mary Ellen	1937	1960	Wo-61
REDDEN, Millard F.	18 Oct 1856	15 Oct 1894	Wo-53
REDDEN, Milton H.	1889	1960	Wo-53
REDDEN, Purnell (Rev.)	15 Sep 1829	16 Apr 1884	Wo-63
REDDEN, Ray Franklin	1906	1975	Wo-61
REDDEN, Roy P.	1892	1976	Wo-37
REDDEN, Russell H.	1893	1968	Wo-53
REDDEN, Sallie W.	15 Jan 1829	28 Jan 1887	Wo-53
REDDEN, Sally A. w/o John J.	19 Feb 1840	28 Jan 1926	Wo-53
REDDEN, Sonny	1933	1934	Wo-53
REDDEN, Stephen A.	13 Mar 1834	2 Apr 1902	Wo-61
REDDEN, Susan F.	1874	1970	Wo-37
REDDEN, Thelma Figgs	1904	1972	Wo-37
REDDEN, Thomas Onley	1884	1886	Wo-73
REDDEN, Viola W.	none	none	Wo-58
REDDEN, Virginia Catherine	1881	1959	Wo-58
REDDEN, Willia A.	1892	1953	Wo-63
REDDEN, William E.	1862	1935	Wo-53
REDDEN, William H.	4 Jul 1834	17 Oct 1918	Wo-52
REDDEN, William Ira	9 May 1845	7 Oct 1924	Wo-9
REDDEN, Willie E.	1894	1973	Wo-63
REED, James E.	13 Apr 1828	3 Jul 1892	Wo-66
REED, Sallie E. w/o James E.	25 Oct 1828	15 Mar 1914	Wo-66
REID, C. Arthur s/o E.J.& Mary V.	20 Mar 1898	20 Jun 1901	Wo-3
REID, Elizabeth H. w/o John L.	1 Mar 1844	18 Nov 1889	Wo-56
REID, Elton J.	1869	1944	Wo-3
REID, Elwood James s/o E.J.& Mary	11 Mar 1911	4 Aug 1911	Wo-3
REID, J. William	1881	1946	Wo-61
REID, John L.	20 Sep 1843	24 Feb 1926	Wo-56
REID, Katherine	1883	1960	Wo-61
REID, Maria Merritt w/o William E.	1859	1916	Wo-56
REID, Mary V.	11 Mar 1911	4 Aug 1911	Wo-3
REID, Mary V. w/o Elton J.	1871	1938	Wo-3
REID, Sarah E.	11 Sep 1863	6 Mar 1936	Wo-2
REID, Sarah d/o E.J.& Mary V.	18 Aug 1903	2 Feb 1904	Wo-3
REID, V. Pearl	1893	1957	Wo-3
REID, William E.	1845	1917	Wo-56
REINHARDT, Ida V.	1880	1941	Wo-41
RENNINGER, Charles William	1898	1964	Wo-60
RENNINGER, Harry D.	1860	1928	Wo-60
RENNINGER, Laura L.	1868	1947	Wo-60
REVELL, Dorothy Esther	7 Jun 1913	27 Apr 1924	Wo-63
REVELL, Elinor H.	1872	1941	Wo-63

Name	Born	Died	Loc
REVELL, Mary E.	10 Jan 1819	13 Jan 1900	Wo-67
REVELL, Woolford J.	1861	1921	Wo-63
REW, Charles T.	30 Apr 1817	22 Sep 1862	Wo-86
RICE, George (Capt. of Ireland)	1 Jan 1776	11 Oct 1801	Wo-86
RICE, Mary Ann w/o Capt. Geo.	(d.age 49yr)	6 Jan 1822	Wo-86
RICHARDS, Arthur C.	1872	1958	Wo-61
RICHARDS, Elizabeth w/o William L.	26 Oct 1827	9 Apr 1869	Wo-94
RICHARDS, Ella Eudora w/o John W.	1866	16 Dec 1870	Wo-61
RICHARDS, Emma F. Broughton w/o T.	8 Aug 1846	8 May 1918	Wo-61
RICHARDS, Emma May d/o Theo.A. & E.F.	3 May 1875	29 Aug 1878	Wo-61
RICHARDS, Esther A.	1841	1930	Wo-61
RICHARDS, Harriet d/o John S.	(d.age 19da)	none	Wo-61
RICHARDS, Henrietta M. w/o John S.	24 Aug 1818	17 Apr 1876	Wo-61
RICHARDS, Jacob	(d.age 50yr)	13 Nov 1822	Wo-86
RICHARDS, John S.	22 Feb 1817	29 Jan 1909	Wo-61
RICHARDS, John W.	1839	1915	Wo-61
RICHARDS, Lula B.	1871	1965	Wo-61
RICHARDS, Sarah A. w/o John S.	(d.age 68yr)	2 Apr 1890	Wo-61
RICHARDS, Theodore Augustus	1842	1937	Wo-61
RICHARDS, William L.	22 Mar 1822	26 Oct 1882	Wo-94
RICHARDS, Wilmer T.	24 Dec 1848	30 May 1897	Wo-61
RICHARDSON, Amelia Anne	1848	1930	Wo-61
RICHARDSON, Amelia C. d/o James & C.	17 Jun 1853	9 Nov 1877	Wo-1
RICHARDSON, Ann Janette Bennett	29 Jun 1822	26 Sep 1866	Wo-84
RICHARDSON, Anna S. Moore w/o George	12 Sep 1868	2 Nov 1913	Wo-86
RICHARDSON, Annie F. w/o William H.	11 May 1872	4 Jun 1904	Wo-87
RICHARDSON, Benjamin T.	18 Feb 1818	16 Jun 1888	Wo-87
RICHARDSON, Braxton B.	3 Oct 1892	16 Apr 1914	Wo-79
RICHARDSON, C. Louise w/o A.H.	20 Oct 1848	2 Apr 1896	Wo-66
RICHARDSON, Cola Earl s/o J.H.	(d.age 22yr)	20 Jun 1897	Wo-66
RICHARDSON, Danny Ray s/o W.F. & Gloria	none	1948	Wo-63
RICHARDSON, David	(d.age 67yr)	8 Mar 1855	Wo-86
RICHARDSON, Edward A.	24 Apr 1832	8 Jan 1906	Wo-87
RICHARDSON, Edwin C. s/o J.H	2 Jan 1873	28 Oct 1893	Wo-66
RICHARDSON, Eleanor E. w/o George W.	(d.age 59yr)	20 Jul 1888	Wo-86
RICHARDSON, Ella M. w/o Robert	1876	1948	Wo-93
RICHARDSON, Ellen Amelia d/o Benjamin	(d.age 14mo)	21 Sep 1852	Wo-87
RICHARDSON, Emma A.	1883	1977	Wo-40
RICHARDSON, Esther E.	1855	1937	Wo-3
RICHARDSON, George A.	1873	1954	Wo-61
RICHARDSON, George H.	20 Jul 1827	14 Jan 1892	Wo-87
RICHARDSON, George S.	11 May 1821	20 Oct 1896	Wo-86
RICHARDSON, George T.	1855	1928	Wo-5
RICHARDSON, Henrietta	18 Oct 1840	1 Dec 1924	Wo-73
RICHARDSON, Henry	19 Jun 1784	13 Jul 1845	Wo-65
RICHARDSON, James	10 Dec 1830	21 Apr 1911	Wo-73
RICHARDSON, James	16 Sep 1812	20 Apr 1883	Wo-1
RICHARDSON, James D. (Capt.)	5 Mar 1827	18 Jan 1903	Wo-66
RICHARDSON, James W.	(d.age 20yr)	10 Apr 1838	Wo-86
RICHARDSON, John	18 Jul 1853	22 Mar 1920	Wo-66
RICHARDSON, John H.	22 Oct 1839	18 Oct 1913	Wo-66
RICHARDSON, John W.	14 Dec 1889	16 Jan 1919	Wo-87
RICHARDSON, John W. s/o Thomas & Mary	7 Jun 1845	22 Aug 1853	Wo-112
RICHARDSON, Joseph	9 Oct 1790	18 Jan 1864	Wo-87
RICHARDSON, Joseph	24 Jul 1834	17 Jul 1895	Wo-87

Name	Birth	Death	Location
RICHARDSON, Joseph H.	1885	1940	Wo-40
RICHARDSON, Joseph s/o Edward	9 May 1868	13 Mar 1905	Wo-87
RICHARDSON, Laura A.	15 Jan 1872	17 Jan 1953	Wo-9
RICHARDSON, Lulu Aiken d/o Oliver	18 Feb 1883	10 Nov 1905	Wo-87
RICHARDSON, Margaret F.	1873	1945	Wo-61
RICHARDSON, Margaret R.	29 Dec 1846	9 Dec 1891	Wo-87
RICHARDSON, Mary A. w/o Edward	12 Apr 1832	12 Apr 1900	Wo-87
RICHARDSON, Mary A. w/o J.D.	16 Feb 1831	22 Aug 1885	Wo-66
RICHARDSON, Mary Dailey w/o George	9 Jan 1830	3 Aug 1907	Wo-87
RICHARDSON, Mary E.	19 Sep 1841	24 Oct 1922	Wo-94
RICHARDSON, Mary E. P.	(d.age 22yr)	2 Dec 1841	Wo-86
RICHARDSON, Mary E. d/o Thomas & Mary	11 May 1849	20 May 1868	Wo-112
RICHARDSON, Mary E. w/o William H.	none	none	Wo-101
RICHARDSON, Mary Frances Bowen w/o O.	11 Jan 1852	11 May 1915	Wo-87
RICHARDSON, Mary P. w/o Thomas	none	21 Jun 1897	Wo-112
RICHARDSON, Mary Pusey w/o Thomas	6 Apr 1836	10 Sep 1906	Wo-63
RICHARDSON, Nancy J. w/o David	10 Jul 1793	29 Mar 1841	Wo-86
RICHARDSON, Nettie V.	1901	1975	Wo-61
RICHARDSON, Prettyman G.	1881	1941	Wo-40
RICHARDSON, Priscilla d/o Benjamin	(d.age 2yr)	1 Feb 1858	Wo-87
RICHARDSON, Rannie w/o J. Hiram	29 Jan 1847	8 Mar 1895	Wo-66
RICHARDSON, Rebecca L. w/o James	23 Sep 1823	2 Oct 1913	Wo-1
RICHARDSON, Robert	1891	none	Wo-93
RICHARDSON, Roger F.	1895	19 Nov 1975	Wo-101
RICHARDSON, Ruth Phillips	1915	1916	Wo-61
RICHARDSON, Samuel J.	1838	1907	Wo-61
RICHARDSON, Sarah Leah	22 Feb 1856	21 Sep 1926	Wo-87
RICHARDSON, Sarah M. d/o Benjamin	7 May 1825	21 Mar 1892	Wo-87
RICHARDSON, Susie E. w/o Roger F.	1900	1950	Wo-101
RICHARDSON, Thomas	none	18 Jan 1897	Wo-112
RICHARDSON, Thomas H.	14 Dec 1838	27 Jan 1907	Wo-87
RICHARDSON, Upshur J.	1872	1945	Wo-61
RICHARDSON, William F.	26 Oct 1872	23 May 1930	Wo-9
RICHARDSON, William H.	none	none	Wo-101
RICHARSON, Annie R. w/o George T.	1863	1927	Wo-5
RIDER, James Whaley	(d.age 23yr)	13 Aug 1863	Wo-91
RIDER, Jimmie s/o James W.	9 Mar 1863	3 Nov 1864	Wo-91
RIDINGS, Mary J. w/o Frederick	19 Feb 1837	17 Oct 1883	Wo-67
RIDINGS, Wallace L. s/o F.& I.E.	20 Jan 1888	16 Mar 1888	Wo-67
RIGGIN, Alfonso s/o C.& Victoria	19 Mar 1876	4 Aug 1876	Wo-58
RIGGIN, Alice Olivia d/o Charles B.	(d.age 20da)	Jul 1885	Wo-86
RIGGIN, Annie T.	24 May 1871	24 Feb 1953	Wo-101
RIGGIN, Bertha B. w/o Levin H.	1875	1957	Wo-101
RIGGIN, Buell P.	1903	23 Oct 1986	Wo-101
RIGGIN, Cephas H.	1865	1917	Wo-87
RIGGIN, Charlie G. s/o Columbus	4 Mar 1880	17 Mar 1900	Wo-58
RIGGIN, Columbus C.	1848	1918	Wo-58
RIGGIN, Ella C. w/o Elmer P.	1896	1965	Wo-101
RIGGIN, Ellen L. w/o William F.	(d.age 70yr)	31 Jul 1915	Wo-5
RIGGIN, Elmer P.	1892	1970	Wo-101
RIGGIN, Elvina S. w/o Joseph E.	19 Jan 1848	20 Aug 1920	Wo-101
RIGGIN, Emory P.	1884	1921	Wo-114
RIGGIN, Gertie d/o Charles B.	(d.age 3mo)	27 Jan 1871	Wo-86
RIGGIN, Gertrude d/o William C.	(d.age 2yr)	15 Sep 1870	Wo-86
RIGGIN, Harvey Joe W.	21 Aug 1914	11 Feb 1964	Wo-101

Name	Birth	Death	Location
RIGGIN, Helen d/o William & Nora	8 Sep 1923	17 Sep 1923	Wo-5
RIGGIN, Jennie E. w/o Charles B.	(d.age 33yr)	5 Oct 1886	Wo-86
RIGGIN, Jewby	1888	1969	Wo-58
RIGGIN, Jimmie Ball s/o Charlie	1 Mar 1880	25 Jun 1880	Wo-86
RIGGIN, John E.	(d.age 37yr)	7 Nov 1892	Wo-58
RIGGIN, John P.	(d.age 37yr)	7 Nov 1892	Wo-58
RIGGIN, Johnnie Houston s/o William C.	(d.age 1yr)	6 Aug 1864	Wo-86
RIGGIN, Joseph E.	25 Jul 1843	3 May 1916	Wo-101
RIGGIN, L. Smith	1902	10 Sep 1984	Wo-101
RIGGIN, Levin H.	1871	1957	Wo-101
RIGGIN, Louisa Ellen w/o William F.	18 Jul 1845	13 Jul 1915	Wo-5
RIGGIN, Marcelena J. w/o William C.	4 Dec 1840	12 Feb 1912	Wo-86
RIGGIN, Maria Emma w/o Levin T.	5 Jan 1849	15 Jan 1917	Wo-5
RIGGIN, Marie Lillie d/o Willie L.	7 Jan 1899	27 Mar 1911	Wo-5
RIGGIN, Marion P.	1893	1972	Wo-101
RIGGIN, Martha E.	1845	1931	Wo-114
RIGGIN, Matilda M.	1877	1944	Wo-114
RIGGIN, Milton C.	1885	1957	Wo-58
RIGGIN, Nancy w/o William D.	(d.age 76yr)	28 Jan 1884	Wo-5
RIGGIN, Norman	3 Aug 1909	27 Aug 1913	Wo-106
RIGGIN, Ornsie E. (Mrs.)	(d.age 46yr)	8 Apr 1936	Wo-95
RIGGIN, Phoebe	1895	1978	Wo-58
RIGGIN, Riley W. "Bill"	1912	1969	Wo-101
RIGGIN, Roby H. s/o Joseph E.	25 Mar 1889	29 Oct 1906	Wo-101
RIGGIN, Roger K.	24 May 1873	19 Feb 1961	Wo-101
RIGGIN, Roy E. s/o Cephas H.	3 Feb 1890	11 Mar 1891	Wo-87
RIGGIN, Roy W. WWII	1916	1975	Wo-101
RIGGIN, Roy W. WWII	1916	1975	Wo-101
RIGGIN, Samuel Walter	none	none	Wo-114
RIGGIN, Sarah A. Davis	1 Jul 1825	13 Jan 1904	Wo-87
RIGGIN, Victoria	1854	1898	Wo-58
RIGGIN, Virginia A. Pusey w/o Marion	(d.age 81yr)	Apr 1980	Wo-101
RIGGIN, Virginia A. w/o Marion P.	1898	1980	Wo-101
RIGGIN, William C.	2 Mar 1833	23 Jul 1896	Wo-86
RIGGIN, William D.	1808	16 Dec 1886	Wo-5
RIGGIN, William D.	(d.age 78yr)	16 Oct 1886	Wo-5
RIGGIN, William H.	(d.age 62yr)	22 Apr 1878	Wo-86
RIGGIN, William S.	1845	1930	Wo-114
RIGGIN, Willie M. s/o Levin H.	2 Oct 1897	19 Dec 1912	Wo-101
RIGGINS, William F.	10 May 1836	13 Nov 1905	Wo-5
RILEY, Ann Eleanor	16 Feb 1807	3 Nov 1893	Wo-65
RILEY, Asbury	10 Jan 1859	5 May 1930	Wo-87
RILEY, Charles P.	9 Jun 1856	1 Sep 1916	Wo-87
RILEY, Emily Fleming w/o William S.	27 Sep 1848	21 Oct 1936	Wo-87
RILEY, James E.	(d.age 82yr)	17 Oct 1896	Wo-87
RILEY, James E.	24 Sep 1844	26 Dec 1915	Wo-87
RILEY, John H.	1868	1938	Wo-60
RILEY, John H.	6 Jun 1848	14 Oct 1914	Wo-87
RILEY, Lulie May d/o James E.	28 Sep 1879	16 Jun 1880	Wo-87
RILEY, Martha	14 Jun 1833	20 Apr 1865	Wo-65
RILEY, Mary E. d/o James E.	30 May 1881	1 Oct 1881	Wo-87
RILEY, Mary E. w/o Albert M.	19 Sep 1840	7 Mar 1895	Wo-86
RILEY, Mary G. Stanford w/o James E.	17 Sep 1854	5 Sep 1934	Wo-87
RILEY, Matilda D.	(d.age 61yr)	18 Sep 1935	Wo-87
RILEY, Nancy H. Duffield w/o W.H.	(d.age 24yr)	11 Jan 1842	Wo-86

Name	Birth	Death	Loc
RILEY, Rachel A.	17 Nov 1810	20 Feb 1892	Wo-65
RILEY, Sallie D.	1869	1962	Wo-60
RILEY, Sarah M.	20 Oct 1844	26 Apr 1919	Wo-87
RILEY, William Duffield s/o William	23 Dec 1842	23 May 1854	Wo-86
RILEY, William H. MD	22 Feb 1812	16 Nov 1845	Wo-86
RILEY, William S.	5 Feb 1853	20 Jan 1923	Wo-87
RISLEY, Ellen	1843	1932	Wo-41
RISLEY, Jay	1846	1934	Wo-41
RITCHIE, Bessie E. w/o William H.	1885	1927	Wo-63
RITCHIE, Clarissa A. w/o John A.	5 Mar 1842	19 Feb 1899	Wo-87
RITCHIE, Cody S.	22 Mar 1886	2 Jun 1887	Wo-87
RITCHIE, Emma S. d/o John A.	2 May 1869	16 May 1885	Wo-87
RITCHIE, George	4 Apr 1828	28 Aug 1903	Wo-87
RITCHIE, Infant d/o Scott & Jennie	Oct 1884	Oct 1884	Wo-87
RITCHIE, John A.	4 Sep 1834	Aug 1901	Wo-87
RITCHIE, Josephine w/o Stansbury	28 Apr 1860	4 Jul 1888	Wo-87
RITCHIE, Mary S. w/o George	26 Sep 1837	23 Jun 1885	Wo-87
RITCHIE, Mary V. w/o R. Scott	1861	none	Wo-87
RITCHIE, R. Scott	1855	none	Wo-87
RITCHIE, Ray s/o Scott & Jennie	9 Dec 1888	1 Jul 1889	Wo-87
ROACH, Sarah Jones	(d.age56yr)	7 Oct 1851	Wo-84
ROBERTS. James W. (WW II)	1915	1972	Wo-58
ROBERTSON, R. Harlan	1877	1977	Wo-60
ROBERTSON, Emil Johnson	12 Feb 1904	25 Aug 1932	Wo-103
ROBERTSON, Gertrude Kerns	1877	1954	Wo-60
ROBERTSON, James Emil	30 Jul 1932	13 May 1948	Wo-103
ROBINS, Arlanta Leah Whaley	6 Nov 1813	14 Apr 1894	Wo-67
ROBINS, Bowdoin s/o James B.	1 Feb 1880	18 Jun 1904	Wo-84
ROBINS, Edward	23 Dec 1769	23 Aug 1857	Wo-67
ROBINS, Elizabeth Bowdoin d/o Edward	2 Feb 1808	20 Jan 1840	Wo-67
ROBINS, Elizabeth Hayward w/o J.	26 Apr 1820	13 Feb 1851	Wo-84
ROBINS, Elizabeth w/o Edward	18 Jan 1772	19 Oct 1814	Wo-67
ROBINS, Ellen A.	28 Nov 1843	20 Jul 1918	Wo-84
ROBINS, Esther Purnell d/o Edward	22 Mar 1801	7 Oct 1857	Wo-67
ROBINS, Isabella McClenachen	4 Jan 1812	21 Aug 1889	Wo-67
ROBINS, James B. s/o John P.	29 Jul 1837	14 Jan 1870	Wo-84
ROBINS, James B. s/o Littleton	16 Jan 1806	3 Aug 1868	Wo-84
ROBINS, John Littleton	1 Feb 1854	31 Mar 1911	Wo-84
ROBINS, Margaret Miss	(d.age72yr)	12 Feb 1881	Wo-107
ROBINS, Margaret Ann Spence w/o J.P.	23 Sep 1812	18 Dec 1847	Wo-86
ROBINS, Margaret Rachel d/o Edward	29 Jan 1810	10 Nov 1881	Wo-67
ROBINS, Martha McClemmy d/o Edward	26 Sep 1793	9 Aug 1837	Wo-67
ROBINS, Mary Frances	4 May 1806	2 Jan 1890	Wo-67
ROBINS, Sarah Ann d/o Edward	12 Jan 1799	9 Jan 1858	Wo-67
ROBINS, Susanna d/o Edward	4 Jul 1795	7 Jan 1855	Wo-67
ROBINS, Thomas s/o Edward	1 Jan 1797	13 Apr 1882	Wo-67
ROBINS, William Bowdoin s/o Edward	22 May 1803	10 Jun 1880	Wo-67
ROBINSON Josephine	30 Aug 1838	4 Jun 1923	Wo-61
ROBINSON, Allen	29 Jul 1877	5 May 1921	Wo-61
ROBINSON, Amanda Jones w/o C.F.	8 Jan 1859	29 Oct 1880	Wo-52
ROBINSON, Amelia B. w/o J.D.A.	(d.age23yr)	29 Jun 1872	Wo-61
ROBINSON, Annie M. d/o William J.	none	15 Mar 1889	Wo-73
ROBINSON, Charlotte Ann	1859	none	Wo-53
ROBINSON, Cyrenius F.	1855	1929	Wo-73
ROBINSON, George W.	22 Jul 1851	14 Jun 1926	Wo-37

Name	Birth	Death	Location
ROBINSON, J. D. A.	12 Feb 1822	25 May 1910	Wo-61
ROBINSON, John H.	9 Nov 1821	30 Mar 1896	Wo-2
ROBINSON, John P.	1857	1938	Wo-53
ROBINSON, Josie d/o J. D. A.	26 Jul 1875	14 Jun 1882	Wo-61
ROBINSON, Lizzie E.	3 Apr 1862	12 Jan 1942	Wo-37
ROBINSON, Lubin W.	27 Oct 1882	1 Mar 1920	Wo-37
ROBINSON, Maude A.	8 Apr 1903	4 Dec 1976	Wo-93
ROBINSON, Minerva B. w/o Levin P.	30 Jan 1878	12 Nov 1902	Wo-2
ROBINSON, Sallie M. w/o John H.	16 Jan 1833	26 Feb 1903	Wo-2
ROBINSON, Sallie d/o J.D.A.	(d.age 9mo)	29 Jul 1872	Wo-61
ROBINSON, Susan Colona w/o Zadock P.	19 Jul 1847	26 Mar 1906	Wo-2
ROBINSON, Susan w/o William M.	10 Oct 1828	25 Jul 1891	Wo-53
ROBINSON, William J.	13 Jan 1850	7 Jan 1906	Wo-73
RODNEY, Clarence E.	8 Mar 1904	10 Mar 1914	Wo-66
RODNEY, Etha	26 Feb 1912	25 Mar 1914	Wo-66
ROEBUCK, Augusta	1926	1972	Wo-60
ROGERS, L. R.	18 Aug 1847	6 Jan 1920	Wo-69
ROGERS, Martha E. w/o Liton R.	12 Aug 1848	23 Nov 1901	Wo-69
ROGERS, William A.	1905	1979	Wo-60
ROLEY, John	(d.age58yr)	20 Jun 1849	Wo-26
ROSS, Archie C.	31 Jan 1890	26 Feb 1949	Wo-42
ROSS, Bell J.	6 Feb 1863	26 Jun 1870	Wo-61
ROSS, Bessie A. w/o John C.	30 Jul 1887	24 Jan 1915	Wo-61
ROSS, Caroline W. w/o Ralph	10 Jan 1836	28 Apr 1902	Wo-58
ROSS, Claudia	1874	1933	Wo-58
ROSS, E. Wilfred	1889	1963	Wo-58
ROSS, Edward M.	1860	1932	Wo-58
ROSS, Elizabeth Miles	1860	1889	Wo-58
ROSS, Ethel V.	28 Jan 1921	9 Nov 1975	Wo-101
ROSS, Francis J.	16 Jan 1832	16 Mar 1919	Wo-61
ROSS, George T.	1859	1927	Wo-63
ROSS, John Carl	1879	1962	Wo-61
ROSS, John H.	(d.age27yr)	6 Mar 1883	Wo-61
ROSS, Lena F.	1873	1938	Wo-63
ROSS, Lillian A. d/o E. M.	22 Oct 1882	3 Dec 1885	Wo-58
ROSS, Louise B.	1892	1973	Wo-58
ROSS, Lucille R.	1877	1959	Wo-63
ROSS, Madge P.	1885	1870	Wo-58
ROSS, Margaret M.	1890	1955	Wo-42
ROSS, Nell W.	1895	none	Wo-58
ROSS, Nettie C.	1861	1938	Wo-58
ROSS, Ralph	23 Sep 1825	6 Nov 1893	Wo-58
ROSS, Ralph A.	1887	1962	Wo-58
ROSS, Roy H.	1896	1966	Wo-63
ROSS, Sarah H.	25 Oct 1839	4 Apr 1894	Wo-61
ROSS, Susan F.	1855	1937	Wo-42
ROSS, Willard III	infant	31 May 1986	Wo-101
ROSS, William J.	1852	1938	Wo-42
ROSS, William Robert s/o Edward	16 Feb 1898	13 Feb 1898	Wo-58
ROSS, Willie C. s/o Ralph	6 Sep 1872	9 Jul 1873	Wo-58
ROSS, Zadock W.	1874	1934	Wo-63
ROUNDS, Mary A. Truitt w/o Wm. I.	21 Sep 1840	4 Dec 1926	Wo-86
ROUNDS, Cleveland	1890	1914	Wo-1
ROUNDS, Florence E.	1890	1968	Wo-1
ROUNDS, Frank J.	1888	1958	Wo-1

Name	Birth	Death	Location
ROUNDS, James	1856	1935	Wo-1
ROUNDS, Lulu	1860	1922	Wo-1
ROUSE, Edna Young	1896	none	Wo-58
ROUSE, William C.	1887	1964	Wo-58
ROUTTEN, Ruth d/o James T. Bowen	26 May 1883	19 Jul 1886	Wo-66
ROWELY, Fidelia Frances	1873	1877	Wo-62
ROWLEY, Annie D. w/o William K.	3 May 1846	2 May 1891	Wo-72
ROWLEY, Annie E. d/o W. H.	(d.age 2yr)	none	Wo-72
ROWLEY, Annie d/o William K. & Mary	29 Dec 1864	29 Apr 1889	Wo-72
ROWLEY, Bessie E. d/o W. H.	19 Aug 1877	31 Mar 1894	Wo-72
ROWLEY, Charles W.	1859	1930	Wo-72
ROWLEY, Charlotte w/o William A.	26 Feb 1890	17 Jan 1906	Wo-84
ROWLEY, Daniel	6 Feb 1842	15 Aug 1859	Wo-72
ROWLEY, David s/o W. H. & Mary	(d.age 5da)	none	Wo-72
ROWLEY, Elizabeth w/o John A.	1849	1887	Wo-62
ROWLEY, Elva May	1885	1885	Wo-62
ROWLEY, Frank C.	1859	1904	Wo-72
ROWLEY, Henry Curtis	15 Jun 1847	30 Aug 1895	Wo-72
ROWLEY, James H.	20 Feb 1804	25 Jun 1865	Wo-72
ROWLEY, James T.	14 Oct 1834	4 Aug 1859	Wo-72
ROWLEY, James Thomas s/o J.T.	25 Jul 1859	25 Sep 1883	Wo-72
ROWLEY, John A.	1849	1909	Wo-62
ROWLEY, Joseph T.	4 May 1858	1 Nov 1927	Wo-87
ROWLEY, Marcus s/o W. H.	(d.age 6yr)	none	Wo-72
ROWLEY, Margaret Bowen w/o Henry	30 May 1849	23 Feb 1922	Wo-72
ROWLEY, Margaret E. w/o James H.	16 Feb 1809	21 Aug 1886	Wo-72
ROWLEY, Mary Custis	1834	1917	Wo-72
ROWLEY, Mary Margaret d/o William A.	19 Oct 1856	1 Feb 1874	Wo-84
ROWLEY, Mary P. w/o William K.	5 Jun 1835	7 Jul 1877	Wo-72
ROWLEY, Sallie C. d/o James R.	25 Nov 1837	25 Jan 1914	Wo-72
ROWLEY, Samuel	7 Apr 1796	29 Sep 1844	Wo-72
ROWLEY, Samuel T.	26 Nov 1845	15 Oct 1859	Wo-72
ROWLEY, William A.	17 Jul 1828	11 Dec 1900	Wo-84
ROWLEY, William C. s/o W.H.	(d.age 1yr)	none	Wo-72
ROWLEY, William Henry	1830	1893	Wo-72
ROWLEY, William K.	15 Nov 1830	14 Mar 1910	Wo-72
ROWND, Charles Rackliffe s/o T.P.	12 Nov 1861	31 Jan 1886	Wo-86
ROWND, John Rackliffe s/o Thomas	19 Mar 1834	25 Jul 1852	Wo-86
ROWND, Mary Ann w/o Thomas R.	28 Feb 1808	7 Oct 1858	Wo-86
ROWND, Thomas Purnell s/o Thomas	5 Mar 1840	14 Jul 1876	Wo-86
ROWND, Thomas R.	31 Jul 1794	14 Jul 1860	Wo-86
ROWND, W. Irving	5 Feb 1837	27 Sep 1906	Wo-86
RUARK, Amanda B. w/o Daniel J.	15 Mar 1852	11 May 1901	Wo-101
RUARK, Annie B.	1903	1980	Wo-114
RUARK, Archie W. s/o Peter F. & Mary	(d.age 3yr)	17 Dec 1875	Wo-1
RUARK, Arther J.	1928	1929	Wo-114
RUARK, Aurora B.	1878	1950	Wo-101
RUARK, Carrie P. (Stevenson)	1895	none	Wo-1
RUARK, Colbourn R.	1924	1958	Wo-63
RUARK, D. A.	1855	1927	Wo-114
RUARK, Daniel J.	19 Jul 1835	7 Dec 1909	Wo-101
RUARK, Della J. d/o Purnell & Alice	12 Jun 1892	31 Oct 1909	Wo-95
RUARK, Edna F.	1906	1963	Wo-93
RUARK, Elvin L.	1907	1976	Wo-114
RUARK, Eva E. d/o Daniel J.	14 Aug 1884	8 Oct 1906	Wo-101

Name	Birth	Death	Loc
RUARK, Goldsberry	20 Jun 1863	12 Oct 1901	Wo-95
RUARK, Henry L.	1869	1946	Wo-1
RUARK, Ida B. d/o Peter & Mary	11 Dec 1866	26 Dec 1879	Wo-1
RUARK, Ida E.	1873	1947	Wo-1
RUARK, James H.	1871	1953	Wo-101
RUARK, Lena C. w/o Roscoe M.	19 Oct 1910	none	Wo-101
RUARK, Mary F.	1846	1930	Wo-1
RUARK, Mary Hammond d/o N.W.	(d.age 9mo)	2 Jul 1889	Wo-61
RUARK, Mary J. w/o Orlando M.	22 Dec 1882	11 Jul 1910	Wo-1
RUARK, Maurice	(d.age62yr)	none	Wo-114
RUARK, Minnie A. d/o Daniel J.	7 Oct 1886	21 Aug 1907	Wo-101
RUARK, Nancy Jane	(d.age87yr)	31 Mar 1933	Wo-95
RUARK, Olevia E. d/o Daniel J.	5 Jul 1887	8 Feb 1900	Wo-101
RUARK, Orlando M.	1876	1959	Wo-1
RUARK, Peter F.	11 Apr 1837	10 May 1900	Wo-1
RUARK, Roscoe M.	9 Mar 1905	23 Dec 1980	Wo-101
RUARK, Willie F. s/o Peter F.& Mary	4 May 1869	7 Jan 1880	Wo-1
RUDDOCK, A. L. (Sgt.Pa. Infantry)	1891	1918	Wo-95
RUDDOCK, A. N.	21 Nov 1861	13 Sep 1919	Wo-95
RUDDOCK, Cecil	1911	1912	Wo-95
RUSSELL, Blanche R.	1885	1947	Wo-56
RUSSELL, Elizabeth Johnson w/o Francis	1844	1928	Wo-87
RUSSELL, Francis B.	5 Mar 1844	3 Jan 1889	Wo-87
RUSSELL, Jacklyn H.	1947	1963	Wo-41
RUSSELL, James Y.	1937	1970	Wo-58
RUSSELL, Oren H.	1917	1918	Wo-56
RUSSELL, Samuel T.	1879	1922	Wo-56
RUTTER, Charles R.	1848	1970	Wo-101
RUTTER, Theresa A. w/o Charles R.	none	none	Wo-101
RYALL, Flora E. Davis	1903	1934	Wo-114
RYAN, Anne D. w/o John M.	5 Mar 1863	none	Wo-69
RYAN, Claudius R. s/o John R.	26 Sep 1884	7 Mar 1909	Wo-69
RYAN, Daisy d/o J.W.& A. D.	26 May 1883	2 Dec 1901	Wo-69
RYAN, Elisha E.	(d.age71yr)	26 Mar 1892	Wo-97
RYAN, Jenette C. w/o Elisha E.	(d.age62yr)	6 Feb 1890	Wo-97
RYAN, John M.	8 Sep 1857	9 Dec 1914	Wo-69
RYAN, Julia A.	27 Oct 1821	31 Oct 1883	Wo-93
RYAN, Thomas	(d.age79yr)	13 Mar 1884	Wo-93
RYNER, John	none	2 Aug 1878	Wo-107

Name	Birth	Death	Location
SAFBERG, Bror Frederick		1869	1944	Wo-3
SAFBERG, Sarah Evelyn		1876	1960	Wo-3
SARTORIOUS, Georgeanna S. w/o G.W.	16 Jun 1821	8 Jan 1872	Wo-61
SARTORIUS, Ella Schoolfield		1881	1970	Wo-58
SARTORIUS, George W.	13 Apr 1820	20 Jan 1890	Wo-61
SARTORIUS, Pierce C. s/o William	7 Aug 1884	20 Mar 1890	Wo-61
SARTORIUS, Susan		1854	1943	Wo-61
SARTORIUS, William		1852	1937	Wo-61
SARTORIUS, William D.		1880	1957	Wo-61
SATCHELL, William H.		1879	1948	Wo-60
SAUNDERS, Catherine Bishop Rownd	25 Mar 1844	13 Mar 1914	Wo-86
SAVAGE, Annie M. w/o Thomas L.	10 Feb 1867	19 Jun 1911	Wo-69
SAVAGE, Dollie R.		1866	none	Wo-71
SAVAGE, Elizabeth M. d/o W.T. & Hattie		1919	1920	Wo-53
SAVAGE, Ruth R. Rownd w/o W.J.	10 Jun 1869	18 May 1900	Wo-86
SAVAGE, Theodore J.		1862	1929	Wo-71
SAVAGE, Thomas P. s/o T.T.& E.R.	18 Aug 1883	18 Aug 1884	Wo-67
SAVAGE, Thomas Teackle	6 Dec 1857	19 Apr 1918	Wo-67
SAVIN, Jennie Robb		1871	1921	Wo-84
SAVIN, Sarah D.	(d.age 65yr)	10 Oct 1855	Wo-62
SAWYER, Sarah A. w/o James A.		1842	1885	Wo-87
SCARBOROUGH, Anne M. Hudson w/o R.		1797	1874	Wo-84
SCARBOROUGH, Annie A. w/o James S.	12 Jan 1858	none	Wo-72
SCARBOROUGH, Bessie K. w/o Clayton		1890	1928	Wo-72
SCARBOROUGH, Elinor	(d.age 3mo)	1919	Wo-72
SCARBOROUGH, Eugene	2 Aug 1895	20 Aug 1917	Wo-72
SCARBOROUGH, George G.	10 Nov 1839	15 Jan 1931	Wo-72
SCARBOROUGH, Infant d/o James S.	27 Nov 1883	27 Nov 1883	Wo-72
SCARBOROUGH, Infant d/o William P.	none	none	Wo-72
SCARBOROUGH, James S.	10 Aug 1853	6 Sep 1830	Wo-72
SCARBOROUGH, John	1 Nov 1834	none	Wo-72
SCARBOROUGH, Leah Washington	31 Dec 1837	8 Feb 1907	Wo-84
SCARBOROUGH, Lydia W.	12 Mar 1827	14 Feb 1907	Wo-87
SCARBOROUGH, Margaret E. w/o Peter	1 May 1854	12 Jan 1884	Wo-72
SCARBOROUGH, Mary		1832	1852	Wo-84
SCARBOROUGH, Mary J. w/o George G.	17 Aug 1843	15 Dec 1923	Wo-72
SCARBOROUGH, Mary w/o Peter	10 Jul 1810	17 Oct 1880	Wo-72
SCARBOROUGH, Nan w/o Capt.John	26 Jul 1838	20 May 1910	Wo-72
SCARBOROUGH, Peter	Apr 1803	26 Jun 1869	Wo-72
SCARBOROUGH, Peter W. s/o Peter	15 Jul 1880	5 Oct 1880	Wo-72
SCARBOROUGH, Richard		1796	1852	Wo-84
SCARBOROUGH, Robert H.		1851	1932	Wo-72
SCARBOROUGH, Vesta w/o Robert H.		1857	1904	Wo-72
SCARBOROUGH, Wilhelminia d/o George	29 Oct 1869	5 May 1895	Wo-72
SCARBOROUGH, William K.	3 Nov 1823	16 Jan 1910	Wo-87
SCARBOROUGH, William P.	19 Feb 1838	31 Jul 1919	Wo-84
SCHAUFERT, Anna P.		1918	1975	Wo-58
SCHAUFERT, Paul R.	none	none	Wo-58
SCHOCKLEY, Annie M. w/o James J.	10 Oct 1864	4 Nov 1917	Wo-88
SCHOCKLEY, Nellie T.		1884	1963	Wo-63
SCHOCKLEY, Raymond A. S.		1884	1971	Wo-63
SCHOCKLEY, Raymond V. s/o J.E.	28 Feb 1918	3 Apr 1919	Wo-76
SCHOLL, Sarah Davis		1876	1957	Wo-61
SCHOOLFIELD, Allen P.		1891	1969	Wo-60
SCHOOLFIELD, Amy Blaine		1884	1968	Wo-63

Name	Birth	Death	Location
SCHOOLFIELD, Anne D. w/o William S.	10 Jan 1869	20 Nov 1895	Wo-60
SCHOOLFIELD, Byron D.	1895	1972	Wo-63
SCHOOLFIELD, Charles Augustus s/o Samuel T.	1865	1942	Wo-63
SCHOOLFIELD, Doris	1899	1973	Wo-63
SCHOOLFIELD, E. James s/o E. J.	1891	16 Aug 1892	Wo-63
SCHOOLFIELD, Elijah J.	1858	1932	Wo-63
SCHOOLFIELD, Emily S. W.	8 Sep 1837	3 Apr 1916	Wo-63
SCHOOLFIELD, George Edgar	1867	1940	Wo-60
SCHOOLFIELD, Grace Boston	1849	1881	Wo-60
SCHOOLFIELD, Infant s/o Wm. & Margaret	none	none	Wo-24
SCHOOLFIELD, Irene D.	1867	1935	Wo-63
SCHOOLFIELD, Irene w/o Elijah C.	15 Jan 1812	20 Jul 1895	Wo-15
SCHOOLFIELD, Lela Nottingham	1891	1959	Wo-63
SCHOOLFIELD, Mabel H.	1880	1958	Wo-63
SCHOOLFIELD, Marcelena R.	1871	1957	Wo-60
SCHOOLFIELD, Margaret A.	(d.age 29yr)	24 Aug 1853	Wo-24
SCHOOLFIELD, Mary A. w/o E. J.	12 Nov 1862	8 Feb 1903	Wo-63
SCHOOLFIELD, Mildred	1902	1968	Wo-63
SCHOOLFIELD, Minn P.	1892	1967	Wo-60
SCHOOLFIELD, Rosa w/o William Sr.	(d.age 58yr)	29 Jan 1836	Wo-24
SCHOOLFIELD, Samuel J.	1863	1932	Wo-63
SCHOOLFIELD, Samuel J. Jr.	1905	1936	Wo-63
SCHOOLFIELD, William	(d.age 77yr)	12 Sep 1875	Wo-24
SCHOOLFIELD, William Henry	1883	1926	Wo-63
SCHOOLFIELD, William M.	20 Mar 1837	31 Aug 1912	Wo-63
SCHOOLFIELD, William S.	1861	1943	Wo-60
SCHOOLFIELD, William Sr.	(d.age 70yr)	11 Mar 1837	Wo-24
SCHOOLFIELD, William Ulysses	1849	1927	Wo-60
SCHOOLFIELD, Willie s/o Ulysses	(d.age 3yr)	1875	Wo-60
SCHOOLFIELD, Willie s/o Wm. S.	8 Sep 1895	29 Jun 1896	Wo-60
SCHRAMM, Albert T.	1871	1940	Wo-63
SCHRAMM, Hubert	1873	1948	Wo-63
SCHRAMM, Viola	1878	1951	Wo-63
SCHREEVE, Radie d/o Rev.J.	(d.age 1mo)	4 Dec 1866	Wo-61
SCHREEVE, Willie s/o Rev.J.& E.C.	(d.age 7mo)	1 Jul 1864	Wo-61
SCHREINER, Johanna	9 Mar 1836	29 Aug 1897	Wo-58
SCHREINER, Johanna (Mrs.)	9 Mar 1836	29 Aug 1897	Wo-58
SCHWIND, Della D.	1882	1935	Wo-88
SCORAH, William F. (WW II, Korea)	1896	1978	Wo-58
SCOTT, A. William	15 Apr 1845	28 Oct 1909	Wo-65
SCOTT, E. Matilda	25 Apr 1890	4 Jul 1933	Wo-67
SCOTT, Edward Thomas s/o William	22 Dec 1844	none	Wo-110
SCOTT, Edwina Margaret d/o Edward M.	2 Aug 1900	2 Oct 1905	Wo-67
SCOTT, Elijah	1830	1913	Wo-61
SCOTT, Elizabeth C. Boston w/o Wm. J.	10 Dec 1824	5 Jan 1853	Wo-110
SCOTT, Elizabeth M. w/o William	13 Oct 1825	3 Jan 1883	Wo-60
SCOTT, Frank A.	1876	1955	Wo-63
SCOTT, Henrietta M.	1870	1947	Wo-60
SCOTT, Henry	21 Jun 1819	12 Aug 1858	Wo-61
SCOTT, Ida H.	1869	1958	Wo-60
SCOTT, Infant s/o Wm.J.& Ida	20 Oct 1900	20 Oct 1900	Wo-60
SCOTT, Irma d/o Wm.& Alice	(d.age 5wk)	none	Wo-60
SCOTT, J. E.	(d.age 65yr)	11 Apr 1921	Wo-62
SCOTT, Jennie H.	1879	1932	Wo-61
SCOTT, John G. (in Quillin plot)	1878	1920	Wo-67

Name	Birth	Death	Location
SCOTT, John P. s/o Levin	(d.age 2yr)	24 Jan 1871	Wo-61
SCOTT, Joseph E.	(d.age56yr)	1869	Wo-61
SCOTT, Joseph G. s/o J. & M.	(d.age56yr)	7 Sep 1869	Wo-61
SCOTT, Levin	1866	1935	Wo-60
SCOTT, Lillie E.	1868	1924	Wo-61
SCOTT, Lulu S.	1872	1954	Wo-61
SCOTT, Mabel T.	none	none	Wo-58
SCOTT, Mary J.	1838	1914	Wo-61
SCOTT, Mildred E. d/o William J.& Ida	1893	1896	Wo-60
SCOTT, Myrtle G.	1880	1945	Wo-63
SCOTT, Robert H.	1912	none	Wo-58
SCOTT, Sallie Ann	1839	1910	Wo-60
SCOTT, Sallie d/o John Quillin	15 Dec 1866	17 Jan 1900	Wo-67
SCOTT, Samuel	1866	1935	Wo-60
SCOTT, Samuel H. s/o Samuel	19 Sep 1904	12 Jul 1905	Wo-60
SCOTT, Sarah A.	29 Mar 1882	9 Jun 1888	Wo-61
SCOTT, Sarah Ellen	23 Jul 1835	17 Feb 1861	Wo-61
SCOTT, Susan E.	30 Jul 1857	8 Mar 1912	Wo-61
SCOTT, Thomas W.	1867	1937	Wo-61
SCOTT, William Herman s/o A. W.	19 Sep 1898	29 May 1894	Wo-65
SCOTT, William J.	1858	1934	Wo-60
SCOTT, William J. s/o Joseph	14 Apr 1815	10 Aug 1880	Wo-60
SCOTT, William James s/o W.T.	28 Nov 1897	26 May 1917	Wo-87
SCOTT, Winnie	1864	1916	Wo-61
SEARS, Margarette P.	3 Jul 1815	1 Apr 1872	Wo-61
SELBY, Catherine (Mrs.)	22 Feb 1790	4 Jul 1866	Wo-84
SELBY, Edward J. R. (Capt.)	1 Aug 1819	16 Dec 1865	Wo-65
SELBY, Elizabeth d/o S.S.& Elsie	3 Apr 1920	12 Jan 1921	Wo-69
SELBY, Ellen L. w/o John S.	25 Dec 1855	11 Mar 1907	Wo-2
SELBY, Esther T.	(d.age65yr)	1921	Wo-62
SELBY, Frances E. w/o Sydney	1862	1959	Wo-40
SELBY, George P.	1857	1934	Wo-87
SELBY, George P.	1879	1951	Wo-63
SELBY, Gertrude	12 Dec 1791	14 Dec 1837	Wo-67
SELBY, Grace Fleming w/o William	(d.age71yr)	8 May 1809	Wo-4
SELBY, Gracie Fleming w/o William	(d.age54yr)	8 May 1800	Wo-4
SELBY, Harold Edgar s/o Sidney L.	(d.age8mos)	1881	Wo-40
SELBY, Hattie V. May w/o Thomas P.	12 May 1859	30 May 1912	Wo-87
SELBY, Henrietta Marie w/o William W.	3 Oct 1815	11 Feb 1852	Wo-87
SELBY, Henry E.	5 Dec 1818	5 Dec 1818	Wo-67
SELBY, Herman C.	1917	1918	Wo-58
SELBY, Infant d/o J.H.S. & Willie	none	6 May 1875	Wo-87
SELBY, Infant of Zadoc & Annie	13 Aug 1888	14 Aug 1888	Wo-72
SELBY, James H.	24 Sep 1832	9 May 1904	Wo-87
SELBY, James P.	25 Nov 1835	5 Sep 1903	Wo-72
SELBY, John Alvan Jr.	1918	1928	Wo-87
SELBY, John S.	1863	1938	Wo-2
SELBY, Mabel Gertrude d/o Ethel	1 Aug 1903	23 Jul 1904	Wo-3
SELBY, Margaret P.	26 Oct 1839	3 Apr 1893	Wo-72
SELBY, Maria Virginia d/o William	24 Jan 1852	8 Aug 1852	Wo-87
SELBY, Martha McClemy w/o John A.	26 Sep 1790	9 Aug 1837	Wo-65
SELBY, Mary E. d/o Zadock T.	29 Aug 1847	13 Mar 1866	Wo-84
SELBY, Mary E. w/o Zadock T.	28 Feb 1812	12 Apl 1858	Wo-84
SELBY, Mary Ellen d/o William	8 Aug 1849	6 Sep 1852	Wo-87
SELBY, Mary P. w/o James H.	(d.age37yr)	22 Jul 1861	Wo-87

Name	Birth	Death	Loc
SELBY, Mary V. d/o James P.	6 Oct 1867	12 Mar 1868	Wo-72
SELBY, Missouri E. w/o William H.	(d.age 60yr)	20 Nov 1909	Wo-53
SELBY, N. F. S.	1777	none	Wo-84
SELBY, Ola P.	none	none	Wo-63
SELBY, Parker	23 Jun 1776	25 Apr 1854	Wo-84
SELBY, Phillip Jr.	1948	1980	Wo-58
SELBY, Priscilla G. w/o Sidney	10 Mar 1838	1 Sep 1900	Wo-87
SELBY, Prissy	1786	none	Wo-84
SELBY, Rosa w/o George P.	1865	1934	Wo-87
SELBY, Sallie E.	1894	1945	Wo-58
SELBY, Sallie M. Truitt w/o Thomas	5 Mar 1865	16 Dec 1913	Wo-72
SELBY, Sidney T.	5 Feb 1833	10 Feb 1907	Wo-87
SELBY, Sidney s/o Sidney T. (infant)	none	none	Wo-87
SELBY, Susan w/o M.E.	22 Apr 1867	26 Jul 1878	Wo-54
SELBY, Susie Willey w/o Thomas P.	24 Sep 1859	7 Oct 1896	Wo-87
SELBY, Sydney L.	1858	1906	Wo-40
SELBY, T. A. S.	1788	none	Wo-84
SELBY, W. Anna Tingle	24 Jul 1846	none	Wo-67
SELBY, William	none	none	Wo-63
SELBY, William	(d.age 60yr)	20 Oct 1804	Wo-4
SELBY, William E. C.	1889	1951	Wo-58
SELBY, William T.	none	none	Wo-63
SELBY, Z. O.	23 Mar 1809	20 Jan 1870	Wo-72
SELBY, Zadock T.	22 Jun 1807	19 Feb 1858	Wo-84
SEVILLE, Emma	1900	none	Wo-61
SEVILLE, George L.	1863	1925	Wo-61
SEVILLE, Gracie L.	1887	1891	Wo-61
SEVILLE, Sallie Stevenson	1864	1903	Wo-61
SEXTON, Bernice M.	1881	1975	Wo-63
SEXTON, James T.	1874	1941	Wo-63
SHARP, Mildred	1924	1977	Wo-41
SHARPLEY, Ada Burbage	1885	1967	Wo-3
SHARPLEY, Anderson L.	1897	1963	Wo-58
SHARPLEY, Bennum H.	20 Nov 1862	23 Mar 1915	Wo-40
SHARPLEY, Bernice H.	1902	none	Wo-2
SHARPLEY, Bronson A.	1899	1971	Wo-2
SHARPLEY, Cleveland H.	1884	1943	Wo-41
SHARPLEY, Edith G.	1890	1943	Wo-3
SHARPLEY, Eleanor J.	20 Jan 1808	15 Feb 1869	Wo-40
SHARPLEY, Eleanor w/o Bennum H.	14 Feb 1866	17 Aug 1891	Wo-40
SHARPLEY, Ethel F.	1901	none	Wo-58
SHARPLEY, George H. s/o David	4 Feb 1840	20 Apr 1910	Wo-40
SHARPLEY, George Wilson	1921	1921	Wo-3
SHARPLEY, Harry W.	1886	1950	Wo-41
SHARPLEY, Hillary D.	1866	1934	Wo-2
SHARPLEY, Infant s/o Bennum H.	8 Aug 1891	8 Aug 1891	Wo-40
SHARPLEY, James H. s/o George H.	(d.age 20yr)	8 Mar 1888	Wo-40
SHARPLEY, Jane	1866	1955	Wo-2
SHARPLEY, Laura J.	1889	1891	Wo-40
SHARPLEY, Lawson Justice	6 Jan 1893	23 Dec 1956	Wo-2
SHARPLEY, Lelia May	1890	1961	Wo-41
SHARPLEY, Martha M.	1844	1933	Wo-40
SHARPLEY, Mary E.	1858	1950	Wo-40
SHARPLEY, Sarah A.	1862	1956	Wo-41
SHARPLEY, William A.	1887	1950	Wo-3

Name	Birth	Death	Location
SHARPLEY, William D.	1858	1951	Wo-41
SHARPLEY, William P.	1860	1910	Wo-40
SHARPLEY, Willie H.	1890	1916	Wo-2
SHAW, Agnes P.	1897	1966	Wo-60
SHAW, Daniel W. Jr.	.1894	1964	Wo-60
SHAW, Daniel Webster	1867	1948	Wo-60
SHAW, Harry B.	none	1950	Wo-60
SHAW, Louise Anna	1870	1958	Wo-60
SHAW, Mary Stewart	none	1934	Wo-60
SHAY, Edgar W.	1894	1973	Wo-58
SHAY, Eliza	15 Oct 1830	3 Mar 1896	Wo-58
SHAY, Eliza	15 Oct 1860	3 Mar 1896	Wo-58
SHAY, Sallie F. w/o W. Thomas	9 Aug 1857	2 Feb 1934	Wo-58
SHAY, W. Thomas	1872	1947	Wo-58
SHELTON, Charles A.	1912	none	Wo-58
SHELTON, Julia C.	1911	none	Wo-58
SHEPHERD, Emma w/o James S.	6 May 1870	8 Jun 1904	Wo-63
SHEPHERD, James	none	none	Wo-63
SHEPHERD, Mary E.	none	none	Wo-63
SHEPPARD, Emma J. d/o J.H.	26 Apr 1858	3 Sep 1886	Wo-3
SHEPPARD, Hester A. w/o J.H.	18 Oct 1834	19 Dec 1886	Wo-3
SHEPPARD, Miles H. s/o J.H.	16 Jan 1857	9 Jan 1885	Wo-3
SHERKEY, Margaret w/o Peter	(d. age 73yr)	16 Feb 1909	Wo-86
SHERKEY, Peter	(d. age 65yr)	17 Jan 1888	Wo-86
SHERLEY, William L.	(d. age 60yr)	16 Sep 1934	Wo-86
SHOBE, Marion B.	1953	1966	Wo-58
SHOBE, Virginia H.	1929	1965	Wo-58
SHOCKLEY, Alfred H.	1857	1928	Wo-40
SHOCKLEY, Alice B.	1874	none	Wo-87
SHOCKLEY, Ann C. w/o Benjamin T.	15 Agu 1849	25 Oct 1914	Wo-95
SHOCKLEY, Annie B. w/o Charles L.	1866	none	Wo-88
SHOCKLEY, Annie May w/o John E.	1880	1931	Wo-94
SHOCKLEY, Benjamin T. s/o Peter	9 Feb 1846	28 Dec 1917	Wo-95
SHOCKLEY, Bessie J. d/o O. J.	(d. age 16da)	22 Jan 1894	Wo-95
SHOCKLEY, Burley d/o U.F. & Julia	24 Feb 1875	10 Nov 1892	Wo-95
SHOCKLEY, Cecie Frances	(d. age 82yr)	1970	Wo-2
SHOCKLEY, Charles L.	1864	1934	Wo-88
SHOCKLEY, Charlie	1870	1905	Wo-93
SHOCKLEY, Clementine C.	(d. age 63yr)	18 Apr 1896	Wo-95
SHOCKLEY, David C. L.	6 Dec 1872	10 Jan 1906	Wo-95
SHOCKLEY, Druscilla w/o William L.	18 Aug 1831	5 Jun 1905	Wo-94
SHOCKLEY, Earl WWI	7 May 1899	27 Dec 1917	Wo-93
SHOCKLEY, Edma May d/o J. E.	4 Mar 1904	21 Nov 1905	Wo-94
SHOCKLEY, Edna d/o Handy B.	2 Jul 1894	14 Jan 1912	Wo-94
SHOCKLEY, Elijah	1854	1938	Wo-94
SHOCKLEY, Elijah C.	1857	19--	Wo-88
SHOCKLEY, Elijah W.	1861	1941	Wo-2
SHOCKLEY, Elizabeth J. w/o Lorenzo	27 Mar 1833	1 Sep 1893	Wo-95
SHOCKLEY, Elsie M.	1899	1973	Wo-2
SHOCKLEY, Emma Florence	(d. age 67yr)	6 Feb 1935	Wo-95
SHOCKLEY, Ernie L. Wimbrow w/o Ed.J.	10 Aug 1887	9 Sep 1908	Wo-94
SHOCKLEY, Ethel H.	8 Dec 1899	none	Wo-93
SHOCKLEY, Eugene F. s/o U.F. & Julia	15 Feb 1869	22 Dec 1892	Wo-95
SHOCKLEY, Eugene W. s/o E.F. & Alice	4 Apr 1889	11 Dec 1892	Wo-95
SHOCKLEY, Fannie Lee	1871	1942	Wo-40

Name	Birth	Death	Plot
SHOCKLEY, Forrest E.	4 Feb 1916	10 Aug 1916	Wo-93
SHOCKLEY, Gatty Jane w/o James H.	15 Sep 1833	1 Aug 1887	Wo-94
SHOCKLEY, Goldsborough	14 Apr 1870	31 Jul 1915	Wo-88
SHOCKLEY, Handy B.	none	none	Wo-94
SHOCKLEY, Handy B.	28 Apr 1837	16 Jul 1905	Wo-87
SHOCKLEY, Handy R.	1861	1932	Wo-99
SHOCKLEY, Iabella B.	11 Feb 1844	21 Jun 1922	Wo-87
SHOCKLEY, Infant d/o Thomas W. & Annie	11 Sep 1913	11 Sep 1913	Wo-95
SHOCKLEY, Infant s/o Wm.J. & Myra C.	27 Nov 1825	3 Jan 1926	Wo-94
SHOCKLEY, Isaac W.	(d.age77yr)	5 Apr 1935	Wo-94
SHOCKLEY, J. Alvan	(d.age10yr)	21 Jul 1935	Wo-88
SHOCKLEY, J. W. (vault)	none	none	Wo-2
SHOCKLEY, James A. s/o Benjamin T.	24 Sep 1872	15 Feb 1890	Wo-95
SHOCKLEY, James J.	6 Oct 1862	31 Jan 1934	Wo-88
SHOCKLEY, James W.	1821	27 Jan 1908	Wo-94
SHOCKLEY, Jo Ann	8 Dec 1864	7 Mar 1887	Wo-95
SHOCKLEY, John H.	25 Dec 1840	10 Mar 1929	Wo-95
SHOCKLEY, Joshua j.	8 Sep 1822	22 Jul 1903	Wo-94
SHOCKLEY, Julia A. w/o Uriah F.	7 Oct 1832	6 Aug 1912	Wo-87
SHOCKLEY, Leander W.	1900	1976	Wo-2
SHOCKLEY, Lorenzo D.	12 Jun 1835	30 Sep 1910	Wo-95
SHOCKLEY, Lottie Estelle d/o Elija C.	6 Mar 1895	26 Dec 1895	Wo-94
SHOCKLEY, Maggie	1880	1968	Wo-93
SHOCKLEY, Margaret Ellen	30 Jan 1920	27 Jul 1920	Wo-88
SHOCKLEY, Martha J.	1867	1938	Wo-99
SHOCKLEY, Martha w/o Elmer	24 Mar 1882	31 Dec 1918	Wo-94
SHOCKLEY, Mary Custis	1857	1895	Wo-40
SHOCKLEY, Mary E. w/o Handy B.	1 Jun 1861	16 Jan 1907	Wo-94
SHOCKLEY, Mary E. w/o Wm.I	6 Sep 1847	24 Apr 1917	Wo-87
SHOCKLEY, Mary Francis d/o O. J.	none	30 Sep 1905	Wo-95
SHOCKLEY, Mary M.	14 May 1827	8 Mar 1907	Wo-94
SHOCKLEY, Mary M. w/o Elijah	1857	1933	Wo-94
SHOCKLEY, Mary V. w/o Elijah C.	1860	19--	Wo-88
SHOCKLEY, Moses L.	1865	1919	Wo-88
SHOCKLEY, Norman s/o Elija C.& Marie	19 Apr 1890	26 Jun 1890	Wo-94
SHOCKLEY, Penelope d/o Benjamin T.	17 Sep 1880	14 Mar 1882	Wo-95
SHOCKLEY, Purnell J.	1827	1903	Wo-88
SHOCKLEY, Roxy May d/o Isaac W.& T.E.	6 Apr 1895	5 Nov 1905	Wo-94
SHOCKLEY, Samuel K.	1861	1933	Wo-94
SHOCKLEY, Sarah E.	1871	1957	Wo-2
SHOCKLEY, Sarah E.	7 Dec 1844	20 Sep 1928	Wo-95
SHOCKLEY, Selena S.	1878	1940	Wo-2
SHOCKLEY, Solomon E.	1 Aug 1823	25 Apr 1895	Wo-88
SHOCKLEY, Theodosia E. w/o Isaac W.	(d.age72yr)	13 Apr 1934	Wo-94
SHOCKLEY, Thomas B.	1867	1960	Wo-2
SHOCKLEY, Uriah D.C.	18 Apr 1867	6 Aug 1908	Wo-87
SHOCKLEY, Uriah E.	8 Nov 1831	12 Apr 1908	Wo-87
SHOCKLEY, Virgil R. s/o John M.	19 Jul 1905	16 Jul 1906	Wo-99
SHOCKLEY, William I.	21 Aug 1843	20 Nov 1816	Wo-87
SHOCKLEY, William J.	1877	1926	Wo-94
SHOCKLEY, William L.	29 Mar 1821	19 Jun 1888	Wo-94
SHOCKLEY, Willie	30 May 1900	30 Jun 1928	Wo-94
SHORT, Cannon R.	14 Nov 1808	26 Mar 1881	Wo-87
SHORT, Elizabeth F. w/o Kensey J.	2 Jun 1841	29 Jun 1910	Wo-101
SHORT, Leah Jane w/o Cannon R.	3 Nov 1831	3 Feb 1910	Wo-87

Name	Birth	Death	Location
SHOWACRE, Leslie L.	1904	1968	Wo-61
SHOWELL, Ann w/o William	19 Aug 1787	12 Jul 1855	Wo-65
SHOWELL, Ellen M. d/o Lemuel & Annie	26 Jul 1872	6 Jul 1873	Wo-107
SHOWELL, Margaret Letcher	none	16 May 1936	Wo-67
SHOWELL, Mary C. Burton d/o J.D.	1842	1924	Wo-67
SHOWELL, Nancy M. LeFevre w/o William	7 Jul 1838	11 Oct 1927	Wo-67
SHOWELL, Robert	none	4 Dec 1926	Wo-67
SHOWELL, William	none	27 Dec 1884	Wo-107
SHOWELL, William	3 Jul 1827	17 Dec 1884	Wo-67
SHOWELL, William Burton s/o R. J. & M.	21 Aug 1891	24 Dec 1891	Wo-107
SHOWELL, William Sr.	(d.age 76yr)	15 Dec 1865	Wo-65
SHOWELL, William s/o William	(d.age 7yr)	10 Jan 1878	Wo-107
SHOWELL, William s/o William & Nancy	(d.age 7yr)	8 Jan 1878	Wo-67
SHREAVES, Bertie L. w/o F.L.	2 Apr 1874	12 May 1908	Wo-83
SHRIEVES, Clara	1866	1946	Wo-62
SILVERTHORN, Amelia T.	1827	1916	Wo-61
SILVERTHORN, B. Russell	1893	1970	Wo-2
SILVERTHORN, Enola Disharoon	1895	1959	Wo-2
SILVERTHORN, J. W.	31 Oct 1831	21 May 1901	Wo-61
SILVERTHORN, Susan Ann d/o Robert I.	14 Jul 1860	11 Oct 1860	Wo-38
SILVERTHORNE, James T.	1863	1939	Wo-2
SIMS, Charles L.	1909	1967	Wo-4-
SIMS, Mary E. w/o Gifford	1860	1888	Wo-40
SINDERHAUF, Alfred P.	1890	1932	Wo-62
SINDERHAUF, Carrie L. S.	1885	1958	Wo-62
SINGLETON, James Warren	1880	1926	Wo-63
SIPES, Wallace s/o George L. & M.I.	5 Aug 1897	3 Jul 1913	Wo-114
SIRMAN, Cordelia E.	1873	1933	Wo-87
SIRMAN, Minnie G.	(d.age 33yr)	29 May 1935	Wo-87
SKEETER, Evelyn Pettit	1906	1952	Wo-2
SKEETER, Hilton C. s/o W.C.	22 Jun 1928	7 Sep 1942	Wo-2
SKEETER, Josephine	1882	1934	Wo-41
SKEETER, Marcia S.	1904	none	Wo-2
SKEETER, William C. (Capt.)	1903	1974	Wo-2
SKEETER, William H.	1875	1949	Wo-41
SKIDMORE, Lillie Estelle w/o C.B.	1884	1920	Wo-87
SLOCOMB, Jessie B.	1900	1978	Wo-58
SLOCOMB, Susan	1904	none	Wo-58
SLOCUM, Edward T.	1903	1966	Wo-60
SMACK, Corbie E.	1892	1967	Wo-63
SMACK, Cyrus H.	(d.age 37yr)	4 Aug 1933	Wo-88
SMACK, Edward W. s/o William	23 Nov 1905	11 Mar 1907	Wo-92
SMACK, Ellen	1811	2 Dec 1882	Wo-79
SMACK, Fred L. (WW I, Cpl)	12 Aug 1895	23 Sep 1978	Wo-37
SMACK, Gertrude	(d.age 66yr)	17 May 1909	Wo-72
SMACK, Horace	1877	1910	Wo-79
SMACK, I. William	3 May 1883	18 Dec 1918	Wo-92
SMACK, Infant s/o I.W. & M.H.	14 Dec 1909	14 Dec 1909	Wo-92
SMACK, Isaac W.	4 Dec 1859	2 Jul 1907	Wo-76
SMACK, James	20 Aug 1858	28 Sep 1908	Wo-92
SMACK, James H.	20 Nov 1837	5 Feb 1896	Wo-72
SMACK, James M.	24 Apr 1808	21 Sep 1879	Wo-79
SMACK, James R.	10 Sep 1848	18 Dec 1925	Wo-3
SMACK, Joel	1842	1887	Wo-79
SMACK, John E.	14 Feb 1849	28 Dec 1909	Wo-66

Name	Birth	Death	Location
SMACK, Joseph P.	1918	1945	Wo-63
SMACK, Laura C.	8 Oct 1853	23 Nov 1931	Wo-3
SMACK, Levina S.	29 Mar 1849	13 Jul 1918	Wo-66
SMACK, Nancy S.	25 Oct 1882	12 Sep 1885	Wo-3
SMACK, Radie L. d/o James	16 Oct 1907	30 Dec 1910	Wo-92
SMACK, Rebeckah w/o William	8 Jan 1843	none	Wo-76
SMACK, Sidney T.	(d.age 68yr)	29 Oct 1934	Wo-87
SMACK, Vaughn	1895	1925	Wo-87
SMACK, Venie G.	1901	1972	Wo-37
SMALL, Arenthia	1867	1954	Wo-58
SMALL, Earl R. (WW II)	1918	1971	Wo-58
SMALL, Edward W.	1901	1968	Wo-93
SMALL, Evelyn C.	1921	none	Wo-58
SMALL, George Edward	1931	1933	Wo-61
SMALL, James A. S.	1868	1946	Wo-58
SMALL, Jessie M.	1900	none	Wo-58
SMALL, Margorie C.	1931	1979	Wo-61
SMALL, Sallie R.	1831	1914	Wo-58
SMALL, Stella M.	20 Jun 1898	4 Sep 1919	Wo-58
SMALL, Susan	1904	23 Jun 1980	Wo-93
SMALL, William E.	1893	none	Wo-58
SMITH, Alexander s/o Isaac	(d.age 5yr)	12 Oct 1823	Wo-86
SMITH, Annie L. d/o Jacob & S.	(d.age 21yr)	26 Jun 1885	Wo-69
SMITH, Benjamin Everett	4 Apr 1823	9 May 1882	Wo-84
SMITH, Carl D.	1909	1978	Wo-93
SMITH, Charles A.	1877	1950	Wo-97
SMITH, Charles H.	1900	1956	Wo-60
SMITH, Charles Otto s/o James P.	(d.age 24yr)	2 Apr 1890	Wo-84
SMITH, Charlotte C. Whittington	27 Nov 1815	17 Mar 1845	Wo-86
SMITH, Charlotte E.	23 Jun 1844	13 Apr 1925	Wo-97
SMITH, Charlotte d/o John W.	11 May 1870	17 Aug 1896	Wo-86
SMITH, Clarence W. s/o Jacob	(d.age 4mo)	28 Jun 1887	Wo-69
SMITH, Claude A.	1892	1945	Wo-63
SMITH, David	none	none	Wo-60
SMITH, Effie May d/o J.T.	(d.age 5yr)	6 Aug 1891	Wo-84
SMITH, Elias B.	10 Jan 1828	24 Feb 1894	Wo-86
SMITH, Elizabeth Ringgold w/o G.	(d.age 29yr)	4 May 1855	Wo-84
SMITH, Elizabeth S. w/o Benjamin	18 Jan 1835	6 Jan 1880	Wo-84
SMITH, Elizabeth Taylor	1901	1978	Wo-3
SMITH, Emily w/o Hampden H.	7 Apr 1843	17 Dec 1905	Wo-66
SMITH, Flora E. w/o W. D.	(d.age 19yr)	9 Aug 1891	Wo-67
SMITH, Florence	1882	1888	Wo-69
SMITH, Florence S.	1867	1950	Wo-62
SMITH, Francis D.	1873	1930	Wo-63
SMITH, George s/o Isaac	(d.age 6mo)	12 Jun 1825	Wo-86
SMITH, Glenda V.	1932	none	Wo-58
SMITH, Gordon H. s/o John	(d.age 6mo)	none	Wo-86
SMITH, Hampden H.	13 Oct 1836	23 Mar 1906	Wo-66
SMITH, Harry F.	1913	1972	Wo-63
SMITH, Henrietta E. W.	2 Jan 1808	6 Jun 1884	Wo-86
SMITH, Henrietta W.	1886	1958	Wo-63
SMITH, Hester W.	1868	1944	Wo-96
SMITH, Hilda E.	20 Apr 1901	1 Aug 1919	Wo-53
SMITH, Ida E.	1895	1975	Wo-63
SMITH, Isaac P.	5 Apr 1785	21 Jan 1847	Wo-86

```
SMITH,J. B. s/o Scott, h/o Lyda M.      22 May 1869    18 Sep 1918    Wo-94
SMITH,J. Woodland                        10 Apr 1866    30 Dec 1913    Wo-65
SMITH,James F.                                  1890           1957    Wo-58
SMITH,James P.                           18 Oct 1830    19 Aug 1908    Wo-84
SMITH,Jimmie M.                                 1868           1930    Wo-61
SMITH,John H.                            15 Apr 1840    10 Nov 1897    Wo-66
SMITH,John W.                                   1877           1892    Wo-69
SMITH,John W.                            (d.age44yr)     7 Apr 1851    Wo-86
SMITH,John Walter                         5 Feb 1845    19 Apr 1925    Wo-86
SMITH,John s/o M.C.                             1829           1840    Wo-86
SMITH,Kate                                      none           none    Wo-69
SMITH,Kate K.                                   1890           1978    Wo-58
SMITH,Katherine H.                              1920           1975    Wo-63
SMITH,Leila J.                                  1890           1975    Wo-58
SMITH,Mabel Odis                                1876           1966    Wo-58
SMITH,Mae d/o Samuel R.                  20 Aug 1811     4 Jun 1814    Wo-86
SMITH,Margaret Handy w/o Isaac           17 Jan 1790    18 Oct 1831    Wo-86
SMITH,Margaret Martin Neill w/o I.       26 Feb 1789    13 Sep 1861    Wo-86
SMITH,Mary Ann d/o Samuel R.              6 Jan 1822    24 Dec 1833    Wo-86
SMITH,Mary Brittingham w/o John          14 Apr 1840    13 Aug 1872    Wo-67
SMITH,Mary Frances Richardson            29 Aug 1848     5 Apr 1910    Wo-86
SMITH,Mary G. w/o George P.              12 Mar 1857    18 Sep 1894    Wo-69
SMITH,Mary Grace                          3 Dec 1842    13 Mar 1913    Wo-84
SMITH,Mary Jackson d/o R.V.R. & H.M.            none    13 Nov 1832    Wo-86
SMITH,Mary K.                             6 Aug 1836    28 Aug 1847    Wo-86
SMITH,Mary M.                            25 Jan 1863     1 Apr 1953    Wo-53
SMITH,Mary O. B.                            Aug 1839    13 Aug 1872    Wo-107
SMITH,Mary O. Brittingham w/o John d/o P.B. none        none           Wo-67
SMITH,Mary w/o S.R.                      (d.age36yr)    16 Apr 1815    Wo-86
SMITH,Mary w/o Samuel R.                 (d.age25yr)     7 Sep 1824    Wo-86
SMITH,Nancy H.                                  1873           1951    Wo-97
SMITH,Olivia d/o Isaac P.                 6 Aug 1814    14 Nov 1835    Wo-86
SMITH,P. S.                                     1861           1932    Wo-96
SMITH,Polly w/o Walter                   (d.age74yr)    13 Jan 1819    Wo-86
SMITH,R. Martha                                 1857           1923    Wo-69
SMITH,Robert A.                                 1918           none    Wo-63
SMITH,Rufus T.                           15 Feb 1834    22 Dec 1922    Wo-97
SMITH,Sadie J.                            6 Mar 1872           none    Wo-65
SMITH,Samuel R.                          27 Dec 1776    20 May 1846    Wo-86
SMITH,Selby E.                           (d.age25yr)    10 Sep 1896    Wo-66
SMITH,T. James                                  1846           none    Wo-69
SMITH,Thomas A. (WW II)                         1921           1976    Wo-58
SMITH,Thomas s/o Rev.Wilbur M.           30 Mar 1920     9 Jul 1921    Wo-65
SMITH,Walter                             (d.age59yr)    16 Feb 1799    Wo-86
SMITH,William                            (d.age56yr)     7 Oct 1881    Wo-107
SMITH,William B.                                1885           1960    Wo-58
SMITH,William F.                                1865           1946    Wo-61
SMITH,William T.                          9 Mar 1900     3 Nov 1918    Wo-61
SMULLEN,Alfred G.                               1932           1979    Wo-58
SMULLEN,Arlie                             9 Apr 1891     4 Aug 1970    Wo-114
SMULLEN,Austin M.                               1901           1980    Wo-101
SMULLEN,Bertha F.                        29 Sep 1892    10 Oct 1969    Wo-93
SMULLEN,Bessie M.                        30 Dec 1890    25 Apr 1959    Wo-114
SMULLEN,Billy                                   1857           1941    Wo-93
SMULLEN,C. Henry                         13 Feb 1888    26 Feb 1962    Wo-114
```

```
SMULLEN,Charles W.                             1854              1929    Wo-114
SMULLEN,Dorothy                                1904              1924    Wo-114
SMULLEN,Dortha d/o J./C. & M. J.      4 Oct   1918     6 Jul    1919    Wo-95
SMULLEN,E. Clifton                             1910     9 May    1985    Wo-101
SMULLEN,ELijah H.                              1876              1945    Wo-114
SMULLEN,Earl James s/o I.T. & M V.   28 Oct   1907     6 Nov    1907    Wo-114
SMULLEN,Edna Y.                                1934              none    Wo-58
SMULLEN,Elie                         25 Dec   1810    29 Dec    1882    Wo-114
SMULLEN,Elijah H.                     5 Oct   1841    16 Aug    1908    Wo-114
SMULLEN,Emory Thomas s/o I. T.& M.V. 17 Oct   1916              none    Wo-114
SMULLEN,Gertie E. w/o Elijah H.                1880              none    Wo-114
SMULLEN,Henrietta                    20 May   1826     5 Jan    1912    Wo-93
SMULLEN,Isaac T.                               1873              1957    Wo-114
SMULLEN,James H.                      7 Oct   1863    27 Nov    1890    Wo-114
SMULLEN,James W.                     15 Mar   1852    15 Apr    1918    Wo-95
SMULLEN,John P.                                1854              1911    Wo-106
SMULLEN,Lambert                     (d.age70yr)                  1914    Wo-114
SMULLEN,Lelia                                  1905              1905    Wo-114
SMULLEN,Lola Mae d/o Arthur & Opal             1936              1940    Wo-114
SMULLEN,Maggie Frances d/o I.T.& M.V.25 Nov   1899              none    Wo-114
SMULLEN,Martha                                 1908              1929    Wo-114
SMULLEN,Mary E.                                1863              1936    Wo-114
SMULLEN,Mary F. w/o Elijah           29 Dec   1843    12 Dec    1910    Wo-114
SMULLEN,Mary V.                                1876              1938    Wo-114
SMULLEN,Mary w/o Elie                 8 Aug   1810    15 Nov    1890    Wo-114
SMULLEN,Nona                                   1861              1937    Wo-93
SMULLEN,Norman                                 1906              1908    Wo-114
SMULLEN,Opal P.                       5 Nov   1908     2 Sep    1955    Wo-114
SMULLEN,Priscilla A.                           1865              1964    Wo-101
SMULLEN,Raymond H. s/o I.T. & M.V.   16 Aug   1895    11 Oct    1918    Wo-114
SMULLEN,Rebecca J.                             1854              1929    Wo-106
SMULLEN,Sarah E. d/o C. H. & Maude   29 Mar   1882    15 Apr    1901    Wo-114
SMULLEN,Stephen T.                   10 Jun   1857    12 Mar    1937    Wo-93
SMULLEN,Virginia Lee d/o Arthur & Opal         1942              1948    Wo-114
SMULLEN,Virginia Lee d/o V. L. & Madeline      1928              1929    Wo-114
SMULLEN,William T.                             1902              1968    Wo-101
SMULLEN,William T.                   16 May   1871     9 Oct    1950    Wo-114
SMULLEN,Zenia M.                     16 Apr   1880    24 Sep    1949    Wo-93
SMULLIN,Albert E.                              1850              1911    Wo-60
SMULLIN,Elizabeth R.                           1857              1939    Wo-60
SMULLIN,George s/o Zora              13 Jul   1844    29 May    1875    Wo-60
SMULLIN,John                                   1882              1903    Wo-60
SMULLIN,John T.                                1855              1925    Wo-60
SMULLIN,John T. Jr.                            1890              1979    Wo-60
SMULLIN,Julius J.                              1846              1924    Wo-60
SMULLIN,Louise S.                              1891              1974    Wo-60
SMULLIN,Mary A. w/o Zora             11 Apr   1817     9 Apr    1881    Wo-60
SNOW,Ann J.Wilson w/o Walter P.       8 Sep   1824    18 May    1868    Wo-86
SNOW,Anne Wilson d/o Walter P.       25 Dec   1850    28 Jul    1874    Wo-86
SNOW,Mary Rebecca d/o Walter P.      11 Dec   1853    28 Oct    1860    Wo-86
SNOW,Walter P.                       18 May   1818     1 Feb    1864    Wo-86
SNYDAR,Donald J.                               1907              1972    Wo-58
SNYDAR,Frances M.                              1912              none    Wo-58
SNYDER,Jacob                        (d.age70yr)      22 Dec     1846    Wo-84
SOMERS,D. Herbert                              1897              1965    Wo-58
```

Name	Birth	Death	Plot
SOMERS, Florence J.	1900	none	Wo-58
SOMERS, Lorenzo T.	1893	1957	Wo-63
SOMERS, Mary June	1923	none	Wo-58
SOOT, Annie K. d/o Daniel & Ellen	1873	1925	Wo-72
SOOT, Cornelia	1852	1931	Wo-72
SOOT, Daniel E.	23 Dec 1844	23 Sep 1919	Wo-72
SOOT, Elinor w/o Henry C.	1878	1929	Wo-72
SOOT, Mattie d/o Cornelia	1877	1931	Wo-72
SOOT, Minnie	2 Nov 1875	19 Aug 1906	Wo-72
SPANGLER, Francis M.	3 Apr 1827	4 Jan 1911	Wo-59
SPANGLER, Mary E. w/o Francis	20 Aug 1829	22 Feb 1904	Wo-59
SPARROW, Dessie C.	1908	1974	Wo-58
SPARROW, Henry G.	1889	1974	Wo-58
SPARROW, Howard W. (with Northam)	1899	1942	Wo-58
SPARROW, Kate E.	1890	1965	Wo-58
SPARROW, Leon C.	1906	none	Wo-58
SPARROW, Lottie	1895	none	Wo-58
SPARROW, Marggie	1897	none	Wo-58
SPARROW, William	1889	1971	Wo-58
SPEARS, Gladys M.	1912	1940	Wo-63
SPEARS, Oscar D.	1912	1960	Wo-63
SPENCE, Anna Maria Robins w/o Ara	29 Oct 1798	6 Aug 1827	Wo-86
SPENCE, Anne d/o Irving	24 Nov 1822	10 Aug 1824	Wo-86
SPENCE, Ara (Honorable)	26 Feb 1793	27 May 1866	Wo-86
SPENCE, Elizabeth V. Humphreys w/o I.	17 Jan 1835	28 Jan 1910	Wo-86
SPENCE, Esther R. Purnell w/o T.	27 Dec 1779	11 Jul 1845	Wo-86
SPENCE, George P.	(d.age 56yr)	21 Jun 1869	Wo-86
SPENCE, Harriet Mary Hayward w/o I.	10 May 1828	20 Jun 1853	Wo-84
SPENCE, Irving	19 Nov 1799	11 Jan 1836	Wo-86
SPENCE, Irving s/o Irving	10 Apr 1828	5 Feb 1890	Wo-86
SPENCE, James B. s/o Irving & Magaret	14 Oct 1830	2 Oct 1836	Wo-86
SPENCE, James P. R. s/o Irving	14 Oct 1824	2 Oct 1826	Wo-86
SPENCE, John Fassitt s/o Thomas B.	26 May 1819	29 Jul 1830	Wo-86
SPENCE, John S. (Hon. U.S. Senator)	29 Feb 1788	22 Oct 1840	Wo-67
SPENCE, John S. s/o Lemuel P.	29 Jan 1830	3 Jun 1830	Wo-86
SPENCE, Lemuel P. Sr.	1 Feb 1786	9 Nov 1839	Wo-86
SPENCE, Lemuel P. s/o Lemuel P.	6 Sep 1833	16 Jan 1838	Wo-86
SPENCE, Louis S. Howard s/o John S.	1822	1879	Wo-67
SPENCE, Margaret S. w/o Irving	11 May 1801	6 Mar 1862	Wo-86
SPENCE, Milcah Eleanor w/o Lemuel	5 Feb 1804	15 Aug 1820	Wo-86
SPENCE, Priscilla A. Wilson w/o A.	3 Apr 1813	12 Oct 1837	Wo-86
SPENCE, S. M. w/o Hon. John S.	2 Aug 1790	7 Dec 1850	Wo-67
SPENCE, Thomas Robins	19 Jan 1820	16 Aug 1831	Wo-86
SPENCE, Thomas Robins s/o Irving	19 Jan 1850	16 Aug 1850	Wo-86
SPENCE, Virginia d/o Irving	10 Apr 1869	21 Jun 1870	Wo-86
SPENCE, Z. P. s/o John S. & S.M.	3 Apr 1816	8 Jan 1868	Wo-67
SPENCER, Benjamin	25 Dec 1832	23 May 1908	Wo-87
SPENCER, Dolly V.	1889	1920	Wo-87
SPENCER, Emma B. d/o James T.	29 May 1885	21 Jul 1886	Wo-87
SPENCER, Eva E. E. d/o John E.	(d.age 1yr)	5 Dec 1857	Wo-87
SPENCER, Henreitta w/o Benjamin	30 May 1845	11 Jul 1886	Wo-87
SPENCER, James T. H.	23 May 1840	3 Aug 1902	Wo-87
SPENCER, John	30 Mar 1783	22 Jul 1860	Wo-87
SPENCER, John E.	(d.age 26yr)	26 Jan 1856	Wo-87
SPENCER, John W. s/o John E.	(d.age 2yr)	18 Sep 1855	Wo-87

Name	Birth	Death	Location
SPENCER, Margaretta A. d/o John	6 Dec 1843	7 Jan 1860	Wo-87
SPENCER, Mary Elizabeth d/o John	4 Mar 1838	28 Oct 1856	Wo-87
SPENCER, Rosetta H. d/o Benjamin	23 Jun 1845	6 Nov 1885	Wo-63
SPENCER, Sarah w/o John	(d.age51yr)	23 Feb 1858	Wo-87
SPENCER, William Henry s/o John	1 Oct 1860	29 Jan 1858	Wo-87
SPERRY, Harvey J.	(d.age20yr)	1 Jan 1880	Wo-84
SPIDE, Frank L.	1882	1939	Wo-62
SPIDE, Georgia L.	1885	1933	Wo-62
SPIDE, Maggie	1860	1909	Wo-62
SPIDE, Mary	1885	1916	Wo-62
SPIDE, Michael	1847	1914	Wo-62
SPIDE, Naomi	none	Jul 1913	Wo-62
SPURRIER, Henry Clay	1875	1932	Wo-87
SPURRIER, Mary Esther	none	none	Wo-87
SPURRIER, William R.	23 Jul 1848	18 Feb 1902	Wo-86
STAGG, Albert M. s/o Montgomery	31 Aug 1888	1 Jul 1889	Wo-44
STAGG, Bessie A. d/o Montgomery & Lucy	3 Aug 1886	7 Jul 1887	Wo-44
STAGG, Kate T. B. Imlay	1855	1947	Wo-62
STAGG, Laura Catherine w/o Robert	21 Aug 1871	17 Sep 1909	Wo-84
STAGG, Lucy M. w/o Theodore	30 Dec 1825	13 Jan 1892	Wo-62
STAGG, Sarah M.	1855	1941	Wo-62
STAGG, Theodore	21 Feb 1822	9 Apr 1905	Wo-62
STANFORD, Edith Spencer	26 Oct 1886	20 Aug 1912	Wo-87
STANFORD, Eva	18 Nov 1876	9 Feb 1933	Wo-87
STANFORD, Olivia	22 Dec 1852	7 Mar 1912	Wo-87
STANFORD, Sarah Mae	1905	1959	Wo-38
STANT, Elizabeth C.	none	1927	Wo-63
STANT, Linwood	1921	1944	Wo-63
STANT, Mannian	1890	1935	Wo-63
STANT, Myrtle F.	1900	1977	Wo-63
STANT, Patricia Rae	none	1941	Wo-63
STATON, Alice	none	6 Aug 1879	Wo-107
STATON, Alice May d/o Geo.W.	29 Jan 1851	5 Aug 1879	Wo-67
STATON, Elizabeth A. w/o George W.	(d.age51yr)	23 Jan 1859	Wo-67
STATON, John W.	3 Apr 1823	28 Jan 1889	Wo-66
STATON, John Warner	4 Jan 1873	17 Mar 1932	Wo-86
STATON, Louise Ann w/o Warner M.	25 Dec 1859	9 Mar 1915	Wo-5
STATON, Mamy A. d/o W.M.& Louisa	9 Jun 1883	10 Feb 1884	Wo-5
STATON, Margaret Bessie	(d.age93yr)	7 Apr 1977	Wo-101
STATON, Mary Margaret w/o John W.	15 Nov 1843	6 Jun 1910	Wo-66
STATON, Mary Robinson Kirkwood w/o J.	29 Jul 1876	20 Mar 1930	Wo-86
STATON, Richard W.	(d.age58yr)	30 Jun 1972	Wo-101
STATON, Warner M.	22 Jan 1856	11 Aug 1930	Wo-5
STEBBINS, Joseph s/o S.R. & Susan	(d.age3yrs)	4 May 1876	Wo-40
STEPHENS, Charlie L.	25 Jan 1875	26 Feb 1915	Wo-69
STEPHENS, Collins C.	1852	1941	Wo-58
STEPHENS, Elizabeth	1856	1942	Wo-58
STEPHENS, Henry B.	2 Jul 1828	5 Aug 1890	Wo-66
STEPHENS, Jane	17 Aug 1828	6 Apr 1906	Wo-66
STEPHENS, Joshua J.S.	11 Mar 1856	16 Mar 1921	Wo-69
STEPHENS, Sarah E.	1864	1927	Wo-62
STERLING, Adella	22 Nov 1866	none	Wo-86
STERLING, Daisy L.	1896	1935	Wo-58
STERLING, Mary Ann Collins w/o L.J.	(d.age20yr)	9 Mar 1877	Wo-66
STERLING, Mary E. w/o T.W.	(d.age54yr)	28 Jan 1878	Wo-86

Name	Birth	Death	Location
STERLING, Nancy Clarke (with Taylor)	1886	1959	Wo-58
STEVENS, A. Hartley Jr.	1902	1975	Wo-60
STEVENS, A. J.	24 Jul 1882	29 Jan 1886	Wo-60
STEVENS, A. L. Jr.	26 Aug 1944	1 Jun 1968	Wo-101
STEVENS, A. Sidney	(d.age52yr)	21 Jul 1872	Wo-60
STEVENS, Amanda B.	1854	1937	Wo-60
STEVENS, Amanda J.	31 Mar 1851	4 Mar 1911	Wo-88
STEVENS, Apheus Hartley	1865	1937	Wo-60
STEVENS, Baby s/o B.M.& Myrtle	1938	1938	Wo-63
STEVENS, Brantley M.	1915	1971	Wo-63
STEVENS, Cynthia	1880	1943	Wo-60
STEVENS, Edward C.	6 May 1885	27 Jan 1919	Wo-60
STEVENS, Ella w/o Ephraim	17 Sep 1853	9 Jul 1876	Wo-61
STEVENS, Ephraim A.	8 Oct 1849	11 Aug 1895	Wo-61
STEVENS, Evelyn Byrd	none	1938	Wo-62
STEVENS, Florence P.	1865	1935	Wo-60
STEVENS, Harry H.	31 Oct 1868	30 Mar 1905	Wo-60
STEVENS, Harry H. s/o Harry H.	13 May 1892	3 Jun 1892	Wo-60
STEVENS, J. Edward	29 Jan 1884	9 Sep 1910	Wo-88
STEVENS, J. Elwood (Woody)	1907	1978	Wo-60
STEVENS, John D.	8 Sep 1831	31 Mar 1905	Wo-60
STEVENS, Josiah F.	10 Jan 1840	19 Aug 1900	Wo-88
STEVENS, Julia	18 Jul 1851	28 Oct 1927	Wo-5
STEVENS, Lillian DeW.	1870	1960	Wo-60
STEVENS, Mabel D. w/o John	1894	1928	Wo-62
STEVENS, Mabel Davis d/o John	1928	1928	Wo-62
STEVENS, Marian d/o Alex H.& Stella	1892	1943	Wo-60
STEVENS, Marie H.	1918	none	Wo-63
STEVENS, Mary W.	1860	1938	Wo=61
STEVENS, Matilda J. w/o Rufus	5 Dec 1839	30 Mar 1893	Wo-60
STEVENS, Minnie	1883	1977	Wo-60
STEVENS, Mollie R.	1909	none	Wo-60
STEVENS, Priscilla Clark	1852	1910	Wo-62
STEVENS, Rufus H.	1817	1893	Wo-60
STEVENS, Ruth Tyree w/o John H.	1899	1924	Wo-60
STEVENS, S. Bayard	17 Jun 1876	17 Oct 1876	Wo-61
STEVENS, S. C.	none	none	Wo-5
STEVENS, Sarah L. w/o E. A.	1 Feb 1886	26 Jul 1906	Wo-61
STEVENS, Silas	1839	1901	Wo-62
STEVENS, Stella Adkins	1863	1952	Wo-60
STEVENS, Sue R.	none	none	Wo-60
STEVENS, W. Sidney	1890	1971	Wo-60
STEVENS, William J.	(d.age55yr)	24 Mar 1933	Wo-88
STEVENS, William Reese	1882	1932	Wo-60
STEVENS, William Sidney	1870	1936	Wo-60
STEVENS, William T. (Thad)	1880	1973	Wo-60
STEVENS, Winifred Dale	1874	1901	Wo-62
STEVENSON, Amelia H. w/o L.J.	7 Nov 1855	16 Aug 1896	Wo-62
STEVENSON, Ann Grace	1844	1925	Wo-61
STEVENSON, Beatrice	1893	1967	Wo-60
STEVENSON, Benjamin B.	1890	1951	Wo-63
STEVENSON, Betie M.	1850	1937	Wo-60
STEVENSON, Clarence E.	25 Sep 1857	24 Aug 1919	Wo-63
STEVENSON, Dorothy M.	1907	1978	Wo-60
STEVENSON, Edith	1893	1936	Wo-60

Name	Birth	Death	Location
STEVENSON, Edward	11 Feb 1771	22 Sep 1816	Wo-60
STEVENSON, Elizabeth Hearn w/o James	1 Aug 1851	15 Oct 1913	Wo-60
STEVENSON, Elizabeth gr.m/o J.Horsey	10 Jul 1778	5 Jul 1855	Wo-60
STEVENSON, Elizabeth w/o James	(d.age 51yr)	22 Nov 1871	Wo-60
STEVENSON, Elnora d/o Thomas F.	31 Aug 1851	31 May 1855	Wo-60
STEVENSON, Emma Barnes	1878	1970	Wo-60
STEVENSON, Emma L.	1888	1971	Wo-63
STEVENSON, Francis A. d/o Henry M.	11 Oct 1850	11 Jun 1882	Wo-61
STEVENSON, Frank	1865	1892	Wo-63
STEVENSON, Frank	1879	1924	Wo-60
STEVENSON, Harriett C. H.	1804	1853	Wo-60
STEVENSON, Hattie V.	1892	1962	Wo-63
STEVENSON, Henny Aralanta	4 Oct 1820	3 Aug 1828	Wo-6
STEVENSON, Henry Martin	12 Jul 1812	17 Jun 1854	Wo-110
STEVENSON, Hilda G.	1896	1970	Wo-60
STEVENSON, Howard F.(Col.)	1920	1978	Wo-60
STEVENSON, Hugh Saunders	25 Feb 1823	4 Feb 1909	Wo-86
STEVENSON, Ira T.	1853	1930	Wo-61
STEVENSON, Jacob E.	1842	1926	Wo-61
STEVENSON, James	28 Oct 1794	23 Jan 1861	Wo-60
STEVENSON, James A. s/o Jacob	(d.age 1yr)	2 Aug 1877	Wo-61
STEVENSON, James G.	22 Jan 1847	1 Aug 1920	Wo-60
STEVENSON, James G. s/o James	23 Dec 1888	27 Jun 1889	Wo-60
STEVENSON, Jane Catherine w/o H.	6 Mar 1844	13 Sep 1882	Wo-86
STEVENSON, John H. s/o James	(d.age 5mo)	14 Mar 1876	Wo-60
STEVENSON, John Stevenson	1807	1867	Wo-60
STEVENSON, Joseph C.	1886	1977	Wo-60
STEVENSON, Kate Meekins	1868	1917	Wo-60
STEVENSON, Laura R.	1884	1958	Wo-60
STEVENSON, Lillian Elsie d/o Ira	12 Mar 1880	24 Sep 1880	Wo-61
STEVENSON, Lilly M.	1857	1951	Wo-61
STEVENSON, Louis M. s/o L.J.	4 Jul 1888	6 Jun 1907	Wo-62
STEVENSON, Lucille P.	1889	none	Wo-60
STEVENSON, Lydia Martha A.	13 Dec 1832	26 Jul 1844	Wo-6
STEVENSON, Lynn W.	1891	1938	Wo-60
STEVENSON, Marcia Gibbons w/o Wm.M.	(d.age 90yr)	Mar 1981	Wo-60
STEVENSON, Margaret	none	13 Apr 1850	Wo-61
STEVENSON, Marion Hall	22 Sep 1854	6 Feb 1917	Wo-60
STEVENSON, Martha H. w/o Hugh	30 May 1792	3 Sep 1862	Wo-6
STEVENSON, Mary A.	1871	1955	Wo-63
STEVENSON, Minnie C.	1880	1974	Wo-60
STEVENSON, Mollie W. w/o Thomas J.	29 May 1896	8 Nov 1975	Wo-101
STEVENSON, Mrs. Harriett J.	10 Sep 1803	19 Sep 1894	Wo-65
STEVENSON, Nancy w/o Edward	1782	1843	Wo-60
STEVENSON, Nancy w/o W.	17 Mar 1774	17 Dec 1854	Wo-86
STEVENSON, Naomi D.	1901	1973	Wo-60
STEVENSON, R. M.	1845	1915	Wo-60
STEVENSON, R. P.	31 Oct 1877	15 May 1916	Wo-60
STEVENSON, Riley Polk	1877	1916	Wo-60
STEVENSON, Riley Polk	1908	1965	Wo-60
STEVENSON, Rosa M. w/o Thomas F.	30 Sep 1818	14 Dec 1888	Wo-60
STEVENSON, Rose P.	1855	1934	Wo-63
STEVENSON, Sallie A. d/o L.J.	16 Apr 1881	23 Jul 1885	Wo-62
STEVENSON, Sarah E. w/o James W.	27 Oct 1835	15 Jul 1897	Wo-63
STEVENSON, Stella d/o Jacob	(d.age 5da)	7 Jul 1866	Wo-61

Name	Birth	Death	Location
STEVENSON, Thomas F.	9 Nov 1816	22 Jun 1894	Wo-60
STEVENSON, Thomas J.	6 Apr 1897	22 Jul 1952	Wo-101
STEVENSON, Upshur P.	1880	1937	Wo-60
STEVENSON, Vernon P.	1883	1937	Wo-60
STEVENSON, Vernon R. WWII	28 Jan 1927	23 Jul 1952	Wo-101
STEVENSON, Vesta	1886	1946	Wo-60
STEVENSON, W.	19 Jun 1768	3 Feb 1825	Wo-86
STEVENSON, Willard J.	1881	1955	Wo-60
STEVENSON, William Jefferson	1859	1924	Wo-63
STEVENSON, William M.	1870	1926	Wo-60
STEVENSON, Willie E.	1875	1977	Wo-60
STEVENSON, Willie T. s/o R.M.	21 Aug 1875	27 Jul 1877	Wo-60
STEWARD, Susan F. w/o John F.	21 May 1854	5 Nov 1884	Wo-40
STEWART, Emma E. d/o William	(d.age 4mo)	15 Nov 1875	Wo-84
STEWART, John W.	1854	1940	Wo-40
STEWART, Larretta J. (Laura)	1867	1893	Wo-40
STICKNEY, Elizabeth	1893	1951	Wo-58
STICKNEY, H. Courtney	1930	1969	Wo-58
STICKNEY, Raymond	1893	1967	Wo-58
STRATTON, Sarah d/o Rev.Samuel C.	(d.age 1yr)	25 Jul 1829	Wo-84
STRAUGHN, David H.	1 Jul 1831	24 Sep 1906	Wo-87
STRAUGHN, Eliza Jane d/o David	21 Feb 1870	14 Mar 1870	Wo-87
STRAUGHN, Helen B. d/o David H.	2 Oct 1880	12 Feb 1895	Wo-87
STRAUGHN, Henry L. s/o David H.	26 Sep 1862	2 Oct 1862	Wo-87
STRAUGHN, Infant d/o David & Mary	31 Jan 1874	1 Feb 1874	Wo-87
STRAUGHN, Maggie Leah d/o David	7 Feb 1869	14 Jun 1869	Wo-87
STRAUGHN, Mary O. w/o David H.	3 Sep 1839	4 May 1918	Wo-87
STRAUGHN, Toby s/o David H.	20 Mar 1867	14 Dec 1868	Wo-87
STRAUGHN, William D. Dr.	1863	1913	Wo-87
STREETS, Helen Virginia Crossland	1922	30 Nov 1985	Wo-93
STRICKLAND, Alfred G.	31 May 1866	22 Dec 1906	Wo-37
STRICKLAND, Lois C. d/o Alfred G.	19 Aug 1888	18 Jul 1902	Wo-37
STROUD, Mary Emma McGee w/o William	10 Dec 1858	14 Dec 1920	Wo-63
STROUD, William A.	1857	1943	Wo-63
STRYEWSKI, Edward	none	1917	Wo-88
STURGIS, A. D.	1846	1910	Wo-87
STURGIS, Ada V.	1867	1925	Wo-86
STURGIS, Alfred S. s/o Russell D.	3 Aug 1929	3 Aug 1929	Wo-37
STURGIS, Andasia Evans w/o John	(d.age 72yr)	none	Wo-65
STURGIS, Annie w/o Thomas	(d.age 61yrs)	29 Feb 1912	Wo-3
STURGIS, Barney F.	1883	1941	Wo-60
STURGIS, Blanche T.	1876	1947	Wo-63
STURGIS, Cecilia May d/o John M.	20 Sep 1878	8 Jul 1879	Wo-63
STURGIS, Charlotte Ann w/o James	(d.age 33yr)	3 Aug 1839	Wo-67
STURGIS, Cora M.	1886	1957	Wo-60
STURGIS, Daisy Estelle	1874	1928	Wo-61
STURGIS, Edna I.	23 Jun 1884	19 Oct 1911	Wo-88
STURGIS, Edward	17 Aug 1876	28 Aug 1930	Wo-73
STURGIS, Eliza w/o John O.	6 May 1804	13 Sep 1867	Wo-86
STURGIS, Elizabeth J.	13 May 1833	29 Sep 1906	Wo-37
STURGIS, Ella M. w/o John	1876	1956	Wo-59
STURGIS, Ernest S.	1871	1933	Wo-63
STURGIS, Frances E. s/o J.T.M.	(d.age 4mo)	3 Dec 1877	Wo-63
STURGIS, Glenworth	1882	1922	Wo-87
STURGIS, Harriett Mitchell w/o J.	(d.age 22yr)	22 Dec 1853	Wo-62

Name	Born	Died	Location
STURGIS, Howard Neil Jr.	4 Dec 1919	14 Feb 1977	Wo-3
STURGIS, Irving S.	8 Sep 1842	21 Aug 1910	Wo-87
STURGIS, Jacob B. s/o J.H.	22 May 1860	27 Jun 1873	Wo-84
STURGIS, Jacob H.	6 Oct 1820	7 Feb 1895	Wo-84
STURGIS, James L.	1884	1921	Wo-63
STURGIS, James s/o L.J.& Sarah	none	none	Wo-67
STURGIS, Jane Taylor	22 Sep 1844	30 Jun 1922	Wo-72
STURGIS, Jane Wilson w/o John	none	none	Wo-65
STURGIS, Jeannette P.	1848	1927	Wo-40
STURGIS, Joanna Truitt w/o William	24 Jan 1853	16 Jan 1876	Wo-87
STURGIS, John	1876	1963	Wo-59
STURGIS, John	(d.age 70yr)	none	Wo-65
STURGIS, John D.	18 Feb 1818	13 May 1898	Wo-73
STURGIS, John H.	7 Dec 1842	10 Feb 1876	Wo-86
STURGIS, John Irving	12 Jan 1842	5 Nov 1898	Wo-86
STURGIS, John O.	1 May 1803	7 Dec 1872	Wo-86
STURGIS, John T. M.	1849	1925	Wo-63
STURGIS, Joseph Bryon s/o John T.	14 Jun 1880	17 Sep 1880	Wo-63
STURGIS, Julia F. w/o John T.	d.age 18yr)	17 Aug 1871	Wo-61
STURGIS, Laura Virginia d/o John	none	24 Jun 1855	Wo-62
STURGIS, Lelia Moore d/o John T.	25 Jun 1886	17 Oct 1886	Wo-63
STURGIS, Lena M.	1875	1968	Wo-63
STURGIS, Louisa Jane d/o James W.	18 Sep 1845	30 Sep 1847	Wo-67
STURGIS, Lucretia	none	none	Wo-63
STURGIS, M. Ella d/o Maurice	8 Mar 1874	8 Sep 1900	Wo-72
STURGIS, Martha Jane	24 Sep 1824	21 Aug 1910	Wo-87
STURGIS, Mary	1827	1915	Wo-65
STURGIS, Mary E.	(d.age 77yr)	24 Apr 1933	Wo-87
STURGIS, Mary E. w/o J.H.	7 Feb 1838	2 Jul 1884	Wo-84
STURGIS, Mary Jane d/o James W.L.	(d.age 11mo)	2 Sep 1839	Wo-67
STURGIS, Mary P.	(d.age 8yr)	17 Nov 1929	Wo-87
STURGIS, Mary Tabitha d/o John	23 Jan 1888	8 May 1888	Wo-63
STURGIS, Mary w/o William	1808	1851	Wo-87
STURGIS, Maurice W.	12 Mar 1833	14 May 1833	Wo-72
STURGIS, Morris W. s/o B.F.	30 Apr 1907	26 Aug 1907	Wo-72
STURGIS, Phoebe J.	16 Apr 1848	18 Aug 1905	Wo-86
STURGIS, Rebecca T.	17 Feb 1833	2 Jul 1900	Wo-86
STURGIS, Sarah E. McAllen w/o Ephraim	1815	1883	Wo-63
STURGIS, Sarah V. w/o John T.	1859	1952	Wo-60
STURGIS, Sidney Wilson s/o James	(d.age 3yr)	29 Jul 1839	Wo-67
STURGIS, Thomas	(d.age 42yrs)	6 May 1888	Wo-3
STURGIS, William	17 Mar 1840	8 Apr 1917	Wo-87
STURGIS, William E.	(d.age 63yr)	6 Feb 1935	Wo-87
STURGIS, William H.	1845	1929	Wo-40
STURGIS, William N.	1868	1936	Wo-61
STURGIS, William Sr.	1804	1870	Wo-87
STURGIS, Zadock	(d.age 47yr)	27 Nov 1935	Wo-87
SUDLER, John D.	21 Jun 1812	11 Apr 1866	Wo-61
SWIFT, Bradford W. s/o R.E.& S.B.	1 Jul 1856	26 Apr 1887	Wo-65
SWIFT, Reuben Eldridge s/o B.W.	4 Dec 1884	23 Aug 1885	Wo-65
TALTON, Anna C.	1900	none	Wo-61
TALTON, Roland T.	1899	1976	Wo-61
TAPMAN, Emeret W. w/o Jessie	15 Dec 1839	2 May 1899	Wo-53
TAPMAN, Jessie L.	14 Jan 1835	16 Nov 1910	Wo-53
TARR, Annie	1875	1947	Wo-61

Name	Birth	Death	Location
TARR, Annie L.	1917	1917	Wo-61
TARR, Arthur T.	1890	1891	Wo-2
TARR, Arthur T.	1893	1975	Wo-2
TARR, Billie Louise Luce	none	17 Jul 1980	Wo-114
TARR, Carrie L.	21 Dec 1882	30 Apr 1935	Wo-2
TARR, Charles J.	26 Jul 1848	12 Aug 1878	Wo-65
TARR, Charles L.	1875	1963	Wo-37
TARR, Charlie P. s/o Nancy J.	11 Dec 1882	10 Jan 1899	Wo-2
TARR, Charlotte E w/o Isaac	11 Mar 1819	17 Apr 1894	Wo-65
TARR, Clara Doughty w/o John	24 Oct 1877	7 Nov 1901	Wo-2
TARR, Clara E. w/o Ernest M.	23 Jan 1897	19 Dec 19--	Wo-114
TARR, Clara w/o John	24 Oct 1877	7 Nov 1901	Wo-2
TARR, Darrell Gene	25 Jul 1954	10 Dec 1972	Wo-114
TARR, Edenia W. d/o A. H.	7 Nov 1893	7 Nov 1907	Wo-61
TARR, Edith B.	1892	1892	Wo-2
TARR, Edward H.	1878	1950	Wo-2
TARR, Elizabeth Jane	12 Sep 1847	7 Dec 1926	Wo-40
TARR, Ernest M.	25 Sep 1894	25 Jul 1953	Wo-114
TARR, Ethel M.	1913	1934	Wo-114
TARR, Eva	4 Oct 1801	28 Aug 1909	Wo-72
TARR, Frank E.	1887	1945	Wo-2
TARR, Frank F.	1880	1958	Wo-37
TARR, George W. s/o Thomas R.	23 Dec 1878	20 Nov 1879	Wo-73
TARR, Horace B.	13 Jul 1901	6 Feb 1902	Wo-2
TARR, Isaac	6 Mar 1919	27 Nov 1882	Wo-65
TARR, Jerry Wayne	5 Sep 1946	26 Jan 1947	Wo-114
TARR, John I.	15 Feb 1816	4 Jun 1892	Wo-53
TARR, John T. Jr	1815	1899	Wo-2
TARR, Joseph S.	1874	1938	Wo-40
TARR, Josephine	1878	1952	Wo-37
TARR, Levenia E.	1861	1938	Wo-2
TARR, Lillie T. Smullen	4 Aug 1885	14 Jul 1933	Wo-106
TARR, Lloyd F.	28 Apr 1878	9 Jan 1933	Wo-2
TARR, Lloyd W.	1865	1938	Wo-61
TARR, M. Earle (WW I)	1899	1979	Wo-58
TARR, Major W.	7 Feb 1868	30 Aug 1894	Wo-40
TARR, Marie H.	1906	none	Wo-2
TARR, Mary Alice	1850	1920	Wo-53
TARR, Mary E.	3 Oct 1840	14 Jan 1861	Wo-65
TARR, Mary Hester Robinson w/o Thomas	22 Jan 1853	10 May 1929	Wo-73
TARR, Mary L. w/o William T.	9 May 1872	26 Jan 1931	Wo-71
TARR, Mickey Dale	7 Nov 1850	23 Feb 1968	Wo-114
TARR, Milton E.	1902	1977	Wo-37
TARR, Minnie V. d/o William T.	25 Aug 1887	6 Jan 1908	Wo-72
TARR, Myrtle E.	1894	1977	Wo-2
TARR, Nancy Jane	1857	1899	Wo-2
TARR, Naomi G.	1882	1965	Wo-2
TARR, Nettie V.	1865	1950	Wo-37
TARR, Ora Odelle	1871	1931	Wo-53
TARR, Paul C.	1897	1973	Wo-58
TARR, Peter	none	1955	Wo-114
TARR, Peter O.	23 Aug 1842	28 Nov 1910	Wo-58
TARR, Pruella S.	1900	none	Wo-37
TARR, Rosetta w/o Wilmer F.	9 Mar 1840	30 May 1905	Wo-38
TARR, Sadie E.	1876	1929	Wo-37

TARR, Sallie E. w/o Peter	10 Jun 1835	28 Feb 1899	Wo-58
TARR, Sallie R.	9 Sep 1882	3 Mar 1919	Wo-40
TARR, Samuel H.	(d.age54yr)	22 Oct 1901	Wo-2
TARR, Samuel L.	1903	1971	Wo-2
TARR, Sarah E. d/o Lloyd W.	16 Aug 1909	18 Jan 1910	Wo-61
TARR, Thomas L.	1871	1949	Wo-37
TARR, Thomas R.	3 Sep 1846	15 Aug 1922	Wo-73
TARR, Viola G.	1892	1978	Wo-2
TARR, Viola Pilchard	1888	1978	Wo-58
TARR, Wilber Ernest	16 May 1918	20 Sep 1979	Wo-114
TARR, William C.	1854	1933	Wo-2
TARR, William E.	5 Jan 1843	4 Jan 1874	Wo-65
TARR, William T. Jr.	30 Mar 1863	none	Wo-71
TARR, Wilmer F. (Capt.)	10 Mar 1834	12 Dec 1909	Wo-38
TATE, Douglas R.	1877	1934	Wo-61
TATMAN, Cornelia B. w/o William H.	(d.age44yr)	16 Nov 1890	Wo-62
TATMAN, Edna P. Bonneville w/o A.	1881	1921	Wo-86
TATMAN, John H.	1882	1936	Wo-63
TATMAN, Upshur L.	1923	1971	Wo-63
TATMAN, Vianna Byrd	1931	1959	Wo-63
TATMAN, Vianniar	1882	1972	Wo-63
TATMAN, W. H.	(d.age70yr)	25 Nov 1908	Wo-62
TAYLOR, Allie d/o W.L.& M.E.	(d.age 6mo)	5 Feb 1872	Wo-65
TAYLOR, Alma T.	1916	1934	Wo-63
TAYLOR, Annie	1871	1939	Wo-41
TAYLOR, Annie Elizabeth	1855	1924	Wo-86
TAYLOR, Annie M.	6 Feb 1878	19 Jun 1923	Wo-66
TAYLOR, Arie J.	1910	1965	Wo-58
TAYLOR, Arthur W. s/o William H.	29 Oct 1819	17 Nov 1857	Wo-65
TAYLOR, Augustine W.	(d.age38yr)	27 Feb 1854	Wo-84
TAYLOR, Barnabas	12 Aug 1815	24 Aug 1889	Wo-40
TAYLOR, Benjamin Jones	19 Jan 1840	29 Aug 1888	Wo-67
TAYLOR, Brenda S.	1959	1960	Wo-101
TAYLOR, C. T.	none	none	Wo-62
TAYLOR, Charles C. s/o William	27 Aug 1877	10 Nov 1919	Wo-3
TAYLOR, Charlie E.	1899	1933	Wo-41
TAYLOR, Charlotte w/o Josiah F.	(d.age62yr)	11 Jan 1894	Wo-86
TAYLOR, Child s/o Dr.J. H.	none	17 Aug 1869	Wo-65
TAYLOR, Clara Louise d/o Francis & M.	27 Dec 1893	1 Dec 1899	Wo-3
TAYLOR, Clarence J.	1897	1971	Wo-58
TAYLOR, Clarence W.	1888	1970	Wo-56
TAYLOR, Clifton Matthews	none	none	Wo-58
TAYLOR, Cyrus E. s/o Dr.J. H.	30 May 1864	26 Jun 1864	Wo-65
TAYLOR, Cyrus W. (Rev.)	(d.age21yr)	2 May 1887	Wo-66
TAYLOR, David H.	1863	1957	Wo-40
TAYLOR, David Neer s/o C.T.	29 Dec 1870	20 May 1883	Wo-62
TAYLOR, Della J. d/o Levin & Jane	1 Sep 1977	21 Aug 1883	Wo-97
TAYLOR, E. Washington	28 Apr 1855	20 May 1919	Wo-56
TAYLOR, Edgar Donald s/o C.T.	6 Sep 1881	12 Sep 1882	Wo-62
TAYLOR, Edgar T.	1898	1978	Wo-58
TAYLOR, Edgar T. Jr.	none	none	Wo-58
TAYLOR, Edwin H.	3 Jan 1861	1937	Wo-3
TAYLOR, Elias s/o James	23 Jun 1816	16 Mar 1855	Wo-43
TAYLOR, Elizabeth A. w/o David	1863	1925	Wo-40
TAYLOR, Elizabeth Watson w/o James	3 Feb 1822	28 Sep 1882	Wo-43

TAYLOR,Ella M. d/o H.D.& M.E.	26 Jan 1856	8 Feb 1894	Wo-66
TAYLOR,Emerson A.	4 Jan 1883	14 Sep 1971	Wo-56
TAYLOR,Emily Jones w/o John E.	24 Apr 1824	21 Jul 1851	Wo-87
TAYLOR,Emma Pilchard	1890	1968	Wo-3
TAYLOR,Essie V.	1910	none	Wo-58
TAYLOR,Eugene C. s/o William J.	6 Mar 1869	22 Nov 1890	Wo-69
TAYLOR,Eva F.	none	none	Wo-58
TAYLOR,Evelyn Sterling	1913	1975	Wo-58
TAYLOR,Florence K.	15 Sep 1858	12 Aug 1909	Wo-66
TAYLOR,Flossie w/o Frank T.	19 Oct 1890	11 Jan 1919	Wo-3
TAYLOR,Francis T.	1848	1906	Wo-3
TAYLOR,Frank T.	1887	1972	Wo-3
TAYLOR,Frank T.	1893	1973	Wo-56
TAYLOR,Fred C. s/o E.W.& S.V.	31 Aug 1895	14 Apr 1916	Wo-56
TAYLOR,Frederic H. s/o Silas W.	9 Aug 1874	31 Oct 1974	Wo-66
TAYLOR,George M.	15 Feb 1845	23 Oct 1919	Wo-88
TAYLOR,Goldie L.	1898	none	Wo-58
TAYLOR,Hannah w/o Jesse	15 Oct 1833	20 Dec 1909	Wo-65
TAYLOR,Harry Francis	1886	1948	Wo-3
TAYLOR,Hattie E.	8 Oct 1880	23 Dec 1960	Wo-56
TAYLOR,Hazel McGee	1903	1969	Wo-63
TAYLOR,Hettie N.	1882	1964	Wo-3
TAYLOR,Hetty Handy w/o James T.	(d.age39yr)	25 Feb 1835	Wo-84
TAYLOR,Howard D. s/o Silas W.	16 Aug 1882	22 Mar 1887	Wo-66
TAYLOR,Irvin M.	1913	none	Wo-63
TAYLOR,Irvin M.	1934	1934	Wo-63
TAYLOR,Irving A. s/o Dr.J.H.	(d.age 4yr)	11 Jan 1870	Wo-65
TAYLOR,J. Hillary (Dr.)	(d.age34yr)	23 Jan 1870	Wo-65
TAYLOR,James	9 Mar 1784	8 Oct 1822	Wo-84
TAYLOR,James S.	14 Feb 1829	23 Apr 1909	Wo-79
TAYLOR,Jane C.	4 Mar 1841	4 Aug 1916	Wo-69
TAYLOR,Jennie S.	1882	1964	Wo-58
TAYLOR,John	24 Jun 1818	22 Jan 1907	Wo-40
TAYLOR,John C.	1857	1923	Wo-40
TAYLOR,John J.	10 Dec 1837	10 Mar 1907	Wo-72
TAYLOR,John M.	1898	1966	Wo-58
TAYLOR,John M.	27 Jan 1878	1 Sep 1895	Wo-87
TAYLOR,John Madison	24 Nov 1807	19 Aug 1886	Wo-65
TAYLOR,John S.	1835	1910	Wo-60
TAYLOR,John S. P.	11 Jul 1819	23 Nov 1856	Wo-87
TAYLOR,John T.	17 Feb 1780	11 Dec 1849	Wo-84
TAYLOR,John W.	12 Mar 1844	5 Mar 1898	Wo-87
TAYLOR,Johnnie s/o W.L.& M.E.	(d.age 6mo)	8 Feb 1872	Wo-65
TAYLOR,Joseph H.	4 Mar 1845	4 Nov 1919	Wo-66
TAYLOR,Josiah F.	(d.age78yr)	7 Jan 1894	Wo-86
TAYLOR,Junior	1945	1947	Wo-58
TAYLOR,Kendal B.	24 Nov 1827	4 Jan 1900	Wo-66
TAYLOR,Laura A.	25 Feb 1909	17 May 1909	Wo-3
TAYLOR,Laura A. w/o George M.	13 Jan 1852	1 Sep 1915	Wo-88
TAYLOR,Laura A. w/o James A.	29 Dec 1870	9 Mar 1891	Wo-1
TAYLOR,Laura E.	31 Dec 1879	3 Jul 1960	Wo-114
TAYLOR,Laura F.	1901	1964	WO-41
TAYLOR,Lloyd E.	1856	1936	Wo-41
TAYLOR,Lois M.	1896	none	Wo-56
TAYLOR,Lois S.	1905	none	Wo-3

Name	Born	Died	Plot
TAYLOR, Margaretta J. w/o John M.	19 Dec 1809	10 May 1874	Wo-65
TAYLOR, Maggie E.		1878	1966	Wo-58
TAYLOR, Mahala M. w/o John S.		1831	1910	Wo-60
TAYLOR, Margaret E. Bowen w/o A.W.	19 May 1823	9 Jan 1870	Wo-65
TAYLOR, Margaret V.	6 Aug 1806	2 Aug 1844	Wo-84
TAYLOR, Marie P.		1893	none	Wo-56
TAYLOR, Mary A. w/o William	26 Jul 1870	11 Mar 1925	Wo-65
TAYLOR, Mary B. w/o Francis T.		1862	1938	Wo-3
TAYLOR, Mary E. d/o Dr.J. H.	(d.age 11mo)	25 Feb 1869	Wo-65
TAYLOR, Mary E. w/o Barnabas	(d.age 69yr)	21 Feb 1881	Wo-40
TAYLOR, Mary E. w/o K.D.	19 Nov 1881	1 Jul 1908	Wo-66
TAYLOR, Mary F. w/o C.T.	14 Sep 1840	6 Mar 1882	Wo-62
TAYLOR, Mary J.		1925	none	Wo-58
TAYLOR, Mary Jones d/o John M.	27 Sep 1834	23 Jan 1919	Wo-65
TAYLOR, Mary Powell w/o John	1 May 1784	30 Apr 1875	Wo-67
TAYLOR, Mary Ross		1861	1945	Wo-3
TAYLOR, Matthew L.		1875	1962	Wo-58
TAYLOR, Mollie F.		1902	none	Wo-58
TAYLOR, Nancy K.		none	none	Wo-58
TAYLOR, Neal T.		1887	none	Wo-58
TAYLOR, Otho		1903	1980	Wo-58
TAYLOR, Pauline E.		none	none	Wo-58
TAYLOR, Rena Mae Choquette		1927	1961	Wo-58
TAYLOR, Rosa A. w/o Charles	14 Dec 1883	17 Aug 1908	WO-45
TAYLOR, Sallie Elizabeth	16 Jun 1836	21 Nov 1917	Wo-40
TAYLOR, Sallie H. d/o Dr.J. H.	7 Mar 1863	19 Jul 1863	Wo-65
TAYLOR, Sallie Selby w/o Purnell	5 Jul 1782	16 Nov 1858	Wo-84
TAYLOR, Sally (Mrs.)	1 Oct 1788	9 Jan 1851	Wo-84
TAYLOR, Sarah A. w/o William T.	16 Sep 1850	21 Mar 1920	Wo-3
TAYLOR, Sarah Elizabeth	15 Oct 1829	none	Wo-79
TAYLOR, Sarah Virginia w/o E.W.	21 Feb 1859	23 Oct 1937	Wo-56
TAYLOR, Sarah Z. w/o Sewell	9 Jul 1841	17 Dec 1861	Wo-87
TAYLOR, Sewell James s/o John	(d.age 2mo)	11 Aug 1849	Wo-87
TAYLOR, Silas W.	5 Jan 1837	3 Dec 1912	Wo-66
TAYLOR, Stella B.		1919	none	Wo-63
TAYLOR, Susan A.		1867	1961	Wo-40
TAYLOR, Thomas Collins s/o C.B.	1 Sep 1888	15 Aug 1889	Wo-65
TAYLOR, Thomas T.	12 Nov 1813	20 Aug 1893	Wo-72
TAYLOR, Thomas T. s/o Josiah	20 Aug 1864	28 Dec 1882	Wo-86
TAYLOR, William A.		1865	1941	Wo-40
TAYLOR, William Alexander		1860	1920	Wo-86
TAYLOR, William F.		1908	none	Wo-58
TAYLOR, William H.		1869	1924	Wo-88
TAYLOR, William J.		1880	1957	Wo-3
TAYLOR, William J.				
TAYLOR, William J. A. s/o Barnabas	22 Apr 1834	3 Nov 1908	Wo-69
TAYLOR, William L.	9 May 1846	22 Apr 1864	Wo-40
TAYLOR, William T.	(d.age 32yr)	11 Feb 1872	Wo-65
TENNANT, James	4 Mar 1846	7 Jul 1933	Wo-3
TENNENT, Charles	(d.age 19yr)	27 May 1765	Wo-65
TENNENT, Gilbert	(d.age 59yr)	23 Feb 1771	Wo-65
TENNENT, Martha Mrs.	(d.age 16yr)	12 Jan 1771	Wo-65
THOMAS, Dolly B.	(d.age 45yr)	12 Jan 1766	Wo-65
THOMAS, Elsie W.	18 Jun 1882	10 Feb 1904	Wo-66
THOMAS, Ida Belle		1891	1960	Wo-58
		1890	1977	Wo-60

Name	Born	Died	Location
THOMAS, M. W.		1890	1977	Wo-60
THOMAS, Obed W.		1893	1963	Wo-58
THOMAS, Obed W. Jr. (USA, Korea)	1928	1973	Wo-58
THOMPSON, Carolyn P.	1927	none	Wo-60
THOMPSON, Clarence L.	1884	1929	Wo-60
THOMPSON, Dorothy W.	1910	none	Wo-60
THOMPSON, Earl C.	1907	1971	Wo-60
THOMPSON, Eugenia T. McGee	1894	1976	Wo-62
THOMPSON, Joshua M.	1891	1936	Wo-63
THOMPSON, Otho L.	1890	1946	Wo-62
THOMPSON, Otho L.	1916	1966	Wo-62
THOMPSON, Phillip Lee	1947	1950	Wo-63
THOMPSON, Richard D.	1920	1978	Wo-60
THOMPSON, Victoria w/o James R.	3 Mar 1865	25 Feb 1915	Wo-66
THOMPSON, William (Rev.)	(d.age 27yr)	5 Oct 1825	Wo-87
THORINGTON, Elizabeth H. M. Kelpins	1826	1902	Wo-58
THORINGTON, Infant son	1889	1889	Wo-58
THORINGTON, J. Frank	1851	1926	Wo-58
THORINGTON, Nancy P.	1860	1927	Wo-58
THORINGTON, Thomas s/o John	5 Aug 1849	28 Sep 1885	Wo-58
THORNES, Larmon E.	1914	none	Wo-58
THORNES, Violet	1913	none	Wo-58
THORNTON, James T.	1858	1940	Wo-41
THORNTON, Mary E.	1850	1923	Wo-41
TIERNEY, William	4 Jul 1875	29 Aug 1897	Wo-66
TILGHMAN, Alfred L.	9 Sep 1839	22 Jul 1921	Wo-88
TILGHMAN, Alverta M. w/o Robert	8 Dec 1848	5 Aug 1926	Wo-37
TILGHMAN, Annie M. w/o William S.	1874	1931	Wo-59
TILGHMAN, Belle w/o Peter W.	1861	1928	Wo-72
TILGHMAN, Bette E.	1870	1941	Wo-93
TILGHMAN, Caroline P.	1827	1914	Wo-87
TILGHMAN, Cordelia B. d/o Samuel	11 Apr 1860	29 Sep 1924	Wo-94
TILGHMAN, David R.	3 Mar 1844	15 Nov 1921	Wo-37
TILGHMAN, Edward H. s/o Norman C.	8 Jun 1905	9 Sep 1905	Wo-93
TILGHMAN, Ella Thompson d/o Samuel	28 Oct 1861	none	Wo-94
TILGHMAN, Elmer W. s/o Samuel	22 Jun 1874	24 Jul 1900	Wo-94
TILGHMAN, George W.	27 Jun 1806	1 Jul 1893	Wo-37
TILGHMAN, Henrietta w/o Noah	(d.age 22yr)	20 Aug 1852	Wo-109
TILGHMAN, Hettie J.	7 Feb 1840	1 May 1918	Wo-88
TILGHMAN, Ida May d/o Samuel	26 Apr 1867	30 Apr 1869	Wo-94
TILGHMAN, Lloyd C.	13 Mar 1879	18 Sep 1918	Wo-88
TILGHMAN, Martha Elizabeth w/o Samuel	22 Aug 1835	3 Mar 1898	Wo-94
TILGHMAN, Mary Ann d/o Samuel	24 Sep 1858	28 Nov 1858	Wo-94
TILGHMAN, N. J. (Rev.)	1828	1918	Wo-87
TILGHMAN, Nadine R. w/o Walter T.	none	5 Dec 1920	Wo-93
TILGHMAN, Norman C.	1876	1932	Wo-93
TILGHMAN, Ocea w/o David R.	(d.age 35yr)	Oct 1885	Wo-37
TILGHMAN, Peter J.	22 Nov 1853	16 Jul 1933	Wo-37
TILGHMAN, Robert S.	20 Feb 1847	30 Apr 1929	Wo-37
TILGHMAN, Rosaline Morris d/o Peter J.	5 Jul 1908	17 Feb 1925	Wo-37
TILGHMAN, Rosetta w/o George W.	22 Sep 1816	11 Jun 1896	Wo-37
TILGHMAN, Samuel	30 Nov 1825	10 Jul 1912	Wo-94
TILGHMAN, Ula May d/o W.S.& Annie	5 Feb 1899	9 Aug 1900	Wo-37
TILGHMAN, W. Samuel	1870	1906	Wo-63
TILGHMAN, William S.	1870	1934	Wo-59

Name	Birth	Death	Loc
TILGHMAN, William T.	14 May 1851	19 Aug 1930	Wo-37
TIMMONS, A. J. (Dr.)	23 Sep 1866	23 Jul 1921	Wo-66
TIMMONS, Ann M.	18 Oct 1829	15 Sep 1907	Wo-87
TIMMONS, Annie Laura d/o H. Lee	28 Jun 1900	10 Nov 1900	Wo-91
TIMMONS, Annie M. w/o Alfred J.	16 Nov 1869	15 May 1909	Wo-66
TIMMONS, Asher s/o Cyrus & Laura	(d.age 22yr)	18 Dec 1900	Wo-69
TIMMONS, Benjamin B.	10 Sep 1854	13 Jun 1915	Wo-66
TIMMONS, Bessie E.	1888	1967	Wo-2
TIMMONS, Bessie L.	12 Oct 1912	10 Oct 1924	Wo-66
TIMMONS, Charles D. s/o John	15 Apr 1844	23 Jul 1861	Wo-88
TIMMONS, Early H. s/o William & Mary	2 Nov 1882	1 May 1903	Wo-66
TIMMONS, Elisha	28 Jun 1872	12 Sep 1906	Wo-69
TIMMONS, Elizabeth	18 Jul 1836	24 Jun 1894	Wo-73
TIMMONS, Elizabeth M.	18 Aug 1839	17 Nov 1912	Wo-76
TIMMONS, Ellen R. w/o George E.	(d.age 52yr)	7 Jul 1903	Wo-76
TIMMONS, Elmer W. s/o John S. & J.	30 Apr 1879	10 Jan 1913	Wo-94
TIMMONS, Ethelyn d/o William	30 Dec 1903	25 Apr 1904	Wo-87
TIMMONS, Fassett s/o F. & M.K.	5 Apr 1903	25 Apr 1903	Wo-69
TIMMONS, G. Lee	18 May 1868	30 Jan 1935	Wo-94
TIMMONS, Gertrude F. w/o Josiah	(d.age 82yr)	3 Jun 1923	Wo-69
TIMMONS, Grover Elton	4 Mar 1909	20 Jan 1913	Wo-66
TIMMONS, H. Lee	1863	1923	Wo-91
TIMMONS, Harriett w/o Capt. Wm.E	25 Mar 1804	15 Jul 1874	Wo-86
TIMMONS, Ida S. d/o J.W.& M.J.	(d.age 3yr)	7 Nov 1873	Wo-76
TIMMONS, Infant d/o William E.& Georgi	11 Sep 1902	none	Wo-87
TIMMONS, Infant s/o Cyrus W.	1 May 1885	25 Jul 1885	Wo-69
TIMMONS, Infant s/o F.& M.K.	21 Nov 1921	none	Wo-69
TIMMONS, Isaac	17 May 1830	1 May 1906	Wo-73
TIMMONS, Jennie H. d/o John S.	11 Jul 1887	1 Sep 1898	Wo-94
TIMMONS, John M. (Dr.)	7 Sep 1859	15 Jan 1888	Wo-91
TIMMONS, John S.	14 Mar 1838	30 Mar 1909	Wo-87
TIMMONS, John S.	26 Sep 1820	2 Jan 1893	Wo-91
TIMMONS, Josephine E. d/o Wm. & Mary	18 Mar 1856	17 Jul 1898	Wo-94
TIMMONS, L. Mae	12 Oct 1881	28 Dec 1904	Wo-79
TIMMONS, Lanor	Jun 1817	27 Mar 1892	Wo-76
TIMMONS, Lee Long s/o H. Lee	30 Aug 1904	9 Feb 1905	Wo-91
TIMMONS, Lemuel H.	12 Sep 1841	22 Jan 1910	Wo-66
TIMMONS, Lettie Long w/o H. Lee	26 Sep 1877	25 Nov 1904	Wo-91
TIMMONS, Mamie Cherrix	none	none	Wo-5
TIMMONS, Martha A. w/o William	17 Nov 1826	17 Oct 1901	Wo-66
TIMMONS, Martha Collins w/o William E.	1 Dec 1843	14 Jul 1902	Wo-84
TIMMONS, Martha E. w/o John	(d.age 75yr)	4 Feb 1912	Wo-76
TIMMONS, Mary B.	28 May 1848	2 Mar 1923	Wo-65
TIMMONS, Mary E. w/o John S.	8 Feb 1824	21 Jul 1878	Wo-91
TIMMONS, Moses	1 Sep 1882	31 Dec 1916	Wo-76
TIMMONS, Robert B.	14 Mar 1825	20 Mar 1909	Wo-87
TIMMONS, S. P.	16 Apr 1837	1 Sep 1913	Wo-76
TIMMONS, Sarah C. w/o I.H.B.	16 Jun 1856	24 Sep 1902	Wo-66
TIMMONS, William	10 Aug 1807	29 Jul 1862	Wo-89
TIMMONS, William	19 Jan 1819	9 Apr 1891	Wo-66
TIMMONS, William E. (Capt.)	9 Oct 1818	13 Mar 1902	Wo-84
TIMMONS, William M.	1884	1959	Wo-2
TIMMONS, Willie N. s/o B.B.	21 Mar 1883	6 Jul 1884	Wo-76
TINDALL, Peter T.	29 May 1819	28 Oct 1884	Wo-66
TINGLE, Charles W.	8 Apr 1823	12 Nov 1861	Wo-67

Name	Birth/Info	Death	Ref
TINGLE, Charles s/o Emerson & Annie	(d.age 5mo)	9 Feb 1885	Wo-107
TINGLE, David Paul	6 Apr 1844	10 Jan 1913	Wo-67
TINGLE, E. McKnight (Dr.)	10 Nov 1828	12 Aug 1882	Wo-84
TINGLE, Elizabeth Henry w/o N.R.	18 Oct 1795	2 Jul 1829	Wo-67
TINGLE, Emerson	1852	1926	Wo-67
TINGLE, Henry D.	13 Feb 1820	8 Dec 1836	Wo-65
TINGLE, John	13 Jan 1798	18 Apr 1868	Wo-67
TINGLE, Leah J. w/o Edmund McKnight	1851	1901	Wo-84
TINGLE, Mary A.	12 Oct 1825	15 May 1911	Wo-67
TINGLE, Mary Colyer d/o John	14 Dec 1854	26 Apr 1858	Wo-67
TINGLE, Mary Louisa w/o Henry D.	22 Feb 1825	25 Apr 1913	Wo-65
TINGLE, N. R. MD	5 Jul 1793	21 Nov 1828	Wo-67
TINGLE, Nannie Brevard d/o Thomas N.	(d.age 5yr)	27 Sep 1880	Wo-65
TINGLE, Sally Maria Williamson	15 Jun 1808	18 Apr 1874	Wo-86
TINGLE, Sarah Catherine d/o N.R.	11 Oct 1817	11 Oct 1834	Wo-67
TINGLE, Thomas N.	25 Mar 1828	31 Aug 1906	Wo-65
TINGLE, William Stuart s/o William	28 Nov 1826	3 Feb 1866	Wo-86
TINGLE, William s/o Daniel (Hon.)	10 Jan 1796	22 Jun 1863	Wo-86
TITLOW, Daniel (Rev.)	13 Aug 1823	7 Feb 1871	Wo-66
TOADVINE, Esther d/o Thomas T.	5 Dec 1887	17 Jun 1888	Wo-67
TOADVINE, John T.	12 Nov 1847	27 Feb 1879	Wo-60
TOADVINE, Lavinia J.	7 Dec 1849	27 Mar 1922	Wo-60
TOADVINE, Mae R. w/o Merrill W.	1898	none	Wo-101
TOADVINE, Merrill W.	1888	1970	Wo-101
TOADVINE, Olive T.	1871	1930	Wo-60
TOMLIN, Edna Browne	1901	1971	Wo-1
TOMS, Ethel	(d.age 68yr)	17 Jun 1936	Wo-87
TOWNNSEND, Myrna T. Jones		1942	Wo-61
TOWNSEND, Alfred James s/o Peter	(d.age 62yr)	20 Nov 1888	Wo-87
TOWNSEND, Alice E. w/o Harvey W.	1872	1940	Wo-101
TOWNSEND, Amanda Grace d/o George	(d.age 3yr)	17 Jun 1854	Wo-87
TOWNSEND, Amanda M.	1 Sep 1831	11 Dec 1923	Wo-61
TOWNSEND, Ambros	1851	1908	Wo-37
TOWNSEND, Amelia Hazzard w/o James	3 Aug 1806	15 Jul 1856	Wo-87
TOWNSEND, Amelia J.	14 Feb 1844	1931	Wo-63
TOWNSEND, Annie J.	1891	1973	Wo-60
TOWNSEND, Annie Sterling d/o A.	26 Aug 1860	19 Sep 1872	Wo-87
TOWNSEND, B. Pearl	1894	16 Dec 1986	Wo-114
TOWNSEND, Bertie Taylor	2 Dec 1869	7 Mar 1924	Wo-87
TOWNSEND, Bryan s/o James E.	8 May 1896	14 Sep 1897	Wo-61
TOWNSEND, Calvin E.	1856	1932	Wo-61
TOWNSEND, Charles H.	2 Jun 1905	4 Nov 1905	Wo-62
TOWNSEND, Charles W.	none	none	Wo-101
TOWNSEND, Charlotte S. w/o J.J.F.	13 Feb 1820	22 May 1896	Wo-61
TOWNSEND, Charlotte S. w/o J.T.F.	13 Feb 1820	22 May 1895	Wo-61
TOWNSEND, Charlotte w/o Joseph	22 Jul 1850	27 Mar 1913	Wo-66
TOWNSEND, Clementine F. Purnell w/o J.	1839	1924	Wo-87
TOWNSEND, Edith w/o Willie E.	1902	none	Wo-101
TOWNSEND, Edward H.	6 Aug 1822	17 Sep 1825	Wo-84
TOWNSEND, Edwin Douglas s/o James	19 Sep 1894	23 Aug 1895	Wo-61
TOWNSEND, Edwin J.	13 Sep 1830	31 Jan 1924	Wo-61
TOWNSEND, Edwin Rowland Bevans s/o Ed.	1 Feb 1815	5 Nov 1819	Wo-86
TOWNSEND, Edwin Rowland s/o Teagle	16 Oct 1831	6 Nov 1841	Wo-86
TOWNSEND, Elizabeth H. d/o Levin	10 May 1824	17 Sep 1825	Wo-84
TOWNSEND, Elizabeth Pennewill	1843	1865	Wo-87

Name	Birth	Death	Location
TOWNSEND, Elizabeth S. w/o Teagle	9 Dec 1811	27 Jun 1886	Wo-86
TOWNSEND, Elizabeth w/o Levin	6 Dec 1789	27 Apr 1869	Wo-84
TOWNSEND, Ellen Ennis	13 Jul 1824	17 Jun 1910	Wo-87
TOWNSEND, Emily C. w/o Sidney F.	24 Dec 1848	11 Jan 1924	Wo-61
TOWNSEND, Emory H.	1902	1961	Wo-101
TOWNSEND, Esther C. w/o J.J.F.	none	none	Wo-60
TOWNSEND, Esther W.	6 Oct 1819	29 Dec 1901	Wo-87
TOWNSEND, Eva T.	1881	1965	Wo-60
TOWNSEND, Francis A. s/o James G.	29 Sep 1843	1 Mar 1874	Wo-87
TOWNSEND, Francis Selby	30 May 1847	1 Jan 1924	Wo-86
TOWNSEND, George	24 Nov 1891	5 Dec 1891	Wo-78
TOWNSEND, George C.	21 Oct 1818	30 Aug 1912	Wo-87
TOWNSEND, Grover Cleveland	1883	1934	Wo-61
TOWNSEND, Harvey W.	1862	1939	Wo-101
TOWNSEND, Infant d/o Joseph W.	17 Sep 1879	24 Sep 1879	Wo-66
TOWNSEND, Infant s/o Teagle	8 Aug 1849	8 Aug 1849	Wo-86
TOWNSEND, Irving Spence	8 Apr 1838	23 Aug 1908	Wo-86
TOWNSEND, J. Monroe	27 May 1882	20 Nov 1917	Wo-69
TOWNSEND, J. T. Francis	11 Jul 1820	18 Jan 1896	Wo-61
TOWNSEND, James B.	1866	1939	Wo-61
TOWNSEND, James G.	11 Jun 1793	12 Sep 1876	Wo-87
TOWNSEND, James H.	21 Mar 1831	28 Feb 1911	Wo-63
TOWNSEND, James Porter Jr.	1 Aug 1896	1 Nov 1919	Wo-87
TOWNSEND, James R.	1841	1887	Wo-87
TOWNSEND, John S.	27 Jul 1829	9 Oct 1842	Wo-87
TOWNSEND, Joseph W.	18 May 1848	30 May 1922	Wo-66
TOWNSEND, Katherine Porter d/o J.	2 Aug 1881	1 Oct 1905	Wo-87
TOWNSEND, Leonard Barnes Jr.	1922	1972	Wo-60
TOWNSEND, Leslie C.	17 Aug 1874	1 Mar 1916	Wo-61
TOWNSEND, Levin	1838	1915	Wo-63
TOWNSEND, Levin	(d.age 69yr)	29 Jul 1860	Wo-84
TOWNSEND, Levin W. s/o Levin	1 Jul 1850	26 Mar 1855	Wo-84
TOWNSEND, Lillian J.	1865	1951	Wo-61
TOWNSEND, Lloyd J.	1891	1968	Wo-60
TOWNSEND, Lula G. d/o G.W.	29 Jul 1889	9 May 1915	Wo-78
TOWNSEND, M. Catherine	1842	1911	Wo-63
TOWNSEND, Margaret D. w/o John S.	22 Nov 1819	18 Aug 1891	Wo-60
TOWNSEND, Marie E. Pattey w/o Thomas	none	18 Apr 1904	Wo-67
TOWNSEND, Marion	1881	1889	Wo-61
TOWNSEND, Mary A. H. Porter w/o A.	(d.age 39yr)	10 Aug 1867	Wo-87
TOWNSEND, Mary E.	1857	1954	Wo-61
TOWNSEND, Mary Grace d/o Teagle	28 Feb 1834	17 Oct 1848	Wo-86
TOWNSEND, Mary W.	7 May 1796	15 Sep 1870	Wo-87
TOWNSEND, Maryanne	1854	1924	Wo-61
TOWNSEND, Minnie F. w/o Emory H.	1904	1974	Wo-101
TOWNSEND, Nancy w/o Alfred W.	5 Feb 1839	14 May 1916	Wo-61
TOWNSEND, Nancy w/o Joshua	(d.age 27yr)	3 Mar 1786	Wo-84
TOWNSEND, Norman	29 Jul 1897	20 Nov 1903	Wo-78
TOWNSEND, Oscar F.	1901	1960	Wo-101
TOWNSEND, P. T.	none	none	Wo-84
TOWNSEND, Peter	9 Dec 1790	25 Nov 1834	Wo-87
TOWNSEND, Priscilla d/o Teagle	23 Apr 1836	24 Feb 1852	Wo-86
TOWNSEND, Rebecca S. w/o Alfred	14 Aug 1847	3 Jan 1906	Wo-87
TOWNSEND, Reginald Irving s/o F.	12 Mar 1891	28 Feb 1901	Wo-86
TOWNSEND, Robert F.	1902	none	Wo-37

Name	Birth	Death	Location
TOWNSEND, Robert W.	14 Feb 1848	11 Jun 1909	Wo-87
TOWNSEND, Robert W. s/o Joseph W.	19 Sep 1877	17 Oct 1882	Wo-66
TOWNSEND, Robley D. s/o James P.	16 Feb 1880	21 Jun 1887	Wo-87
TOWNSEND, Rosely G.	27 Oct 1846	28 Aug 1901	Wo-60
TOWNSEND, Ruth D.	1871	1958	Wo-101
TOWNSEND, Sally E. M.	(d.age 22yr)	14 Aug 1847	Wo-62
TOWNSEND, Samuel H.	21 Sep 1850	12 Apr 1919	Wo-84
TOWNSEND, Samuel Peter s/o G.C.	(d.age 9mo)	3 Jul 1854	Wo-87
TOWNSEND, Sidney F.	22 Nov 1845	22 May 1915	Wo-61
TOWNSEND, Susan A.	17 Nov 1849	19 Aug 1906	Wo-87
TOWNSEND, Tabitha	none	none	Wo-62
TOWNSEND, Teagle	27 Jun 1800	23 Oct 1869	Wo-86
TOWNSEND, Thomas L. S.	1838	1871	Wo-87
TOWNSEND, Vaughan s/o George C.	. none	none	Wo-87
TOWNSEND, Vaughn S.	28 Nov 1860	19 Dec 1887	Wo-87
TOWNSEND, Walton E.	1877	1953	Wo-60
TOWNSEND, William H.	29 Mar 1894	13 Jul 1919	Wo-78
TOWNSEND, William H. s/o Wm. & Berttie	1929	1932	Wo-114
TOWNSEND, William Jr.	23 Jun 1859	4 Jul 1859	Wo-60
TOWNSEND, William M.	1879	1943	Wo-114
TOWNSEND, William T.	2 Apr 1805	20 Apr 1859	Wo-60
TOWNSEND, William Thomas	9 Jun 1870	14 Mar 1920	Wo-87
TOWNSEND, Willie E.	1893	1949	Wo-101
TOWNSEND, Winnie E.	1884	1964	Wo-61
TRADER, Alice Beulah d/o George H.	(d.age 5mo)	23 Jul 1882	Wo-65
TRADER, Amos P.	25 Jun 1860	30 Jul 1923	Wo-63
TRADER, Andasia F. w/o George W.	13 Jan 1868	20 Jul 1919	Wo-40
TRADER, Arthur W.	1895	1974	Wo-40
TRADER, Berkley (Va.Pvt.WW I)	14 Jan 1896	22 Sep 1951	Wo-3
TRADER, Clarence J.	1893	1937	Wo-3
TRADER, E. T.	24 May 1841	5 Aug 1916	Wo-61
TRADER, Edward C.	1897	1958	Wo-63
TRADER, Elaine K.	1908	none	Wo-56
TRADER, Emma C.	1892	none	Wo-3
TRADER, Estel C.	1915	1958	Wo-3
TRADER, George H.	28 Jul 1859	15 Jul 1905	Wo-65
TRADER, George W.	1865	1935	Wo-40
TRADER, Gertie E. Powell w/o Thomas	10 Dec 1868	28 Feb 1914	Wo-88
TRADER, Gertrude E. Powell w/o T.	10 Dec 1868	28 Feb 1914	Wo-88
TRADER, Harriet Ann	1851	1936	Wo-61
TRADER, Harry W. s/o Henry	7 Mar 1895	21 Aug 1897	Wo-63
TRADER, Hattie F.	1863	1952	Wo-63
TRADER, Henry M.	1859	1945	Wo-63
TRADER, Henry s/o J.D.& Margaret B.	1934	1949	Wo-58
TRADER, Herman V.	1907	1977	Wo-56
TRADER, James H.	1846	1923	Wo-87
TRADER, James H.	1 Jun 1836	4 Sep 1906	Wo-56
TRADER, James H.	23 Sep 1834	11 Oct 1913	Wo-65
TRADER, Jean E. s/o Wm. H. & Mabel	16 Mar 1924	14 May 1926	Wo-88
TRADER, Jeanette B.	1897	1937	Wo-3
TRADER, Julia A. Stevens	1 Mar 1839	2 Feb 1923	Wo-63
TRADER, Julia R.	1870	1906	Wo-56
TRADER, Lauretta C. w/o William W.	8 Apr 1846	29 Nov 1902	Wo-56
TRADER, Lloyd F.	1864	1936	Wo-56
TRADER, Martha A. w/o James H.	30 Nov 1839	23 Oct 1896	Wo-56

Name	Birth	Death	Location
TRADER, Mellon Outten	1887	1958	Wo-83
TRADER, Nicy E.	1845	1924	Wo-87
TRADER, Parker D.	(d.age58yr)	20 Apr 1893	Wo-63
TRADER, Rachel P.	17 Nov 1834	16 Jan 1919	Wo-65
TRADER, Raymond A. s/o Henry	25 Sep 1882	30 Jun 1893	Wo-63
TRADER, Raymond J.	1858	1935	Wo-3
TRADER, Samuel J.	12 Jun 1862	28 Sep 1908	Wo-53
TRADER, William J. s/o James H.	8 May 1864	19 Aug 1892	Wo-65
TRADER, William W.	30 Nov 1838	8 Sep 1923	Wo-56
TRADER, Willie s/o William & Laura	21 Dec 1871	3 Dec 1891	Wo-56
TRAVERS, Ethel M.	18 Sep 1937	13 Sep 1978	Wo-101
TREHEARNE, Mary	15 Oct 1805	31 Jul 1891	Wo-87
TRICE, Winnie B.	1861	1865	Wo-63
TRIMPER, Daniel	17 Feb 1851	18 Mar 1929	Wo-67
TRIMPER, Margaret	9 Jul 1852	19 Dec 1935	Wo-67
TRIMPER, William Howard	20 Oct 1930	18 Jul 1932	Wo-67
TRUDEL, Fred M. (WW I, WW II)	1885	1973	Wo-58
TRUITT, Anna M. w/o R. W. D.	7 Sep 1823	14 Aug 1876	Wo-67
TRUITT, Annie M. 2nd w/o Jesse	(d.age29yr)	28 Nov 1884	Wo-87
TRUITT, Annie M. w/o Selby	14 Apr 1844	15 Oct 1891	Wo-88
TRUITT, Annie May	1869	1873	Wo-88
TRUITT, Benjamin E. s/o Zedekiah	24 Mar 1862	22 Dec 1882	Wo-87
TRUITT, Benjamin T.	12 May 1860	20 Oct 1920	Wo-88
TRUITT, Bertie Lee	18 Nov 1879	28 Mar 1900	Wo-88
TRUITT, Bessie d/o George W.	20 Jul 1879	18 Apr 1880	Wo-86
TRUITT, Charles	1836	1933	Wo-88
TRUITT, Charlotte M. w/o Handy	20 May 1830	17 Aug 1901	Wo-87
TRUITT, David J.	10 Feb 1800	26 Dec 1855	Wo-67
TRUITT, David J.O. (Dr.)	6 Nov 1836	8 Feb 1918	Wo-62
TRUITT, David s/o George T.	(d.age 3mo)	15 Jul 1875	Wo-62
TRUITT, Edgar Lee s/o Horace E.	2 Jan 1884	10 Oct 1907	Wo-87
TRUITT, Emma F. 1st w/o Jessee J.	(d.age16yr)	12 Dec 1874	Wo-27
TRUITT2Erexine P. Moore w/o Jesse	10 Oct 1826	26 Feb 1888	Wo-84
TRUITT, Esther E. w/o William	15 Apr 1838	8 Jun 1911	Wo-72
TRUITT, Eva M. d/o J. H.	20 Jan 1887	23 Jul 1897	Wo-87
TRUITT, Everett D.	1861	1933	Wo-98
TRUITT, George T. (Dr.)	18 Jun 1848	17 Dec 1913	Wo-62
TRUITT, George W.	1845	1921	Wo-86
TRUITT, Gertrude D. Purnell w/o George	27 Dec 1853	20 Aug 1893	Wo-86
TRUITT, Gertrude E. w/o Zedekiah	1 Apr 1831	31 Oct 1901	Wo-87
TRUITT, Guy Hobson s/o A.B.	21 Sep 1898	24 Oct 1899	Wo-66
TRUITT, Handy I.	11 Aug 1825	10 Oct 1896	Wo-87
TRUITT, Horace E. (Rev.)	1852	1934	Wo-87
TRUITT, Ida Lee w/o Horace	1855	1920	Wo-87
TRUITT, James D.	5 Jun 1831	25 Dec 1850	Wo-67
TRUITT, Jesse B.	22 Mar 1815	26 Jul 1889	Wo-84
TRUITT, Joanne E.	none	1932	Wo-63
TRUITT, John S.	16 Feb 1856	22 Dec 1928	Wo-72
TRUITT, Josephine T. d/o J.B.	25 Sep 1858	10 Apr 1887	Wo-84
TRUITT, Leven M.	18 Apr 1852	26 Mar 1924	Wo-66
TRUITT, Lloyd Warner s/o William K.	21 Jan 1896	16 Mar 1896	Wo-87
TRUITT, Louise M. d/o W.C.	6 Jun 1912	12 Jun 1913	Wo-92
TRUITT, Lydia M. w/o James B.	23 Nov 1857	26 Apr 1922	Wo-87
TRUITT, Margaret A. w/o Charles F.	18 Feb 1858	1 Jul 1904	Wo-4
TRUITT, Marian B. w/o Dr.D.J.O.	24 Oct 1860	17 Nov 1916	Wo-62

Name	Birth	Death	Location
TRUITT, Martha w/o Dr.D.J.O.	(d.age 26yr)	1869	Wo-61
TRUITT, Mary A.	1859	1873	Wo-88
TRUITT, Mary A. w/o David J.	none	30 Aug 1859	Wo-67
TRUITT, Mary A. w/o John H.	25 Dec 1863	20 Jun 1897	Wo-87
TRUITT, Mary E. w/o Leven	12 Jul 1855	9 Mar 1895	Wo-66
TRUITT, Mary J. Clayville w/o S.P.	23 Apr 1823	23 Jun 1851	Wo-88
TRUITT, Mary d/o James	10 Aug 1809	17 Apr 1872	Wo-87
TRUITT, Mary w/o Robert	16 Aug 1790	25 Apr 1862	Wo-84
TRUITT, Mattie B. w/o Everett D.	1864	none	Wo-87
TRUITT, Robert	13 Jul 1782	7 Apr 1821	Wo-84
TRUITT, Robert W. D.	26 Jan 1813	18 Nov 1870	Wo-67
TRUITT, Sally T. Selby w/o Jesse	25 Nov 1812	14 Aug 1850	Wo-84
TRUITT, Sarah C. H. w/o William R.	6 Dec 1815	17 Aug 1887	Wo-62
TRUITT, Sarah L. w/o Carl	(d.age 25yr)	none	Wo-96
TRUITT, Selby P.	22 Sep 1821	12 Jun 1891	Wo-88
TRUITT, Virginia C.	25 Aug 1849	1913	Wo-62
TRUITT, William Angelo s/o William	14 Oct 1840	none	Wo-84
TRUITT, William H. s/o Dr. D.J.O.	(d.age 21yr)	26 Jul 1884	Wo-61
TRUITT, William R.	13 Aug 1813	3 Feb 1880	Wo-62
TRUITT, William W.	7 Sep 1827	16 Dec 1897	Wo-72
TRUITT, Zedekiah	20 Jan 1823	22 Dec 1900	Wo-87
TUCKER, Arba C.	16 Apr 1818	3 Sep 1906	Wo-66
TUCKER, Phebe w/o Arba	7 Sep 1825	28 Mar 1891	Wo-66
TULL, A. Mowbray s/o E. James	18 Jul 1889	18 Jan 1890	Wo-63
TULL, Amelia P.	1895	1943	Wo-41
TULL, Annie J.	2 Jan 1859	14 Apr 1928	Wo-87
TULL, Annie W.	1863	1943	Wo-63
TULL, Annie d/o Frank	1875	1882	Wo-79
TULL, Barsheba w/o John	17 Jul 1773	1846	Wo-86
TULL, Bessie B.	1878	1969	Wo-3
TULL, Blanche E.	1893	1980	Wo-58
TULL, Calvin B.	1878	1970	Wo-63
TULL, Calvin S.	1911	1965	Wo-63
TULL, Charles P. Jr.	1905	1957	Wo-3
TULL, Charles P. Jr.	1905	1957	Wo-39
TULL, Charles P. Sr.	1866	1952	Wo-3
TULL, Charles S.	1875	1954	Wo-61
TULL, Charlotte d/o Frank	1884	1885	Wo-79
TULL, Clara	17 Jan 1871	31 Jan 1929	Wo-2
TULL, Clara Ward	1879	1963	Wo-3
TULL, Dorothy S.	1910	1968	Wo-3
TULL, E. James	19 Jan 1850	17 Jun 1924	Wo-63
TULL, Edward F.	1878	1950	Wo-61
TULL, Edwin H.	25 Jan 1874	20 Feb 1939	Wo-40
TULL, Elizabeth	1895	1975	Wo-63
TULL, Elizabeth J.	1869	1956	Wo-63
TULL, Ella B.	1868	1926	Wo-61
TULL, Elmo s/o Frank	1880	1882	Wo-79
TULL, Emma A. w/o H. Custis	2 Jun 1865	6 May 1907	Wo-63
TULL, Eva B.	1884	1962	Wo-63
TULL, Eva T.	1889	1963	Wo-63
TULL, Ex Levi	1876	1960	Wo-63
TULL, F. Willard	1898	1977	Wo-63
TULL, Florence Frances	1868	1948	Wo-2
TULL, Freddie G. s/o H. Custis	20 Dec 1884	10 Jun 1886	Wo-63

Name	Birth	Death	Location
TULL, G. W. T.	none	none	Wo-61
TULL, George H.	1851	1930	Wo-63
TULL, George Miles s/o William E.	28 Sep 1905	7 Jul 1906	Wo-3
TULL, George W.	10 Jul 1844	24 Nov 1934	Wo-40
TULL, Goldie R. Outten w/o John E.	16 Mar 1886	26 Jun 1905	Wo-83
TULL, Goldie T. d/o John E.	25 Jun 1905	29 May 1906	Wo-83
TULL, Gorman Francis	1904	1945	Wo-2
TULL, Graydon J.	1890	1952	Wo-41
TULL, Grover C.	1883	1964	Wo-63
TULL, H. Custis	1857	1944	Wo-63
TULL, H. Leslie s/o Isaac & Sallie	22 Mar 1882	5 Oct 1889	Wo-3
TULL, Harriett R.	1836	1916	Wo-40
TULL, Helen Elizabeth	1899	1961	Wo-2
TULL, Howard L.	5 Aug 1887	24 Dec 1922	Wo-63
TULL, Isaac Henry	23 Jul 1848	24 Jan 1930	Wo-3
TULL, James H.	5 Jul 1853	1 Mar 1930	Wo-87
TULL, James Roy	1895	1973	Wo-58
TULL, James S.	11 Mar 1840	30 Mar 1924	Wo-79
TULL, James Whitting s/o E. James	23 Oct 1900	21 Jul 1909	Wo-63
TULL, Jane F. w/o John C.	24 Nov 1816	31 Oct 1895	Wo-63
TULL, John C.	1893	1927	Wo-63
TULL, John C.	12 Oct 1812	10 Sep 1867	Wo-63
TULL, John C. s/o E. James	29 Jul 1877	14 Sep 1879	Wo-63
TULL, John Edwin	1877	1954	Wo-61
TULL, John Eli	1878	1959	Wo-63
TULL, John S.	16 Sep 1841	21 Jul 1920	Wo-63
TULL, John W.	1868	none	Wo-61
TULL, Johnnie s/o E. James	1 Mar 1885	18 Jan 1887	Wo-63
TULL, Joseph Willard	1916	1961	Wo-58
TULL, Landonia S.	1882	1954	Wo-63
TULL, Lena Barnes	1881	1963	Wo-60
TULL, Lillie May w/o S. Frank	25 Aug 1855	22 Nov 1919	Wo-79
TULL, Lottie Adams	1877	1959	Wo-61
TULL, Madeline Ann	1897	1969	Wo-2
TULL, Mamie B.	1874	1928	Wo-63
TULL, Martha W. Murray d/o John S.	1856	1931	Wo-60
TULL, Martha W. d/o E. James	3 Nov 1882	24 Jul 1883	Wo-63
TULL, Mary LeVann	1894	1970	Wo-63
TULL, Matilda w/o Solomon	22 Jun 1818	1 Apr 1905	Wo-79
TULL, Mattie C.	1880	1961	Wo-63
TULL, Miles	15 Apr 1840	28 Dec 1921	Wo-2
TULL, Nancy	15 Jul 1824	13 Dec 1899	Wo-40
TULL, Nettie Eleanor	1884	1970	Wo-60
TULL, Octavia P.	1880	1918	Wo-61
TULL, Rebecca A. w/o John	21 Jun 1847	1 Nov 1901	Wo-63
TULL, Robert R.	23 Aug 1886	3 Oct 1886	Wo-63
TULL, Sallie A.	1852	1922	Wo-63
TULL, Sallie E.	29 Dec 1852	1 Apr 1898	Wo-61
TULL, Sallie J. w/o Isaac Henry	28 Aug 1852	7 Apr 1933	Wo-3
TULL, Samuel Francis	1861	1919	Wo-2
TULL, Sarah Ann w/o Miles	10 Aug 1839	5 Oct 1914	Wo-2
TULL, Sarah Jane w/o George W.	3 Jul 1850	15 Jun 1925	Wo-40
TULL, Sidney E. s/o Harriett	1867	1915	Wo-40
TULL, Solomon	30 Dec 1815	23 Jun 1895	Wo-79
TULL, T. White	1887	1965	Wo-63

TULL, Thomas H.	8 May 1812	12 Nov 1881	Wo-61
TULL, Thomas Norman	1880	1943	Wo-60
TULL, Tillie w/o E. James	11 Feb 1848	18 Nov 1880	Wo-63
TULL, Viola B.	1889	1972	Wo-63
TULL, Walter s/o Frank	1888	1893	Wo-79
TULL, Walton G. s/o H. Custis	28 Jun 1891	10 Feb 1892	Wo-63
TULL, William	12 Oct 1817	19 Jun 1882	Wo-40
TULL, William E.	1871	1958	Wo-3
TULL, William Edward s/o William	16 Nov 1908	23 Sep 1909	Wo-3
TULL, Winifred S.	1900	none	Wo-63
TUNNELL, William S.	20 Jan 1846	4 Apr 1902	Wo-60
TURLINGTON, Alice d/o J.W.& E.D.	14 Jul 1905	14 Jul 1905	Wo-56
TURLINGTON, Beverly Garland	1890	1942	Wo-56
TURLINGTON, Ella Davis	1863	1944	Wo-56
TURLINGTON, John Holland	1868	1944	Wo-58
TURLINGTON, John William	1862	1950	Wo-56
TURLINGTON, Lucille	1922	none	Wo-56
TURLINGTON, Norman	1918	1953	Wo-56
TURNER, Alice M. d/o Henry M.	(d.age 2yr)	4 Dec 1903	Wo-69
TURNER, Amelia A.	23 May 1819	29 Jan 1888	Wo-113
TURNER, Annie Duffy w/o Walter G.	2 Oct 1868	12 May 1908	Wo-87
TURNER, Catherine w/o Jesse H.	11 Jun 1840	4 Feb 1912	Wo-60
TURNER, Charles P.	7 May 1828	8 Apr 1895	Wo-30
TURNER, Charlie B.	26 Dec 1880	8 Jun 1913	Wo-69
TURNER, Fannie M. Pattey w/o William C.	7 Oct 1830	20 Jul 1889	Wo-67
TURNER, Jesse H.	20 May 1832	20 Jan 1848	Wo-66
TURNER, John R. s/o Jesse & Mary	14 Feb 1880	12 Jul 1894	Wo-66
TURNER, Letitia Woods w/o William	4 Oct 1839	8 Mar 1915	Wo-62
TURNER, Margaret S.	23 May 1794	25 Oct 1875	Wo-113
TURNER, Mary G. w/o Charles P.	12 May 1829	21 Jun 1916	Wo-30
TURNER, William	Jun 1835	23 Aug 1910	Wo-62
TURNER, William C. (Capt.)	23 Jun 1830	12 Apr 1912	Wo-67
TURPIN, Cyrus J. B.	27 Oct 1846	16 Mar 1876	Wo-87
TURPIN, Emory S.	5 Nov 1841	5 May 1847	Wo-87
TURPIN, Esther H. B. w/o T.S.	5 May 1831	24 May 1898	Wo-87
TURPIN, Henrietta Williams w/o John	10 Jan 1823	22 Dec 1872	Wo-65
TURPIN, John G.	6 Feb 1843	6 Sep 1915	Wo-87
TURPIN, Mary E. M. H. w/o Thomas S.	(d.age 38yr)	25 Jan 1854	Wo-87
TURPIN, Mary L.	13 Jun 1853	3 Feb 1888	Wo-87
TURPIN, Thomas S.	28 Oct 1819	6 Aug 1900	Wo-87
TWIGG, Amanda H. s/o John H.	3 Sep 1862	17 Nov 1932	Wo-88
TWIGG, Ernest W.	(d.age 17yr)	24 Sep 1933	Wo-95
TWIGG, Leslie Benjamin s/o L.J.	28 Nov 1895	16 Feb 1985	Wo-95
TWIGG, Mattie L.	2 Sep 1898	23 Aug 1982	Wo-95
TWILLEY, Fannie E. d/o George	29 Oct 1899	21 Nov 1899	Wo-60
TWILLEY, George	1861	1944	Wo-60
TWILLEY, Infant child of S. J.& Olivia	none	none	Wo-60
TWILLEY, Jennie Henderson w/o Samuel	10 Mar 1849	3 Oct 1907	Wo-60
TWILLEY, Lemogen	1863	1946	Wo-60
TWILLEY, Olivia H. D. w/o Samuel J.	12 Aug 1831	25 Jun 1876	Wo-60
TWILLEY, Samuel J. s/o George W.	12 Jul 1853	17 Nov 1922	Wo-60
TWILLEY, Samuel L. s/o W. N.	(d.age 4mo)	15 Jun 1876	Wo-63
TWILLEY, William B.	1848	1930	Wo-60
TWILLEY, Willie W. s/o William B.	1872	30 Jul 1872	Wo-63
TYRE, Elizabeth E.	26 May 1886	17 Jun 1921	Wo-66

Name	Birth	Death	Location
UHRBROCK, George E.	1864	1944	Wo-53
UHRBROCK, Sarah E.	1864	1952	Wo-53
UPSHUR, Amelia Catherine w/o L.	28 Feb 1850	29 Sep 1890	Wo-84
UPSHUR, Bessie d/o Levin & M.C.	1 Jul 1873	22 Jun 1875	Wo-84
UPSHUR, Elizabeth Porter d/o George	27 Mar 1811	26 Nov 1811	Wo-84
UPSHUR, Emma Franklin w/o George W.	13 Jul 1851	14 Sep 1903	Wo-86
UPSHUR, George M. (Dr.)	11 Oct 1817	27 Jun 1877	Wo-84
UPSHUR, George Martin s/o George M.	14 Dec 1847	26 May 1924	Wo-86
UPSHUR, Georgie s/o George W.	5 Jan 1878	16 Apr 1880	Wo-84
UPSHUR, James W. s/o George	24 Jan 1843	23 Oct 1869	Wo-84
UPSHUR, James Wilmer s/o Levin	3 Sep 1875	21 May 1916	Wo-84
UPSHUR, John s/o George	(d.age21yr)	3 Feb 1871	Wo-84
UPSHUR, Levin s/o Dr.George M.	7 Apr 1845	19 Feb 1885	Wo-84
UPSHUR, Priscilla	6 Oct 1819	9 Apr 1856	Wo-84
UPSHUR, Priscilla A. d/o George M.	26 Feb 1852	2 Aug 1855	Wo-84
UPSHUR, Willie J. s/o Dr.George M.	(d.age13yr)	28 Sep 1870	Wo-84
VAN DeGRIFT, George W. M.D.	1853	1934	Wo-88
VAN PELT, Albert M. s/o E.W.& Pauline	1886	1888	Wo-60
VAN PELT, Virginia R. d/o E.W.	1884	1885	Wo-60
VANDERGRIF, Frank W. s/o Laura	17 Aug 1892	26 Feb 1922	Wo-66
VANDERGRIF, Laura A.	5 Jul 1855	1 Jan 1922	Wo-66
VANDOME, George W.	1929	1905	Wo-69
VANDOME, Martha E. d/o George W.	(d.age13yr)	19 Sep 1871	Wo-69
VANDOME, Mary A. d/o George W.	(d.age15yr)	19 Sep 1871	Wo-69
VANDOME, Nancy Ann	1827	1901	Wo-69
VANDOME, Norman L.	none	none	Wo-69
VANDOME, Sarah C. d/o George W.	(d.age16yr)	26 Sep 1871	Wo-69
VANDUM, Eliza Miss	(d.age61yr)	27 Apr 1887	Wo-107
VAULES, Emma C. w/o William S.	10 Aug 1855	6 Mar 1890	Wo-62
VEASEY, Bersheba J.	10 Dec 1837	7 Jan 1917	Wo-61
VEASEY, Bertha S. d/o Capt.Isaac N.	(d.age11mo)	7 Sep 1868	Wo-61
VEASEY, Carrie V. Cullen	1884	1954	Wo-61
VEASEY, Eliza A.	10 Mar 1815	10 Apr 1895	Wo-54
VEASEY, Ella S.	1862	1951	Wo-61
VEASEY, Emma Clayville w/o Moses	17 Jun 1852	19 Nov 1883	Wo-3
VEASEY, Eugene J. W.	1839	1925	Wo-61
VEASEY, Eugenia d/o Eugene W.	30 Jul 1894	1 Aug 1895	Wo-61
VEASEY, George A. s/o Capt.Isaac N.	(d.age14yr)	14 Feb 1872	Wo-61
VEASEY, Harry E. s/o Capt.Isaac N.	(d.age 3mo)	17 Aug 1871	Wo-61
VEASEY, Hattie B.	1877	1962	Wo-58
VEASEY, Isaac N.	24 May 1833	26 Apr 1905	Wo-61
VEASEY, Isaac T.	16 Mar 1835	29 Apr 1867	Wo-61
VEASEY, John R.	1874	1943	Wo-58
VEASEY, John Warrington s/o John	6 Jul 1902	4 Aug 1903	Wo-58
VEASEY, Laurah Boston w/o William F.	15 Jul 1845	24 Jul 1873	Wo-60
VEASEY, Marietta R.	2 Aug 1845	29 Jun 1924	Wo-61
VEASEY, May Young	1884	1974	Wo-61
VEASEY, Milton L.	1877	1959	Wo-61
VEASEY, Mitchell	13 May 1817	19 Apr 1871	Wo-54
VEASEY, Pearl Maud d/o Thomas J.	(d.age 1yr)	29 Aug 1873	Wo-61
VEASEY, Sarah J. d/o Isaac N.	30 Nov 1861	29 Apr 1864	Wo-61
VEASEY, Susie E.	4 Nov 1888	19 Sep 1889	Wo-53
VEASEY, Thomas J.	1841	1929	Wo-61
VEASEY, Thomas J. s/o Thomas	9 Oct 1874	19 Dec 1875	Wo-61
VEASEY, William Henry	1808	1867	Wo-61

Name	Birth	Death	Section
VEASEY, Willie s/o William F.	11 Oct 1869	16 Apr 1870	Wo-60
VEASEY, Wimbel d/o Eugene	10 Dec 1889	3 Nov 1891	Wo-61
VENABLE, T. Bryce	1897	1956	Wo-63
VICKERMAN, Ronald J.	1958	1966	Wo-60
VICKERS, Elmer M.	1886	1944	Wo-63
VICKERS, Isaac C. s/o Thomas	27 Jan 1831	16 Apr 1898	Wo-87
VICKERS, James H.	1909	1943	Wo-63
VICKERS, Laura Ann Nelson w/o Isaac	13 Mar 1838	1 Mar 1923	Wo-87
VICKERS, Laura James d/o Isaac	15 Apr 1873	19 Dec 1882	Wo-87
VICKERS, Lelia V. w/o H.	14 Aug 1889	22 Dec 1922	Wo-65
VICKERS, Lillie V.	1889	1942	Wo-63
VICTOR, George B.	1865	1934	Wo-4
VICTOR, Isaac L. (Major)	26 Jul 1790	23 Feb 1856	Wo-84
VICTOR, Mary w/o Thomas	20 Oct 1758	18 Jun 1848	Wo-84
VICTOR, Nellie H.	1901	none	Wo-4
VICTOR, Phillip J.	1904	none	Wo-4
VICTOR, Sophia	1866	1941	Wo-4
VICTOR, Thomas	9 Jan 1754	22 Sep 1825	Wo-84
VILLIAR, Patsy O. d/o Stanley Olsen & M.	1940	1973	Wo-58
VINCENT, Alice E.	1869	1951	Wo-61
VINCENT, Alice d/o J.Frank	1901	1901	Wo-61
VINCENT, Baby Girl d/o J.Frank	1908	1908	Wo-61
VINCENT, Carolina Eliz. w/o John H.	11 May 1835	30 Jan 1899	Wo-1
VINCENT, Delia Dixon w/o J.F.	11 Aug 1866	21 Nov 1886	Wo-61
VINCENT, Edward J. s/o J.Frank	1900	1907	Wo-61
VINCENT, Geraldine E.	1927	1955	Wo-58
VINCENT, Gloria Frances d/o W.C.& Alice	1948	1950	Wo-61
VINCENT, Hampden D. s/o William	(d.age10mo)	14 Jul 1856	Wo-86
VINCENT, Ida Shaw	1901	1970	Wo-63
VINCENT, J. Frank	1886	1927	Wo-61
VINCENT, John Harvey	(d.age65yr)	16 Sep 1896	Wo-1
VINCENT, James H.	1838	1929	Wo-61
VINCENT, John E. s/o J.Frank	1903	1912	Wo-61
VINCENT, John W.	27 Jul 1843	24 Nov 1911	Wo-87
VINCENT, Joshua James	25 Jan 1827	5 Nov 1860	Wo-86
VINCENT, Josie d/o J.Frank & Alice	1888	1888	Wo-61
VINCENT, Leta F.	1893	1967	Wo-58
VINCENT, Lula d/o J.Frank	1891	1892	Wo-61
VINCENT, Luther s/o J.Frank	1905	1905	Wo-61
VINCENT, Margaret A.	17 Nov 1845	1 Dec 1901	Wo-87
VINCENT, Margaret Voeckner	(d.age49yr)	1 Mar 1936	Wo-87
VINCENT, Mary E. w/o William M.	26 Mar 1834	12 Sep 1886	Wo-87
VINCENT, Mary Ernestine	11 Jan 1895	31 Mar 1903	Wo-87
VINCENT, Mary Tilghman	23 Nov 1829	30 Mar 1923	Wo-86
VINCENT, Paul Richard	1899	none	Wo-63
VINCENT, Rebecca A. w/o William M.	11 Feb 1844	5 Feb 1912	Wo-87
VINCENT, Robert W. (WW I)	1924	1951	Wo-58
VINCENT, Roger F.	1889	1956	Wo-58
VINCENT, Sarah E.	31 Jan 1846	9 Jul 1922	Wo-61
VINCENT, Wallace	1892	1956	Wo-61
VINCENT, William M.	25 Sep 1828	31 Mar 1903	Wo-87
VINCENT, William P.	(d.age28yr)	23 Aug 1857	Wo-86
VINCENT, William W.	2 Oct 1859	3 Nov 1910	Wo-87
VINCENT, Zahel Wilson s/o George W.	11 Nov 1884	24 Sep 1906	Wo-87
VON SICH, Clara	1876	1932	Wo-60

Name	Birth	Death	Loc
VON SICH, Gerhart	1871	1943	Wo-60
WADDILL, Bennett R.	1870	1951	Wo-58
WADDILL, Dora Conaway	1916	1974	Wo-58
WADDY, Anna L.	1841	1911	Wo-62
WADDY, William E.	1858	1932	Wo-62
WAITE, Gertrude L.	29 Mar 1909	30 Sep 1911	Wo-95
WALKER, Anna M.	1886	1964	Wo-61
WALKER, Chester D. s/o George W. & E.G.	5 Jan 1920	1 Feb 1920	Wo-69
WALKER, Claude Henry s/o C.H.	30 Aug 1916	3 Aug 1917	Wo-63
WALKER, Frank W. s/o G.W.& Lenora	(d.age 1yr)	8 Jun 1897	Wo-69
WALKER, Mattie Tull	1885	1974	Wo-63
WALKER, Robert L.	1881	1967	Wo-61
WALLS, A. W.	31 Feb 1825	24 May 1903	Wo-62
WALLS, Hattie Singleton	1881	1961	Wo-63
WALLS, Marcella	21 Nov 1851	22 May 1916	Wo-62
WALLS, R. D. W.	5 Aug 1833	6 Jul 1912	Wo-62
WALSH, Annie F.	1883	1966	Wo-63
WALSH, William Jr.	1905	none	Wo-63
WALSH, William M.	1882	1957	Wo-63
WALSTON, John Emory	20 Aug 1878	1 May 1917	Wo-65
WALTER, Annie	1867	1941	Wo-60
WALTER, H. Merrill	1891	1951	Wo-60
WALTERS, B. Fuller	1886	1968	Wo-58
WALTERS, Elizabeth M.	1898	1871	Wo-60
WALTERS, Esther Carver	none	none	Wo-60
WALTERS, Gertrude Hall w/o T. D.	1833	1874	Wo-58
WALTERS, Harriett	10 Dec 1858	16 Nov 1932	Wo-58
WALTERS, Harrison M.	1913	1977	Wo-60
WALTERS, J. Bertha	1889	1978	Wo-58
WALTERS, Jennie P.	1892	none	Wo-60
WALTERS, Thomas B.	1851	11 Mar 1931	Wo-58
WALTERS, Wilhelmina	1896	none	Wo-58
WALTERS, William H. Jr.	1898	1954	Wo-60
WALTERS, William H. s/o Thomas	30 Sep 1841	27 Dec 1867	Wo-60
WALTERS, William Henry	1865	1939	Wo-60
WALTON, William T. s/o William	none	22 Sep 1847	Wo-84
WANECEK, Jannie w/o James	13 Aug 1886	15 Aug 1912	Wo-97
WARD, Alice M.	1901	1966	Wo-53
WARD, Alice M. d/o James	19 Jan 1899	18 Sep 1903	Wo-63
WARD, Annette Kim d/o Robert	12 Jan 1963	4 Jan 1964	Wo-53
WARD, Archie R.	1878	1957	Wo-53
WARD, Atlanty	30 Mar 1762	9 Aug 1828	Wo-84
WARD, Benjamin P.	8 Feb 1839	9 Sep 1907	Wo-53
WARD, Bertha	1903	1903	Wo-53
WARD, Bertie Ann	1881	1902	Wo-53
WARD, Bertie C. w/o Archie R.	1882	1953	Wo-53
WARD, Bertie R.	1904	none	Wo-41
WARD, Bettie d/o G.W.& L.A.	29 Jul 1881	6 Sep 1881	Wo-40
WARD, Carson Ray s/o James	14 Jul 1882	21 Sep 1905	Wo-58
WARD, Charles C.	1884	1956	Wo-40
WARD, Charlotte C. w/o Noah	4 Feb 1849	6 Jun 1929	Wo-33
WARD, Christopher C.	1864	1939	Wo-61
WARD, Clyde S. s/o Archie R.	28 Apr 1918	16 Jul 1921	Wo-53
WARD, Cylas F.	17 Apr 1875	13 Nov 1890	Wo-53
WARD, David N.	11 Aug 1843	21 Aug 1925	Wo-53

Name	Birth	Death	Location
WARD,Delsie B.		1874	1948 Wo-58
WARD,Dora W.		1877	1968 Wo-53
WARD,Dorothy		1923	1971 Wo-58
WARD,Dorsey W.		1905	1949 Wo-53
WARD,Drucilla W. w/o Benjamin P.	20 Apr 1855	13 Jan 1901	Wo-53
WARD,Edna F.	3 Jul 1913	30 Oct 1976	Wo-53
WARD,Elizabeth F.		1846	1928 Wo-63
WARD,Elton L.		1905	1972 Wo-41
WARD,Emma B. w/o David N.	1 Aug 1847	15 Mar 1916	Wo-53
WARD,Estee		1874	1930 Wo-53
WARD,Ferdinad L.		1875	1943 Wo-58
WARD,George T.	18 Feb 1872	22 Feb 1956	Wo-37
WARD,George W.	2 May 1854	16 Sep 1915	Wo-3
WARD,Grover N.		1886	1973 Wo-56
WARD,Hillary W.		1898	1918 Wo-53
WARD,Ida M. w/o Mack D.		1882	1957 Wo-53
WARD,Ida May F.		1880	1924 Wo-53
WARD,Irving H.		1882	1958 Wo-58
WARD,Lavinia A. w/o George W.	14 Jan 1860	30 Aug 1940	Wo-3
WARD,Leilia M.		1910	none Wo-58
WARD,Lillian F.		1905	none Wo-2
WARD,Lillie S.		1884	1953 Wo-53
WARD,Lulu M.		1884	none Wo-40
WARD,Mack D.		1877	1952 Wo-53
WARD,Mary A. w/o James E.	(d.age 49yr)	26 Oct 1883	Wo-61
WARD,Mary E. w/o George T.		1861	1938 Wo-37
WARD,Maude L.		1921	1942 Wo-53
WARD,Mervin K.		1903	1979 Wo-58
WARD,Missouri H.		1880	1955 Wo-56
WARD,Mollie B.		1880	1904 Wo-63
WARD,Moses P.	25 Jan 1836	14 Jan 1911	Wo-61
WARD,Nellie M. d/o Archie R.	12 Jun 1915	4 Oct 1915	Wo-53
WARD,Noah	10 Apr 1839	23 Feb 1890	Wo-33
WARD,Paul Robert	4 Jan 1969	29 May 1969	Wo-3
WARD,Robert L. Sr.	22 Oct 1903	28 Dec 1977	Wo-53
WARD,Rose D.		1885	1966 Wo-63
WARD,Roy Lee	15 Nov 1958	21 Nov 1958	Wo-37
WARD,Sallie E.	14 Jul 1847	4 Sep 1932	Wo-53
WARD,Sallie V.		1877	none Wo-53
WARD,Samuel J.		1841	1918 Wo-63
WARD,Sarah A.	14 Mar 1846	12 Sep 1917	Wo-58
WARD,Sarah A. w/o Moses P.	2 Mar 1843	31 May 1899	Wo-61
WARD,Sarah E.	7 Nov 1865	8 Jul 1931	Wo-88
WARD,Sarah F. d/o James M.	10 May 1884	24 Feb 1911	Wo-58
WARD,Sarah W.	11 Dec 1871	12 Jun 1947	Wo-33
WARD,Sherry Lynn w/o F.T.	14 Dec 1962	14 Dec 1962	Wo-53
WARD,Simon S.		1878	1958 Wo-63
WARD,Stella M.		1888	none Wo-56
WARD,Stephen J.		1870	1965 Wo-53
WARD,Thomas E.	13 Aug 1931	22 Oct 1978	Wo-37
WARD,Thomas W.	20 Jun 1846	11 Dec 1917	Wo-53
WARD,Vesta M. w/o Irving M.		1896	none Wo-58
WARD,Virginia Sterling w/o John L.	3 Mar 1843	11 Sep 1929	Wo-87
WARD,Willena L. w/o Bruce W.		1950	1972 Wo-37
WARD,William A.		1877	1950 Wo-56

```
WARD,William A.                                              1902              1972   Wo-2
WARD,William H.                                              1916              1975   Wo-58
WARD,William J. s/o John T.F.& Catherine                     1878              1905   Wo-58
WARD,Winnie V. d/o S.E.& S.V.                     16 May     1902   21 Jan     1903   Wo-53
WARD,Woodrow D. s/o M.D.& Ida                      6 Apr     1912   23 May     1922   Wo-53
WARDROBE,Rebecca T.                                          1838              1926   Wo-37
WARDROBE,William M.                                          1827              1899   Wo-37
WARDWELL,Ella M. Parker                                      1869              1952   Wo-62
WARDWELL,Ernest H. (Col.)                                    1845              1922   Wo-62
WARINGTON,John H.                                            1878              1919   Wo-69
WARREN,Albert W.                                             1902              1960   Wo-58
WARREN,C. Edward                                  26 Jul     1865   14 Jul     1906   Wo-69
WARREN,Emma F.                                               1865              1948   Wo-62
WARREN,J. Elmer s/o Albert W.                     26 Dec     1902   10 Jul     1904   Wo-65
WARREN,John Samuel                                 5 Sep     1827    6 May     1911   Wo-66
WARREN,Martha Adeline w/o John S.                 17 Oct     1831   23 Mar     1912   Wo-66
WARREN,Martha Mrs.                                (d.age77yr)        5 May     1877   Wo-107
WARREN,Mary E.                                    22 Sep     1836   14 Dec     1905   Wo-65
WARREN,Mary H.                                               none              none   Wo-58
WARREN,Nan                                                   1880              1898   Wo-62
WARREN,Olevia E. w/o Josiah H.                    12 May     1866   28 Oct     1916   Wo-69
WARREN,Persa Ann Dale w/o Josiah                  (d.age24yr)       22 May     1852   Wo-92
WARREN,Sarah E.                                   (d.age15yr)        5 Oct     1865   Wo-92
WARREN,Sarah Va. Lankford w/o James R.                       1850              1889   Wo-62
WASHBURN,Louise M.                                           1872              1940   Wo-93
WATERS,Anna May d/o Joshua B.                      2 Aug     1868   30 Aug     1901   Wo-40
WATERS,Cora B. d/o J.B.& Annie                    17 Jun     1866    9 Sep     1867   Wo-40
WATERS,Georgeanna d/o James A.                    (d.age 9yr)        8 Oct     1857   Wo-87
WATERS,Georgianna B.                               7 May     1846    7 Feb     1935   Wo-40
WATERS,Gertrude M. w/o T.D.                        4 May     1833    1 Mar     1874   Wo-58
WATERS,Hulda P.S. d/o James B.                     6 Aug     1813    1 May     1864   Wo-40
WATERS,James B.                                    1 Feb     1817    8 Sep     1874   Wo-40
WATERS,John Done s/o R.T.                         (d.age 7mo)        4 Oct     1842   Wo-86
WATERS,Joshua B.                                  29 Aug     1939    7 Jan     1913   Wo-40
WATERS,Maria Henry d/o Richard                    11 Jun     1809   23 Nov     1871   Wo-84
WATERS,Mary B. Scott (d/oJames Scott)             19 Jun     1819    6 Jun     1890   Wo-40
WATERS,S. Lillian                                 26 Jul     1877    4 Jul     1963   Wo-40
WATERS,Sally M. P. d/o James B.                   11 Dec     1850   19 Jan     1881   Wo-40
WATERS,Sarah B. d/o James B.                      18 Jan     1858   28 Jul     1959   Wo-40
WATSON,A. Russell                                            1896              1976   Wo-56
WATSON,Alfred J.                                  18 Mar     1871    2 Jun     1931   Wo-72
WATSON,Anna B. Nock                                          1864              1943   Wo-63
WATSON,Barbara B.                                            1932              none   Wo-56
WATSON,Burton J.                                             1882              1959   Wo-58
WATSON,Caleb C.                                              1853              none   Wo-71
WATSON,Cannie N.                                             1902              none   Wo-63
WATSON,Cecilia                                               1887              1961   Wo-58
WATSON,Charles R.                                            1876              1936   Wo-58
WATSON,Edward W.                                             1884              1897   Wo-63
WATSON,Elizabeth T. w/o Robert                     6 Jan     1858   10 Sep     1925   Wo-53
WATSON,Estella C.                                            1880              1934   Wo-58
WATSON,Grover C.                                             1884              1959   Wo-58
WATSON,Guy B. s/o R.W.                            16 Feb     1890    3 Jan     1896   Wo-53
WATSON,Henrietta A. d/o William                    3 Dec     1851   27 Nov     1877   Wo-43
WATSON,Henry H.                                              1901              1976   Wo-58
```

WATSON,Infant d/o R.W.	9 Jul 1883	10 Jul 1883	Wo-53
WATSON,Infant s/o R.W.	29 Jun 1892	17 Jul 1892	Wo-53
WATSON,Jennie A. w/o John J.	12 Apr 1852	4 Jun 1916	Wo-63
WATSON,John	(d.age60yr)	26 Feb 1909	Wo-69
WATSON,John J.	3 Jan 1853	4 Nov 1921	Wo-63
WATSON,Joshua T.	19 Jun 1887	7 Jul 1916	Wo-53
WATSON,Laura F.	1870	1928	Wo-56
WATSON,Lillian E.	1890	1929	Wo-63
WATSON,Lloyd C.	1905	1935	Wo-63
WATSON,Lucy M.	10 Mar 1873	none	Wo-72
WATSON,Mae P.	1900	1973	Wo-58
WATSON,Maggie E. d/o R.W.& Elizabeth	9 Nov 1881	2 Jun 1896	Wo-53
WATSON,Margaret H.	none	none	Wo-58
WATSON,Margie L.	1900	none	Wo-56
WATSON,Mary Duncan w/o William	31 Dec 1825	28 Aug 1877	Wo-43
WATSON,Mary E.	1854	1929	Wo-71
WATSON,Mary E. w/o Robert T.	4 Jan 1861	21 Apr 1938	Wo-37
WATSON,Mary W.	1888	1976	Wo-58
WATSON,Mary w/o William	11 Apr 1824	20 Aug 1860	Wo-43
WATSON,Matilda B.	1887	1969	Wo-63
WATSON,Milton E. (with Lukehard)	1899	1967	Wo-58
WATSON,Minnie T.	1907	none	Wo-63
WATSON,Otho J. (WW II)	1917	1969	Wo-58
WATSON,Paige J.	12 Jun 1923	12 Jun 1923	Wo-56
WATSON,Rebecca Long	none	none	Wo-58
WATSON,Robert	15 Apr 1859	31 Mar 1919	Wo-53
WATSON,Robert C.	1938	1938	Wo-58
WATSON,Robert H.	1929	1973	Wo-58
WATSON,Robert T.	7 Mar 1858	7 Jul 1926	Wo-37
WATSON,Rudolph W.	none	1934	Wo-63
WATSON,Viola Lewis w/o J.W.	1890	1945	Wo-58
WATSON,Walter	1899	1979	Wo-41
WATSON,William	29 May 1817	26 Oct 1886	Wo-43
WATSON,William A. Long	1931	1976	Wo-58
WATSON,William E. (Pete)	1928	none	Wo-56
WATSON,William H.	1903	1959	Wo-63
WATSON,William P.	1860	1938	Wo-56
WATSON,Winifred B.	1900	1959	Wo-41
WATTS,E. A. C.	23 Jul 1787	16 Nov 1866	Wo-61
WATTS,John Eugene s/o Orbane	31 Oct 1856	20 Jul 1880	Wo-40
WATTS,Martha w/o Orbane	25 Aug 1836	13 Feb 1908	Wo-40
WATTS,Norman T.	none	none	Wo-61
WEBB,Aaron W.	1856	1931	Wo-71
WEBB,Allen Edward Herman	none	1975	Wo-63
WEBB,Annie V. w/o John F.	1862	1929	Wo-37
WEBB,Cordelia A. w/o David W.	1863	none	Wo-86
WEBB,David	1848	1923	Wo-86
WEBB,David H.	1823	1906	Wo-45
WEBB,Doris Keenan	1903	1934	Wo-63
WEBB,Edna M. d/o A.W.& Fannie	1 Jun 1880	22 Jan 1890	Wo-58
WEBB,Esther A.	1830	1910	Wo-37
WEBB,Florence T.	1882	1966	Wo-58
WEBB,Francis E.	1919	1979	Wo-63
WEBB,George B. s/o John H.	18 Nov 1870	13 Jul 1894	Wo-62
WEBB,George M.	1863	1927	Wo-37

Name	Birth	Death	Loc
WEBB, Isaac F.	1 Dec 1850	29 Oct 1920	Wo-45
WEBB, James Albert	1915	1977	Wo-63
WEBB, James I.	4 Oct 1873	19 Jan 1915	Wo-45
WEBB, John F.	1860	1926	Wo-37
WEBB, John H.	10 Jun 1827	23 Jul 1894	Wo-62
WEBB, John S.	1910	1959	Wo-101
WEBB, Levin J.	1873	1934	Wo-63
WEBB, Mary E. w/o John H.	2 Dec 1842	16 Dec 1906	Wo-62
WEBB, Maudice P.	1886	1936	Wo-63
WEBB, Olevia R. w/o Isaac F.	25 Sep 1856	18 Mar 1939	Wo-45
WEBB, Rosa B. w/o James H.	9 Jul 1874	15 Mar 1923	Wo-79
WEBB, Sewell	1862	1937	Wo-62
WEBB, William Hopkins s/o R.L.& Dorothy W.	1956	1971	Wo-58
WEIDEMA, Annie P.	1908	1971	Wo-60
WEIDEMA, Clarence	1894	1972	Wo-60
WEIDEMA, Frank J.	1864	1941	Wo-60
WEIDEMA, Gotske	1863	1942	Wo-60
WEIDEMA, John	1892	1976	Wo-60
WEIDEMA, Martemis	1903	1968	Wo-60
WELCH, Mildred T.	1915	none	Wo-58
WELCH, Robert M.	1911	none	Wo-58
WELLS, Rufus J.	(d.age72Yr)	30 Dec 1932	Wo-95
WELLS, Virgil E.	28 Feb 1903	16 Mar 1930	Wo-95
WESSELLS, Herbert L.	1905	1922	Wo-53
WESSELLS, Lloyd H.	1870	1956	Wo-53
WESSELLS, Lula B.	1897	1956	Wo-41
WESSELLS, Pearl A.	1876	1962	Wo-53
WESSELLS, Spurgeon	(d.age73yr)	17 May 1976	Wo-41
WESSELS, C. Clinton	none	none	Wo-61
WESSELS, Eva Reid	none	none	Wo-61
WEST, Agnes May d/o Manchester	4 Apr 1900	26 Apr 1905	Wo-79
WEST, Amelia E.	17 Sep 1849	29 Sep 1934	Wo-87
WEST, Annie E. w/o John T.	1886	1962	Wo-58
WEST, Annie M.	1890	1949	Wo-61
WEST, Audrey L. d/o F.M.	14 Jun 1912	20 Sep 1919	Wo-88
WEST, Augusta O.	1876	1933	Wo-88
WEST, Blanch V.	1886	1888	Wo-62
WEST, Bryant	1896	1896	Wo-62
WEST, Charles S.	1857	1923	Wo-79
WEST, Doris Cannon d/o J.E.	12 Mar 1912	18 Jul 1913	Wo-87
WEST, Elijah M.	none	20 May 1934	Wo-87
WEST, Florence E. w/o Charles	none	none	Wo-79
WEST, Frank M.	1877	none	Wo-88
WEST, George D. s/o William E.	27 Oct 1875	7 Nov 1885	Wo-87
WEST, Ida B. d/o J.H.S.& Ida	24 Sep 1900	31 Dec 1909	Wo-76
WEST, Isaac H.	1883	1964	Wo-53
WEST, Iva Ernestine d/o Ernest C.	15 Jun 1919	17 Oct 1920	Wo-87
WEST, James K. P.	19 Dec 1843	13 May 1924	Wo-87
WEST, John T.	1884	1952	Wo-58
WEST, Louise C.	1922	none	Wo-58
WEST, Mary Jane	18 Jan 1850	1 Mar 1932	Wo-88
WEST, Mary V.	1859	1925	Wo-62
WEST, Matthew Thomas	19 Oct 1857	25 May 1899	Wo-62
WEST, Mineyouth R.	1890	1928	Wo-61
WEST, Minos E.	3 Feb 1825	28 May 1905	Wo-76

Name	Birth	Death	Location
WEST, Morris E. s/o J.E.	26 Jul 1902	27 Apr 1917	Wo-87
WEST, Naomi J.	1881	1903	Wo-62
WEST, Phillip H.	1860	1913	Wo-62
WEST, Phillip S.	1829	1890	Wo-62
WEST, Preston s/o Frank M.	12 Mar 1903	14 Dec 1978	Wo-5
WEST, Reese S.	15 Nov 1898	4 Apr 1919	Wo-76
WEST, Rosalie	18 Jun 1883	21 Aug 1915	Wo-79
WEST, Sallie M.	(d.age 21yr)	12 Sep 1903	Wo-87
WEST, William (Capt.)	19 Jan 1826	17 Dec 1895	Wo-66
WEST, William E.	13 Oct 1841	7 Nov 1897	Wo-87
WEST, William I. (WW II)	1917	1959	Wo-58
WESTFALL, Harley W.	1888	1942	Wo-63
WESTFALL, Robert R.	1920	1979	Wo-62
WHALEN, Virginia Ann	17 Jul 1917	17 Jul 1923	Wo-67
WHALEY, Anne C. Timmons w/o Peter	1 Jul 1839	10 Nov 1907	Wo-91
WHALEY, Benton H. (Dr.)	11 Oct 1866	9 Oct 1896	Wo-91
WHALEY, Clifford A. s/o E.T.	(d.age 3mo)	29 Nov 1875	Wo-91
WHALEY, Edward T.	8 May 1829	22 Nov 1900	Wo-91
WHALEY, Elizabeth w/o Capt. Peter	9 Apr 1793	27 Feb 1880	Wo-91
WHALEY, Elvira T. w/o James	15 Jan 1839	12 Jul 1905	Wo-91
WHALEY, Emma Catherine w/o Thomas J.	10 May 1861	17 Apr 1935	Wo-67
WHALEY, F. Alonzo s/o E.T.	(d.age 1yr)	21 Aug 1879	Wo-91
WHALEY, Infant s/o Benton H.	1892	1892	Wo-91
WHALEY, James	(d.age 71yr)	13 Nov 1888	Wo-91
WHALEY, John B. R. s/o Seth M.	28 Mar 1845	23 Feb 1864	Wo-91
WHALEY, Josephine w/o W.M.	none	17 Aug 1881	Wo-91
WHALEY, Lillian May d/o James	25 May 1863	4 Sep 1869	Wo-91
WHALEY, Mary C.	12 Feb 1841	25 Sep 1923	Wo-91
WHALEY, Mary M. (Mrs.)	16 Sep 1822	2 May 1857	Wo-91
WHALEY, Maude	13 Sep 1865	15 Jan 1914	Wo-91
WHALEY, Peter	6 Aug 1830	14 Jan 1909	Wo-91
WHALEY, Peter	17 Nov 1799	22 Jul 1860	Wo-91
WHALEY, Rittie M.	14 Sep 1832	17 Mar 1869	Wo-91
WHALEY, Thomas James	10 Jan 1862	6 Aug 1915	Wo-67
WHARTON, Amanda S.D.	17 Jun 1852	7 Oct 1866	Wo-65
WHARTON, Charles G. s/o Parker E.	22 Oct 1854	10 Feb 1863	Wo-65
WHARTON, George B.	20 Jan 1846	22 Jul 1847	Wo-65
WHARTON, Isadora V. d/o Parker E.	12 Jan 1850	10 Aug 1850	Wo-65
WHARTON, Jane A. w/o Parker E.	26 Sep 1817	6 Apr 1904	Wo-65
WHARTON, Kate Franklin d/o Zadock	7 Oct 1880	7 Sep 1881	Wo-86
WHARTON, Louise d/o Z.P. & Lucy	30 May 1882	21 Mar 1885	Wo-86
WHARTON, Lucy Martin w/o Zadee P.	10 Sep 1852	29 Jul 1909	Wo-86
WHARTON, Martha J.	29 Jun 1840	24 Jan 1854	Wo-65
WHARTON, Mary A. d/o Parker E.	27 Mar 1842	12 Jul 1850	Wo-65
WHARTON, No name	14 Jun 1767	25 Nov 1816	Wo-65
WHARTON, Parker E.	1 Nov 1813	4 Dec 1891	Wo-65
WHARTON, Thomas P.	(d.age 58yr)	27 Feb 1935	Wo-86
WHARTON, Thomas s/o Parker E.	12 Feb 1844	4 Sep 1863	Wo-65
WHARTON, Zadock P.	25 Jan 1848	19 Jan 1912	Wo-86
WHEALTON, Charles W.	(d.age 51yr)	28 May 1896	Wo-61
WHEALTON, Martha A.	1850	1915	Wo-61
WHEALTON, Viola A. d/o D.J. & A.S.	23 Feb 1879	2 Nov 1899	Wo-60
WHEELER, Eliza G. Hubbell w/o M.	(d.age 22yr)	13 Nov 1825	Wo-84
WHITBECK, Minnie Y.	1890	1949	Wo-61
WHITBECK, Solomon C.	1871	1956	Wo-61

WHITE,A. Lee	1868	1952	Wo-60
WHITE,Alice Priscilla d/o Edward H.	4 Jan 1843	6 Sep 1845	Wo-86
WHITE,Allen M. s/o Irving E.	27 Jul 1894	17 May 1900	Wo-61
WHITE,Amelia (Mrs.)	none	none	Wo-86
WHITE,Arlie Granville	17 Dec 1802	none	Wo-114
WHITE,Cromer L.	1916	1977	Wo-58
WHITE,Edward	5 Sep 1838	29 Jul 1899	Wo-94
WHITE,Edward G.	8 Nov 1927	9 Jul 1934	Wo-114
WHITE,Edward T.	1892	1971	Wo-63
WHITE,Effie E.	1865	1940	Wo-60
WHITE,Elijah E. (Rev.)	28 Aug 1843	26 Dec 1912	Wo-87
WHITE,Elizabeth T. w/o James H.	18 Dec 1814	21 Oct 1897	Wo-60
WHITE,Elizabeth d/o Ambrose	(d.age 4yr)	20 Nov 1810	Wo-86
WHITE,Emma S.	12 Nov 1847	20 Aug 1903	Wo-63
WHITE,Ethel	11 Jul 1884	17 Aug 1884	Wo-63
WHITE,F. Ellsworth s/o Oscar F.	29 Nov 1900	3 Aug 1901	Wo-60
WHITE,Francis E. s/o Francis W.	27 Sep 1894	7 Jun 1901	Wo-59
WHITE,Francis Woolford	20 Feb 1860	3 Mar 1939	Wo-59
WHITE,Helen R.	1895	1932	Wo-63
WHITE,Hiram B. s/o Francis W.	3 Sep 1898	27 Apr 1899	Wo-59
WHITE,Infant s/o Edward	11 Feb 1898	29 May 1898	Wo-86
WHITE,Infant son of Alpheus C. & Mollie	1886	1886	Wo-58
WHITE,Irving s/o Francis W.	3 Sep 1896	20 Jun 1898	Wo-59
WHITE,James H.	1813	1890	Wo-60
WHITE,Jennie d/o John D.	9 Sep 1876	27 Feb 1902	Wo-94
WHITE,Jerry s/o R.T.& Ella K.	1938	1942	Wo-63
WHITE,John B.	14 Dec 1939	14 Aug 1954	Wo-114
WHITE,John D. MD	20 Sep 1833	23 Oct 1901	Wo-94
WHITE,John P.	24 Nov 1854	25 Sep 1916	Wo-59
WHITE,John Russell	1901	1974	Wo-58
WHITE,John T.	23 Aug 1849	8 May 1891	Wo-63
WHITE,John W.	1838	1920	Wo-87
WHITE,Josie d/o Irving E.	11 Sep 1890	29 Jul 1892	Wo-61
WHITE,Laira	(d.age 67yr)	4 Nov 1934	Wo-88
WHITE,Lloyd W.	1886	1963	Wo-58
WHITE,Mabel	9 Jun 1890	4 Aug 1890	Wo-63
WHITE,Maggie D.	1868	1943	Wo-60
WHITE,Margaret W. d/o Ambrose	(d.age 2yr)	11 Oct 1813	Wo-86
WHITE,Mary Esther w/o John D.	27 Apr 1835	6 Mar 1902	Wo-94
WHITE,Mary G. w/o John P.	11 Oct 1858	27 Mar 1917	Wo-59
WHITE,Mary Lee Collins w/o John	1855	none	Wo-87
WHITE,Mattie w/o Oscar F.	25 Oct 1874	6 May 1895	Wo-60
WHITE,Mollie E. w/o Alpheus C.	25 Mar 1863	22 Apr 1905	Wo-58
WHITE,Mollie Irene d/o Francis	14 Oct 1890	14 Aug 1915	Wo-59
WHITE,Olivia w/o Francis	22 Apr 1868	20 Mar 1917	Wo-59
WHITE,Oscar F.	1865	1934	Wo-60
WHITE,Priscilla W. w/o Dr.Edward W.	(d.age 23yr)	3 Mar 1844	Wo-86
WHITE,Raymond M. s/o A.G. & Retta	1929	1930	Wo-114
WHITE,Rose Carsley	1869	1933	Wo-58
WHITE,Suda d/o Thomas & Susan D.	6 Nov 1864	17 Aug 1870	Wo-61
WHITE,Thomas E.	24 Jul 1884	15 Nov 1948	Wo-114
WHITE,Wallace L. s/o Francis W.	14 Oct 1892	10 Dec 1897	Wo-59
WHITE,William Clyde s/o Francis W.	13 Oct 1905	4 Feb 1925	Wo-59
WHITE,William Edward s/o John D.	4 Jun 1870	1 Apr 1900	Wo-94
WHITEHEAD,Christine	none	none	Wo-58

Name	Birth	Death	Plot
WHITEHEAD, Elijah Buck	1907	1967	Wo-58
WHITEHEAD, James R. Sr.	1911	1979	Wo-58
WHITNEY, Mary Anne Jones w/o George	20 Feb 1841	22 Sep 1879	Wo-87
WHITTINGTON, Lawrence	1900	1977	Wo-60
WHITTINGTON,, Florence Crawford	1870	1894	Wo-60
WHITTINGTON, Birdie	1874	1876	Wo-60
WHITTINGTON, Elizabeth Custis Handy	13 Apr 1777	30 Nov 1804	Wo-86
WHITTINGTON, Francis Maddox	1858	1934	Wo-4
WHITTINGTON, Henry	none	none	Wo-60
WHITTINGTON, John Rousby s/o William	17 Jul 1796	9 Mar 1800	Wo-86
WHITTINGTON, John s/o William	17 Jul 1796	3 Sep 1800	Wo-86
WHITTINGTON, Mamie d/o Alfred	(d.age 16yr)	8 Jun 1890	Wo-62
WHITTINGTON, Portia Busic	none	none	Wo-60
WHITTINGTON, Samuel Handy s/o William	26 Oct 1798	27 Nov 1800	Wo-86
WHYTE, Belle T.	1875	1957	Wo-62
WHYTE, Harry J.	1868	1947	Wo-62
WICKS, Charles J. Jr.	12 May 1912	13 Nov 1968	Wo-101
WIDGEON, Bessie L.	15 Jun 1910	5 Mar 1911	Wo-66
WILES, Rachel Outten	24 Feb 1924	25 Jun 1973	Wo-53
WILGUS, Ada F.	1 Aug 1876	30 May 1902	Wo-73
WILGUS, Lula P. w/o Ranzo	10 Jul 1879	25 May 1908	Wo-73
WILKERSON, Blanche Carney	1892	none	Wo-58
WILKERSON, Clement V.	5 May 1865	19 May 1937	Wo-96
WILKERSON, Cordelia w/o Robert E.	(d.age 39yr)	28 Jan 1908	Wo-69
WILKERSON, Elihu T.	1875	1956	Wo-53
WILKERSON, Elijah M.	22 Dec 1874	17 Aug 1956	Wo-96
WILKERSON, Elty P. s/o Elihu T.	3 Nov 1916	19 Jul 1918	Wo-53
WILKERSON, Harriet w/o Peter	26 Apr 1834	10 Feb 1919	Wo-96
WILKERSON, Indiana	1874	1951	Wo-53
WILKERSON, Infant	4 Jan 1912	3 Mar 1912	Wo-96
WILKERSON, Julia E. w/o R.S.	(d.age 30yr)	12 Apr 1908	Wo-69
WILKERSON, Levin C.	16 Apr 1871	12 Jan 1946	Wo-96
WILKERSON, Ola C.	1887	1911	Wo-58
WILKERSON, Peter Sr.	18 Sep 1820	26 Jun 1910	Wo-96
WILKERSON, Sidney Lee	1939	1962	Wo-60
WILKERSON, Sue Anna Turner	26 Mar 1854	4 Jun 1905	Wo-56
WILKERSON, Thomas H.	1902	1963	Wo-53
WILKERSON, William W.	1882	1937	Wo-58
WILKINS, Charles A. s/o Lester&Arietta	16 Jan 1921	1928	Wo-94
WILKINSON, A. W.	none	none	Wo-58
WILKINSON, Emma B.	1895	1975	Wo-58
WILKINSON, Kate Adkins	1865	1946	Wo-58
WILKINSON, Mary E. w/o Thomas S.	22 Mar 1855	25 Aug 1896	Wo-61
WILKINSON, Thomas S.	25 May 1855	2 Aug 1889	Wo-61
WILKINSON, Vaughn W.	1898	1956	Wo-58
WILKINSON, Virginia d/o Rev.Wm.& Ann Savage		none	Wo-58
WILKINSON, W. W.	none	none	Wo-58
WILKINSON, William T.	1886	1919	Wo-61
WILLETT, Amanda S.	1899	none	Wo-58
WILLETT, Drucilla s/o Rev.I. R.	14 Aug 1816	21 Feb 1896	Wo-66
WILLETT, Willis S.	1896	1962	Wo-58
WILLIAMS, Annie E. w/o Cyrus L.	(d.age 54yr)	21 Mar 1873	Wo-67
WILLIAMS, Benjamin E.	4 Aug 1874	13 Mar 1929	Wo-1
WILLIAMS, Beulah M.	none	22 Aug 1958	Wo-114
WILLIAMS, Charles E. s/o J.B.	(d.age 31yr)	18 Apr 1907	Wo-90

WILLIAMS,Cyrus L.	1 Oct 1810	16 Jan 1891	Wo-67
WILLIAMS,Cyrus L.	(d.age 81yr)	16 Jan 1891	Wo-107
WILLIAMS,Denard	19 Nov 1801	25 Dec 1855	Wo-84
WILLIAMS,E. W.	25 Feb 1810	30 Apr 1882	Wo-92
WILLIAMS,Edward H.	(d.age 62yr)	13 Nov 1887	Wo-65
WILLIAMS,Emily G.	3 May 1851	22 Feb 1912	Wo-30
WILLIAMS,Emma C. w/o James B.	(d.age 49yr)	28 Feb 1903	Wo-90
WILLIAMS,Emma G.	1889	1974	Wo-58
WILLIAMS,Esther May	3 Apr 1918	12 Dec 1919	Wo-88
WILLIAMS,Eugene T. s/o Dr.Robert	(d.age 3yr)	25 Jul 1848	Wo-87
WILLIAMS,Eunice Mrs.	1924	1960	Wo-101
WILLIAMS,Florence E.	1886	1906	Wo-66
WILLIAMS,Fred B.	10 Dec 1898	27 Jan 1925	Wo-90
WILLIAMS,George Allie s/o George W.	29 Aug 1866	17 Sep 1870	Wo-70
WILLIAMS,George C.	none	24 Mar 1874	Wo-114
WILLIAMS,George E.	15 Dec 1874	1 Jul 1915	Wo-66
WILLIAMS,George W.	20 Mar 1839	none	Wo-69
WILLIAMS,Henrietta	1894	1919	Wo-66
WILLIAMS,Henrietta A. w/o Thomas	4 Feb 1819	27 Feb 1896	Wo-63
WILLIAMS,Henrietta Quinton	16 Sep 1779	11 Mar 1864	Wo-65
WILLIAMS,Henry T.	1892	1940	Wo-63
WILLIAMS,Ida H.	none	3 Apr 1934	Wo-88
WILLIAMS,Infant s/o Sewell T.	14 Oct 1924	none	Wo-90
WILLIAMS,James B.	28 Oct 1853	19 Oct 1909	Wo-90
WILLIAMS,James Quinton	14 Sep 1815	Dec 1898	Wo-65
WILLIAMS,John A.	1880	1956	Wo-58
WILLIAMS,John E.	22 Dec 1859	11 Aug 1918	Wo-65
WILLIAMS,John J.	5 Jan 1777	6 Aug 1845	Wo-65
WILLIAMS,Joseph F.	17 Jul 1865	27 Mar 1916	Wo-92
WILLIAMS,Laura Ann d/o Denard & Mary	(d.age 3yr)	19 Sep 1836	Wo-84
WILLIAMS,Laura Ann w/o Edward H.	6 Aug 1834	7 Jan 1923	Wo-65
WILLIAMS,Lulu E.	16 Sep 1898	28 Dec 1945	Wo-1
WILLIAMS,Margaret Ann w/o James	27 Mar 1841	24 May 1916	Wo-66
WILLIAMS,Martha w/o Naron B.	3 Jan 1810	17 Oct 1904	Wo-66
WILLIAMS,Mary Ann w/o Theodore	(d.age 38yr)	18 Sep 1854	Wo-84
WILLIAMS,Mary C.	10 Oct 1843	4 Apr 1898	Wo-4
WILLIAMS,Mary C. w/o Robert W.	(d.age 58yr)	22 Jul 1865	Wo-87
WILLIAMS,Mary D.	Jun 1813	Jul 1907	Wo-66
WILLIAMS,Mary E.	1858	none	Wo-66
WILLIAMS,Mary J. w/o Denard	11 Sep 1805	11 Jul 1860	Wo-84
WILLIAMS,Maud C.	(d.age 19yr)	23 Nov 1888	Wo-66
WILLIAMS,Mrs. Cyrus L.	29 Oct 1818	21 Mar 1878	Wo-107
WILLIAMS,Naron B. s/o Samuel	18 Nov 1810	3 Dec 1885	Wo-66
WILLIAMS,Ralph P.	14 Mar 1883	12 Oct 1913	Wo-66
WILLIAMS,Ralph Watson	(d.age 35yr)	11 Dec 1964	Wo-114
WILLIAMS,Robert S.	(d.age 39yr)	1942	Wo-4
WILLIAMS,Robert W. s/o Robert	(d.age 24yr)	10 Mar 1856	Wo-87
WILLIAMS,Rosa E.	17 Aug 1869	29 Jun 1907	Wo-90
WILLIAMS,Rosanna F. w/o Theodore	9 Jul 1819	22 May 1898	Wo-84
WILLIAMS,Sallie d/o John F.	9 Dec 1847	17 Nov 1866	Wo-62
WILLIAMS,Samuel J. s/o J.H.& E.J.	25 Jun 1874	9 Jun 1898	Wo-30
WILLIAMS,Sarah E. w/o Charles	5 Jan 1858	4 Mar 1908	Wo-63
WILLIAMS,Sarah E. w/o George W.	6 Dec 1845	28 Dec 1910	Wo-69
WILLIAMS,Theodore W.	20 Feb 1804	20 Jan 1884	Wo-84
WILLIAMS,Thomas E.	20 Dec 1838	11 Apr 1906	Wo-4

WILLIAMS,Thomas L.	21 Apr 1861	29 Dec 1917	Wo-90
WILLIAMS,Thomas N. s/o Thomas	7 Dec 1844	23 Jan 1883	Wo-63
WILLIAMS,Thomas N. s/o Thomas N.	(d.age28yr)	24 Jan 1810	Wo-84
WILLIAMS,Virginia d/o J.H.& M.E.	13 Sep 1900	4 Nov 1906	Wo-66
WILLIAMS,Virginia d/o Robert W.	(d.age15yr)	5 Jul 1846	Wo-87
WILLIAMS,W. Edward	1891	1914	Wo-66
WILLIAMS,William E.	1854	1920	Wo-66
WILLIAMSON,C. H. (Rev. Dr.)	20 Oct 1813	9 Aug 1873	Wo-84
WILLIAMSON,Fannie Antoinette	6 May 1832	20 Jul 1874	Wo-84
WILLIAMSON,Mary S. d/o Rev.Stuart	7 Apr 1812	9 Nov 1824	Wo-86
WILLIAMSON,Zipporah Purnell w/o Rev.S	(d.age53yr)	27 Apr 1835	Wo-86
WILLING,Alice C.	1889	1973	Wo-63
WILLING,Bessie M.	1885	1967	Wo-63
WILLING,Byrd	1885	1918	Wo-63
WILLING,Byrd Jr.	1914	1938	Wo-63
WILLING,Dorothy	none	none	Wo-58
WILLING,Herbert	1910	1961	Wo-63
WILLING,James A.	1878	1960	Wo-63
WILLING,James H.	1920	1976	Wo-58
WILLING,Joseph M.	1905	1918	Wo-63
WILLING,Josephine R.	1907	none	Wo-61
WILLING,Norris	1913	1970	Wo-63
WILLING,Sanders	1903	1969	Wo-61
WILLIS,Alice N. Duge	1898	1978	Wo-63
WILLIS,Clayshia O.	1917	1930	Wo-63
WILLIS,Lynwood Jr.	1926	1968	Wo-63
WILLIS,Mary McMaster	1867	1898	Wo-60
WILLS,Fannie Howard	1890	1972	Wo-58
WILSON,Ann D. Gunby w/o Ephraim K.	(d.age58yr)	8 Mar 1846	Wo-86
WILSON,Anna Mae d/o Norman & Eva	22 Feb 1926	23 Feb 1926	Wo-93
WILSON,Anne S.	1877	1962	Wo-62
WILSON,Arthur G.	1910	1975	Wo-60
WILSON,Coulbourne S.	1917	1944	Wo-60
WILSON,Don V.	1892	1972	Wo-58
WILSON,E. Carmel	1904	1947	Wo-63
WILSON,E. Carmel Jr.	1923	none	Wo-63
WILSON,Edward F.	1856	1928	Wo-60
WILSON,Edythe	1874	1943	Wo-62
WILSON,Effie M.	1886	17 Jun 1980	Wo-93
WILSON,Eleanor King	1867	1927	Wo-62
WILSON,Elizabeth	1844	1918	Wo-93
WILSON,Ellen W.	15 Jul 1831	16 Jun 1862	Wo-86
WILSON,Ephraim King (Senator)	22 Dec 1821	24 Feb 1891	Wo-86
WILSON,Ephraim King s/o David	15 Sep 1771	2 Jan 1854	Wo-86
WILSON,Esther Elizabeth d/o Ephraim	15 Mar 1827	29 Mar 1833	Wo-86
WILSON,Eva E.	1910	none	Wo-93
WILSON,Eva Lenora	1875	1901	Wo-93
WILSON,Fannie H.	none	1942	Wo-62
WILSON,Francis M.	1859	1925	Wo-62
WILSON,Fredrick William (Dr.)	1876	1947	Wo-62
WILSON,Glenn W.	1877	1957	Wo-60
WILSON,Hazel d/o George Vincent	11 Nov 1884	24 Sep 1806	Wo-87
WILSON,Henry J.	1 Nov 1827	3 Apr 1863	Wo-87
WILSON,Henry James Adams	1884	1964	Wo-62
WILSON,Henry T.	28 Sep 1853	14 Jan 1904	Wo-62

Name	Birth	Death	Ref
WILSON,J. Edward	1868	1929	Wo-93
WILSON,J. Floyd s/o J.W.	1889	1910	Wo-60
WILSON,J. W.	1856	none	Wo-60
WILSON,James M.	(d.age60yr)	25 May 1936	Wo-87
WILSON,Jeannie M.	1927	1973	Wo-58
WILSON,John L.	1859	1918	Wo-63
WILSON,John W.	1843	1915	Wo-60
WILSON,John W.	26 Jul 1860	2 May 1891	Wo-84
WILSON,Joseph	1863	1917	Wo-62
WILSON,Josiah E.	1872	1911	Wo-93
WILSON,Julia Ann w/o Ephraim King	(d.age90yr)	7 May 1932	Wo-86
WILSON,Lafayette R.	1874	1954	Wo-93
WILSON,Laura Scott	1856	1932	Wo-60
WILSON,Leah E.	1884	1911	Wo-62
WILSON,Levin Winder s/o Ephraim	5 Jan 1820	7 Sep 1824	Wo-86
WILSON,Lida E.	1885	1956	Wo-60
WILSON,Lina T.	10 Aug 1874	15 Jul 1935	Wo-93
WILSON,Luther C.	1884	1964	Wo-93
WILSON,Margaret C.	1898	1927	Wo-60
WILSON,Margaret P.	1865	1966	Wo-60
WILSON,Margaret Porter	1891	1973	Wo-60
WILSON,Mary A.	1911	1967	Wo-60
WILSON,Mary Ann w/o Ephraim K.	12 Jun 1826	26 Oct 1859	Wo-84
WILSON,Nan V.	1893	1967	Wo-60
WILSON,Naomie E.	1930	1937	Wo-114
WILSON,Newton Tushoph	1898	1974	Wo-63
WILSON,Nora L.	1867	1945	Wo-63
WILSON,Norman E. s/o John W.	7 Nov 1882	25 Apr 1883	Wo-60
WILSON,Norman L.	1905	1965	Wo-93
WILSON,Oneta Tarr	1890	1939	Wo-37
WILSON,Pauline L.	1921	1962	Wo-63
WILSON,Priscilla A. w/o Henry J.	22 Sep 1825	18 Apr 1850	Wo-87
WILSON,Robert Ernest	1876	1962	Wo-62
WILSON,Robert H.	none	1925	Wo-62
WILSON,Rosa Belle	1860	1949	Wo-60
WILSON,Ruby T.	1909	none	Wo-60
WILSON,Wesley A. s/o Henry J.	16 Jun 1848	21 Jun 1850	Wo-87
WILSON,William H.	1840	1911	Wo-93
WILSON,William Sydney	7 Nov 1816	3 Nov 1862	Wo-86
WILSON,William Sydney s/o Ephraim K.	18 Nov 1853	14 Nov 1897	Wo-84
WILT,Alma R.	1904	1963	Wo-58
WIMBROUGH,Laura V. w/o R. K.	22 Dec 1853	17 Jan 1932	Wo-58
WIMBROUGH,R. K.	28 Sep 1839	9 Jul 1909	Wo-58
WIMBROUGH,Son of R.H.& Laura U.	23 Nov 1894	24 Aug 1895	Wo-58
WIMBROW,Clinton A. s/o Theodore L.H.	9 Feb 1891	4 Sep 1891	Wo-66
WIMBROW,Cora w/o Willis G.	1867	1936	Wo-88
WIMBROW,Emily Virginia w/o Ulys.	24 Nov 1884	20 Jan 1909	Wo-87
WIMBROW,Emma L.	1891	1968	Wo-56
WIMBROW,Ernest L.	1888	1971	Wo-56
WIMBROW,Herman D. s/o Theodore L H.	14 Aug 1882	25 Aug 1882	Wo-66
WIMBROW,Horace F. s/o Theodore L.H.	16 Apr 1894	28 Aug 1901	Wo-66
WIMBROW,Howard James (WW I,Va.USA)	1 Apr 1920	30 Dec 1960	Wo-41
WIMBROW,John W.	1905	none	Wo-2
WIMBROW,Lotta P.	1913	none	Wo-2
WIMBROW,Matha E. w/o Robert S.	28 Aug 1861	27 Sep 1894	Wo-97

Name	Birth	Death	Location
WIMBROW, Nellie H. d/o Theodore L.H.	21 Dec 1898	1 Aug 1899	Wo-66
WIMBROW, Norma Fay	1941	1971	Wo-63
WIMBROW, Rachel M. Bodley w/o Moses N.	18 Apr 1856	27 Aug 1893	Wo-97
WIMBROW, Thomas F.	17 Nov 1903	2 Dec 1967	Wo-41
WIMBROW, Willis G.	1866	none	Wo-88
WINKEL, Eugene J.	1902	1974	Wo-53
WINKEL, Ruby H.	1902	none	Wo-53
WISE, Albert Joseph	1878	1973	Wo-63
WISE, Georgianna B. d/o M.Willis	2 Jun 1891	2 Oct 1891	Wo-66
WISE, M. Willis	13 May 1855	16 May 1900	Wo-66
WISE, Minnie M.	1856	1959	Wo-63
WISE, Raymond F.	1907	1979	Wo-58
WISE, Winifred W. d/o M.Willis	10 Apr 1884	3 Jan 1885	Wo-66
WISEHART, Eric Edmond Dr.	25 Nov 1887	29 Jan 1916	Wo-87
WODJENSKI, Margarite Mason	1926	1979	Wo-58
WOLFE, Alice B.	1885	1966	Wo-63
WOLFE, Edward C.	1880	1968	Wo-63
WONNELL, Elizabeth A.	15 Jun 1865	4 Feb 1888	Wo-7
WONNELL, Fannie T. Polk w/o George W.	1868	1926	Wo-86
WONNELL, George W.	none	2 Mar 1935	Wo-86
WONNELL, James	7 Jan 1826	16 Mar 1891	Wo-7
WONNELL, Mary A. w/o James	31 Oct 1825	26 Aug 1912	Wo-7
WONNELL, Mary C.	28 Jan 1825	1953	Wo-7
WONNELL, Mary E. d/o George W.	8 Dec 1894	14 Jul 1895	Wo-86
WONNELL, Stephen D. s/o James	17 Dec 1853	19 Sep 1876	Wo-7
WONNELL, Thomas J.	18 Jun 1858	3 Mar 1935	Wo-7
WOOD, Ruby E.	1898	1970	Wo-101
WOOLEY, Alice Stevenson	(d.age 70yr)	27 Sep 1935	Wo-86
WOOSTER, Edward C.	1910	1970	Wo-58
WOOSTER, Mary W.	1907	none	Wo-58
WORRALL, Della G.	10 Dec 1891	13 Dec 1959	Wo-41
WORRALL, Elsie S.	1894	1976	Wo-41
WORRALL, W. Leonard	1884	1969	Wo-41
WORTH, Linda Mae	1946	1948	Wo-58
WRIGHT, Elijah C.	1892	1962	Wo-58
WRIGHT, Helen G.	1934	none	Wo-58
WRIGHT, Howard D. (Korea)	1935	1979	Wo-58
WRIGHT, Rosa M.	1898	1976	Wo-58
WRIGHT, Ruth	1926	1945	Wo-58
WUERSCHMIDT, August (Rev.) s/o Henry	(d.age 51yr)	none	Wo-58
WUERSCHMIDT, Gertrude w/o Henry	(d.age 92yr)	none	Wo-58
WUERSCHMIDT, Henry	(d.age 78yr)	none	Wo-58

Name	Birth	Death	Section
YINGER, Nora C. Chrismore	1878	1952	Wo-58
YOUNG, Alice Ruthenia	1885	1974	Wo-61
YOUNG, Annie Strayer	1882	1977	Wo-61
YOUNG, B. Ashton	1906	none	Wo-58
YOUNG, Charlotte B.	1879	1966	Wo-61
YOUNG, Clementine E. d/o James H.	16 Jan 1864	7 Jul 1870	Wo-61
YOUNG, Corrine Blalock	1896	1968	Wo-61
YOUNG, Edward S.	29 Oct 1807	19 Jun 1885	Wo-61
YOUNG, Edward W. Sr.	1872	1945	Wo-58
YOUNG, Elizabeth Byrd	1910	none	Wo-58
YOUNG, Emeline w/o James H.	31 Mar 1824	2 Apr 1883	Wo-61
YOUNG, Emma G. d/o James T.	27 Oct 1882	16 Mar 1883	Wo-61
YOUNG, Ernest Courtland	1871	1937	Wo-60
YOUNG, Ezra K.	24 Jan 1834	13 Dec 1918	Wo-3
YOUNG, Francis Damon	1879	1953	Wo-60
YOUNG, Francis O. B. s/o James H.	(d.age17yr)	3 Sep 1879	Wo-61
YOUNG, G. Layton s/o G.E.& Annie	1925	1927	Wo-58
YOUNG, George T.	1832	1893	Wo-40
YOUNG, George T. Jr.	1875	1932	Wo-40
YOUNG, Hannah A.	10 Aug 1837	1 May 1888	Wo-3
YOUNG, Harold s/o J. Henry	28 Oct 1880	20 Jun 1881	Wo-61
YOUNG, Hattie M.	1883	1968	Wo-61
YOUNG, Howard A.	1877	1962	Wo-61
YOUNG, Ira C.	1856	1945	Wo-61
YOUNG, J. C.	1 Dec 1897	none	Wo-87
YOUNG, J. Harry	1872	1936	Wo-61
YOUNG, J. Henry	1857	1926	Wo-61
YOUNG, J. Paul	1876	1943	Wo-61
YOUNG, James B.	1906	1907	Wo-61
YOUNG, James H.	1910	1976	Wo-61
YOUNG, James H.	7 Nov 1812	24 Dec 1894	Wo-61
YOUNG, James T.	1846	1933	Wo-61
YOUNG, James T.	1872	1872	Wo-61
YOUNG, John H.	15 Sep 1827	26 Feb 1873	Wo-40
YOUNG, L. Gordy	none	1933	Wo-61
YOUNG, L. Hester	1881	1975	Wo-61
YOUNG, Leslie T.	1878	1929	Wo-61
YOUNG, Lewis W.	30 May 1831	29 Jun 1886	Wo-61
YOUNG, Mariah Conner (d/o Geo.Conner)	4 Dec 1828	15 Apr 1906	Wo-40
YOUNG, Mary E.	1878	1967	Wo-58
YOUNG, Mary E.	1879	1944	Wo-61
YOUNG, Mary J.	1844	1936	Wo-40
YOUNG, Mary Virginia	1870	1930	Wo-60
YOUNG, Maude E. (with Robert Cluff)	1902	1956	Wo-61
YOUNG, Miriam Dickinson	1886	1951	Wo-60
YOUNG, Mrs.	(d.age70yr)	5 Jan 1879	Wo-107
YOUNG, Nellie M. w/o J.C.	24 Aug 1897	3 Jun 1923	Wo-87
YOUNG, Norris	28 Nov 1848	22 Dec 1849	Wo-61
YOUNG, Norris Melvin	1888	1953	Wo-61
YOUNG, Olevia J.	18 Nov 1842	13 Apr 1862	Wo-61
YOUNG, Patsy Ross	1936	1971	Wo-58
YOUNG, Sally E.	2 Jul 1816	19 Feb 1854	Wo-61
YOUNG, Sarah A.	3 Jan 1851	25 Apr 1914	Wo-61
YOUNG, Sarah Olevia d/o James T.	(d.age11mo)	15 Feb 1872	Wo-61
YOUNG, Thomas	1904	1905	Wo-61

ZAVES, Alexander W.	1888	1974	Wo-58
ZAVES, Sophia K.	1892	1975	Wo-58
ZOLINSKA, Charles	21 Feb 1902	19 Apr 1970	Wo-93

www.ingramcontent.com/pod-product-compliance
Lightning Source LLC
Chambersburg PA
CBHW071417160426
43195CB00013B/1717